Real Options Analysis

Tools and Techniques for Valuing Strategic Investments and Decisions

実践
リアルオプションのすべて

戦略的投資価値を分析する技術とツール

ジョナサン・マン——著
Johnathan C. Mun

川口有一郎——監修

構造計画研究所——訳

ダイヤモンド社

REAL OPTIONS ANALYSIS
by Johnathan Mun

Copyright © 2002 by Johnathan Mun
All rights reserved.

Microsoft is a registered trademark of Microsoft Corporation.
eBay is a registered trademark of eBay Inc.
Yahoo! is a registered trademark of Yahoo! Inc.

Original English language edition published by John Wiley & Sons.
Japanese translation rights arranged with John Wiley & Sons
International Rights, Inc.

序文

Preface

　リアルオプション分析は、戦略的な意思決定プロセスを考慮に入れることにより、資本投資戦略に斬新な視点を提供するものである。本書では、リアルオプションの定性的かつ定量的な特質、すなわちリアルオプションへの問題の解法とその使用場面と使用理由、そしてこれらの解法の意思決定への応用性を解説する。さらに、ビジネス・ケースと現実の世界でのシナリオについても十分な検討を行なう。これには、問題の明確化と枠組みづくり、そしてリアルオプション固有のさまざまな方法論を使って種々の問題を解くために著者が開発した、ステップごとの定性的なプロセスの紹介が含まれる。また、使用するモデルとアプローチの技術的側面にも触れ、それらの理論的かつ数学的正当性にも言及する。

　本書は、2つの部分に分けられている。第1部では、リアルオプションの定性的な特質に注目し、実際のビジネス・ケースと業界におけるリアルオプションの応用例を紹介し、さらに、意思決定において痛切に必要とされている数々の洞察をリアルオプションがどのようにして提供するのかを説明する。第2部では、定量的な分析に注目し、実際の使用事例と数学的な公式を提供している。

　本書は、基本的にプロフェッショナルを対象としているが、初心者にも、リアルオプションの応用についてかなり精通している人にも、両者にとって有益なものになるように配慮している。また、MBA課程の第2年度レベル、または博士課程レベルの教科書としても使うことができるだろう。本書には、包括的な内容を持つCD-ROMが添付されている。このCD-ROMは、69のリアルオプションモデルを含んだソフトウエア「Real Options Analysis Toolkit」、モンテカルロ・シミュレーション・ソフトウエア「Crystal Ball」、および数多くのオプション分析スプレッドシート事例が含まれている。

　本書を踏まえて、リアルオプション分析の知識をさらに広め、それを実際

の企業環境に応用したいと望む人々を対象として、同じ著者による姉妹書の出版が予定されている。同書には、さらに多くのビジネス・ケースと、それらをサポートするソフトウエアが含まれている。詳細情報については、www.wileyfinance.comのWebサイトを参照されたい。また同書では、現実のビジネスにおけるリアルオプションの問題だけに焦点を合わせ、それらの問題に対するステップ・バイ・ステップの解法が提供されている。具体的には、紹介された問題を純粋に分析のみによって解く場合と、添付のリアルオプション・ソフトウエアを使って解く場合の両方について解説しており、使用する方法論には、確率論的予測、割引キャッシュフロー分析、モンテカルロ・シミュレーション、確率論的最適化、およびリアルオプション分析（二項格子、リスク中立確率、市場複製アプローチ、状態評価、三項格子、および解析型モデル）が含まれる。

謝辞
Acknowledgments

　まず、デシジョニアリング社の開発チーム、特にキャメロン・ハリス氏とエリック・ウェインライト氏に感謝したい。彼らは、ソフトウエア開発とアプリケーションの方向付けに関して、常に貴重な洞察を提供してくれた。特に、モンテカルロ・シミュレーションの分野での彼らの貢献は大きい。また、PricewaterhouseCoopers社のロバート・バーネット氏からも、貴重な意見や考察をいただいた。ここで特に感謝したい。

　ビジネス・ケースの寄稿者の方々にも特に感謝したい。ケネス・イングリッシュ、ウィリアム・ベイリー、トレーシー・ゴメス、ジム・シュレッケンガスト、マーティ・ネブシュマル、およびマーク・アカソンの各氏である。

　最後に、リーハイ大学の教授であり、エール大学客員教授であり、私の親しい友人でもあるウラジミール・ドブリック博士に感謝の言葉を送りたい。彼は、リアルオプションの特質、特に財務数理の技術の分野で重要な洞察を提供してくれた。本書が完成したのは、彼の貢献によるところが極めて大きい。

ジョナサン・マン

実践　リアルオプションのすべて

目次

序文
謝辞

第1部
リアルオプション分析　理論編
Real Options Analysis / Theory

◆――第1部の概要 …12

第1章 新しいパラダイムの出現 …19

1. リアルオプションというパラダイム・シフト …19
2. 拡張オプションと複合オプション……ITインフラ投資のケース …22
3. 拡張オプション……E-ビジネス構想のケース …26
4. 拡張オプションと段階オプション……新薬の研究開発のケース …30
5. 拡張オプションと切替オプション……石油とガスの探査および生産のケース …32
6. 撤退オプション……製造業のケース …35
7. 拡張オプションとバリアオプション……先が見えなくなったベンチャー・キャピタリストのケース …36
8. 複合拡張オプション……インターネット・スタートアップ会社のケース …41
9. どんなときにリアルオプションが適用できるのか …42
10. 戦略的オプションの価値と問題点 …43
11. リアルオプションを支持する、各業界のリーダー企業 …45
12. リアルオプションに対する専門家達の見解 …49

◆──第1章の要約 …53

第1章に関連する設問 …54

付録1A	Timken社:R&Dおよび製造部門におけるリアルオプションの実例 …55
付録1B	Schlumberger社:石油・ガス業界におけるリアルオプションの実例 …60
付録1C	Intellectual Property Economics社:特許とインタンジブル(無形資産)の評価におけるリアルオプションの実例 …68
付録1D	Gemplus社:ハイテクとR&Dにおけるリアルオプションの実例 …73
付録1E	Sprint社:電気通信事業におけるリアルオプションの実例 …79

第2章 伝統的な評価アプローチ …87

1. 伝統的な評価方法による価値の見方 …87
2. 伝統的な評価方法を使うことの問題点 …90

　　◆──第2章の要約 …101

第2章に関連する設問 …102

| 付録2A | 財務諸表分析のための基本コンセプト …103 |
| 付録2B | 割引率 対 リスクフリーレート …112 |

第3章 リアルオプション分析 …117

1. リアルオプションの最も重要な特質 …117
2. リアルオプションの役割 …119
3. リアルオプション実践のシンプルな例 …120
4. リアルオプションの高度なアプローチ …123
5. リアルオプションはなぜ重要なのか …123
6. 伝統的なアプローチとリアルオプションの比較 …128

　　◆──第3章の要約 …136

第3章に関連する設問 …137

第4章 リアルオプションのプロセス …139

1. リアルオプション分析実行のための重要なステップ …139
2. 経営陣による定性的なスクリーニング …140
3. ベース・ケースの正味現在価値分析 …140
4. モンテカルロ・シミュレーション …141
5. リアルオプションの問題の枠組みづくり …142
6. リアルオプションのモデリングと分析 …142
7. ポートフォリオとリソースの最適化 …142
8. レポート作成 …143
9. 更新のための分析 …143
   ◆──第4章の要約 …146

第4章に関連する設問 …147

第5章 リアルオプション、金融オプション、モンテカルロ・シミュレーション、および最適化 …149

1. リアルオプション 対 金融オプション …149
2. モンテカルロ・シミュレーション …153
   ◆──第5章の要約 …162

第5章に関連する設問 …163

付録5A	金融オプションのポイント …164
付録5B	シミュレーションと確率分布 …168
付録5C	予測のためのアプローチ …180
付録5D	最適化モデルによる分析 …183

第2部
リアルオプション分析　応用編
Real Options Analysis / Application

◆───第2部の概要 …194

第6章　リアルオプションの計算方法 …199

1. 解析型解法と二項格子モデル …199
2. 二項格子のアプローチとその応用 …204
3. 不確実性の存在とその感触 …208
4. 不確実性そのものに秘められた価値 …212
5. 不確実性の離散シミュレーションとしての二項格子 …214
6. 二項格子におけるステップと精度の関係 …219
7. 二項格子の方法論を直感的に眺める …224
8. リスク中立の世界に遊ぶ …230
   ◆───第6章の要約 …237

第6章に関連する設問 …238

第7章　リアルオプションのモデル …239

1. 撤退オプション …239
2. 拡張オプション …244
3. 縮小オプション …248
4. 選択オプション …253
5. 複合オプション …257
6. コスト推移モデル …261
7. ボラティリティ変動モデル …263

8. 段階複合オプション …265
9. 二項モデルの拡張 …268
◆──第7章の要約 …271

第7章に関連する設問 …272

付録7A	ボラティリティの予測 …274
付録7B	ブラック-ショールズの仕組み …282
付録7C	市場複製ポートフォリオ …284
付録7D	単一状態における静的な二項法の例 …289
付録7E	デルタ、ガンマ、ロー、テータ、ヴェガ、およびクシーによる感度分析 …296
付録7F	現実性のチェック …301
付録7G	モンテカルロ・シミュレーションを使ってリアルオプションの問題を解く …304
付録7H	三項格子 …312
付録7I	非再結合格子 …314

第8章 リアルオプションのより高度な問題 …323

1. 高度な問題 …323
2. ディシジョンツリー …324
3. 終了と撤退のオプション …328
4. 複合オプション …330
5. 待機オプション …331
6. 待機オプションの最適化 …332
7. 切替オプション …338
◆──第8章の要約 …343

第8章に関連する設問 …344

付録8A	確率過程 …345
付録8B	決定論的なケースのための微分方程式 …348
付録8C	エキゾチック・オプションの公式 …351

第9章 Real Options Analysis Toolkit（リアルオプション分析ツールキット）(CD-ROM) …369

1. Real Options Analysis Toolkitへの手引き …369
2. ソフトウエアによるカスタム・オプションの作成と解決 …375
3. ソフトウエアに搭載されている高度なリアルオプション・モデル …380

◆──第9章の要約 …387

第9章に関連する設問 …388

付録9A	Real Options Analysis Toolkitで使用するExcel用の関数 …389
付録9B	Crystal Ballモンテカルロ・シミュレーション使用の手引き …406
付録9C	Crystal BallのOptQuestソフトウエアを使ったリソースの最適化 …414

第10章 結果の解釈とプレゼンテーション …421

1. プレゼンテーションの際の問題点 …421
2. リアルオプション分析と伝統的な財務分析の比較 …423
3. 結果に至るまでの評価の過程 …427
4. エグゼクティブ・サマリー …431
5. 規模が異なる複数のプロジェクトの比較 …432
6. 複数のプロジェクトのリスクとリターンの比較 …434
7. 収益に対するインパクト …436
8. 重要成功要因と感度分析 …437
9. NPVのリスク分析とシミュレーション …438
10. 損益分岐点分析と投資回収期間 …439
11. 割引率の分析 …440
12. リアルオプション分析の仮定 …442
13. リアルオプション分析の核心 …443
14. リアルオプションにおけるリスク分析 …445

◆──第10章の要約 …446

第10章に関連する設問 …447

| 付録10A | 関連記事からの抜粋 …448 |

リアルオプションのケーススタディと問題 …462

各章の設問の回答 …476

◎巻末注釈 …487
◎『実践 リアルオプションのすべて』付属CD-ROMに関するご注意 …495

監修者あとがき

第1部

Real Options Analysis
Tools and Techniques for Valuing Strategic Investments and Decisions

リアルオプション分析
理論編

第1章
新しいパラダイムの出現

第2章
伝統的な評価アプローチ

第3章
リアルオプション分析

第4章
リアルオプションのプロセス

第5章
リアルオプション、金融オプション、
モンテカルロ・シミュレーション
および最適化

第1部の概要

第1章　新しいパラダイムの出現

　　この章では、意思決定者が直面している新しいチャレンジに関する諸問題を検討し、それらに対するソリューションとしてのリアルオプション分析のさまざまな形と、いつ、誰が、どのような理由から使ってきたかを紹介する。使用した事例は、石油とガスの探査・生産、新薬の研究開発、電子商取引の評価、ＩＴインフラに対する投資の正当化、ベンチャーキャピタル投資の優先順位付け、企業の吸収合併、研究開発一般、インターネットのスタートアップ企業の評価、ベンチャーキャピタル契約の構成、投資の時期、パラレル・ポートフォリオ開発、収益性のプロファイリングなどなど、さまざまな業種と用途にわたっている。また、オプションのさまざまなタイプを紹介し、リアルオプション分析の定義付けを行なう。さらに、専門家達の言葉を引用しながらさまざまなビジネス・ケースにおいて、リアルオプションがどのように使われているかについても紹介する。最後に、付録として、いくつかの業界における実際のビジネス・ケースを示している。これらは、大企業におけるリアルオプションの応用を詳細に記述したもので、各社の好意によって提供された。

◎──パラダイム・シフト

　　ニューエコノミーは、企業の意思決定者にさまざまなチャレンジをもたらしている。企業が行なう各種のプロジェクトに対する投資評価は、伝統的な基本原則ではなく、将来の期待値に基づいて行なわなければならなくなっている。リアルオプションは、ハイリスクで不確実性が高い投資戦略を立案する場合や、経営の柔軟性を維持しながら後戻りできない意思決定を下す場合に最大の効果を発揮する可能性を持っている。この章を通じて、読者は、リアルオプション分析が、既存

の分析手順の応用ではなく、まったく新しい考え方なのだということを発見するだろう。

◎──**伝統的なアプローチが無効なビジネスケースの例**

　ここでは、伝統的な評価方法が抱える諸問題を提示し、それに対してリアルオプションの枠組みがどのように対処しているかを説明する。また、リアルオプション以外では対処できないようなビジネス・ケースの例も紹介する。これらのビジネス・ケースには、新しいOSのためのIT投資、電子商取引戦略における優先順位付け、新薬の研究開発、石油やガスの探査、製造業における契約上の決定、さまざまなベンチャーキャピタル機会の評価、資本の構成、インターネット・スタートアップ企業の評価、およびポートフォリオ構成のための資本投資プロジェクトの選択が含まれる。読者は、これらのケースの一つ一つについて、分析と意思決定に携わる人々の立場に密着した形で、どのような考え方と分析アプローチがとられるのかを追求することになる。

◎──**リアルオプションのソリューションと考慮すべき問題点**

　この2つの項では、戦略的思考、戦略的な機会の発見、各種戦略の評価と優先順位付け、戦略の最適化、および全体的な戦略管理について詳細に説明する。さらに、リアルオプションの価値がどこから発生するのか、また、あるプロジェクトの真価が、そのオプション価値よりも低くなることがあるのはなぜなのかについても説明する。

◎──**リアルオプションを支持する業界リーダー達**

　この項では、フォーチュン誌500社に入っている大企業の中で、この新しい評価コンセプトを支持している企業の実例を詳細に説明する。ここに紹介するゼネラルモーターズ（GM）、ヒューレット・パッカード、ボーイング、およびAT＆Tは、リアルオプションの「レンズ」を通してビジネス上の決定に臨んだものだが、その過程は、コンサルティングがもたらした成功事例として見ることができる。なお、付録には、これら以外の業界の事例を記載している。

◎──**専門家達の見解**

この項では、ウォールストリート・ジャーナル、ビジネス・ウィーク、ハーバード・ビジネス・レビュー、および企業のCFO達からの引用を通じて、実際にリアルオプションのアプローチを使うことについての専門家達の見解を紹介する。結論から先に言うと、企業は、この最新の評価アプローチを進んで受け入れている。彼らは、リアルオプションが、ビジネスの世界に新しい地平を開く潜在力を秘めていることを察知しているのである。この項に挙げた引用から、リアルオプション分析が、金融の分野での一過的な流行ではなく、今後も長く使われ続ける確固たる方法論であることが理解できるだろう。なお、研究論文、定期刊行物、および専門誌に掲載された記事の詳細なリストとその要約は、本書の最後の付録10Aに記載されている。

第2章　伝統的な評価アプローチ

　この章では、伝統的な割引キャッシュフロー分析だけに依存することの危険性と、リアルオプションのプロセスの枠組みが、伝統的なアプローチでは達成できない真の戦略的評価をいかにして達成するものであるかを説明する。収入、市場、およびコストの伝統的な分析アプローチについて検討するとともに、割引キャッシュフロー分析の問題点についても突っ込んだ検討を行なう。章の最後には、財務諸表の分析と適切な割引率の計算の詳細に関する2つの付録が設けられている。

◎──**伝統的な視点**

　伝統的な分析には、収益、コスト、および市場のアプローチがあり、損益予測、類似性比較、比率分析、共通規準比較、等々の手法が用いられる。伝統的なアプローチでは、投資のリスクと見返りを、非常に静的な視点から見ている。しかし、不確実性のすべてがリスクであるとは限らないし、リスクのすべてが悪いものであるとは限らない。リアルオプションでは、動的なアプローチの視点から資本投資を見ており、アップサイド・リスクについては、利用可能な味方として捉えて

いる。

◎──伝統的な評価の方法論を使うことの実践的な問題点

　この項では、収益、コスト、市場の伝統的な3つのアプローチの危険性に焦点を合わせる。危険性には、割引率、リスクフリーレート、および最終価値（Terminal Value）の計算結果などの誤った使い方が含まれる。

第3章　リアルオプション分析

　この章では、オプションの枠組みが伝統的な評価アプローチよりもはるかによい洞察を提供できる理由を明示するシンプルな例を挙げて、リアルオプションの基本的なコンセプトを説明する。異なるアプローチの結果を比較するために、伝統的な分析から始めて、単純化された例を順を追って紹介する。続けてモンテカルロ・シミュレーションの応用へ進み、最後にリアルオプション分析の使用で終わる。

◎──リアルオプションの基本的な特質

　この項は、あるアナリストが、プロジェクトの選択のために財務分析を行なう場合を想定した例から始める。次に、単純な一点評価の代わりにシミュレーションを使って不確実性を捕捉することのメリットを示す。続いて、アクティブおよびパッシブな待機戦略によって分析が複雑化してくる過程を説明し、最後に、リアルオプションが、プロジェクトの変数と、それが潜在的に生み出す価値創造を明確に定義付けることによってプロジェクトの価値のより正確な判断を可能にすることを実証する。

◎──リアルオプションの基本、およびその実行のシンプルな例

　この項では、「延期」オプションの実行のシンプルな例を使って、リアルオプションの威力を示す。市場の需要に関する最新のニュースが得られるまで、新薬の臨床試験の第2期の実行を延期するオプションは、新薬の研究開発部のプロジェクト全体に価値を付加するものである。なお、ここでは、シンプルな割引キャッシュフロー・モデルが

使われている。

◎──リアルオプションの高度なアプローチ、およびリアルオプションの重要性の根拠

　この2つの項では、ダイナミックなオプションの連続として意思決定プロセスを見ることの重要性を示し、企業の投資戦略の中に存在する一般的なオプションのタイプを説明する。さらに、二項格子、モンテカルロ・シミュレーション、偏微分方程式、および解析型エキゾチックオプション分析など、リアルオプションの高度な技法についても簡単に紹介する。

◎──伝統的なアプローチとリアルオプションの比較

　この項では、あるビジネス・ケースを深く掘り下げて検討する。まず、シンプルで静的な割引キャッシュフロー分析から始めて、感度分析に進む。次にモンテカルロ・シミュレーションを行なって洗練し、最後にリアルオプション分析を行なう。以上を行なった上で、静的な割引キャッシュフロー分析、シミュレーション、そしてリアルオプション分析のそれぞれの結果を比較する。

第4章　リアルオプションのプロセス

◎──リアルオプション分析の実行の重要なステップ

　この章では、著者が開発したリアルオプションのプロセスの枠組みにおける8つのステップを紹介する。第1のステップは、経営陣のスクリーニングによる、プロジェクトの絞り込みから始まる。すなわち、評価の対象とするプロジェクトを洗い出すのである。第2のステップは、ベース・ケースの条件に基づく伝統的な割引キャッシュフロー分析から始まり、続いてモンテカルロ・シミュレーションを行ない、その結果をリアルオプション分析に直接利用する。このステップでは、検討対象となっているプロジェクトに存在する戦略的なオプションがすべてカバーされる。問題のタイプに応じてリアルオプションのモデルが選択され、実行されるのである。また、プロジェクトの数と経営陣によって設定された制約に基づいて、ポートフォリオの最適化も実

行される。この分析の結果、各種リソースの効率的な配分が実現する。次のステップでは、分析結果を経営陣に説明するためのレポート作成であるが、このレポートは極めて重要である。なぜなら、分析プロセスの良否は、その結果を容易に示すことができるか否かに大きく左右されるからである。最後の段階では、長期間にわたる分析のアップデートの継続である。リアルオプション分析は、不確実性を伴うプロジェクトに大きな価値を付加するが、時間の経過とともに当初の不確実性が解消すると、古い仮定や予測は歴史的な事実に変質する。したがって、既存のモデルは、新規の事実やデータを反映したものに更新しなければならない。継続的な改良とモニタリングは、明確、正確、かつ信頼性の高い決定を長期にわたって行なっていく上で極めて重要である。

第5章　リアルオプション、金融オプション、モンテカルロ・シミュレーションおよび最適化

　この章では、金融オプション理論の基本を紹介することによって、金融オプションとリアルオプションの違いを説明する。続いて、財務分析におけるモンテカルロ・シミュレーションの重要性を指摘し、ポートフォリオの最適化とリソースの効率的な配分を説明する。この章の付録には、金融オプション、モンテカルロ・シミュレーション、予測、およびポートフォリオの最適化について詳細に記載されている。

◎──リアルオプション 対 金融オプション

　この項では、金融オプションの基本と、リアルオプションとの関係について詳細に説明する。例えば、ほとんどのリアルオプション分析の原資産は売買できない。すなわち、検討対象となる特定の資産やプロジェクトには流動的な市場が存在しないのである。それにもかかわらず、2つの資産の間には数多くの類似点があり、金融オプションの根底をなす分析は、若干の例外を除いて、わずかの修正を加えるだけで応用が可能である。

◎──モンテカルロ・シミュレーション

リアルオプション分析において、シミュレーションの技法はどれくらい重要なものであろうか？　この項では、モンテカルロ・シミュレーションによって得られる重要な洞察について言及する。とりわけ「平均値の欠陥」の例では、不確実性が存在する際にシミュレーションを行なうことの重要性を指摘する。

第 1 章
新しいパラダイムの出現

　この章では、リアルオプションのコンセプトを分かりやすく説明する。具体的には、次のような基本的な質問に答える形で進める。

・リアルオプションとは何か。
・企業はどのようにリアルオプションを使っているのか。
・どのようなオプションが存在するのか。
・リアルオプションはなぜ重要なのか。
・リアルオプションは誰が使うのか。
・リアルオプションが最も生きるのはどのような場合か。
・そして、専門家達はリアルオプションについてどのような見解を持っているのか。

　まず、プロジェクトとその評価の考え方における新しいパラダイムのシフトとして、リアルオプションの基本的なコンセプトを捉える。加えて、製薬、石油・ガス、製造業、ＩＴインフラ、ベンチャーキャピタル、インターネットのスタートアップ企業、および電子商取引のプロジェクトなど、さまざまな業界とその場合におけるビジネス・ケーススタディをいくつか検討する。

　次に、リアルオプションを使った業界における「実践」の例と、ビジネス書や雑誌などにおける専門家達の見解の要約を紹介して締めくくる。

1　リアルオプションというパラダイム・シフト

　以前は、企業における投資の決定は、すでに決着済みの問題と考えられていた。効率の高い新しい機械を購入したり、製造コストがはっきり分かっている製品を多く製造したりするなど、「コストよりも利得が多ければ、その

投資は実行してよい」と考えられていた。また、営業担当社員を追加雇用したり、販売地域を拡大したりする場合には、「給与の支払いと計画実行のためのコストよりも販売収入の予測が若干でも多ければ、人を雇い始めてよい」と考えられていた。では、新しい製造施設が必要な場合はどうすればいいのか？　その場合も同様で、改良された新製品の製造から生じる収入の増加によって、新しい施設の建設費が簡単かつ早期に回収できると判断されれば、そのプロジェクトは承認されていたのだ。

　しかし、現実のビジネスが抱える諸条件は、もっと複雑である。例えば、自分の会社が電子商取引を始める場合一つをとっても、考えられる戦略はいくつもある。そのどれを選択すればよいのだろうか？　どのようなオプションがあるのか？　もしも誤った道を選んでしまった場合、どうすれば正しい道に立ち返ることができるのか？　いくつもの道があるとき、それらを評価し、優先順位を付けるにはどうすればよいのか？　これは、自分の会社がベンチャーキャピタル企業である場合も同様である。やはり、いくつものビジネス・プランを検討しなければならない。過去の実績というものが何もないスタートアップ企業をどう評価すればよいのか？　お互いにとって有利な投資契約を組み立てるにはどうすればよいのか？　第2期、第3期の資金投資の正しいタイミングを見極めるにはどうすればよいのか？

　リアルオプションは、このように戦略的なビジネス・オプションを明確にするだけでなく、資本投資上の決定を下すための戦略的なツールとしても便利なものである。例えば、新しい電子商取引のプロジェクトのために何百万ドルもの投資を行なうべきか否かを考えるとき、入金がなくコストがかさみ、儲けにつながらないように思えるいくつものITインフラ・プロジェクトの中からどれをどのようにして選べばよいのだろうか？　また、リスクの高い研究開発プロジェクトのために何十億ドルもの投資を行なうべきだろうか？　もしも誤った決定を下したら、その結果は惨憺たるものになるだろう。企業によっては、倒産の憂き目を見るものが出てくるかもしれない。伝統的な割引キャッシュフロー・モデルでは、これらの質問に対してはっきりとした回答を出すことは不可能である。それどころか、伝統的な割引キャッシュフロー・モデルを使って出した回答の中には、誤ったものが出てくる。なぜなら、

このモデルは、特定の一時点に限定された静的な意思決定プロセスを仮定としているからである。これに対して、リアルオプションのアプローチでは、不確実性を伴うプロジェクトが生み出すさまざまな戦略的経営オプションを考慮する。また、時間の経過とともに、不確実性のレベルが低下し、最終的にゼロとなる場合を想定して、いくつもの異なる時点において、さまざまなオプションを行使または放棄するための経営上の柔軟性を保持する。

企業の経営陣は、時間の経過に伴い不確実性のレベルが低下するにつれて、より多くの情報をもとにより良い戦略的決定を下せるようになる。すなわち、時間の経過とともに学習が行なわれるわけだ。リアルオプションのアプローチは、こうした学習モデルを取り入れて組み立てられているのである。これに対して、割引キャッシュフロー分析では、静的な投資決定を仮定し、将来他の道を選ぶ可能性があることを考慮に入れずに戦略的な決定を下すものとしている。分かりやすく言えば、リアルオプションとは、行く手に危険が潜んだいくつもの曲がり角や分岐点がある、長く曲がりくねった道を描いた戦略的なロードマップである。見知らぬ土地でドライブするとき、そのようなロードマップを持つことが、直接的間接的にどれほどの価値をもたらしてくれるかを想像してもらいたい。しかも、曲がり角の一つ一つに道路標識が立てられ、豊富な情報に基づいて最善の決定を下すことができるように導いてくれるのである。まさしく、リアルオプションの真髄はここにあるのだ。

ビジネスは、不確実性とリスクに満ちている。しかし、この不確実性の中には、貴重な情報が含まれている。時間の経過とともに不確実性が解消されていくうちに、経営者は、事業上の決定や戦略の変更を通じて「途中修正」を加えることができる。リアルオプションは、この学習モデルを取り入れて組み立てられており、これを使うことは、戦略的なロードマップを持つことを意味する。これまでの伝統的な分析では、こうした経営上の柔軟性が無視されているため、特定のプロジェクトや戦略を大幅に過小評価してしまう恐れが強い。

以下に例を挙げたような各種のプロジェクトを正しく評価するために、リ

アルオプション分析がある。

リアルオプション分析は、新薬の開発、石油・ガスの探査と生産、製造業、E-ビジネス、スタートアップ企業の評価、ベンチャーキャピタル投資、ITインフラ、研究開発、吸収合併、電子商取引、知的資本開発、技術開発、ファシリティの拡張、ビジネス・プロジェクトの優先順位付け、全社的なリスク管理、事業部予算の編成、ライセンス、契約、無形資産の評価、等々、多種多様な設定において使うことができる。次項以降では、いくつかのビジネス・ケースを紹介し、リアルオプションが、企業におけるさらなる戦略的価値の発見と捕捉をどのように支援し得るかを示していく。

2 拡張オプションと複合オプション……ITインフラ投資のケース

さて、あなたは、ある巨大多国籍企業の最高技術担当責任者（Chief Technology Officer：CTO）である。あなたは、自分の会社のOSが旧式化しており、マイクロソフト社のウインドウズXPシリーズのような新しいOSにアップグレードしなければならなくなっていることに気づいている。そこで、CEOと会い、この状況を知らせることにした。CEOは、「新しいOSの導入コストを上回る金銭的な利得があることを証明できるなら、その企画を支持する」と答えた。これは、シンプルだがもっともな要求である。そこであなたは、新しいOSのデモを行なうことにし、マイクロソフト社から技術者を招き、何十億ドルものお金と数年の歳月を費やして開発された新しいOSの性能と、付加価値の高いその拡張機能について、素晴らしいプレゼンテーションをしてもらった。このシステムは、深刻な障害が発生した際には自力で修復する機能を備えていたし、前のシステムに比べて信頼性が高く、より安定していた。プレゼンテーションが進むにつれて、あなたの気分は高揚し、このアップグレードはぜひ必要であると確信した。しかし、これで終わりではない。まだ財務面のハードルが残っている。すなわち、この新しいシステムが、ただ単により良いオペレーション環境を提供するということだけでなく、そのプロジェクトが財務的に健全なものであることを証明しなければならないのである。確かに、より効率的で洗練されたシステムは、ボス

の秘書をよりハッピーにさせ、生産性を向上させるだろう。しかし、それだけなら、秘書の有給休暇を１週間長くしたり、給料を上げたりしても達成できる。どちらの場合も、新しいＯＳの導入よりずっと安くつくし、実行も容易である。また、新しいシステムを導入したからといって、営業マン達がより多くの製品を売り上げ、収益を増やすための助けになるとは限らない。もし、営業の電話の途中で、顧客が、「あなたの会社はウインドウズＯＳのどのバージョンを使っているのか」と尋ねてくれるのなら、会社としても、「最先端」のＯＳを持つことに意味を見い出すであろうが、営業の会話の途中でＯＳが話題になるなどということはまず考えられない。だいたい、最新のソフトウエアを使っていることが契約を成立させる上での助けとなった事実など、これまでにあっただろうか？　自分の会社は貨物輸送とロジスティックス・サービスのグローバル・プロバイダーであって、ソフトウエアは本業ではない。

　それから数日の間、あなたは夜も眠らずにこの問題を考え続けた。そして、ＩＴ部門のトップの人間を集めて、タスクフォースを結成することにした。あなたを含めて６名のタスクフォース・メンバーは、一室にこもり、この問題について考えた。何とかして、極めて強力な案を作り出そうとした。マイクロソフト社の技術者のプレゼンテーションのうち、付加価値についての部分に着目し、潜在的にコスト削減の動因となり得るものを列挙した。まず、何よりも大きいのは、自動保全および自動修復の機能により、技術サポートとユーザーサポートに対する需要が減り、リソース負担が軽減するということだった。これによって、ＩＴ部門が抱えるスタッフの数を減らすことも可能になるかもしれない。あなたは、大まかな数字を頭の中でざっと並べてみる。心臓の鼓動が速くなる。どうやら、トンネルの向こうに光が見えてきた。やっと、長い間待ち望んできた新しいＯＳを手に入れることができる、頭痛ともおさらばだ……。しかし待てよ、これはユーザーサポートに要する時間が短縮するだけではない。生産性も向上するはずだ。社員達は、ユーザーサポートに電話したり、担当者が出てくるまで待ったりする必要がなくなるのだから。

　それから数日の間、あなたのチームは、ユーザーサポートにかかってくる

電話とそれに関連する問題点についてのデータの山と格闘した。記録はよく整理されており、しかもすべてリレーショナル・データベースに収められていたので、大いに助かった。新しいシステムの導入によって解消できると思われる問題点に目を通していくと、これまでユーザーサポートにかかってきた電話の少なくとも20％はカットすることができることが分かった。新しいシステムの高度な安定性と自動修復機能により、ネットワーク内の異なるハードウエア間の衝突などの問題は社員が自分で解決できる。これによって、社員のモラルも改善されるだろう。チーム全員、これらの分析結果に満足した。そして、あなたは、再びCEOに会い、自分達が発見したことを説明した。

　ごく短期間に、これだけ分析を行ない、図表なども駆使して分かりやすくまとめたことを評価した上で、CEOは、いくつかの重要な問題について質問し、コメントした。技術サポートのコスト削減には意味がない。新しいＯＳの導入やコンフィギュレーションのためにリソースが必要になるからである。初期コストはかさむだろうし、新しいシステムに慣れるまで、社員達はかなり苦労するだろう。したがって、ユーザーサポートにかかってくる電話は、長期的には減るだろうが、新しいシステムの導入直後は逆に増えるだろう。それから、会社としては、社員の能力向上に常に力を入れ、不必要な解雇は避けてきた。それに、現在ユーザーサポート要員として５名を抱えているが、将来的にかかってくる電話の20％をカットできたとしても、それは、フルタイムの社員１人分を減らすことにしかならず、会社全体で5,000人が働いていることを考えれば、とてもこれをもってコスト削減戦略と呼ぶことはできない！　……と。

　ところで、ボスの秘書の生産性についてだが、ふと見ると、彼のデスクの上には、マウイ行きのファーストクラスの航空券が２枚置いてあった。その１枚が秘書のためのものであることはまず間違いない。「他に何か手はないか？」──あなたの頭の中をいろいろな思いが駆け巡った。その中には、望遠のデジタル・ズームカメラを持ってハワイまで旅行するという妙案も含まれていたが、これはやめたほうが賢明だと判断した。あなたの視線が航空券の周りをうろうろしていることにボスが気づき、話題を変えたからである。要するに、あなたは、新しいＯＳの導入のためにボスを説得し切れなかった。

CEOとのミーティングの後、あなたの頭には、カメラを買いに行くというアイディアが一日中ついてまわった。

これと似たような経験は誰にもあるだろう。企業は、連日、こうした決定と格闘しているのであり、その企業に製品を売り込もうとするベンダーは、まずこれら財務と戦略に関する問題を何とかしなければならないのである。自分がマイクロソフト社の営業担当部長である場合を想像してもらいたい。いや、マイクロソフトでなくとも、ソフトウエアやハードウエアのベンダーは、いずれもがこの問題に直面しているのである。さあ、どうしたら、成約に持ち込めるのだろうか？

上記の例で見たように、割引キャッシュフローのような単純な伝統的分析や、その他の伝統的分析に基づく経済的な正当化は、現実には惨めな失敗に終わるものである。なぜなら、定量化が可能な財務的利得が高額に及ぶ実施コストを上回ることはあり得ないからである。では、このように、入金のない、キャッシュフローを浪費するだけに見えるようなプロジェクトを正しく評価するには、一体どうすればよいのだろうか？　その答えはリアルオプションにある。狭い視野につかまり、目の前の節約にとらわれてはならない。サーバやOSの大規模なプロジェクトの実施は、将来にわたる戦略的オプションを生み出す。適切なサーバやOSを持つことは、第2、第3、さらには第4段階のITプロジェクトの実施へ向けての出発点となるのである。すなわち、統合された強力なシステムを持つことにより、オンライン・コラボレーション、データへのグローバルなアクセス、ビデオ会議、電子署名、暗号化によるセキュリティ、リモート・インストレーション、およびドキュメント・リカバリーといったことを実行していくための技術的な潜在力を得ることができる。逆に言えば、正しいサーバやOSを持たずしてこれらを実行することはできないのである。

　拡張オプションは、従来とは異なる市場、製品、および戦略への事業の拡張、あるいは、適切な条件の下で現行の業務の拡張を行なうための権利と能力を経営陣に提供する。

　選択オプションは、拡張、撤退、切替、縮小等々のオプションを含む複数

の戦略の中から選択できる柔軟性を経営陣に提供する。

　段階複合オプションは、将来の戦略的オプションの実行と評価は、それまで実行されてきた一連のオプションを踏まえて行なわれることを意味している。

　このように、新しいＯＳへアップグレードすることの価値は、それによって企業が拡張オプションを得ることができるところにある。拡張オプションは、これらの付加価値をもたらす技術に対する投資を実行し追求する権利と能力であって、義務ではない。これらの技術のうちのいくつか、例えば、セキュリティの増強やデータへのグローバルなアクセスなどは、世界中で貨物輸送を行なっている会社のサプライチェーン管理においては特に価値が高いだろう。さらに、それらをいくつかのオプションのグループを同時に実行するというプランも立てられる。すなわち、一つのグループのプロジェクトの成功がもう一つのグループのプロジェクトの成功に順を追って依存するような一連の複合オプションを作るのである。

　複合オプションでは、一つの戦略的オプションの実行と評価がもう一つの戦略的オプションに依存している。

　以上述べたような場合には、伝統的な分析のアプローチにおける推論を使うことは適切ではない。なぜなら、上に挙げたような戦略は、すべて、企業の執行部が持っているオプションにすぎず、必ず行使されるとは限らないからである。戦略全体として見れば、価値は、それまで存在しなかったところで発見され生み出されるのである。そして、そのことが、アップグレードのための計画を財務的に明確に正当化し、新しいＯＳの導入へ向けて着実な一歩を踏み出すことを可能にするのである。

3　拡張オプション……Ｅ－ビジネス構想のケース

　Ｅ-ビジネスブームが始まってからすでに数年が過ぎ、あなたが働いてい

る投資銀行でも、ようやくインターネット時代に参加することを決定した。そしてあなたは、電子商取引のためのしっかりとしたプロジェクトの計画を作成することを命じられた。CEOは、あなたをオフィスに呼びつけ、電子商取引を導入することがどれほど賢明であるかについて、たっぷり1時間訓示を垂れた。その後、何時間ものミーティングが重ねられ、あなたには、「フィージビリティー分析、正しい戦略の選択、および電子商取引に参入することの意義を評価せよ」という課題が与えられた。「まあ、それほど複雑な仕事ではないな」と、あなたは思ったかもしれない。

しかし、次の2週間は、役員室でのミーティングや、電子商取引のコンサルタント会社との電話会議が続き、胃薬が手放せない状態が続いた。タヒチで開かれた、世界的に権威がある（と言われている）2週間の電子商取引に関する集中研修を受け、一躍社内におけるE-ビジネス戦略の専門家として注目されるようになった時点で、あなたは、自分がいまだ何一つ知らないということに気が付いた。一つはっきりしているのは、インターネットが事業経営に革命をもたらしたということだけである。孫子の言う「敵を知り己を知れば百戦危うからず」の理念に基づいた伝統的なビジネス環境は、インターネットからはかけ離れたところにある。競争の条件は完全に均一化し、これまでの第一の競争相手はもはや最大の脅威ではない。最大の脅威は、いまやグローバル化である。地球の反対側にいる何者とも分からない競争相手が、Webへのアクセス者を惹き付け、取り込み、掴んで放さないような魅力的なWebサイトを使って世界中から注文を取り付け始めて、あなたの会社の市場の半分を席捲してしまったのである。もちろん、あなたの会社はそのようなWebサイトを持っていない。恐らくCEOの訓示のとおりだろう。事態はまさに、生きるか死ぬかなのである。12歳の少女が、両親のささやかな雑貨屋をインターネットに乗せることで、一夜にして国際的なサクセスストーリーが生まれる時代なのである。あらゆる企業にとって、技術以上の強敵はあるだろうか。この、技術の大波に乗ることができなければ、その下で溺れ死ぬしかない。

電子商取引の必要性に対する確信と、自分の仕事を守りたいという一心から、あなたは、何とかして戦略的なゲームプランを作り上げようと決心した。

導入可能な電子商取引のオプションを検討し、何とか正しい道を選ぼうと努力した。もしも誤った道を選べば、まずはあなた自身、次には会社の順番で、惨憺たる状況に陥ることは重々承知していた。最初のうち、あなたは、自分の履歴書の手直しばかりやっていたが、やがて、実際にどのような課題があるのかということを考えるようになった。そして、電子商取引に進出するには数多くのオプションがあることを知り、その中から、会社のコアビジネスにとって最も適切だと思える道をいくつか洗い出した。

　気の利いたビジュアルと事業を説明するテキスト、それに所在地を示した地図や営業時間を記載したおとなしいWebサイトを作ってクビになるか？　もう一歩踏み込んで、伝統的な銀行のサービスをインターネットバンキングに変えるか？　顧客が自分の口座にアクセスし、月々の支払いをし、株の売買をし、融資を申し込めるようにし、おまけとして、株式の無料相談や景品の提供、あるいはポップアップ広告などを付けてWebトラフィックをこちらに惹き付けるというのはどうだろう？　それとも一気に最先端に進んで、デジタル・テレビジョン・アクセス、ライブの継続的ストリーミング、さらにはPDA（携帯端末）や携帯電話を使った株の取引などの技術を取り入れようか？　大口のクライアントに対しては、ニューヨーク証券取引所のスペシャリスト達への直接アクセスや彼らとのインタラクションまで提供してはどうか？　いっそのこと、エンロンがやったように、会社のサーバを所得税のかからない南洋の島国に置いてしまうという手もある。とにかく、選択肢には際限がなかった。

　ここまで考えてきて、あなたの中に不安感が募ってきた。競合各社はどう対応するだろうか？　すでに、オンライン証券のアメリトレードを始めとして、数多くの企業がオンラインで活動しているではないか。大銀行の大半もすでにWebに乗っていて、同じようなサービスを提供している。その中で、我が社だけがどうして特別な存在になれるというのか？　とはいえ、彼らに歩調を合わせていかなければ、我々は完全に取り残されてしまいかねない。もしかしたら、我々のサービスを特化させる道があるかもしれない、営業地域を拡張するとか……。しかし、結局、インターネットそのものがグローバルなのだから、我々もグローバルになれないということはないのか？　また、

市場への浸透力の強化と戦略はどうする？　国ごとのリスク分析が必要だし、各国固有の法律上のリスクも把握しなければならない。それでも、戦略自体が失敗することはあり得る。もし、失敗したら何が起こるのか？　競争がどのように展開するかを予測することは不可能だ。Web市場への参入の障壁は低いから、今よりもずっと多くの競争相手が現れる恐れもある。我が社には、海外のバーチャルな銀行サービスと戦っていく力があるのだろうか？　グローバル化——まったく嫌な言葉だが、今はまさにその時代だ。新技術の問題も予断を許さない。何か新しい技術が出てくるたびにお金を使い続けなければならないのか？　市場でのシェアと浸透、ポジショニング、あるいは新しい画期的な金融商品で市場に一番乗りするといった問題をどうするか？　将来の成長の機会、Ｅトラフィック管理、それにセキュリティの問題もある。数え上げればきりがない。もしかしたら、その中道を選ぶのが得策かもしれない。相乗りが可能なＩＴインフラをすでに導入済みの投資銀行と業務提携するのだ。買えるものをなぜ、あえて自前で作る必要があるだろうか？　あなたは再び胃薬に手を伸ばしながら、何かもっと強力なアイディアが必要だと悟るのである。

　このような膨大な数の戦略に優先順位を付け、財務と戦略の両面からフィージビリティーを分析し、正しい決定を下すにはどうすればよいのだろうか？　誤った道を選択してしまった場合、会社は存続できるだろうか？　また、もし誤った道を進んでいることが分かった場合、正しい道にもどることができるだろうか？　これらすべてを達成するためには、どのようなオプションを生み出せばよいのだろう？　最適な戦略はどれだろうか？　将来の拡張オプションを含めて、すべての戦略を洗い出したとき、それら一つ一つの評価が可能になるのである。戦略的プロジェクトの発見、評価、そして選択——リアルオプション分析が多大な洞察と価値を提供するのは、まさにこのような場合である。

　プロジェクトの計画は、現状の枠内だけで検討してはならない。将来にわたるすべての機会を考慮し検討しなければならないのである。そうしないと、目先の価値が明らかなプロジェクトだけを選ぶという誤った決定が下され、将来に向けて大きな潜在力を秘めたプロジェクトが放棄されるという事態が

生じる。経営陣が短期の視点にこだわっている限り、こうした重大な間違いを避けることはできないのである。

4 拡張オプションと段階オプション……新薬の研究開発のケース

さて、あなたは、遺伝子療法に効果があると思われるある新薬の開発を検討している小規模な製薬会社の主任化学者として、適切な生化学化合物を選択して作り出す責任を負っている。あなたは、適切なポートフォリオを構成することができるか否かによって会社の将来が決まることをよく知っているので、新薬開発のプロジェクトの評価には、常に真剣に取り組んでいる。現在、会社は、いくつかの化合物の開発に着手すべきか否か判断しかねている。また、その新薬開発の財務的なフィージビリティーについても確信が持てないでいる。過去のデータと経験から、あなたは、新薬の開発で「ホームラン」が出ることは稀であることをよく知っている。実際、開発される化合物のうち、スーパースターとなるのは全体の5％に満たないのである。しかし、もしも正しい化合物を選ぶことができれば、会社はいくつかの貴重な特許を持つことになり、将来の資金繰りを有利に展開する機会を得ることができる。こうした将来に対する期待を拠り所として、あなたは、開発候補となる化合物の一つ一つを慎重かつ忍耐強く評価しているのである。

あなたが今評価している化合物の一つに「クリエトシン（creatosine）」というのがある。「クリエトシン」は、開発が完了すれば経口薬として投与される予定だが、注射によって直接血流に注入されれば薬効が高まることを経営陣は知っている。ただし、この新薬の開発には不確実な面が多いので、経営陣としては、まず経口薬を開発した後数年間待ち、その上で注射薬の開発のための投資に踏み切るかどうかを決めるという決定を下した。かくして、経営陣は、一つの拡張オプションを作り出したのである。すなわち、これは、「向こう数年の間、いつの時点でも注射薬を作ることができる」というオプションであり、必ず作らなければならないという義務はない。数年間の待機期間が過ぎてしまえば、注射薬の開発による価値は収穫されないままに終わるだけである。つまり、リアルオプションの戦略を取り入れることによって、

あなたの会社は、新薬開発の当初から経口薬と注射薬の両方を開発することによって発生するリスクを軽減したわけである。待つことによって、科学的なリスクと市場のリスクの両方が時間の経過とともに解消した時点で、あなたの会社は、第2の、注射薬の開発の段階に進むか否かを決めることができるのである。このリスク・ヘッジングの手法は、金融オプションにおいてはごく一般的に見られるものであるが、リアルオプションにおいてもそのまま当てはまるものなのだ。

　分析を要する薬品化合物はまだまだ他にもある。あなたはそれらをきれいに並べてみることによって、化学的効果だけでなく、財務的な妥当性によってそれぞれの薬品を評価しなければならないことが分かるだろう。会社の現在の資本構成から考えて、適切な化合物を評価し、優先順位付けを行ない、選択するだけでは十分ではない。予算、タイミング、およびリスク上の制約なども踏まえて、開発する化合物のポートフォリオ構成を最適化しなければならない。

　さらに、会社全体を、戦略的オプションのポートフォリオとして評価する必要がある。会社の価値は、予測収入からコストを差し引いたものを現在価値化しただけでは把握できない。現在進んでいる研究開発プロジェクトもすべて考慮に入れる必要がある。これらのプロジェクトの中からホームランが出れば、会社の価値は倍にも3倍にもなるのである。これらは将来の「成長オプション」と呼ばれる。要するに成長の機会を意味しているのだが、これは極めて価値が高い。端的に言うと、成長オプションは拡張オプションと同義である。なぜなら、あなたの会社は、適切なインフラやリソースそして技術を持っており、これらを将来使用する機会を求めてはいるが、社内の研究と社外の市場の条件が折り合うまで、実際に行使する義務はないからである。

　あなたが使うことになるもう一つのアプローチは、開発のための戦略的なロードマップの作成である。開発中の新薬は、それぞれが、通過しなければならないいくつかの段階を持っている。研究の成果にもよるが、これら一つ一つの段階において、経営陣は、あらかじめ定められたクライテリア（行動規範）に照らし合わせて、開発を次の段階に進めるか、あるいは進めずに撤退するかの決定を下すことができる。つまり、経営陣は、特定の化合物の開

発を次の段階に進めるかどうかを選択するオプションを持っているわけである。そして、初期のいくつかのフェーズでは、「段階複合オプション」となる。すなわち、第3フェーズにおける成功は第2フェーズの成功に依存し、第2フェーズの成功は第1フェーズの成功に依存する、といった形での新薬開発サイクルである。このような連続するオプションを、個々の成功の確率に対して一定の期待値を設定する伝統的なアプローチを使って評価することは、極めて曖昧でありかつ不適切である。結果として、経営陣が、誤った時期に誤った化合物から構成されたポートフォリオを選択することにつながりかねないのである。

5 拡張オプションと切替オプション……石油とガスの探査および生産のケース

　石油・ガス業界は、戦略的オプションの問題を十分使える業界である。なぜなら、石油とガスの探査と生産には、大きなリスクと不確実性がつきものだからである。例えば、石油を採掘しようとするとき、油層の特性、原油の性状、トラップの規模と広がり、孔隙率、シール能力、原油とガスの原始埋蔵量、掃攻能力、開発コスト等々、すべてが未知である。このような条件の下で、油層エンジニアは、特定の採掘サイトの価値をどのように評価し、経営陣に提案を行なうのだろうか？　以下に、この業界で頻繁に発生するリアルオプションの問題のいくつかを検討してみよう。

　あなたは、トップクラスのMBA課程を修了してすぐ、業界で中位に位置する独立系の石油・ガス会社に雇われた。あなたの最初の仕事は、いくつかの生産井と圧入井を評価することである。あなたは、ボスのオフィスに呼ばれ、いくつかの生産井の財務分析をするように命じられた。その際、技術文献の束を渡され、目を通すように指示された。2週間にわたって、石油・ガス業界の基本を説明した本を読みふけった後、圧入井というものが何なのか、ある程度理解することができた。あなたは、何とかして上司達に自分の力を示したいと考え、この種の圧入井の問題を解決するための新しい分析手法についてもう少し調べてみることにした。

　問題についての理解はまだ十分とは言えなかったが、とにかく、あらゆる

可能性を検討し、最善の分析方法は、モンテカルロ・シミュレーションとリアルオプションだという結論に達した。そして、ただ単にプロジェクトの価値を評価するだけでなく、戦略的なリアルオプションを取り入れることによって、プロジェクトのどこに価値を付加することができるかを見い出すことに決めた。

　今、あなたが分析しようとしているのが、天然のエネルギー源を内蔵する一次採掘サイトであると仮定しよう。その内部は、上側にガスのキャップがあり、また、下部の水層により圧力が保たれているとする。原油層に対して高い圧力がかかっており、サイトそのものの生産性も高い。しかし、圧力の大きさや、圧力が長期にわたって維持できるかどうか、などが現時点では分かっていない。そこで、あなたは、一つの戦略として拡張オプションを作り、生産井の近くに圧入井を掘ることを考えた。この圧入井から水またはガスを油層に注入し、油田内部の圧力を高めることによって生産性を維持するのである。圧入井の掘削は、向こう数年間はオプションに留め、必ずしも実行しなくてもよいことにした。

　油田の地質学的な構造と規模が分からない以上、第1の提案として二次回収をオプションに入れるというのは筋の通った提案であるように思える。しかし、考慮に入れるべき重要点は他にもある。例えば、市場における原油の価格は激しく変動することも考慮に入れなければならない。原油価格が経営陣が決定を下す際の重要なファクターであるとしたら、第2の提案としてプロジェクトを2つの段階に分けるように提案を出すべきである。第1段階では、確実な油層に複数の井戸を掘り、将来にわたって生産性を最大化できるようにする。その上で第2段階に入り、その周辺の小さなサテライト油田で採掘を行なう。サテライト油田は、断層によって分離されている。なお、この第2段階は、それ自体が、一つの拡張オプションでもある。原油価格が上がれば、サテライト油田で原油の生産を始めることができるのだ。サテライトの坑井を主要油田に連結して、生産性を大きく上げることができる。もちろん、サテライト油田の開発はオプションであり、会社としては、原油価格がそれを正当化するレベルにまで上がらない限り開発する義務はない。いつの時点で開発するかは、モデルの中に適切な数値を入力して、追加開発が収

益につながるような原油価格の最適なレベルを割り出すことによって判断できる。ここまで考えてから、あなたは、再びボスと会って話をし、さらに、まだ会社での自分の将来が定かでない状況を考えた。その結果、あなたは、戦略についてもう少し深く考えてみることにした。

もしかしたら、会社は、すでにいくつかの生産井があるかもしれない。そうだとしたら、分析に手を加えて、いくつもの生産井を新規に掘削する「拡張オプション」を採用する代わりに、既存のいくつかの生産井を圧入井に転用する「切替オプション」を設定することができる。つまり、より多くの生産井を掘る代わりに、会社は、既存の生産井を使って周辺の油層へ水やガスを注入することにより、圧力を増加させより多くの原油が地表に上がってくるようにすることができるのである。

切替オプションは、異なる技術、市場、または製品など、異なる事業運用状況の間での切り替えを行なう権利と能力を提供する。ただし、切り替えることは義務ではない。

ある坑井からの生産量が減退しており、それを圧入井に転用することにより得られる限界便益が、転用のための追加費用を上回るのであれば、その生産井を圧入井に転用すべきであることは言うまでもない。なお、深海油田の採掘施設が計画されている場合は、拡張オプションを設定することができるだろう。すなわち、通常の施設より若干大きなものを建設することによって、原油価格が高いレベルになったときに、大型の施設が持つ余力を活用して生産量を増やすことができるようにするのである。そのためのコストの増加分は、拡張オプションを確保するために支払うプレミアムと見なせる。

最後に、状況によっては、会社の業務活動をいくつかの段階に分けて、「段階複合オプション」を作ることも可能であることを指摘するとよいだろう。具体的には、戦略的オプションを4つの段階に分け、第1段階から第3段階は試掘井を、そして第4段階で開発井を掘るのである。

- **第1段階**：震探（人工的な震動を発生させて、その波動から地質構造を推定する）を行なって、地下の油層の構造に関する情報を得る

(探査のためのコストには、データの収録・処理・解釈費用が含まれる)。
● 第2段階：背斜トラップやその他の大きな構造が見つかったら、試掘井を掘る。掘らないのなら、この時点で撤退する。
● 第3段階：試掘井により地層的かつ商業的に成功と見なせるなら（この評価は、コスト、水深、原油価格、孔隙率、浸透率、油層、および原油の性状などの要因に基づいて行なわれる）、評価井を掘削するなどして、油層の広がりなどの実態を明確にする。
● 第4段階：十分な生産性を確認したら、さらに資金を投入して（プラットフォームの建設・設営や開発井の増設など）、全面開発する。

6 撤退オプション……製造業のケース

　あなたは、アメリカの中西部にある中規模のハードウエア製造会社で働いている。最近、リアルオプションに関する企業財務のセミナーに出席したばかりのあなたは、新しく学んだ知識を自分の会社でも活用できるかどうか試してみる決心をした。現在、あなたの会社は、レーザーによってガイドされる強力な自動製造機械を購入している。この機械は、1台何億ドルもする高価なものである。非常にユニークな機械で、仕様も極めて複雑なため、購入に際しては1年以上前に注文しなければならない。また、非常に壊れやすい機械でもあり、現在ある3台のうちのいずれかが故障すれば、会社にとって大変な事態になる。なぜなら、製造部門の一部が1年以上の期間にわたって操業停止を余儀なくされるからである。したがって、「万一に備えて」常に少なくとも1台を注文しておくことが望ましいということになるが、果たしてそうだろうか？　既存の3台が問題なく動いているときに注文していた新しい機械が届いたら、大変な問題になるではないか。会社から見れば、巨額のお金をどぶに捨てるようなものだ。何億ドルもする機械が、バックアップとしてまったく稼動しないままでいるというのは、どう見ても望ましい状態ではあるまい。反面、もしも既存の3台のうちの1台が故障すれば、何百万ドルという損失が出ることは間違いなく、代替機が1年後に届くまでは手を

こまねいているしかなくなることも事実である。一体どうすればよいのか？ということである。このような場合の戦略的な意思決定のためのツール、もしくは評価のためのモデルとして、リアルオプションを使うことはできるだろうか？

　この機械の故障発生のパターンには一貫性がない。また、修理のための部品を注文しても、スケジュールどおりに届いたことがない。このような状況下では、伝統的な分析手法はまったく無力である。そこであなたは、リアルオプションを使って、ベンダーと協力して戦略的なオプションを作ることにした。既存の機械がいつ故障するのか分からないまま新しい機械の到着を1年以上も待つ代わりに、会社とベンダーの双方が合意できるような契約を結ぶことにしたのである。あなたの会社がまず一定額の前金を支払い、ベンダー側の優先リストに載せてもらうことによって、納入時期は1年から2カ月に短縮された。もし会社が新しい機械を必要としない場合は、機械の価格の一定のパーセンテージに相当する違約金を特定の期間内に支払う。違約金の金額は、購入取りやめを決定する時期が遅れるにつれてつり上がることになる。

　要するに、あなたの会社は、「撤退オプション」を設定したのである。状況によっては機械の購入を取りやめる権利を留保しながら、必要な場合には即座に機械を入手できるようにして、ヘッジの機会を確保したのである。このようなオプションを持つためのコストは、この場合、契約に基づいて支払われる前金に相当する。一方、このオプションを持つことによるコストの節減は、工場の一部の操業が停止することによる損失の発生を防ぐことによって達成される。リアルオプションが提供する洞察を問題の解決に役立てることによって、会社は、何百万ドルものお金を節約し、最善の決定を下すことができたのである。

7　拡張オプションとバリアオプション……先が見えなくなったベンチャー・キャピタリストのケース

　あなたは、ベンチャーキャピタル会社に勤めており、戦略的な事業計画の選択と、個々の事業計画のフィージビリティーと運用上の実行可能性につい

ての財務分析を担当している。会社には、毎年1,000件以上の事業計画が持ち込まれており、あなたのボスには、その一つ一つを詳細に検討する余裕はない。そこで、最も短い期間に最大の業績を上げる潜在力を秘めた事業計画はどれかを嗅ぎ出すのは、あなたの役目となっているのである。しかし、そのような強力な事業計画は、お金が来るのを待つ必要がない。それどころか、お金のほうでそうした事業計画を追いかけている場合が多い。ベンチャーキャピタルの仕事を10年以上手がけ、ドット・コム・バブルの崩壊も生き抜いてきたあなたの判断は、会社の中でも高く評価されているが、そのあなたの目から見て下される決定は、だいたいにおいて納得できるものが多い。しかし、経済状況と企業間の競争関係が激変する中にあっては、一見して感心できないと思えるようなアイディアが、IPOの成功事例になる場合もある。そのような場合の投資の見返りの大きさを考えると、感心しないアイディアに投資することによって損をすることは、必ずしも悪いとは言えなくなる。少なくとも、CEOが素晴らしい事業計画を作れなかったという理由だけからイーベイやヤフーに続くような会社に投資する機会を失うことに比べれば、たいしたことではないだろう。

　さて、定量的に判断を下せるあなたの能力は、今でも有効だ。しかし、肝心なのは、「次に成功するのはどれか」を見極める力である。持ち込まれた事業計画の中から、トップ100の候補を選んだあと、どうすればよいのだろうか？　リスクを最小化し、見返りを最大化できるような形で会社の資本を効率的に配分するにはどうすればよいのだろうか？　適切な企業に対して間違った方法をとってしまったら、あなたは職を失いかねない。特に、技術の世界で新しい境地を開こうとしているスタートアップ企業などに対する投資となると、致命的である。投資のポートフォリオを構成する企業の業種に多様性を持たせることはいつでも賢明なやり方だが、多様性を維持しながら正しい企業ばかりを集められれば、それに越したことはない。優先順位付けと等級付けを通じて、スタートアップ企業に資金提供を行なうための堅固な財務構造を作り上げるのは、伝統的な評価手法が通用しない今日においては極めて困難な仕事なのである。

　ニューエコノミーは、企業の意思決定者に数多くのチャレンジをもたらし

ている。一つの企業の株の市場における価値は、「オールドエコノミー」という言葉に代表されるような伝統的な環境ではなく、斬新・奇抜な技術がもたらす将来の事業機会に対する期待と予測の度合いによって決まるのである。すなわち、有形（tangible）の製品から技術革新へと、根底をなす基本条件がシフトしているわけである。そして、この事実が、企業を評価する際の手法の根本的な見直しを迫っているのである。

　もちろん、それだけではない。技術革新がもたらすインタンジブル（intangibles：無形の要因）の様相自体も変化している。一般に企業の価値、もしくは戦略的な投資オプションのかなりの部分は、その企業が持っている無形資産の価値によって決まるのである。ここで言うインタンジブルとは、物理的もしくは金銭的な外観がないにもかかわらず、収益を生み出すプロセスの強化を通じて、企業にとって高い価値を発揮する要因を意味している。ニューエコノミーにおいてインタンジブルは、知的財産、財産権、特許、ブランドおよび登録商標などの伝統的なものに留まらず、いわゆるE−インタンジブル（e-intangibles）まで広範にわたってきたのである。

　この、新世代のE−インタンジブルには、マーケティングのインタンジブル、プロセスと製品に関する技術、商業意匠、カスタマー・ロイヤリティ、ブランド力、独占的ソフトウエア、スピード、サーチエンジンの効率性、オンライン・データ・カタログ、サーバの効率性、Webトラフィックの制御と転換、ストリーミング技術、コンテンツ、経験、コラボレート・フィルタリング、ユニバーサル・リソース・ロケータ・ネーミング・コンベンション、ハブ、Webページのヒット数、インプリント、およびコミュニティとの関係などが含まれる。過去数年の間に電子商取引をベースとした経済に参入してきたのは、金融業界（オンライン・バンキング、オンライン支払い、オンライン投資など）、医療業界（国境の枠を越えた医学教育など）、出版およびオークション（e-pocket books、Webマガジン、Web新聞、eBay、Web-Van、Auto-Webなど）である。この新しいトレンドは今後も続くものと思われ、多数の新しいスタートアップ企業が毎分のように立ち上げられている。そして、その中には、国境の枠を越えた銀行サービス、バーチャルなオフショア銀行、遠隔医療造影診断、およびオンライン・サーバ・ゲームなど、高度で

複雑な構造を持つものが含まれている。一方で、あまり高度でない一般的なE－ビジネス戦略も近年目立って増えてきている。これには、オンライン挨拶状やオンライン電子招待状など、カスタマーに料金を負担させずに付加価値サービスを提供する（という建前の）サービス・ベースのWebサイトなどがある。これらの戦略には、参入の際の障壁が低い反面、新規参入による競争も盛んで、したがって、代替効果も高いという特質がある。

こうした企業を評価するとなると、よく知られた割引キャッシュフロー分析のようなモデルでは、まったく歯が立たない。例えば、自分自身をベンチャー・キャピタリストの立場に置いて考えてみよう。これらの企業の株価収益率は、伝統的な財務理論から見ればまったく法外であり、正当化することもできなければ担保することもできない。そのような企業が生み出すインタンジブルや知的財産を、一体どうすれば発見することができるだろうか？キャピタルゲインが大きい企業が新規に上場するとき、その企業の株を買いそびれないようにすることは、いつの時代にも賢明な投資戦略である。しかし、将来の潜在的な収益性を正当化または担保するような基本条件が皆無であるようなスタートアップ企業に投資するとなると、話は完全に変わってくる。おそらく、経済機構の作用の仕方そのものが、根本的にシフトしつつあるのであろう。過去10年間と比較して、作用の仕方がこれほど変わっている現実を見れば、将来完全にシフトすることはまず間違いないのではないだろうか。このように、基本条件がシフトしているという見方がある一方、現在の経済は単に狂騒状態に陥っているにすぎないという見方があることは事実である。しかし、どちらの見方をとるにせよ、今現実に現れてきている数多くのインタンジブルの価値を定量的に把握するためには、新しい、より正確な、より高度な手法が必要であることに変わりはないのである。

不確実性のレベルが高く、ひとたび投資が行なわれれば後戻りはできない状況の中で、大規模な企業投資の機会を発見し、評価し、選択し、優先順位付けを行ない、正当化し、最適化し、管理するにはどうすればよいのだろうか？ 複数のスタートアップ企業を対象として評価と選択を行ない、どれが理想的なベンチャー候補かを見極めるにはどうすればよいのだろうか？ さらに、どうすれば最善の資本構成を得ることができるのだろうか？ この種

のキャッシュレス・リターンの投資では、ただちに収益が増えるということは期待できないし、経費節減も投資と比べればたかが知れている。それにもかかわらず、これほど法外な市場株価を一体どのように正当化すればよいのだろうか？

　これらの投資機会を評価するには、もっと優れた手法がどうしても必要である。ここで、あなたは、モトリーフールのサイトで見た、クレディ・スイス・ファースト・ボストン証券に関するプレスリリースを思い出した。そこには、この会社が、さまざまな企業の株式の価値を評価するに当たり、リアルオプションの手法を用いたことが報告されていた。そこであなたは、自分もリアルオプションを使うことができるのではないかと考え始めた。スタートアップ企業は、そのキャッシュフローが情けないほど小さい場合でも、非常に高い価値を秘めている可能性がある。なぜなら、これらの企業は、戦略的な成長オプションを持っているからである。すなわち、スタートアップ企業の中には、今の時点では何ら実績はないが、近い将来必要になることが確かで、そうなれば迅速かつ容易に市場に拡張できるオプションを持った技術を持っているものがある。また、そのような企業は、この技術に付属する他の技術も持っており、市場の条件が整えば、それらを送り出す権利を留保している。ベンチャーキャピタル企業としては、ベンチャー・ポートフォリオの中に複数の投資を組んでヘッジを確保することで、この拡張オプションを活用することができるのである。

**　バリアオプションとは、戦略的オプションの実行と評価がある特定の条件（バリア）を満たす（超える）かどうかに依存するオプションである。**

　このような企業は、「バリアオプション」による契約上の合意を設定することによって戦略的な価値を生み出すことができる。すなわち、資金提供を約束することで、ベンチャーキャピタル企業は、スタートアップ企業が経営陣によって定められた一定の目標またはバリアに到達した時点で、第2期または第3期の投資を優先的に行なう権利を得るのである。ただし、これはあくまでも権利であって、義務ではない。この場合、バリアオプションのコス

トは、当初に投入する資本金に当たり、これは株式のオプションに対して支払われるプレミアムに似ている。オプションがイン・ザ・マネーである限り、そのオプションは第2期、第3期の出資を通じて行使され続けるのである。この戦略的オプションを得ることで、ベンチャーキャピタル企業は、スタートアップ企業が大きな成功を収める限り、有利な立場にあり続けることを保証される。これは、上昇ポテンシャルに制限がない金融コール・オプションの特性によく似ている。同時に、ベンチャーキャピタル企業は、損失限定の最小限の種となる財務支出のみによって、機会喪失に対するヘッジを行なうことができるのである。

ベンチャーキャピタル企業が複数の企業からなるグループを評価する際には、それらの企業の上昇ポテンシャルをすべて考慮すべきである。これらの戦略的オプションは、非常に高い価値を生み出す可能性がある。また、ベンチャーキャピタル企業は、バリアタイプの各種のオプションを使うことで、ヘッジを確保することができる。その上で、ポートフォリオの最適化分析を行なって、選択した個々の会社にどのような配分で投資するかを決めるべきである。このポートフォリオ最適化分析により、予算またはその他の制約の下でのポートフォリオ・レベルでの収益の最大化とリスクの最小化を図ることができる。

8 複合拡張オプション……インターネット・スタートアップ会社のケース

さて、次は、立場を入れ替えて、あなたがスタートアップ企業を興そうとしている起業家である場合を考えてみよう。ベンチャー資金を獲得し、潜在的な投資家から見て魅力的に思えるように自分の会社をポジショニングするには、どうすればよいだろうか？　あなたの会社のコアビジネスは、ソフトウエア開発とインターネット上のWeb関連技術の開発であって、財務評価は専門外である。それが、投資家にとって魅力的でありながら、同時に、会社の運用、戦略的計画、またはあなた自身が会社に注ぎ込んだ利権に対して不利にならないような形で資金融通のための合意書を作ろうというのである。どうしたらそんなことができるだろうか？　収入とコストの予測はどうす

る？　まだ会社がスタートしてもいないのに、こんな数字をどうやって割り出すのだろう？　あなたは、自分の会社とそのポテンシャルを過小評価してはいないか？　もしそうなら、悪どいベンチャーキャピタル会社に足元をみられて、乗っ取られてしまうかもしれない。さらに、会社がスタートした後の戦略的な選択肢はどうなっているのか？　また、事業計画の一つの段階が終わったとき、次の段階へ進むかどうかの判断の付け方を知っているのか？

　リアルオプションの枠組みを使えば、こうした疑問のすべてについて回答を出し、会社を評価することができる。自分の会社がどのような戦略的オプションを持っているかを知るのは重要なことである。なぜなら、付加価値をベースとした洞察は、戦略的ロードマップを与えてくれるだけでなく、会社そのものの価値を高めてくれるからである。この場合のリアルオプションは、「複合拡張オプション」と同種のものになる。例えば、会社の製品とサービスのラインを拡張して、すでに持っている技術に付属する技術や別のアプリケーションの開発に進むこともできるし、別の市場に進出することもできるだろう。ただし、こうした拡張は、いくつかの段階を経て行なわれるべきものである。次の段階に進めるかどうかは、前の段階が成功するかどうかに依存しているのだ。

9　どんなときにリアルオプションが適用できるのか

　シンプルに定義すると、リアルオプションは、財務理論、経済分析、経営科学、決定科学、統計学、および計量経済学のモデリングを組み合わせたアプローチであり、統合されたソリューションである。リアルオプションは、金融資産を評価するために開発されたオプション理論を、実物資産を評価するために動的で不確実なビジネス環境に応用しようとするものなのである。こうした環境下においてビジネス上の意思決定は、戦略的な資本投資に関する意思決定、投資機会の評価、および資本支出予測のすべてにおいて、柔軟に下されることが求められる。

　リアルオプションは、次のような場合になくてはならないものである。①投資決定の際に取り得るさまざまな経路を見い出す場合、または、ビジネ

ス環境が非常に不確実な中にあって、経営陣が舵取りできるようなプロジェクトはどれかを見い出す場合。
② 個々の戦略的決定経路と、その財務的な実行可能性とフィージビリティーを評価する場合。
③ 一連の定性的・定量的分析に基づいて決定経路やプロジェクトを優先順位付けする場合。
④ 特定の条件の下でさまざまな経路を評価することによって自分の会社の戦略的投資決定の価値を最適化する場合、または、複数の経路の順番を変更することによって最善の戦略を組み立てる場合。
⑤ 投資実行の効果的な時期や、トリガー価値、トリガー・コストまたは収益ドライバーを見い出す場合。
⑥ 将来の機会に向けて、既存のオプションと戦略的決定経路を管理したり新しいオプションと戦略的決定経路を開発したりする場合。

リアルオプションは、ビジネス戦略および資本配分に対する発見、理解、評価、優先順位付け、時期設定、最適化、および管理に役立つ。

10 戦略的オプションの価値と問題点

　戦略的オプションは、それ自体、固有の価値を持つものだが、この価値は、経営陣がその戦略の実行を決めた場合にのみ発揮される。リアルオプション理論では、企業の経営陣が論理的かつ的確であり、収益の最大化とリスクもしくは損失の最小化を通じて会社と株主の権益のために最善を尽くすことを想定している。例えば、ある会社がある土地の権利を所有しており、その土地の地価が極めて流動的である場合を考えてみよう。アナリストは、地価のボラティリティーを計算した上で、一定期間所有権を維持することを提案した。なぜなら、その期間内に、この土地の価値が3倍になる可能性が高いからである。これにより、経営陣は、コール・オプションを手にしたことになる。これは、待機のオプションであり、一定期間土地の売却を延期するのである。この場合、この不動産の価値は、現時点での売却価格をベースとした

価値よりも高くなる。この2つの異なる価値の差が、待機のオプションなのである。しかし、地価が3倍になった時点で、経営陣が売却のオプションを行使しないという決定を下せば、この不動産の価値は上がらない。そうなれば、この不動産の価値は元のレベルに戻り、あらかじめ定められた期間が経過した時点で経営陣は所有権を手放すことになる。

戦略的オプションの価値は、そのオプションが実行された場合にのみ発揮される。実行しなければ、いかなるオプションも無価値になる。

アナリストの提案は正しかっただろうか？ この土地の本当の価値はどれほどのものだったのだろうか？ 今いくらで売れるかが分かっている以上、それに基づいて決定論的に決めた値がこの土地の真価なのか？ あるいは、地価が3倍になる確率が高いという、一つの機会を考慮に入れて、現時点におけるよりも高く設定したものが真価なのだろうか？ 後者が正しいというのが、リアルオプションの見方である。戦略的オプションが約束する付加価値は、そのオプションが行使された場合にのみ収穫できるのである。行使しなければ、いかなるオプションも無価値になる。ここには、明示的価値の理念と暗示的価値の理念が対峙しているわけだが、これは、経営陣に支払われる報酬が、特定のプロジェクトや戦略の実際の業績と直結している今日のビジネスにおいては、極めて重要なことである。

この点をより明快に示すために、ある場合を考えてみよう。問題の土地の現在の市場価格が1000万ドルだとする。市場は極めて活発で、向こう5年間は、いつでも売却することができる。さらに、この5年という期間は、会社がこの土地に対して持っている所有権の期間と同じである。この期間内に、価格が1500万ドルに上昇する確率が50％、逆に500万ドルに下落する確率が50％である場合、果たしてこの不動産資産の価値を1000万ドルと設定してよいだろうか？ もし価格が1500万ドルに上がったら、経営陣はただちに売却オプションを行使して土地を売却し、500万ドルのプレミアムを手に入れるべきである。しかし、経営陣が判断を誤り、売却を思い留まれば、価格は500万ドルまで下落してしまうかもしれない。以上を踏まえた上で、この不

動産資産の価値は一体いくらなのだろうか？　ここに、撤退オプションがあったとしたら、どうなるのだろう？　つまり、ある会社が現れて、一定の契約料を支払った上で、向こう5年の間にこの土地を1000万ドルで購入するという契約的合意に調印する意思を示したとする。それも、所有権を持つ会社がこの合意を実行すると決めた時点で、そのときの市場価格がいくらであっても、定められた1000万ドルという価格で購入するというのである。現在土地を所有している会社にとって、この合意は、一つのセーフティネットが設定されたことを意味する。つまり、この土地は、最低でも1000万ドル（支払手数料控除）の価値が担保されたのである。これが何を意味するかというと、下限はあるが上限はないという状況が生まれたということである。そしてその状況の中で、所有権を保有する会社は、土地の価格が1000万ドルを超えた時点でいつでも売却できるということである。かくして、戦略的な撤退オプションを持つことにより、不動産資産の価値が大きく増加したことになる。論理的に見れば、撤退オプションを考慮に入れた価値のほうが、1000万ドルを上回るものであることは間違いない。

11　リアルオプションを支持する、各業界のリーダー企業

　戦略的な意思決定のためのツールとしてのリアルオプションは、最初に、石油・ガス、および採鉱の業界で使われ始めた。その後、電力、バイオテクノロジー、製薬の業界に広がり、今では、電気通信、ハイテク、さらにはあらゆる業界へと広がり続けている。以下に、さまざまな業界におけるリアルオプションの使用実例を紹介する。

● 自動車および製造業一般

　自動車業界では、ゼネラルモーターズ（GM）がリアルオプションを応用して、新型自動車の製造に切替オプションを設定している。要点は、一定期間内に、できるだけ安価なリソースを使うことである。GMは、米国内に予備の原材料を備蓄しているが、この他にも、複数の海外のベンダーと契約して、必要と予測される以上の量の原材料の供給体制を確保している。当然、

契約料金のコストが発生するが、それは、世界の特定の地域における特定の原材料の価格が高騰した場合に、契約している複数のベンダー間で切り替えを行なうことによって得られる節約に比べれば小さいものである。ベンダーとの契約のために追加の資金を投入し、各ベンダーが求める最低購入量の要求を満たすというプレミアムを支払うことによって、ＧＭは、この切替オプションを購入したわけである。世界各地における原材料の価格が激しく変動することを考えれば、これは極めて重要な決定である。つまり、オプションを持つことで、価格のリスクに対するヘッジが確保されたのである。

● コンピュータ業界

　ヒューレット・パッカード（コンパックを買収合併）は、以前から、海外でのプリンターの売り上げを何カ月も前から予測してきた。その予測に基づいて、個々の国の固有のスペックに合わせて部品を構成し、組み立て、出荷してきたのである。しかし、実際の需要は移り変わりが速いし、予測値も当たらない場合が多かった。そのため、出荷されたプリンターの多くは、他国への転用もかなわないまま倉庫に眠ることになり、在庫コストがかさんだ。また、倉庫に保管されている間に、旧式化してしまうことが多かった。そこで、ヒューレット・パッカードは、各国に組立工場を建設することによって待機オプションを設定することにした。つまり、需要がはっきりした時点でパーツを各国の工場に送り、それぞれの国固有の仕様に基づいて現地で組み立てるのである。おかげで、数カ月ではなく数週間前に発送することが可能になった。また、これらのパーツは世界中のさまざまな仕様に対して利用できるため、たとえ、ある工場で、あるパーツが過剰であったとしても、別の仕様の国でも流用することができるのである。このオプションの購入のためにヒューレット・パッカードが支払ったプレミアムは、各国における組立工場の建設費であるが、これは、誤った需要予測の影響から見れば小さかった。

● 航空業界

　ボーイング社は、特定のモデルの飛行機を製造するか否かを決めるためだけに、何十億ドルものお金と何年もの時間を費やしてきた。しかし、このような周到な戦略を実行しながら、作り上げたテスト機が市場のニーズに合わないものだったとしたら、たちまち競合他社につけ込まれてしまう。飛行機

の製造に関する意思決定プロセスには、技術、製造工程、市場、および財務のすべての面であまりにも多くの不確実性が充満している。そこでボーイング社は、選択オプションを設定して、複数の飛行機の設計を同時並行で進めることを考えた。もちろん、最終的には一つの飛行機に絞る以上、複数の設計を同時に進めればコストが増加することは承知の上である。つまり、このコストの増加分が、オプションを購入するために支払うプレミアムになるのである。しかし、不確実性やリスクは、時間の経過とともに既知となるのだから、その時点で、どのモデルを放棄しどのモデルを継続するかを判断することができ、最終的には自信をもって一つに絞り込める。この方法で、ボーイング社は、開発初期に誤った決定を下すというリスクをヘッジするとともに、複数のモデルの同時並行開発プロジェクトの実行過程で得られたナレッジを収穫することができるようになると考えている。

● 石油・ガス業界

　石油・ガス業界では、精錬所の改装や新技術の開発に対し巨額の投資を行なうことによって、家庭用燃料、ディーゼル燃料、およびその他の石油化学製品の生産量の構成を切り替えるオプションを設定している。つまり、リアルオプションを使って、資本および投資に関する決定を下しているのである。このオプションを設定することによって、精錬所では、そのときの市場価格から見て収益性が高いと判断できる製品の製造に切り替え、需要を捕捉し、周期的に変動する価格に対応しているのである。

● 電気通信業界

　電気通信業界では、これまで、Sprint社やAT&Tといった企業が、光ファイバーを始めとするテレコミュニケーション・インフラを他社よりも多く敷設してきた。彼らは、成長オプションを設定して、大規模かつ安定したネットワークを提供するとともに、市場への一番乗りを達成することによって、新規参入を図る各社に対する障壁を高くしてきたのである。自分自身を彼らの立場に置いてみてほしい。向こう何年もの間使われることがないインフラのために、何十億ドルもの投資をする必要があるということを、経営陣に対して正当化しなければならなかったのである。リアルオプションを使わずにこのような正当化を行なうことは不可能であった。

● 電力業界

　電力業界では、各社が、切替オプションを設定して、効率は低いが建設費が安いピーク需要対応発電設備を建設している。これらの発電設備は、電力料金が高いときだけ稼動し、低くなれば運転を停止する。電力料金は、使用量が一定のトリガー・レベルに達するまでは安定しているが、そのレベルを超えると急騰する傾向がある。これは、実際に起こる頻度は低いが、可能性そのものは明らかに現存する。つまり、安価なスタンバイ発電設備を持つことにより、電力各社は、必要になればそれらの設備を発動させて、価格上昇に伴うプレミアムを収穫するオプションを得たのである。

● 不動産業界

　不動産業界では、土地を開発せずに更地にしておくことで、収益レベルが上がった時点で開発できるオプションを得ることができる。問題は、最善の待機時間をどのように設定するかである。理論的には、待機時間は無制限でよいということになるが、リアルオプションのソリューションを使えば、最適な時期設定オプションを得ることができる。

● 製薬業界

　新薬の研究開発のプロジェクトでは、割引キャッシュフロー・モデルにおいてはキャッシュレスで収益性が低いと判断されるような大規模投資をリアルオプションを使って正当化し、将来へ向けた複合拡張オプションを設定することができる。伝統的な割引キャッシュフロー分析の狭い視点から見れば、向こう数年間の収益が数百万ドルにすぎないと予測される研究開発プロジェクトに何十億ドルもの投資を行なうのは、不確実極まりないという結論になる。経営陣も、正味現在価値分析によれば、そのようなプロジェクトは財務的に実行不可能であると判断するだろう。しかし、業界全体を見渡せば、研究開発はいたるところで行なわれている。経営陣としては、研究開発活動そのものが持つ戦略的価値に着目しなければならない。問題は、そのような研究開発活動固有の価値をどのように定量化するかである。リアルオプションのアプローチを使えば、何十億ドルもの初期投資を、複数の段階から成る投資構成に展開できるだけでなく、各段階の時期も最適化することができる。個々の段階において、経営陣は、待機オプションを使って、進捗状況を見る

ことができる。その時点で撤退オプションを行使してもよいし、拡張オプションを使って次の段階に進むこともできる。コストを繰り延べ、状況が許す場合にのみ先へ進むオプションを持つことができるようにすることで、投資に対する新たな価値が生まれるのである。

● ハイテクおよびEービジネス業界

　Eービジネス戦略においては、リアルオプションを使って、複数の電子商取引プロジェクトに優先順位を付け、初期投資額が高く将来が不確実なプロジェクトを正当化することができる。電子商取引においては、リアルオプションを使って、逐次投資のための段階や、撤退オプションや、将来にわたる成長オプションを設定して、巨額の一時投資を避けることができる（現段階では少しだけ投資して、さらに投資できるまで待機するのである）。

　上記に見たケースは、いずれも、実行コストが高いにもかかわらず近い将来には何らのペイバックも見受けられないものばかりである。伝統的な割引キャッシュフローの感覚で見れば、どれも愚かで、理解のしようがないものである。しかし、事業活動を通じて将来へ向けた戦略的オプションが生み出せるということ、将来の運用環境が不確実であること、および、経営陣は適切な時期に適切な選択をする柔軟性を持ち得るということを考慮に入れるリアルオプションの感覚で見れば、どのケースも完全に正当化できるのである。

12　リアルオプションに対する専門家達の見解

　市場は、リアルオプションの完全な受容に向けて急速に動いている。これは、以下に引用する各種出版物の記述からも明らかである。[1]

● Bloomberg Wealth Manager誌（2001年11月）

　「リアルオプションは、物事を考えるための一つの強力な方法を提供している。私は、この世界に入って15年になるが、分析の枠組みとして、これ以上役に立つものに出会ったことはない」

● Wall Street Journal（2000年2月）

「1997年のIPOの後、Amazon.comの将来を単なる書店と評価した投資家達は、株価が高すぎると判断して、その後の目を見張るような値上がりを完全に逃してしまったに違いない。リアルオプションの真価を知ることは難しいが、それを使わない投資家には、現行の株価が、リアルオプションを設定するための妥当なプレミアムを含んでいるのか、あるいはただ単に過大評価されているのかを判断するためのベースがなくなってしまうだろう」

- **CFO Europe（1999年7月・8月）はリアルオプションの重要性を次のように指摘している**

「あまりにも多くの企業が、評価は、単一のシナリオに基づく割引キャッシュフローをベースとして行なわなければならないと洗脳されている……しかし、我々は、時として、直感が示唆するものとは逆の提案をして、驚愕の目を見張らされることがある——リアルオプションを知れば、我々の提案が何をベースとしているかがはっきりと分かるだろう」

- **Business Week（1999年6月）**

「意思決定における次の大事件は、リアルオプション革命である。そこには、ビジネスの地平を大きく広げる可能性が秘められており、これをクライアントに売り込まないという手はない。この分析を行なうことにより、かつてなかったような洞察を数多く得ることができる……リアルオプションが定着してゆくにつれて、次世代のビジネス分析はオプション思考を中心として展開するということが明らかになってきている。次のオプションをいち早く追求するためには失敗は早いほうがよいという伝統を持つシリコンバレーでは、リアルオプション分析のコンセプトが急速に支持を集めている」

- **In Products Financiers（1999年4月）**

「リアルオプションは、最新の高度なテクニックであり、伝統的な評価手法よりもはるかに有効に不確実性の問題を処理する力を持っている。多くの経営者にとって、不確実性ほど深刻な問題はない。投資戦略に伴う不確実性に直面しなければならないあらゆる業界において、リアルオプションが受容されることは疑う余地がない」

● A Harvard Business Review（1998年9月・10月）

「不幸なことに、戦略の価値を推定するために今日最も広く使われている財務ツールは、割引キャッシュフローである。この手法では、現実の事態がどのように展開しようとも、あらかじめ定められた計画に従わなければならない。本当に信頼できる評価を行なうためには、ビジネスにつきものの不確実性と、戦略の成功のために必要な能動的な意思決定の両方を取り入れたアプローチが必要である。価値は、受動的な経営からは生まれない。能動的な経営から生まれる。これを踏まえて、地に足を着けて戦略的に思考することが重要なのである。リアルオプションは、この事実を鮮やかに浮き彫りにしている」

　本書は、これまで見てきたような問題を含むさまざまな問題に答えるために、リアルオプションの適用における斬新なアプローチを提供することを目的としている。特に、リアルオプションの枠組みを明示している点に注意されたい。この枠組みは、時間の経過とともに変化し続ける戦略、企業、経済、および財務の各環境に適応するためには柔軟性を持った経営が必要だということである。また現実のビジネスには機会と不確実性が並存していて、ともに本質的に動的であるという事実をも考慮に入れている。本書が提供するリアルオプションのプロセスの枠組みでは、リアルオプションの適用において不確実な状況の中で企業の投資戦略機会を発見し、正当化し、時期を設定し、優先順位付けを行ない、評価し、管理するための方法を説明している。

　本書に記述する提案、戦略、および方法論は、伝統的な割引キャッシュフロー分析に取って代わることを意図するものではなく、状況とニーズに応じて、それを補完するためのものである。リアルオプションによって包括的な分析を行なうこともできるし、一部だけを取り出して伝統的なアプローチに適応させることもできる。本書におけるリアルオプション・プロセスの方法論の記述は、伝統的な分析から始まり、そこに価値と洞察を付加するための分析へと続く。これらの分析には、モンテカルロ・シミュレーション、リアルオプション分析、およびポートフォリオの最適化が含まれる。本書で示すリアルオプションのアプローチは、他のアプローチの実行可能性を否定する

ものではないし、リアルオプションのみで完全無欠な結果がすべて揃うわけではないことは言うまでもない。しかし、伝統的なアプローチとの正しい組み合わせによって活用すれば、従来より強靭で、正確で、洞察に富み、理にかなった結果が得られる可能性は高い。リアルオプション分析によって得られる洞察は、プロジェクトが持つ本当の戦略的価値がどのようなものであるのかを理解する上で、大きな助けとなるだろう。

■ 第1章の要約 ■

　シンプルに定義すると、リアルオプションは、金融オプション、決定科学、企業財務、および統計学を応用して開発された評価手法を、金融資産ではなく、実物資産を評価するために、動的で不確実なビジネス環境に応用しようとするものである。リアルオプションは、割引キャッシュフローのような伝統的な分析によっては得られない、プロジェクト評価への深い洞察を与えてくれる。これは、アナリスト、専門家、そして学者のいずれもが同意していることである。直面する問題を、リアルオプションの脈絡において考え、その枠組みに収めてみることは、大きな助けになる。本書では、シンプルなタイプのリアルオプションをいくつか紹介しているが、これには、拡張、撤退、縮小、選択、複合、バリア、成長、切替、および段階複合の各オプションが含まれる。

第1章に関連する設問

1. リアルオプション分析に最も適したプロジェクトや会社の特質にはどのようなものがあるだろうか？

2. 次の項目を定義せよ：
   a．複合オプション
   b．バリアオプション
   c．拡張オプション

3. 収益の最大化のために適切な行動を取れるという保証が経営陣に欠けているとき、戦略的オプションは価値を発揮できるだろうか？

付録　1A

Timken社：
R&Dおよび製造部門における
リアルオプションの実例

　以下は、オハイオ州キャントンに本社がある、Timken社（The Timken Company）のR&D新興技術部長であるケネス・P・イングリッシュ氏の寄稿である。Timken社は、ニューヨーク証券取引所に上場されている会社で、精密なベアリング、合金、特殊鉄鋼、金属部品、およびこれらに関連する製品とサービスの分野で国際的にも主導的な位置にある。世界24カ国で事業を展開しており、社員数は1万8700名である。2001年度の売り上げは、24億ドルである。

　Timken社が、リアルオプションの導入を始めたのは1996年のことだった。収益性を維持しながら年10%のペースで事業を成長させる、という決定を会社が下したことがきっかけだった。我々は、まず、ゲート（入力が一定の条件を満たすときにのみ１を出力する二進回路を示す、コンピュータ用語）型のプロセスを設定して、会社が設定した成長の条件を満たし必要な収益をもたらすようなプロジェクトの機会を発見・評価することから始めた。何回もゲート・ミーティングを開いて議論を戦わせるうちに、予想していたプロジェクト機会と現実の間にはいくつものギャップがあることがはっきりしてきた。これらのギャップを３つのグループに分けて検討した結果、第１のグループはプロジェクトマネジメントとマーケットリサーチの専門知識の欠如、第２のグループは製品と経営の戦略の定義付けと明文化が貧弱であること、そして第３のグループは財務評価能力が低いことであることが分かった。プロジェクトマネジメント、マーケットリサーチ、および戦略のギャップについては、その後数年間にわたって、さまざまなコンサルタント会社の助けを借りながら改善していった。財務評価については、会社の財務部の協力を得

て、新工場の建設のときに使ったのと同じ財務モデリング・ツールを応用してみることから始めた。これらのモデルは、NPV（正味現在価値）、投資回収期間、プロジェクトの最終価値（Terminal Value）に焦点を合わせたものだった。このうち、物議を醸すことになったのは、プロジェクトの最終価値のモデルだった。

　3つのギャップを数ヵ月から数年の期間をかけて並行して検討していくうちに、製品開発についての会社の理解は深まっていった。それにつれて、財務評価モデルを見る目も洗練され、理解も深まっていった。そして、ゲート型のプロセスのテンプレートに応用した財務評価モデルは、ダイナミックで不確実性が高い実際の製品開発環境には不適切であることが分かってきた。そこで、ベンチマークした成長産業を対象としてモンテカルロ・シミュレーションを行ない、プロジェクトにまつわるさまざまなリスクを見極めようということになり、最初のステップとして、モンテカルロ・シミュレーションに関する文献を手に入れることにした。

　モンテカルロ・シミュレーションについては、会社の財務部も承知していたが、それを製品開発に応用しようとする我々の試みを支援するほどの力は彼らにはなかった。そこで、かなりの時間をかけ、焦燥感に悩まされながら解決策を探した結果、デシジョニアリング社という会社がモンテカルロ・シミュレーションのために出している、Crystal Ball（クリスタルボール）というソフトウエアにぶつかったのである。ちょうど会社は、さまざまなリスクを孕んだある重要なプロジェクトを検討している最中で、そのときこのソフトウエアに巡り会えたことは、絶妙のタイミングだった。我々は早速Crystal Ballを購入し、ゲート・テンプレートに挿入してリスク分析を行なった。そして数週間も経たないうちに、数人の重役達は、これまでとは違った観点からリスクというものを見ることができるようになったのである。それまでは、まずリスクを認識して記録した後、そのまま製品開発の作業に進んでおり、リスクがもたらすダイナミックな影響は考慮に入れていなかった。このやり方をHorizon Ⅱプロジェクトでも踏襲すれば、詳細な市場調査と製品・事業戦略との間のすり合わせが欠如し、ギャップが生じる。モンテカルロ・シミュレーションは、そのギャップの実態を浮き彫りにしてくれたので

ある。Crystal Ballの導入により、複雑で処理に時間がかかる財務公式が、素早く使えるユーザーフレンドリーなツールに一変し、リスクの幅を見極め、タイムリーな形で意思決定を行なうという困難な仕事を大いにはかどらせてくれたのである。前からやりたいと思っていたプロジェクトをとりあえず実行に移して、何らかの成果が生まれるはずだと夢想するのは確かに楽しいことだろう。しかし、それは製品開発の本来の目的ではない。製品開発の成功は、そのプロジェクトに資金を投入するか、あるいは撤退するかを素早く決定できるか否かにかかっている。モンテカルロ・シミュレーションを行なうことで、この事実が痛いほど明らかになったのである。

　収益性を維持しながら成長をもたらすための方法を2年半にわたって追求した結果、我々は第2の障壁に突き当たった。プロジェクトのポートフォリオを構成するための正しいプロセスが欠如していたのである。ゲート型の検討プロセスを導入しても、懸案が発生するたびに逐次決定を下すという従来の企業文化と体質を踏襲していれば、特定のゲート・ミーティングに提出された複数のプロジェクトの比較考量だけに頼って評価を行なわなければならない。これは大きな問題である。本来ならば、特定のミーティングに提出されたものだけに限定せず、会社のすべての製品とプロジェクトを俯瞰した上で優先順位付けを行なうことによって投資収益率（ROI）を最大化すべきである。そして、それを可能にするようなツールとプロセスを見い出すことが急務となったのである。資金配分の決定においては、一つのポートフォリオにすべてのプロジェクトを収斂するというコンセプトが極めて重要になる。ところが、こうしたポートフォリオ管理の考え方は、それまでもっぱらNPVと投資回収期間をベースとしてプロジェクトを検討し、リスクの軽減、業績の最大化、および資本コストといったことは考慮に入れていなかった我が社にとっては、まったく馴染みのないものだった。そこで、我々は、ポートフォリオ・シミュレーションの演習問題を作り、それを一種の教材として、重役達とゲートキーパー達に、各プロジェクトとその相互作用を見る目を養ってもらうことにした。そうすることで、戦略の適合性、選択、およびタイミングが財務的な成功に大きなインパクトをもたらすことが理解できるだろうと考えたのである。

幸い、このポートフォリオ・シミュレーションはうまくいった。続いて我々は、成長をもたらすという会社の要求に最もよく応えるようにプロジェクトのタイミング（タイミング・オプション）を設定することのメリットに焦点を合わせることにした。この頃、リアルオプションに関する記事が、ビジネス書や、雑誌や、セミナーの報告書などに現れ始めていたが、実際の応用となると、まだ金融オプションの実践の分野に限定されていた。そこで、再び我々自身で勉強して、その成果を踏まえて企業文化を変え、従来とは違った方法で考える方向に導いていくことになった（つまり、チェンジ・エージェントとしての役割を自らに課したのである）。まず、リアルオプションを教えている大学はないかといろいろと探したが、残念ながら、まだそのような講座を開設している大学はなかった。

　2002年の6月、Timken社は、新たにR&D新興技術部（R&D Emerging Technology Department）を設立した。この部署の役目は、世界中の新技術を俯瞰して、会社のポートフォリオに取り入れるべきものを発見することだった。当然のことだが、新技術というのは、さまざまなレベルのリスクを孕んでいる。そこで、従来よりも一層高度なテクニックを使って一つ一つの技術を評価し、多数のオプションの中から最適なものを選択することが必要になった。

　デシジョニアリング社が、リアルオプションのソフトウエアを開発中であり、さらに、リアルオプションについてのレクチャーとワークショップを丸一日かけて開催すると知らせてきたのは、R&D新興技術部が設立された直後だった。これは、ポートフォリオをベースとした意思決定を次のレベルに引き上げたいと考えていた我々にとっては、絶好の機会だった。さっそく、マン博士と連絡をとり、リアルオプションのレクチャーとワークショップを開いて、我が社の財務部と経営陣のリアルオプションについての理解を促進してもらえないかと依頼した。

　結論として、リアルオプションのレクチャーとワークショップのために使った時間は極めて有意義だったと言える。実際、我が社の内部では、すでにリアルオプションのコンセプトに基づいてコミュニケーションが行なわれるようになってきているのである。Timken社としては、デシジョニアリング

社から出るリアルオプションのソフトウエアの導入により、自信を持ってプロジェクトに関する意思決定を行なうという目標に一層近づくことができ、最終的には、収益性と成長の持続にも寄与するものと考えている。

付録　1B

Schlumberger社:
石油・ガス業界における
リアルオプションの実例

　以下は、コネチカット州リッジフィールドに本社がある、Schlumberger社(Schlumberger-Doll Research)のシニア・リサーチ・エンジニアであるウィリアム・ベイリー博士の寄稿である。Schlumberger社は、グローバル・テクノロジー・サービスを提供している会社で、ニューヨーク、パリ、およびハーグに事業所を持っている。世界100カ国で事業を展開しており、140の国々から集まった8万名の社員が勤務している。会社の事業は2つに分かれている。一つは、Schlumberger Oilfield Servicesで、この中には、Schlumberger Network Solutionsが含まれる。もう一つは、Schlumberger-Semaである。Schlumberger Oilfield Servicesは、石油・ガスの探鉱・生産（E&P）業界に、各種の製品、サービス、および技術ソリューションを提供しているが、このうち、Schlumberger Network Solutionsでは、E&P業界だけでなく、他の広範な業種に対しても、ＩＴのコネクティビティーとセキュリティのソリューションを提供している。一方、Schlumberger-Semaは、ＩＴ関連のコンサルタント・サービス、システム統合、管理サービス、およびそれらに関連する製品を、石油・ガス、電気通信、電力・エネルギー、金融、運輸、および公的機関の市場に提供している。

　安全帽を被った地質学者が殺伐とした地層の露出部を指差し、「ここを掘削したまえ」と自信を持って宣言する。すると、小さな国ほどの規模に匹敵する巨大な油田が見つかる……。今の石油業界にとって、これは遠い過去の話である。過去30年の間に、業界はすっかり変わってしまった。炭化水素の供給が日に日に減少していく中で、我々は、供給源を求めて、世界中の最も

辺鄙で危険な場所に足を踏み入れなければならなくなってきている。以前なら比較的小さな投資で得られたものが、今では多大なコストをかけなければ得られなくなっている。つまり、今日の石油・ガス開発は、時間、お金、技術のすべての面で極めて大きな投資を必要とする事業なのである。しかも、これほどの投資をするためのベースとなる情報は、ほとんどの場合、不完全な上に量が少なく、不確実性が高い。多数出版されているリスク分析の本の中で、著者の多くが石油業界を例に挙げて説明しているが、これは、こうした事情を反映しているのであり、決して偶然の結果ではない。これほど広範な不確実性と潜在的な危険性（技術、財務、環境、および人事のすべてにおける）を孕んでいる業界は少ないだろう。実際、石油業界の話をせずにリスク分析のコンセプトを説明するのは無理だと言っても過言ではない。

　以上のような事情を考えれば、石油業界における経営上の意思決定プロセスとリアルオプションは、切っても切れない関係にあることが分かるだろう。意思決定のプロセスと分析のための方法論は、不確実性の存在、限られた情報の中で、複数の選択肢から最適な開発計画を選ばなければならない。石油会社の経営陣は、限られた情報、経験、そして自らの判断力だけを頼りにして、何百万ドル（ときには何十億ドル）の投資決定を下さなければならないが、これは今に始まったことではない。ただ、今我々は、新しい局面を迎えつつある。不確実な状況の中で、タイムリーで効果的な形でいくつもの選択肢を考慮するための論理的なツールと枠組みが現れたからである。

　この付録では、これまで石油業界で使われたリアルオプションの応用例を簡単に説明しようと思う。ただ、読者の中には、石油・ガス業界の詳細に馴染みがない人もいるだろうから、最初に、「典型的な」石油開発における基本的なプロセスの概要を紹介したい。そうすることで、リアルオプション（およびリスク分析一般）の事例として、石油業界がなぜこれほど頻繁に引き合いに出されるのかが理解できるだろう。

　ジュール・ベルヌが1864年に書いた、「地底旅行」（'Journey to the Center of the Earth'）という小説が、1959年に映画化されている。この映画の中で、ジェームズ・メイソンを始めとする登場人物達が、地下何キロものところにある巨大な洞窟の中に広がる暗い海を航海する場面が出てくる。

もちろん、これはSFであって、科学的な事実とは無縁だが、世間一般では、石油というのは、そうした地下深いところにある巨大な「洞窟」の中に、真っ黒な湖のように広がっていると誤解しているようである。これは、空想としては面白いし、採掘にも都合がよいかもしれないが、実際はもっと複雑である。

　石油（およびガス）の大半は、岩石を構成する一つ一つの粒子の間の極めて微細な空間に詰まっている。例えば炭化水素を含んだ砂岩の場合、孔隙率（岩石全体に占める空間の割合）はおよそ15％くらいであろう。仮に空間のすべてに石油が詰まっているとすれば、貯留岩の総容積の15％が石油を含んでいることになる。もちろん、実際はこのように単純ではない。なぜなら、粒子と粒子の間には水や、他の鉱物が詰まっているものもあり、石油の総量が減るからである。[1]　石油とガスは移動するので岩石貯留岩自体が移動を妨げるような何らかの形のシール（トラップとも言う）を持っていない限り、石油とガスは時間の経過とともに地表に滲み出し、失われてしまう（アゼルバイジャンにはこの現象の好例がある。丘陵の斜面にガスが漏れ出して燃え続けるという現象が有史以来ずっと続いているのである）。したがって、ただ単に石油（またはガス）を含んだ岩石があるだけでは駄目で、その石油（またはガス）が何らかの形で岩石中に封じ込められていて、採掘できる状態にあることが必要条件となる。こうした、石油地質学に関する情報については、セリーの著書（1998年刊）[2]に読みやすくまとめられているので、それを参照されたい。

　普通、石油・ガスの新規の採掘は、試掘・評価、開発、生産、および撤去の4つの段階を経て行なわれる。もちろん、それぞれの段階には、技術、採算、および運営上の課題が数多く含まれる。

　以下に、リアルオプションを踏まえながら4つの段階を簡単に説明してみよう。

1．試掘・評価　震探データを収録して、地下の状態を把握する。それに地質学に関する知識、経験、および考察を加えることによって、炭化水素を含んだ構造がどこにあるかをより詳細に知ることができる。震探データだけで

は、貯留岩石に含まれる液体が何なのか分からないので、試掘井を掘って、石油およびガスの性状、推定埋蔵量、および構造を把握する。

〈試掘・評価の段階でのリアルオプションの導入〉

　意思決定者が考慮できるオプションには次のようなものがある。

- 地震探査に必要な投資の規模。例えば、解像度は高いがコストがかさむ３Ｄ震探を行なうべきか否か？　４Ｄ震探も考えるべきか？　高度な震探データ（およびその解釈）によって地下の環境が一層よく分かることは確かだが、費用対効果を評価する必要がある。高度なデータを得ることで、投資を正当化できるレベルまで油田の特質と規模に関する不確実性を減らすことができるだろうか？
- 油田には不確実性があるという事実を踏まえて、（パートナーシップ契約において）会社はどこまでリスクを負うべきだろうか？
- 油田の実態を正しく把握するためには、何坑の評価井を掘るべきだろうか？　一坑、二坑、五坑、あるいはそれ以上？

２．開発　震探または評価井によって埋蔵量を推測するに足りる十分な量のデータが集まったら、開発の段階に進む。この段階では、生産井の数（およびタイプ）、処理施設、および輸送の各側面を考慮して、商業的に見て最も理にかなう方法はどれかを決定する。また、油層に圧力をかけて増産を図ることが必要かどうかも見極めなければならない。[3]

〈開発の段階─リアルオプションの導入〉

　選択肢の数が最も多くなるのはこの段階である。考えられる選択肢には次のようなものがある。

- 生産井の坑数は？　どの場所に掘るべきか？　どの順番で掘るべきか？
- 生産井は垂直井あるいは傾斜井や水平坑井のように複雑にするのか？　それはプラットホームの真下に位置するのか？　それとも、単純なものにして、別のところから海底坑口装置に連結させるか？
- プラットフォームと掘削装置はいくつ必要か？　海底油田の場合、浮遊式生産システムにするか恒久的なものにするか？
- 将来改修作業が予定されるだろうか？　ここで言う「改修作業」とは、定

期点検や掘削作業、大規模な改造作業のために再度坑井内にリエントリーすることを意味し、「ワークオーバー」とも呼ばれる。
- 圧入井が必要な場合はいくつ掘るべきか？ どこに掘るべきか？
- 処理施設の規模はどれくらいにすべきか？[4] 小さくすれば資本支出を抑えることができるが、最終的に処理量が制限される可能性がある（販売量が減り、キャッシュフローが制限される）。逆に大きすぎるものを作れば、コストがかさみ、運用効率が悪くなる。
- 現在開発中の油田の隣に、次に開発する予定の油田が存在しているか？ 存在している場合、処理施設は共用とすべきか？ 将来の処理量が不確実であるが、処理施設を共有することを前提にするのは有効かつ妥当な選択肢だろうか？
- 新しいパイプラインを敷設すべきか？ もしそうなら、どこに敷設するのが最善か？ あるいは、既存のパイプラインに十分な容量がある場合、それに連結することは可能か？ パイプライン以外の輸送方法も考慮すべきだろうか？ （FPSO[5] など）

このように、開発計画の段階では、エンジニアリングの見地から見て、いくつものアプローチがある。したがって、経営陣としては、いくつかの実行可能な選択肢の中から最善のものを選ばなければならないことになる。さらに、一つ一つの選択肢は、それが開発される際に用いられた前提条件に依存しているのである。ここでリアルオプションを導入すれば、不確実性を明確に定量化することができる。

3．生産 油田の規模（および油井の生産性）に応じて、エンジニアは、他のあらゆるリソースと同様、注意深い管理を行なわなければならない。油層管理（すなわち生産方法とその戦略）は、過去数年の間にますます重要になってきた。昔の、技術的に遅れた生産方法は効率が悪く、埋蔵されている石油の75%が地中に残されたままで終わることも少なくなかった。したがって、油田の生産効率を向上させることは、エンジニアリングの最重要課題となる（しかし、埋蔵されている石油の100%を生産することは自然の原理が許さない。ある程度は生産されないまま残ることになる）。

〈生産の段階でのリアルオプションの導入〉
　有効な生産オプションには次のようなものがある。
- 構造の中に生産されていないエリア[6]が残されていないか？　残されている場合、生産井を追加することによって生産することができるか？
- 権益の一部もしくはすべてを他にファームアウトすべきか？
- 追加の震探を行なって、さらにデータを収録すべきか？
- 既存の生産井を圧入井に転用することによって油田全体の生産効率を改善することを考慮すべきか？
- 油田の寿命を延長するためのオプションにはどのようなものがあるのか？
- 特定の油井の生産能力を改善するために、それらの油井にリエントリーすることを考慮すべきか（一部または全部の油井にパーフォレーションしたり、生産量が低い油層からの生産を停止したり、未開発のエリアにアクセスするためサイドトラックを掘削したりすべきか）？　このような意思決定をするために必要な情報を得るための最善の方法は何か？　コストはどれくらいか、また、操業上のリスクはどのようなものか（生産井にリエントリーすることは危険を伴うし、油層を傷つける恐れもある）？

　生産段階においても、かなりの不確実性を伴う決定を下さなければならない機会が多々ある。すでに長期にわたって生産されている成熟した油田であっても、オペレーターは依然として、生産効率と経済性を左右するマネジメント上の多くのオプションに直面するのである。

4．撤去　原油が生産され尽くすと、油田の上に建設されたインフラは放置されるか、あるいは環境・経済的に効率的な形で解体撤去される。最近では、後者が選ばれることが多い。特に北海油田と米国の海底油田の場合はほとんどすべて解体撤去である。

〈撤去の段階でのリアルオプションの導入〉
　有効なオプションには次のようなものがある。
- 撤去のための最終的なコスト見積もりはどれくらいになるか？　また、当初の見積額が油田の寿命が終わる時点でどの程度乖離しているのか？
- 最初に開発計画を立案する時点で撤去コストの総額を経済計算の中に含め

ておくべきか？　または、放棄コストの一部もしくは全部をヘッジする方法はあるか？
- 撤去に係る法制が変更される場合に備えて、予備費を想定すべきか？
- 撤去費用がどの程度であれば採算性が確保できるのか？　また、その撤去作業費は当初の開発戦略立案にどのようなインパクトをもたらすのか？

以上、注意すべきポイントをいくつか列挙したが、これですべてではないことは言うまでもない。しかし、これらのポイントを見れば、石油業界がリアルオプション型の分析に最も適した業界である理由が理解できるだろう。

すなわち、石油業界は、次のような特性を備えているのである。
① 資本投資額が大きい。
② 収益計算に不確実性が伴う。
③ キャッシュフロー予測に不確実性が伴う上に、それを達成するまでに長い時間がかかることが多い。
④ 期待生産量（油層の規模と原油性状）に不確実性が伴う。
⑤ 開発のすべての段階において、技術的な選択肢が数多くある。
⑥ 政治的なリスクが大きく、市場の動向に影響されやすい（石油会社側で制御できない要因から受ける影響が大きい）。

● まとめ

オプション・ベースの分析の教科書においては、早い時期から石油・ガス業界が取り上げられてきたにもかかわらず、[7]　これまでのところ、大きな導入事例は少なく、成果も限定されている。リアルオプションの実践的な導入を検討しているあらゆる企業はその原因を考慮に入れなければならない。

リアルオプションの導入には、相当のスキルが要求される。それなりに努力しなければ学習できないし、乗り越えなければならない３つのハードルが考えられる。[8]
① マーケティングの問題　リアルオプションを経営陣に「売り込み」、その効用と恩恵を評価し、その能力と長所（および短所）を理解した上で、究極的にはその概念を正しく伝えなければならない（企業の中には、新しい

概念を自ら率先して導入したりしようとする者が若干名いるものである。しかし、専門用語を使わず平易な言葉で説明できない限り、彼らを孤立させる結果になってしまう。ただ、言うは易く行うは難しであるが）。

②分析の問題　何が問題なのかを定義して、技術的な分析を正しく行なわなければならない（これは、適切な訓練を受けた技術スタッフが社内にいて、彼ら全員が本書を読んでいれば解決できる問題である）。

③インパクトの問題　分析結果は、解釈するだけでなく、何らかの行動を通じて実践に移した上でモニタリングとベンチマーキングを行ない、さらにその結果を正しく伝えなければならない（これは継続・反復して行なうべきことである）。そしてプロセス全体を管理することが必要である。

リアルオプション分析の概念と結果を伝えるときには、これらの問題点を常に念頭に置いておくべきである。

付録　1C

**Intellectual Property Economics社：
特許とインタンジブル（無形資産）の評価における
リアルオプションの実例**

　以下は、テキサス州ダラスに本社がある、Intellectual Property Economics社の社長兼CEOである、A・トレーシー・ゴメス氏の寄稿である。同社は、企業の財務計画と税務処理のための知的財産とインタンジブルの評価を行なっている。

　リアルオプション分析は、もともと、実存する実物資産に関連するリスクと不確実性を明示し、分析するために考案されたものである。一方、知的財産（Intellectual Property：ＩＰ）は、特許、商標、企業秘密、著作権など、法律によって厳格に定義されるものと、新しい概念形成の試みの中から生まれるすべての知的／無形資産を対象として広範に定義されるものの両方を意味する言葉である。すなわち、知的財産とは、不確実性の申し子のようなものであり、大きなチャレンジと期待が並存するリアルオプション分析にとっては、その真価を示すための最大の対象と言えるものなのである。

　ＩＰは、情報とナレッジをベースとする脱近代経済における最も貴重な企業資産である。1978年度におけるS&P500の市場価値の構成比は、有形資産80％、無形資産20％であったが、1998年度になると、有形資産20％、無形資産80％と、完全に逆転している。[1]　1990年以来、特許技術のライセンス料収入は、100億ドルから1200億ドル近くまで増加しているのである（この中には、直接管理費と保全費は含まれていないが、全体から見れば0.5％を下回るものと思われる。つまり、1200億ドルというのは、正味の純利益なのである）。

　ただし、ここで言うＩＰは、すでにその存在が目に見えているものだけを

指している。すでに市場でその価値が認められ、評価に組み入れられているものだけなのである。リアルオプション分析は、水面下に隠された巨大な氷山のように、これまで見ることのできなかったＩＰの宝庫を発見することを目的としている。設立後間もない若い企業にとっては、事業のプロセスそのもの、すなわち、すでに着手されてさまざまな開発の段階にある各種研究開発プロジェクトがＩＰになるだろう。一方、もっと年を重ねた企業にとっては、進行中のプロジェクトよりも、かなり以前に完了し、今は棚に収められて埃をかぶっているもがＩＰになるのである。

　ケビン・Ｇ・リベットは、画期的な著書『ビジネスモデル特許戦略』日本語版（NTT出版）（'Rembrandts in the Attic'）の中で、ゼロックスの過去の失態について述べている。ゼロックスは、PC、レーザープリンタ、イーサネット、およびGUI（Graphical User Interface）といったアイディアを「価値のないもの」として放棄してしまった。そして、他社が、ゴミ箱の中からそれらのアイディアを拾い出して大儲けするのを黙って見ていなければならなかったのである。今日、業界をリードするような企業は、これまで取得した特許のポートフォリオの綿密な見直しを続けている。プロクター＆ギャンブル（P&G）は、3年間にわたる社内査察の結果、2万5000件に上る特許のポートフォリオのうち、活用されているのは10％ほどにすぎないという見積もりを出した。また、デュポンは、2万9000件の特許のすべてを15の事業部に割り当ててその活用を推進している。IBMにいたっては、文字通り蔵の扉を開け放って、特許、技術とプロセス、さらには企業秘密まで、「何でも全部売ります」と言わんばかりのところまで来ている。

　こうした、潜在的な価値を秘めた何かを探し出すことと、それらの本当の価値を見極めることは、まったく別の作業である。情報とナレッジは、事業上の戦略的な意思決定のための道しるべであり、各種の経済活動をつなぐ接着剤である。情報が不完全であったり未知であったりすると、意思決定は遅れ、市場を掴むこともできない。だいたい、ＩＰの世界は、自分のアイディアには何百万ドルもの価値があると考えている個人の発明者と、それらのアイディアには数セントの価値しかないと考える巨大多国籍企業から成り立っているものである。不幸なことに、今日のＩＰビジネスでは、売り手と買い

手の間に値段の開きがあり、交渉が際限なく続く。そして、契約条件が苛酷で[2]、結果として業務処理コストを高額で無駄に満ちたものにしてしまうことがあまりにも多い。もっと憂慮すべきなのは、売り手と買い手が顔を合わせる機会すら得られないＩＰ取引が何千件もあるという事実であろう。ＩＰは無数のインターネット取引からも取り残されているのだ。また、いくつものプロジェクトが、コストがかさむとか市場が見えないという理由だけで、放棄されるか棚の奥に押し込まれて忘れられているのである。

　リアルオプションがその真価を問われるのは、まさにこのような場合においてである。これまであまりにも曖昧で、未知で、不確実だと思われてきたＩＰ資産とプロジェクトに、新たな光を当てることが求められているのである。しかし、リアルオプションは、ＩＰ開発の将来の成功や失敗を予言するものではないし、まだ仮定的な段階にある新しい市場を作り出すものではない。また、まったく見込みのないアイディアを潜在的なビジネスに転換させるものでもない。魔法でもなければ、リスクや不確実性を解消するものでもないのである。リアルオプションは、合理的な統計手法によってリスクや不確実性を明示しようとするアプローチである。このアプローチをとることにより、不確実性は一定の範囲に閉じ込められ、リスクは定量化される。情報はより明快でタンジブルになり、ナレッジベースが拡張して、意思決定を支援することが可能になるのである。

　金融資産の場合と異なり、インタンジブルな資産には、それが「実存している」にもかかわらず、流動市場が存在しない。リアルオプションは、ＩＰを取り巻くリスクと不確実性から神秘的要素を取り除くための手段を与えるとともに、潜在的な買い手と売り手に、具体的な目的と、不確実性を回避しリスクを明示するための定量化された情報を与える。ひいては迅速、円滑、かつ低コストのＩＰ取引への道を拓くことによって、この状況を一変させようとするものである。このことを示す例を２つ紹介してみよう。

　ある小さな自動車工学のスタートアップ会社が、ある民間の研究所で画期的な技術が開発されつつあるということを知った。彼らは研究所に接触し、その技術を買収するかまたはライセンスを受けることはできないかと打診した。この技術が商業化されるまでにはまだ数年かかるし、需要があるか否か

は、現在政府が検討している新しい規制が成立するかにかかっている。しかし、規制が成立するとしても、それは数年後のことである（しかもこの規制に対しては自動車メーカー側から反対が出ている）。そこで、このスタートアップ会社と研究所は、ただちに交渉に入る代わりに、外部の独立の会社に経済分析をしてもらうことにした。そして、コストを抑えるために、単純化したリアルオプション分析をすることになった。政府の規制は変わらないという前提で、自動車に対する将来の需要のモデルを作ったのである。リアルオプション評価は、従来の割引キャッシュフロー分析に比べて2倍近く高くついたが、それでも、開発中の技術がどれくらいの不確実性とリスクを孕んでいるかが明確に把握できた。2カ月間にわたる分析を終えた後、両者は交渉に入り、さらに2カ月間議論を重ねた上で合意書を作成し調印したのである。

　2番目の例は、中規模の委託研究機関である。この研究機関は、いくつもの技術分野にまたがる特許、プロセス、企業秘密、および特許申請中の新案を400件近く含んだポートフォリオを持っている。このIP資産から価値を抽出し、新しい収益源を開発するために、会社はポートフォリオの中からいくつかの（さまざまな開発段階にある）資産をサンプル抽出し、リスク評価を行なうことにした。これは、モデリングの前に行なうオプション分析の第1段階に当たる。リスク評価の結果、いくつかの重要なパラメーターが明らかになった。これらのパラメーターには、技術と市場の両面におけるさまざまなリスク（技術、競争、法規）と、タイミングに関する諸点が含まれていた。このリスク評価は、完全なオプション分析ではなかったが、それでも、サンプル抽出された資産を評価し優先順位付けするための有益かつタンジブルな情報を得ることができた。この情報に基づいて、経営陣は、すべてのIP資産を評価するためのテンプレートを作成し、前向きな経営に乗り出すことができるようになったのである。

　不確実性とリスクは、実存するタンジブルな要因である。知的財産は、あらゆる資産の中で、これらの要因から受ける影響が最も大きい。このため、多くの企業が、IPに関する意思決定をためらうことになりがちで、それが、IPに関する取引の成立を阻む結果につながることが多いが、これは無理も

ないことである。ＩＰにおけるリアルオプションの役割は、不確実性を発見（および定量化）し、リスクを明示することによって、企業が自信をもってＩＰの価値をフルに引き出せるようにすることなのである。

付録　1D

**Gemplus社：
ハイテクとR&Dにおける
リアルオプションの実例**

　以下は、Gemplus社（Gemplus International）の上級副社長である、ジム・シュレッケンガスト氏の寄稿である。Gemplus社は、電気通信、金融、政府、およびＩＴの各業界向けのスマートカードとソリューションの分野で世界をリードしている会社である。同社は、この業界でも最も進取の精神が強い会社の一つで、信頼性の高いウルトラシン・コンピュータ・プラットフォーム、ワイヤレス・セキュリティ、アイデンティティー、プライバシー、コンテンツ保護、およびアーキテクチャーの分野で最先端を進むためのR&Dに多額の投資を行なっている。

　Gemplus社はハイテク企業である。ハイテク企業というものは、R&Dを極めて重要視するものである。なぜなら、我々の企業競争力は、何よりもまず技術から引き出されるものであり、R&Dは、その技術のレベルを決定する重要な役割を果たすからである。R&Dを効果的に管理するのは極めて厄介な仕事であり、不確実性も高い。それに、企業のリソースには限りがあるので、さまざまなR&Dリソースの一つ一つが生み出す価値のタイプを考慮しながら投資を行なうことが、経営陣にとっての重要な課題になる。Gemplus社は、競争が激化していく中でR&D活動を管理することがいかに複雑な仕事であるか、という認識に基づいて、リアルオプション分析を使って、R&D投資に関する決定をできるだけ効果的なものにするための努力を続けている。

　R&Dが直面するチャレンジのうち、最も大きなものの一つが、「革新の管理」である。

革新のプロセスを管理することは難しい。技術革新を成功させるためには、既存のナレッジと能力を活用しながら新しいナレッジを発見し、それを形にしていかなければならないからである。さらに、生み出されたナレッジを新しい製品やサービスに取り入れることによって既存の製品やサービスとの差別化を図りつつコストも削減して、競合各社に差を付けなければならない。成功した技術革新の一つ一つは、それに続くR&D活動の土台として使われることになる。そうすることで、すでに達成された成果を組み合わせ、その上にさらに大きな成果を築くための堅固なR&Dプログラムが構築され、それが競合各社に対する優位を維持することにつながるのである。例えば、ある企業が、身体に装着できる超小型コンピュータに対する低電力のワイヤレスコミュニケーション技術を開発しようとしており、そこでの省電力化の研究を進めるうちに、予期していなかった成果を得られるかもしれないということを発見した。それは、精度の高い位置情報と通信の高速化を得る能力である。この位置情報を使えば、ダイナミックなワイヤレス・ネットワークにおけるパケットの転送経路の決定と切り替えの能力を強化し、位置情報ベースのさまざまなサービスを新規に立ち上げることができる。また、向こう2年の間に、高度な通信サービスの市場が実現するとしたら、今から精度の高い位置情報技術への投資を拡大しておけば、この企業の市場における立場が有利になるかもしれない。さらに、R&D部門の部長は、現在進行中のPtoPネットワークのアーキテクチャーの研究活動に目をつけており、これがよい成果を生み出せば、精度の高い位置情報技術への投資拡大と組み合わせて、この企業の帯域とリソース活用の管理能力を大幅に向上させることができるかもしれない。

　このように、一見すると相互に関連していないように見えるいくつかの技術革新が実務において連鎖するという現象は、「ハイテク」業界においては驚くほど頻繁に起こることなのである。もちろん、この複数の技術革新の連鎖がどのような順序で起こるかを特定することはできないが、成功している企業は、こうした連鎖の潜在的価値を踏まえたイノベーションの仕組みや長期的に見て最も有望なものに投資できる柔軟性を持ちながら、創造性を刺激する研究開発の仕組みを常々強化している。

急速に変化し続ける業界において、技術的な不確実性、市場の不確実性、および競合各社の動向などを分析することは、極めて複雑な作業である。このため、企業の経営陣は、成果がはっきりと予測できるレベルまでR&Dプロジェクトの時間軸を短縮したり（この場合、たいした成果は上がらないことが多い）、いくつかのプロジェクトを集めて一か八かの「賭け」をし、そのうちの一つが「勝つ」ことに期待したりしがちになる。前者のアプローチでは、柔軟性が制限される恐れが強い。なぜならプロジェクトマネジャー達は、個々のプロジェクトの限定された目標に直接関係する短期のタスクだけに労力とリソースを集中させなければならなくなるからである。また、後者のアプローチでは、互いにまったく無関係な多数のプロジェクトのために大事なR&Dリソースを「薄めて」投入することを余儀なくされる上に、個々のプロジェクトの成果の間のシナジーを無視することになる。それだけでなく、R&Dポートフォリオを「賭け」の集合と見なすことにより、経営陣は、各プロジェクトが進行する過程で発生する中間的成果をコントロールし、洗練し、組み合わせることによってR&D活動全体の価値を拡大する機会を見失ってしまう恐れがあるのだ。

　伝統的なR&D評価手法（ディシジョンツリーや正味現在価値など）は、投資分析とポートフォリオ管理が抱える根本的な問題を深刻化させる恐れがある。なぜなら、これらの手法は、分析を行なう時点で入手できる情報だけに依存しており、長期にわたる柔軟性を正確に評価することができないからである。ところが、意思決定者達は、これらの手法の限界に気づかずにいる場合が多い。そしてそれが、R&Dに対する投資の決定を的外れなものにしてしまうのである。

　Gemplus社は、ハイテク業界が持つ次の3つの重要な現実を考慮に入れてR&D管理のアプローチを使ってきた。

1．R&D活動が進行するにつれて、不確実性は漸次継続して解消する。それとともに競争の状況が変わり、市場の期待が高まる。
2．企業が特定の技術に対する投資を開始してから、その技術を効果的に活用して新しい製品やサービスを作り出せるようになるまでには、かなりの時間がかかる。

3．最も価値の高いR&D投資は、既存の固有技術に根差しながら、現存する不確実性に対応するための柔軟性を拡大する能力を生み出すことができるものである。

R&D活動全体を継続的に管理し、不確実性が高い中で投資を行ない、R&D活動がどれだけの柔軟性を生み出しているかを評価することをGemplus社に「強制」しているのは、まさにこれらの現実である。個々のR&Dプロジェクトは、それぞれ主要な目的を持っているが、同時に、数多くの二義的な目的も持ち得るものである。そしてそれはプロジェクトが進行するにつれてもたらされる、さまざまな可能性を意味するという点で、まさにリアルオプション価値に結びついてくるのである。このことを踏まえて、Gemplus社では、R&Dによる技術革新のポートフォリオを、「テクノロジー・ロードマップ」の考え方に基づいて管理している。このロードマップは、最も重要なリアルオプションを洗い出し、R&D活動が追求する柔軟性と市場における優位へ向けて会社の舵取りをしていくためのものである。

最も重要なリアルオプションが確認された時点で、個々のプロジェクトは、このロードマップに照らし合わせて評価される。研究の提案は、それが生み出す情報の価値をベースとして評価されるが、同時に、それらの価値に関連するさまざまな可能性が会社にどのような柔軟性を提供するのかという観点からも評価されるのである。これまでのGemplus社の経験では、提案された研究の価値の最大70％が、研究活動が進む中から生まれてきたリアルオプションによってもたらされたことが分かっている。開発プロジェクトは、その主要な目的がどのようなものであるかによって評価されるが、同時に、R&D管理の柔軟性（ポートフォリオ管理の過程における拡張と縮小）と、技術の切り替えの可能性（どの技術が最も有力なデザインにつながるかが不明な場合）から派生するリアルオプションによっても評価される。また、テクノロジー・ロードマップの考え方の中から生まれてくるリアルオプション（多目的の技術）も評価の際の基準になる。開発プロジェクトの場合、リアルオプションがもたらす価値の割合は研究プロジェクトよりもずっと小さくなる。しかし、もしリアルオプションを使わなければ、柔軟性が低く、他の開発プロジェクトとの相乗作用も期待できないプロジェクトに投資が行なわ

れてしまう危険性がある。すなわち、リアルオプションを使うか使わないかで、開発結果に大きな差が出てくるのである。

　R&D活動は知的財産の生成にもつながる。特に特許は、会社の製品やサービスを保護できるか否かに直接関係するため、極めて重要である。また、特許は、ライセンス料の徴収、売却、または障壁（市場参入、切り替え、置換、および統合などに対する）の設定にも使うことができる。このように、特許は、企業の価値を大きく左右するものだが、この価値は、現在と将来の発明に関連するリアルオプションの中から生まれるのである。Gemplus社は、特許を始めとする知的財産を正しく評価することが、知的財産に関する戦略の改善と、より効果的な研究活動の優先順位付けにつながることを確信している。Gemplus社が、R&D特許が生み出すリアルオプションの価値をしっかりと取り入れるべく、知的財産に関する戦略と評価のプロセスを一変させたのは、この確信があったからなのである。

　企業の技術戦略にとって、必要に応じて社外の技術を獲得することは、欠くことのできない賢明なアプローチである。したがって、R&D活動の管理者は、獲得すべき技術を正確に評価する力を持たなければならない。R&D投資の場合と同様、社外の技術を獲得する場合にも、リアルオプションを使うことによって大きな価値を収穫することができる。獲得のための技術の評価では、いくつかの類似する技術を比較し、手を加えることなくそのまま導入できるかどうかを検討し、関連するリアルオプションの価値を見極める必要がある。さらに、技術の現在の所有者が見逃しているリアルオプションを見い出したり、実際に獲得に乗り出したときに競合各社がどのような動きを示すかをゲーム理論の観点から検討したりすることも重要である。Gemplus社では、リアルオプション分析を、獲得すべき技術を正確に評価する上で必要不可欠なものと考えており、現実に、獲得のプロセスの一環としてリアルオプション分析を行なっている。

　R&Dのリアルオプションの価値は、個々のリアルオプションに基づいて何らかの決定を下すという「行動」と組み合わせることによって初めて引き出されるものである。仮にリアルオプションのアプローチを取り入れたとしても、それが継続的なR&D管理プロセスと連結されていなければ、リアル

オプション分析が指摘した価値を実際に引き出すことは困難である。Gemplus社では、これまでの経験から、R&D管理のオプションは、プロジェクトやプログラムのライフサイクルと全体にわたって検討を繰り返すことによってのみ効果を発揮するものであることを知っている。例えば、ハードウエアの開発プロジェクトの場合、ライフサイクルは伝統的な「ウォーターフォール型」（waterfall）になることが多い。すなわち、調査、仕様決定、設計、および実行の各段階の終わりにチェックポイントが設定されるという、ある意味では、自然な流れに沿って展開するライフサイクルである。これらのチェックポイントは、それまでに学習したことを活かし、必要な場合にはプロジェクトのその後の進め方を変更するための機会と見なすことができる。拡張、縮小、または最近完了した研究プロジェクトの成果を取り入れた変更、あるいはもっと根本的な変更など、さまざまな進め方があり得るのである。一方、ソフトウエアの開発プロジェクトの場合は、もっと反復的なライフサイクルになることが多い。また、各段階の間隔は短くなるし、チェックポイントの数も少なくなる。管理オプションを見極めるためには、それぞれのプロジェクトの性格の違いに細心の注意を払うべきである。

　R&Dにおけるリアルオプションの使用は、さまざまな技術的選択肢を正確に評価することによって最善な決定を下すことを目標としている。Gemplus社におけるリアルオプションの導入のための努力は有益なものであったと言えよう。

　リアルオプション分析は極めて強力な財務ツールであり、大きな不確実性を孕むさまざまなプロジェクトや研究活動の集合を管理するという複雑な網のような作業に実によく適合するだけでなく、企業に大きな価値を提供する潜在性を秘めているのである。

付録 1E
Sprint社：電気通信事業におけるリアルオプションの実例

　以下は、Sprint社のマーティ・ネブシュマル氏（FMDP、グローバルマーケット部）と、マーク・アカソン氏（FMDP、国内電気通信事業部）の寄稿である。Sprint社は、世界70カ国の2300万の企業および個人顧客にサービスを提供している、国際的な電気通信事業者である。世界全体で8万名の社員を雇用しており、年商は230億ドルである。本社は、カンザス州ウェストウッドにあり、FONグループとPCSグループに分かれて、ニューヨーク証券取引所に上場されている。有線通信事業を担当するSprint FONグループ（NYSE：FON）には、グローバルマーケット部と国内電気通信事業部が含まれ、製品の流通や電話番号簿の出版も担当している。無線通信事業を担当するSprint PCSグループ（NYSE：PCS）には、Sprint社のワイヤレスPCS事業のすべての活動が統合されている。Sprint社は、全米で初めて完全デジタル光ファイバーネットワークを実用化するなど、最先端技術の開発と導入で業界をリードする企業として知られてきた。グローバルマーケット部は、企業・個人顧客向けに広範な通信サービスを提供している。これらのサービスには、国内長距離電話サービス、国際電話サービス、インターネットを始めとするデータサービス、フレームリレー・アクセスと転送、Webホスティング、セキュリティ管理、およびブロードバンドが含まれる。

　20世紀は、先進諸国における電気通信が完全に普遍化した世紀であった。1999年度の米国の電気通信事業の総収入は2600億ドルで、前年度から10％以上伸びている。[1]　2000年12月の時点で、米国におけるモバイル・ワイヤレスの契約者数は1億人を超えていた。[2]

これだけでも驚くべきことだが、もっと驚くのは、このサービスを提供するために必要とされる資本集約の猛烈さである。米国最大の電気通信事業者であるAT&Tは、2000年度だけで、560億ドルの収入を得るために、その4倍以上の2340億ドルの資産を投入しなければならなかった。[3]　この急成長は、ただ単に人口の増加とサービス地域の拡大によってのみもたらされたものではない。ワイヤレスやインターネットといった、新しい技術とアプリケーションも大きな動因となっているのである。いずれにしても、これほど高い資本集約性と巨大な投資額を考えれば、新しい技術とアプリケーションを正しく評価した上でさまざまな決定を下すことが成功のための絶対条件となることは間違いない。そこで、リアルオプションが果たし得る役割に大きな期待が寄せられることになる。

　投資に際して正しい決定を下すことは、すべての企業に共通する目標である。柔軟性を維持しながら価値を最大化することは、すべての投資決定に共通する目標の一つである。しかし、価値の最大化と柔軟性は、互いに相容れないものになることが多い。この関係を理解するために、2つの戦略について考えてみよう。一つは、まだ実績がなく、将来の製品やサービスのプラットフォームになり得るかどうか分からない新技術に投資し、それを導入することによって業界における主導権を獲得するという戦略である。もう一つは、その技術が業界全体のスタンダードとして認知されるまで待機し、様子をうかがうという戦略である。この2つの戦略には、それぞれ長所と短所があるが、第一の戦略の場合、業界スタンダードとなり得ない技術に投資してしまうリスクがあることは明らかである。ことによると、完全に行き詰ってしまうかもしれない（例えばbetaビデオテープのように）し、必要な仕様を満たすことができない結果に終わるかもしれない。特定の時点における「最新」技術に賭けるということは、その賭けが外れた場合、企業の財務に否定的な影響を及ぼす恐れが強いのである。

　したがって、Sprint社のような電気通信事業者にとっては、特定の技術に関する情報が得られ次第、その技術に投資することのプラス面とマイナス面を洗い出すことができるような堅固な方法論を含んだ意思決定プロセスを確保することが極めて重要になる。その方法論は、必要な情報を素早く意思決

定者に伝えて、適切な行動がとれるようにできるものでなければならない。また、技術開発の進捗状況を踏まえて、改善を加えたり、もっと有望な他の機会にリソースを配置し直したりするための決定のタイミングを明示できるものでなければならない。

　Sprint社では、柔軟性を維持しながら会社全体にわたって系統的に戦略を実行するための有効なアプローチの一つとして、リアルオプション分析を導入している。この分析の特質は、すべての技術投資決定について、成長と柔軟性のオプションを考えることを経営陣に強制するということである。リアルオプション分析は、あらゆるオプションを評価できるプロセスであり、しかも、評価の過程で、決定を下すべきポイントを一つ一つ明示してくれるのである。

　長期にわたって会社の価値に大きな影響を及ぼすさまざまなテレコミュニケーション技術の導入と適用に関して、極めて重要な戦略的決定を下すことは、電気通信業界の経営陣が常に直面し続けなければならない課題である。これらの技術は、資本集約度が極めて高いものである。特に、立ち上げの段階では大きな投資が必要である。また、開発と実行にも長い時間がかかるし、投資回収に要する期間も非常に長いのである。

　電気通信事業者が扱わなければならない資本集約的なテレコミュニケーション技術には次のようなものがある。

①ワイヤレス技術の選択（TDMA：Time Division Multiple Access－時分割多元接続、CDMA：Code Division Multiple Access－符合分割多元接続、またはGSM：Global System for Mobile Communication－グローバルデジタル移動通信システムなど）。
②第３世代（３Ｇ）増設のタイミングと市場への参入。
③３Ｇワイヤレス技術のアプリケーション。
④MAN（Metropolitan Area Networks－大都市圏ネットワーク）、セントラル・オフィス（ＣＯ）、およびPOP（Point-of-Presence）の立地選択と構築。
⑤基幹光ファイバーネットワークの容量。
⑥基幹ネットワークの技術（ATM：Asynchronous Transfer Mode－非同

期転送モード対ＩＰ-インターネット・プロトコル）
　技術的な決定に関する戦略のいかんにかかわらず、一般的に、３つの基本的な結果が出るものである。そして、これらの結果の一つ一つが、企業の業務と財務に特定の影響を与える。
- 正しい技術の選択は、価格／コスト構成における競争上の優位の持続、市場への「一番乗り」、マーケットシェアの拡大、優良なブランドイメージの確立、業務効率の向上、財務業績の向上、および業界における認知度の向上等々、さまざまな形で成功をもたらす。
- 誤った技術を選択し、資産やリソースの運用方針の変更や再配置の戦略的オプションを確保しなかった場合は、競争力の継続的低下および／あるいは技術の行き詰まりにつながる。この状況から回復するには、財務と業務の両面で多大なリソースを費やさなければならない。
- ただし、行使可能な戦略的・戦術的オプションが時宜に応じた形で行使されるなら、当初の選択が誤っていても最終的には成功できる可能性がある。少なくとも、そうしたオプションを持つことにより、財務的な窮状や競争力の低下を回避したり、それらの状況が続く期間を短縮したりすることが容易になる。

　事業機会の分析を改善できるような評価手法を導入することは重要だが、電気通信事業の経営陣にとってそれ以上に重要なのは、すべてのビジネス・ケースにおいて業務上の柔軟性を確保できるような堅固な思考・分析プロセスを自ら実践することである。
　リアルオプション分析が成果を上げているのは、まさにこの点においてである。つまり、戦略的な柔軟性を追求し、要求することを経営陣に強制するような思考プロセス以上に重要なものは他にないのである。モンテカルロ・シミュレーションは、NPV（Net Present Value：正味現在価値）で見た最終的な成果にこだわることなく、入力変数についての理解を深めることの重要性を指摘した。これは、リアルオプションにおいても同様である。しかし、リアルオプションでは、モンテカルロ・シミュレーションよりもさらに数歩進んで、戦略的な柔軟性を評価し、事業計画の方向が修正されるべきトリガー・ポイント（発火点）を見極めることができる。これは強力な利点である。

では、さて、問題は、どのようにすればリアルオプション分析の手法を実践に移すことができるのであろうか。

製薬業界や石油・ガス業界には、プロジェクトをいったん完全に停止させ、周到に検討を加えることを要求するようなトリガー・ポイントがあるが、電気通信業界にはそのようなトリガー・ポイントがない。これらのトリガー・ポイントは、月や四半期や年度のように、あらかじめ定められた時期をベースとして設定したり、製品の設計・開発、市場分析、あるいは価格設定などの各段階の完了など、技術の再検討の機会として理にかなった時期に設定したりすることができる。また、財務および業務の見地から設定された一定の閾値が達成されたとき（プロジェクト予算の超過、競合技術の出現、成長目標の突破など）をトリガー・ポイントとすることもできるだろう。

新技術の導入においては、特定の事象が発生する確率についての過去のベンチマーキング・データを得ることができない。例えば、米国において、CDMA技術とGSM技術のどちらがワイヤレス技術の主流となるかを、長期的な観点からパーセントで示すなどということは、元々歴史的先例がない以上無理なことである。しかし、一つの技術を見送り、もう一つの技術を導入することが、ワイヤレス通信を扱うさまざまな企業の財務に深刻な結果をもたらすことは事実である。そこで、経営陣は、自分達の目から見た主観的な状況分析に基づいて特定のオプションを評価せざるを得なくなるのである。リアルオプションを用いることにより、周到かつ客観的な分析と批判的思考を通じて、最終的な結果が割り出され、そしてそれらの結果には、大きな価値が含まれているのである。

同様のケースは、電気通信業界全体にわたって共通して見られるものである。しかし、企業ごとに主観的判断の余地がかなりあるため、特定のオプションの評価に大きな変動が見られる場合があるだろう。だからと言って、リアルオプションの価値が薄くなるわけではない。現実はむしろその逆で、戦略的な柔軟性が内包する価値を認識し、その価値を定量的に把握しようとする堅固な思考プロセスを持つこと自体が重要な意味を持つのである。

結論として、リアルオプション分析の主要原則を適用することは、極めて重要であり、大きな価値をもたらすと言える。分析と評価の全体を通して見

ると、リアルオプションは、伝統的な分析ツールを補完するものであり、多くの場合、それらを陵駕する力を持っている。
　以下に、電気通信業界において、プロジェクトの財務的実行可能性を決定するために使われるさまざまな種類のリアルオプションの例を挙げる。

１．ワイヤレス通話と有線通話の交替現象
　競争が激化する今日のワイヤレス業界においては、全米をカバーするワイヤレス・キャリア（無線電気通信事業者）の大半が、サービス・パッケージの中に長距離通話プランを取り入れている。電気通信市場へのワイヤレスの浸透が進むにつれて、MOU（Minutes of Use：通話時間）全体に占める長距離通話の割合が拡大し、結果として、キャリアの中には、有線回線の設置のための投資計画を変更しなければならないものが出てくる可能性がある。さらに、ワイヤレスの契約では、月々の通話料金（MRC：Monthly Recurring Charge）の中に長距離通話の料金が組み込まれているので、長距離通話の場合も、有線電話の代わりに携帯電話を使う契約者が多くなってきている。このような状況において、ワイヤレス・キャリアと有線キャリアの両方の価値判断を行うのに、リアルオプション分析は有効である。

２．段階複合およびリソースの再配置オプションを使った新技術の評価
　３Ｇは、段階複合オプションとして見ることも、リソースの再配置オプションとして見ることもできる。Sprint社を含む米国のワイヤレス・キャリアのいくつかは、既存のネットワーク全体にわたってソフトウエアのアップグレードを実施することで３Ｇを導入することができるが、それら以外の事業者は、新しいネットワークを構築する必要がある。したがって、３Ｇを段階複合オプションと見なすことができる企業は、ワイヤレス企業がインフラ整備のために行なう投資に比べれば極めて小さな追加投資を行なうだけで、自社のネットワークを３Ｇ対応にアップグレードすることができる。また、彼らの顧客は音声通信サービスについては、３Ｇ対応でない既存の電話機でも利用することができるのである。
● ３Ｇへの段階的なアップグレードができないワイヤレス企業は、既存のワ

イヤレス・ネットワークに拘束されているリソースを解放して、再配置を行なわなければならない。これらの企業は、何十億ドルもの投資を行なって、３Ｇネットワークの構築に必要なスペクトルを獲得しなければならない。ヨーロッパだけでも、３Ｇを許容できるだけのスペクトルの獲得のために、1000億ドルもの投資が行なわれたと見積もられている。既存のネットワークを維持しながら、これほど大規模なリソースの再配置を断行しなければ、３Ｇ対応のネットワークの構築はできないのである。さらに、これらの企業の顧客は、新しい携帯電話機を購入しなければならない。それまでの機械は、３Ｇ対応のネットワークでは機能しないからである。

● ワイヤレス・キャリアが今日直面しているさまざまなオプションの起源をたどると、過去に直面した一つのオプションに行き着く。すなわち、CDMA、TDMA、およびGSMのワイヤレス技術のどれをとるかというオプションである。ワイヤレスが始まった当初、どのキャリアも頭を悩ませてこれらの技術のいずれかを選択したわけだが、その当時の決定が今日の結果につながり、さらには今後の３Ｇ導入の実行可能性に影響を与えているのである。

３．新規市場への進出および技術の変更オプションを使ったローカル接続の活用

すでに電話交換業務を行なっている地元の電話会社（ILEC：Incumbent Local Exchange Carriers）は、他社にはないユニークな立場にいる。このような事業者は、新規市場への進出オプションを使って、地元の既存のインフラに対する投資を評価することができる。ILECは、既存のインフラに最小限のアップグレードを加えるだけで、長距離通話サービスだけでなく、高速のデータ・ビデオ通信、およびインターネットなどの新しい技術を地元の顧客に提供し、新規の市場へ参入できるのである。

● 技術の変更オプションは、すべての大手ILECがすでに直面しているか、遅かれ早かれ直面することになるものである。既存の回線を使ったネットワークでは、増え続けるデータと音声の交通量を処理しきれない。従来のネットワークは、平日の日中のピーク時における音声通信をこなすように設計さ

れていたが、今では、インターネットやデータの交通が盛んになる夜間にそのピークが移行している。このため、すべてのILECが、パケット・ベースのデータネットワークに変更するオプションに直面しているのである。パケット技術に変更することで、ネットワークの効率は飛躍的に向上し、データと音声の交通量の増加にも対応できるようになる。さらに、将来に向けて新しい市場や製品を作り出す可能性が開かれ、多くのオプションを得ることができるのである。

4．インフラの構築（拡張オプション対縮小オプション）

　今日の電気通信業界の事業環境において、拡張と縮小のオプションの有効性はますます高くなってきている。ネットワークの構築は、非常に資本集約的な事業であり、数多くの事業者が多額の負債を抱え込むことを強制されてきた。ところが、電気通信サービスに対する需要は供給に比べて思ったほど伸びず、光ファイバーの容量に余剰が出る結果になった。したがって、この余剰容量がどこにどれだけあるかによっては、自社のネットワークを新たに構築するよりも、他の事業者の余剰容量をリースするほうが安くつく場合が出てくる。また、財政が逼迫している事業者から、妥当な価格で余剰容量を購入すれば、単独で構築するよりもはるかに安くインフラを獲得することができるだろう。

第 2 章
伝統的な評価アプローチ

　この章では、伝統的な分析手法の一つである割引キャッシュフロー・モデルの概要説明から始めようと思う。いくつかの例を挙げて、その限界点と欠点を示すが、特に、この伝統的なアプローチが、柔軟性を無視することによってプロジェクトの価値を過小評価してしまう問題に焦点を合わせる。限界点のいくつかについては、特に突っ込んで検討を加えるとともに、欠点を是正するためのアプローチにはどのようなものがあるかについても説明する。さらに、より高度な分析を使った改善方法についても説明する。これには、モンテカルロ・シミュレーション、リアルオプション分析、およびポートフォリオ・リソースの最適化が含まれる。

1 伝統的な評価方法による価値の見方

　価値は、「将来の収益性を時間価値で割り引いて合計した単一の数値」として定義される。しかし、一つの資産の時価が、その価値と同一であるとは限らない(「資産」、「プロジェクト」、および「戦略」は同義の言葉と考える)。例えば、ある資産がかなりの安値で売られた場合、その価格は資産の価値よりも低い可能性がある。したがって、購入者は、相当量の価値を手に入れたと推測できよう。一方、適正な市場価値を設定するための評価とは、資産の真の価値にできるだけ接近した価格は何かを見極めることである。この真の価値は、資産の物理的要因だけでなく、非物理的、または無形(インタンジブル)の要因からも引き出されるものである。いずれの要因も、付加価値、または固有の戦略的価値を生み出す力を持っている。

　これまで、評価に際しては、市場、収益、およびコストの3つが、主流のアプローチとして用いられてきた。

１．市場アプローチ　市場アプローチでは、市場の中の類似する複数の資産と価格によって算定する。このとき市場の力が時価を一つの均衡したレベルに導いていくものと仮定されている。また、時価は、取引のためのコストとリスクの差を調整した後の適正な市場価値を反映しているものと仮定する。なお、資産の評価が行なわれている企業と、その比較対象となる企業の間の経営構造が異なっている場合、市場、産業分野、または会社固有の事情を考慮した調整を行なう必要が出てくることもある。これらの調整には、比較する企業間の共通規模化や、評価する企業の産業分野、経営、規模、収入、業務、収益性のレベル、経営効率、競争状態、市場、およびリスクの特性に密着した基準を用いた定量的なスクリーニングが含まれる。

２．収益アプローチ　収益アプローチでは、資産が将来の利益またはフリー・キャッシュフローを生み出す可能性はどれくらいあるのかを算定する。具体的には、それらの正味のキャッシュフローを定量化し、予測し、割り引いて、現在価値に置き換える。そして、そこから、資産に関する実行、獲得、および開発に要するコストを差し引いたものが最終的な正味現在価値とされるのである。なお、キャッシュフローは、その企業が定めたハードルレート、加重平均資本コスト（WACC：Weighted Average Cost of Capital）、またはプロジェクト固有のリスクや全体的なビジネス・リスクに基づいて調整された割引率によって割り引かれることが多い。

３．コスト・アプローチ　コスト・アプローチでは、企業が、資産の将来の収益性ポテンシャルを再構築する場合のコストを算定する。新しく一から作り出される資産の場合は、その戦略的無形資産のコストも検討に加えられる。このアプローチの根底をなす財務理論は、伝統的な決定論の見地に立てば健全なものであるが、一つの企業、プロジェクト、あるいは資産の戦略的柔軟性の価値をこれだけで分析しようとすると無理が出てくる。

　市場アプローチ、収益アプローチ、およびコスト・アプローチが、評価の３大アプローチである。

4．その他のアプローチ　その他の評価アプローチ、なかでも無形資産の評価のためのアプローチは、その資産が会社にもたらす経済的な発展性や利得を定量化することを目的としている。無形資産、特に登録商標とブランド名の評価のための方法には、よく知られたものがいくつかあるが、これらの方法は、左に述べた市場、収益、およびコスト・アプローチを組み合わせたものである。

その一つとして、強力な登録商標やブランド認知を持つことは市場での優位につながるという仮定に基づいて企業の価格設定戦略を比較する方法がある。例えば、数ある清涼飲料メーカーの中でも、コカ・コーラは、他社よりも高い価格設定ができるといった具合である。製品、市場、業務内容が同様で、市場の不確実性とリスクも同程度であるにもかかわらず価格差が存在するとすれば、それは、ブランド名がもたらしたものであると見てまず間違いないだろう。このような場合に複数の企業の比較を行なうためには、各企業の異なる経営条件を考慮に入れた調整を行なうのが一般的である。その上で、製品1個当たりの価格プレミアムに予測販売量を掛け、さらに割引キャッシュフロー分析を行なった結果が、その無形資産によってもたらされた残余利益ということになる。同様の論法は、単価に代わって利益マージンを用いた場合にも適用することができる。この場合、手取りの正味利益ではなく、課税前の利益が使われるが、これは、各企業の資本構成方針が異なっていたり、正味の損失の繰越やその他の節税対策がとられていたりする問題を回避するためである。

また、資産を保有する複数の企業を対象として、損益計算書の共通規模分析を行なう方法もある。これは、スケールメリットや業務範囲の広さからくる優位性を考慮に入れるための試みで、損益計算書に記載された科目を売上のパーセントに置き換え、貸借対照表に記載された科目を総資産のパーセントに置き換える。さらに、比較する企業の売上に対する利益率に、資産を保有する企業の予測収入を掛け合わせることによって、比較可能性を増加させる。すなわち、企業ごとに異なるスケールメリットや業務範囲の広さを考慮しなければならなくなることから派生する潜在的な問題を排除するのである。このアプローチでは、売上、投資収益率、または資産収益率を共通規模

変数として使っている。

2 伝統的な評価方法を使うことの問題点

　割引キャッシュフローに依存する伝統的な評価方法では、資産や投資機会が本来備えている特質のいくつかを捕捉することができない。なぜなら、伝統的な方法では、投資を行うか、行わないかの択一的な戦略と見なし、プロジェクトが進行していく過程で不確実性のある側面が分かった時点で経営陣が投資の方向を変更するという、経営上の柔軟性を考慮しないからだ。しかし、リアルオプションでは、経営陣が戦略的かつ柔軟なオプションを作り出し、行使し、放棄する力を持っていることを考慮に入れており、そのことが、プロジェクトに付加価値をもたらす一つの要因となっているのである。

　戦略的なオプションに関して割引キャッシュフロー計算を行なうことには、いくつかの潜在的な問題点がある。これらの問題点には、現時点でまったくキャッシュフローを生み出していないか、生み出していてもごくわずかでしかない資産を過小評価してしまうこと、加重平均資本コストの割引率が長期的に一定していないこと、資産の経済的寿命の推定や将来生み出されるキャッシュフローの予測を誤る恐れがあること、および最終結果の妥当性のテストが不十分になること、などが含まれる。しかし、リアルオプションでは、オプションに関する理論的な枠組みを使って正しく適用して、これらの問題点のいくつかを是正することができる。つまり、リアルオプションを適用しないと、正味現在価値（NPV）や内部収益率（IRR）のような利益のレベルに関する財務指標が歪んでしまい、投資価値全体にわたる包括的な視点を得ることができなくなるのである。

　ただし、以下に見るように、割引キャッシュフロー・モデルにもメリットがないわけではない。

割引キャッシュフローのメリット
● すべてのプロジェクトに対して、明快かつ一貫した決定基準が得られる。
　投資家のリスク・プリファレンスがどのようなものであっても同じ結果が

出る。
- 定量的で妥当な精度があり、経済的にも理にかなっている。
- 会計の慣例（減価償却や在庫評価など）との折り合いがさほど悪くない。
- 貨幣の時間的価値とリスク構成が考慮されている。
- 比較的シンプルで、教育が浸透しており、広く受容されている。
- 経営陣に対して概念を説明しやすい。つまり、「利得が費用を上回るならやるべきである！」。

　割引キャッシュフロー・モデルを実際に使う前に、アナリストは、表2－1に示すようないくつかの問題点を知っておく必要がある。なかでも一番重要なのは、ビジネスの現実が持つ2つの側面である。すなわち、一つは、決定はリスクと不確実性が満ちている中で下さなければならないということ。もう一つは、これらのリスクや不確実性が時間の経過とともに既知となっても経営陣は、決定を変更していくための戦略的な柔軟性を持てないということである。つまり、確率が支配する世界において、割引キャッシュフローのような決定論的なモデルを使うと、特定のプロジェクトの価値がはなはだしく過小評価されてしまう恐れがあるのである。決定論的な割引キャッシュフロー・モデルでは、将来の結果は初めからすでに決まっているものと仮定する。もしこの仮定が正しいなら、割引キャッシュフロー・モデルでは、特定のプロジェクトの価値を変えるようなビジネス条件の変動などは起こり得ないということになる。しかし、実際のビジネス環境というものは極めて流動的であり、条件の変化に応じて経営陣が適切な変更を加えることができる柔軟性というものは、それ自体が価値を持つのである。

　図2－1は、割引キャッシュフロー分析の応用のシンプルな例を示したものである。まず、ここに、0年度の実施コストが＄1,000で、続く5年間のプラスのキャッシュフローの予測が、＄500、＄600、＄700、＄800、および＄900であるプロジェクトがあるとする。これらの予測価値は、アナリストが主観的な見地から妥当と判断した数字でしかない。図2－1では、時間の経過に沿って、関連するすべてのキャッシュフローと、それらの割引現在価値が示されている。アナリストが、プロジェクトの割引率を、加重平均資本

表2-1◎DCF（割引キャッシュフロー）の欠点：仮定対現実

DCFの仮定	DCFの現実（問題点）
今決定が下され、将来のキャッシュフローは固定されている。	将来の結果は不確実で、変動する可能性がある。すべての決定が今すぐ下されるとは限らない。不確実性が解消するまで待機するものもあるからである。
一つ一つのプロジェクトは「ミニ企業」のようなものであり、それぞれが自己完結している。	ネットワーク効果、多様化、相互依存、および相乗作用を考慮すれば、企業は、さまざまなプロジェクトとそれらがもたらすキャッシュフローのポートフォリオと見なすべきである。一つ一つのプロジェクトを単独のキャッシュフローとして評価することはできない。
ひとたび立ち上げられれば、すべてのプロジェクトは受動的に管理される。	プロジェクトは、チェックポイント、決定オプション、予算の制約などにより、ライフサイクル全体を通じて能動的に管理されるものである。
将来のキャッシュフローはすべて予測可能性が高く、決定論的に扱うことができる。	将来のキャッシュフローを推定することは困難な場合が多い。キャッシュフローは、本来、確率論的でリスクが高い性格を持っているからである。
使用する割引率は、資本の機会費用であり、分散不能なリスクの大きさに比例するものである。	ビジネス・リスクの根源は多数あり、それぞれ異なる性格を持っている。また、リスクのいくつかは、複数のプロジェクト間で、または時間の経過に沿って分散させることができる。
割引率だけですべてのリスクをカバーすることができる。	会社とプロジェクトが直面するリスクは、プロジェクトが進行する過程で変化するものである。
プロジェクトの結果と、投資家にとっての価値に影響を与えるすべての要因は、NPVやIRRによってDCFモデルの中に反映されている。	プロジェクトは本質的に複雑である上に、外部からの要因も作用するので、キャッシュフローの漸増という形で定量化することは困難もしくは不可能である。また、事前の計画によらずに分散的に発生する結果（戦略展望や起業的活動など）にも、大きな意義と戦略的な重要性が秘められている可能性がある。
未知、無形、あるいは測定不能な要因はゼロと評価する。	重要な利得の多くは、無形資産または、選択する戦略の質によってもたらされる。

コスト（WACC）を使ってリスクを調整した上で20％と決めたと仮定すると、正味現在価値（NPV）は＄985.92となり、それに対応する内部収益率（IRR）は54.97％という計算になる。[1]　さらに、このアナリストは、プロジェクトの経済的寿命を無限と仮定し、キャッシュフローの長期成長率を５％と仮定している。このアナリストは、ゴードン成長モデルを使って、第５年度におけるプロジェクトのキャッシュフローの最終価値を＄6,300と計算しているが、この数字を、リスク調整した割引率によって５年間にわたって割り引き、それを元のNPVに加算すると、プロジェクト全体のNPVの最終価値は＄3,517.75ということになる。

これらの計算は、すべて、図２－１に示してある。ここでは、ウェイトをw、負債をd、普通株式をce、優先株式をps、フリーキャッシュフローをFCF、法人税率をtax、キャッシュフローの長期成長率をg、そしてリスクフリーレートをrfと表記している。

これは、極めて単純化した割引キャッシュフロー・モデルだが、それでも、

図2-1◎割引キャッシュフロー分析の応用例

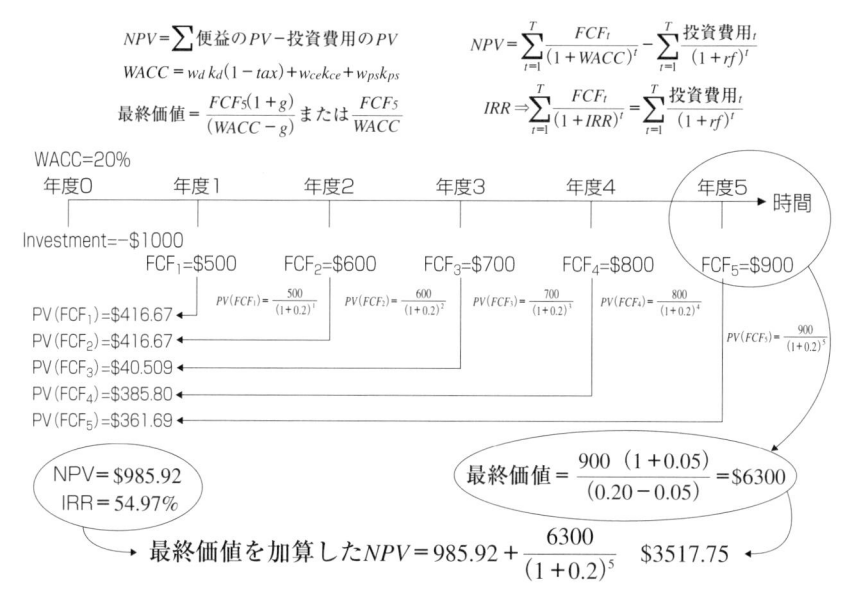

$$NPV = \sum 便益のPV - 投資費用のPV$$

$$WACC = w_d k_d (1-tax) + w_{ce} k_{ce} + w_{ps} k_{ps}$$

$$最終価値 = \frac{FCF_5(1+g)}{(WACC-g)} \text{ または } \frac{FCF_5}{WACC}$$

$$NPV = \sum_{t=1}^{T} \frac{FCF_t}{(1+WACC)^t} - \sum_{t=1}^{T} \frac{投資費用_t}{(1+rf)^t}$$

$$IRR \Rightarrow \sum_{t=1}^{T} \frac{FCF_t}{(1+IRR)^t} = \sum_{t=1}^{T} \frac{投資費用_t}{(1+rf)^t}$$

WACC=20%

| 年度0 | 年度1 | 年度2 | 年度3 | 年度4 | 年度5 |

Investment = −$1000

$FCF_1 = \$500$、$FCF_2 = \$600$、$FCF_3 = \$700$、$FCF_4 = \$800$、$FCF_5 = \$900$

$PV(FCF_1) = \$416.67 = \frac{500}{(1+0.2)^1}$

$PV(FCF_2) = \$416.67 = \frac{600}{(1+0.2)^2}$

$PV(FCF_3) = \$40.509 = \frac{700}{(1+0.2)^3}$

$PV(FCF_4) = \$385.80 = \frac{800}{(1+0.2)^4}$

$PV(FCF_5) = \$361.69 = \frac{900}{(1+0.2)^5}$

NPV = $985.92
IRR = 54.97%

$$最終価値 = \frac{900(1+0.05)}{(0.20-0.05)} = \$6300$$

$$最終価値を加算した NPV = 985.92 + \frac{6300}{(1+0.2)^5} = \$3517.75$$

特筆に値する欠点が数多く見られる。そのいくつかを図2－2に示した。例えば、NPVは、将来の正味のフリーキャッシュフローを現在価値化したもの（利得）から実行費用を現在価値化したもの（投資費用）を差し引いて計算されている。しかし、アナリストは、利得と投資費用の両方を、同一の市場リスク調整割引率、すなわちWACCを使って割り引くことが多い。これはもちろん間違っている。

　利得を、WACCのような市場リスク調整割引率で割り引くことには問題はない。しかし、投資費用のほうは、リスクフリーレートに類似した再投資率で割り引くべきである。つまり、市場リスクを持つキャッシュフローは市場リスクに基づいて調整された率で割り引くが、市場リスクを持たないプライベートな（企業独自の）キャッシュフローはリスクフリーレートで割り引くべきなのである。なぜなら、市場は、企業がとるリスクのうち、市場リスクに対しては報いるが、プライベートなリスクに対しては報いないからである。普通、利得は、市場リスクに左右されるが（利得となるフリーキャッシ

図2-2◎割引キャッシュフロー分析の欠点

$$NPV = \Sigma\text{利得のPV} - \text{投資費用}$$

リスク調整したWACCレートで割り引く。
リスクフリーレートで割り引く。

NPVの評価はWACCによって大きく影響される。操作されやすい。一つの割引率がすべてのプロジェクトに適用される。全社レベルのハードルレートが使われる。経営陣の勘に依存する。

$$WACC = w_d k_d (1-tax) + w_{ce}k_{ce} + w_{ps}k_{ps}$$

税率は不変と仮定。
定量化が難しい。ベータは時間とともに変化する。通常はCAPMが使われる（仮定が誤っている）。

$$CAPM: k_{ce}k_{rf} + \beta(k_m - k_{rf}) + \beta_2 F_2 + ... + \beta_n F_n$$

時間とともに変化する。定量化が難しい。プロジェクト・レベルのベータは、株式市場のベータとは異なる。
要因が不確実。ベータまたは要因の感度が不確実。定量化が難しい。経営陣の推測に依存。

ゼロ成長が永続するものと仮定（永久還元モデル）

$$\text{価値} = \frac{FCF_5(1+g)}{(WACC-g)} \text{ または } \frac{FCF_5}{WACC}$$

WACCはgより大きくならなければならない。gの定量化は難しい。一定の成長率が永続するものと仮定。gから受ける影響が大きい。

定量化が難しい。経営陣による仮定、過去のデータ、税引後のフリーキャッシュフローの予測値、シミュレーション値を用いる。

$$NPV = \sum_{t=1}^{T} \frac{FCF_t}{(1+WACC)^t} - \text{投資費用}$$

割引率は、リスクの構成、連続／離散複利または年末度／年度中間複利といった諸要因により、時間とともに変化する可能性がある。

要因には、流動性プレミアム、市場プレミアム、コントロール・プレミアム、デフォルト・プレミアム、インフレーション・プレミアム、満期リスクプレミアム、CEOのゴルフスコアなどが含まれる。

ュフローが得られるかどうかは、市場の需要、市場価格、およびその他の外因的な市場要因によって決められる)、投資費用は、企業内の個別なリスク(例えば、時宜に応じた形でプロジェクトを完了させる能力の有無や、予測を上回るコストや非能率の発生など)に左右される。場合によっては、これらの実行費用は、マネーマーケットレートのようなリスクフリーレートよりも若干高い率か、特定の利息が得られる他のプロジェクトに同額の投資をする場合を考慮した機会費用によっても割り引かれることがある。いずれにしても、利得と投資費用が異なるリスクによって左右されるとしたら、割引に際しては別個の率を使うべきであるということは理解できただろう。

そうしないと、市場のリスクに基づいて調整された極めて高い率でコストが大幅に割り引かれることになり、プロジェクトの価値が実際以上に高く見えてしまうのである。

市場リスクを伴う変数は、市場のリスクに基づいて調整された率で割り引かなければならない。この率は、リスクフリーレートよりも高いものである。リスクフリーレートは、プライベートな個別リスクを伴う変数の割引のために用いる。

割引率は、普通、WACC、資本資産価格モデル (CAPM：Capital Asset-Pricing Model)、マルチファクターモデル (MAPM：Multifactor Asset-Pricing Model)、あるいは裁定価格理論 (APT：arbitrage pricing theory) によって計算される。経営陣は、これを社内で使用する正式の割引率として定めるか、あるいは特定のプロジェクトのためのハードルレートとして定めるのである。[2] 単純な割引キャッシュフロー分析を行なう場合、最も感度が高い変数は割引率であることが多いが、同時に、割引率は、正しく定量化することが最も難しい変数でもある。結果として、割引率は、濫用されたり主観的に操作されたりする恐れが強くなる。目標のNPV値などは、割引率に若干の「細工をする」だけで簡単に得ることができるのである。しかも、割引率の計算に必要な入力仮定には疑問があるものが多い。例えば、WACCでは、普通株式のコストのための入力は、何らかの形のCAPMを使って算出

されている。CAPMのベータ（β）は、計算が極めて困難で、悪名高いものである。金融資産の場合、企業の株価と市場のポートフォリオの間の共分散を計算してベータを得ることができる。得られたベータは、企業の株価と市場の間の相関関係を測定するための感度要因となるはずである。しかし問題は、株価というものは数分ごとに変動するということである！　つまり、計算の際にどのような時間枠を使うかによって、ベータも大きく変動する恐れがある。さらに、取引の対象とならない実物資産については、この方法で妥当なベータを計算することは不可能である。取引の対象となり得る金融資産だけから計算したベータを一つのプロジェクトのベータの代用品として使うことは賢明ではない。しかも、企業は、他にも多くのプロジェクトを抱えているのである。

　個々のプロジェクトは、それぞれ、リスクと見返りが異なるものである。しかし、この方法では、この事実が無視されている。また、投資家の心理と、市場の過剰な反応も考慮されていない。もちろん、もっと強力な資産価格モデルを使ってプロジェクトの割引率を推定することもできるが、それには細心の注意が必要である。例えば、APTモデルは、CAPMを土台としながら、割引率の値に影響を与え得るリスク要因をいくつも追加している。これらのリスク要因には、満期リスク、デフォルト・リスク、インフレーション・リスク、各国固有のリスク、規模のリスク、市場性のないリスク、コントロール・リスク、少数株主リスク、等々が含まれている。つまり、CEOのゴルフスコアまでリスクの要因となり得るのである（スコアが悪かった場合には性急な決定を下すかもしれないし、ホールインワンの後では「運が向いている」ということで劣悪なプロジェクトを承認するかもしれない）。問題は、どのリスクを考慮し、どのリスクを除外するかを決めようとするときに発生する。少なくとも極めて困難な作業であることは間違いない。[3]

　これまで広く使われてきたもう一つの方法に、比較分析がある。アナリストは、金融資産の取引に関する公開データを集め、その中から業務、市場、リスク、および所在地が類似する企業を絞り込んで、ベータ（系統的なリスクの大きさ）を推定するのである。場合によっては、これらの企業の例に基づいて適切な割引率を推定することさえできる。

適切な割引率を見い出す方法には、WACC、CAPM、APT、マルチファクターモデル、比較分析、経営陣による推測、および特定の企業ないしはプロジェクトにおけるハードルレートなどがある。

　例えば、特定の種類の薬の研究開発状況に関する情報を集めようとしているアナリストは、類似した薬の研究開発を行ない、市場とリスクが共通している企業だけに的を絞るだろう。その場合、中央値または平均値をベータとして、評価中のプロジェクトの市場における割引率の目安とすることができる。いずれにしても、アナリストが努力を怠らない限り、さまざまなソースから推定を行ない精度を高めることができるわけである。この状況を踏まえて、今日、最も高く評価されているのが、モンテカルロ・シミュレーションである。[4]　アナリストは、比較対象企業から得たレンジを使って適切なシミュレーション入力を定め、割引キャッシュフロー・モデルによるシミュレーションを行なって適切な変数（普通はNPVかIRRのレンジ）を得るのである。

　さて、このようにして適切な割引率が得られたら、次はフリーキャッシュフローの割引を行なわなければならない。ここでまた問題が発生する。適切なフリーキャッシュフローを予測し、連続／離散、または年度末／年度中間のいずれで割り引くかを決めるにはどうしたらよいかという問題である。フリーキャッシュフローは、税引後の金額にノンキャッシュの支出額を正しく加算し直したものでなければならない。[5]　普通、フリーキャッシュフローは、収入から始まり、販売した品物の直接コスト、経営費、減価償却費、利息の支払い、および税金などに進んでいく形で計算されるので、時間の経過とともに過ちが重ねられる恐れが十分にある。

　さて、向こう数年間のキャッシュフローを予測することは、極めて困難なため、回帰分析や時系列分析などの"サーカスのような"テクニックと、経営陣の経験と勘が必要になることが多い。そこで、推奨される代替的な方法としては、モンテカルロ・シミュレーションを使って一つ一つのキャッシュフロー事象の確率を正しく評価することである。特定の時期におけるキャッ

シュフローについて単一の推定をすることは避けたほうがよい。また、遠い将来におけるキャッシュフローは、近い将来におけるキャッシュフローよりリスクが高いことは間違いないので、割引率も変える必要がある。将来のすべてのキャッシュフロー事象に対して単一の割引率を適用するのではなく、長期にわたるキャッシュフローのリスク構成の変化を考慮に入れて適切な割引率を割り出さなければならないのである。これは、キャッシュフローの確率論的なリスク（予測分布の標準偏差）のウエイトをかけたり、国債の満期リスク・プレミアムを異なる満期ごとに漸次加算したりすればできることである。こうした、ブートストラップのアプローチをとることによって、アナリストは、将来の市場リスクの構成について専門家が出す予測を取り入れることができるのである。

さて、割引キャッシュフロー・モデルを使う人のすべてが最後に直面するのは、最終価値の問題である。最終価値を計算する方法としては、ゴードン成長モデル（GGM）、永久還元（zero growth perpetuity consol）モデル、および可変成長モデルがある。このうち、最も広く使われているのはGGMである。GGMでは、一連の予測キャッシュフローを出した上で、それらのキャッシュフローの成長率は永久に不変であると仮定する。GGMは、予測ピリオドの終わりにおけるフリーキャッシュフローに対応する成長率を掛けた値を、割引率から長期の成長率を差し引いた値で割って計算する。図2－2に示したように、GGMは、長期の成長率が割引率を上回る場合には使用できない。この成長率は固定しているものと仮定されており、最終価値は、この仮定値に大きく左右される。結果として、計算された値には大いに疑問が残る。なぜなら、成長率の仮定の小さな違いが、最終価値の大きな変動を意味するからである。そこで、これより良い方法として、一連のフリーキャッシュフローに対してある種の成長曲線を仮定することが考えられる。これらの成長曲線は、基本的な時系列分析や、より高度な統計モデリングの仮定を使ったりすることによって得ることができる。しかし、そのような工夫を施したとしても、割引キャッシュフロー・モデルには、分析上の制約と問題がついて回ることは否定できない。これらの問題は決して軽いものではないし、長期にわたって積み重なれば誤った結果を生み出す恐れが強い。したが

って、こうした分析を行なうときには細心の注意が必要になる。この後、いくつかの章で、モンテカルロ・シミュレーション、リアルオプション、およびポートフォリオの最適化の概念を説明するが、これらの新しい分析方法では、左記に述べたような諸問題への対処が行なわれている。ただし、これらの新しい分析方法といえども、評価や意思決定を完全無欠なものにするものではないことは銘記しておかなければならない。これらの方法は、あくまでも、付加価値を備えた洞察を提供するものであり、その洞察の重みと価値は、評価の対象とされるプロジェクトの種類と特質に完全に依存しているのである。

　図2－3は、伝統的な分析の応用性と新しい分析の応用性を、時間の経過に沿って対比させて示したものである。

　もし、期間が短ければ、すべての要因を定数として、近い将来を予測することができる。しかし、時間軸が長くなるにつれて、さまざまな未知の要因により完全に予測することは難しくなる。したがって、経営陣としては、戦

図2-3◎適切な分析手法の適用

伝統的な分析　対　新しい分析

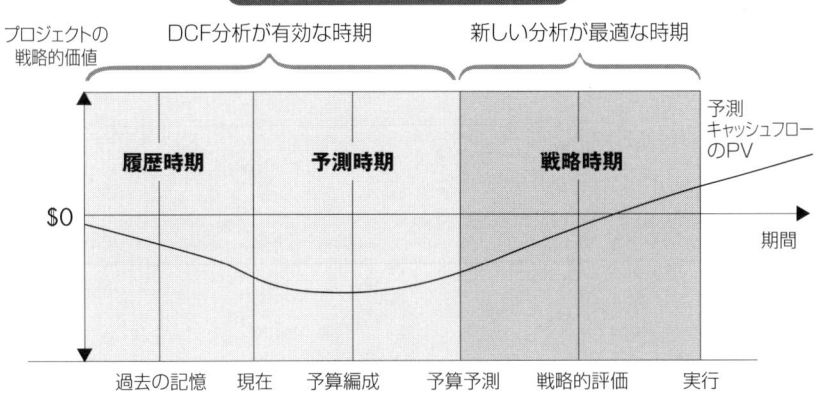

プロジェクトの戦略的価値

DCF分析が有効な時期　　新しい分析が最適な時期

履歴時期　　予測時期　　戦略時期

予測キャッシュフローのPV

$0

期間

過去の記憶　現在　予算編成　予算予測　戦略的評価　実行

> 伝統的なアプローチは、ある意味で決定論的な短期の時間枠に適している。戦略的な機会が発生する長期の時間枠においては、リアルオプション、モンテカルロ・シミュレーション、およびポートフォリオの最適化を含む新しい分析方法を取り入れるべきである。

略的オプションを正しく設定し行使することによって、価値を創り出す努力を始めなければならないのである。

　伝統的な分析と新しい分析は、図2－4に示すように、アプローチのマトリックスとして見ることもできる。この図では、分析手法を視点と種類によって区別している。視点については、トップダウンかボトムアップかによって区別するが、トップダウンのアプローチでは、ミクロ的な変数よりもマクロ的な変数のほうに重点が置かれる。マクロのレベルとミクロのレベルの間には段階がある。まずグローバルな視点から始めて、市場や経済の条件、特定の業界へのインパクト、さらにはもっと具体的に、一つの企業が持ち得る競争上のオプションまで踏み込んでいく。企業のレベルで見る場合、アナリストは、リスク管理の視点から、単一のプロジェクトのみならず複数のプロジェクトからなるポートフォリオについても考えることになるだろう。また、プロジェクトのレベルで見る場合、プロジェクトの価値に影響を与える各種の変数に詳細な注意が払われることになる。

図2-4◎分析手法の視点

縦軸：視点（トップダウン〜ボトムアップ）
横軸：分析手法の種類（定量的、財務的〜定性的、構成的）

- プレミアム価値分析
- 決定分析　ナレッジから価値を引き出す
- シナリオ分析
- モンテカルロ・シミュレーション　複雑な不確実性をリアルに扱う
- 動的ビジネスモデル　可能性と変化から価値を引き出す
- リアルオプション　柔軟性から価値を引き出す
- DCF

■ 第2章の要約 ■

　割引キャッシュフローのような伝統的な分析手法は、数多くの問題を孕んでいる。これらの手法は、プロジェクトの柔軟性の価値を過小評価し、すべての結果は静的であり、すべての決定は取り消し不能であると仮定する。現実には、ビジネスの決定は不確実性に満ちた極めて流動的な環境の中で下されているし、経営陣は、状況によってはいつでも決定内容を変更できるように心がけているのである。決定というものがこのようなダイナミックな特質を備えているにもかかわらず、これを決定論的な視点で評価することは、プロジェクトが内包する真の価値を大幅に過小評価することにつながりかねない。今や、経営上の柔軟性という新しい視点に根差した、新しいルールと方法が必要とされている。リアルオプションは、意思決定に付加価値を備えた洞察を提供すべく、伝統的な割引キャッシュフロー分析という土台の上に構築されたものである。なお、後の章で述べるが、プロジェクトに不確実性がないときには、リアルオプションの特別なケースとして割引キャッシュフロー分析が使われる場合もある。

第2章に関連する設問

1. 評価のための伝統的な3つのアプローチとは何か？

2. 利得と費用は2つの別個の割引率で割り引かなければならないのはなぜか？

3. 次の記述は正しいか？ 判断して理由を説明せよ。
   「企業の価値はすべてのプロジェクトを合計したものにすぎない」

4. CAPMが有効に働くために必要ないくつかの仮定とは何か？

5. 付録2Aで説明されている、離散および連続の割引方法を使い、割引率が20%であるものと仮定して、次のキャッシュフローの正味現在価値を計算せよ。

年度	2002	2003	2004	2005	2006	2007
収入		$100	$200	$300	$400	$500
支出		$ 10	$ 20	$ 30	$ 40	$ 50
利益		$ 90	$180	$270	$360	$450
投資費用	($450)					
フリーキャッシュフロー	($450)	$ 90	$180	$270	$360	$450

付録　2A
財務諸表分析のための基本コンセプト

　この付録2Aでは、リアルオプションで使う、財務諸表の分析のためのいくつかの基本的なコンセプトを説明する。説明においては、借入金が多い場合と少ない場合への適切な調整など、さまざまなシナリオの下でのフリーキャッシュフローの計算方法に焦点を合わせる。フリーキャッシュフローの計算方法はいくつもあるが、ここでは、一般的なものだけを示している。インフレを考慮に入れた調整や、最終キャッシュフローの計算についても説明し、最後に、株価収益率を用いた市場乗数のアプローチについて説明する。

フリーキャッシュフローの計算

　以下は、財務諸表で使われる用語の一般的な定義である。GAAP（Generally Accepted Accounting Principles：一般会計原則）に基づくフリーキャッシュフローの計算では、これらの定義を使っている。

- 売上総利益＝売上高－売上原価
- 利子・税引前利益＝売上総利益－販売費用－一般管理費－減価償却費－無形資産償却費
- 税引前利益＝利子・税引前利益－利子
- 純利益＝税引前利益－税金
- 正味キャッシュフロー＝純利益＋減価償却費＋無形資産償却費－設備投資±運転資本の増減－元本返済＋新規借入金－株配当

借入金が少ない企業のフリーキャッシュフロー

借入金が少ない企業のフリーキャッシュフローは、次のように定義される。
- フリーキャッシュフロー＝利子・税引前利益［1－現行税率］＋減価償却費＋無形資産償却費－設備投資±運転資本の増減

借入金が多い企業のフリーキャッシュフロー

借入金が多い企業のフリーキャッシュフローは、次のように定義される。
- フリーキャッシュフロー＝純利益＋a［減価償却費＋無形資産償却費］±a［運転資本の増減］－a［設備投資］－元本支払い＋新規借入金－株配当

なお、aは株式総資本比率、$(1-a)$は負債比率を示す。

インフレを考慮に入れた調整

インフレを考慮に入れてフリーキャッシュフローと割引率を名目上のものから実質的なものに調整するには、次の計算式を使う。

- $実質CF = \dfrac{名目 CF}{(1+E[\pi])}$

- $実質\rho = \dfrac{1+名目\rho}{(1+E[\pi])} - 1$

なお、
CF はキャッシュフロー、
π はインフレ率、
$E[\pi]$ は期待インフレ率、
ρ は割引率を示している。

最終価値

 以下は、ゼロ成長、一定成長、および可変成長の各仮定の下でのフリーキャッシュフローの計算方法である。

- 永久ゼロ成長：

$$\sum_{t=1}^{\infty} \frac{FCF_t}{[1+WACC]^t} = \frac{FCF_T}{WACC}$$

- 一定成長

$$\sum_{t=1}^{\infty} \frac{FCF_{t-1}(1+g_t)}{[1+WACC]^t} = \frac{FCF_{T-1}(1+g_T)}{WACC-g_T} = \frac{FCF_T}{WACC-g_T}$$

- 可変成長

$$\sum_{t=1}^{N} \frac{FCF_t}{[1+WACC]^t} + \frac{\left[\frac{FCF_N(1+g_N)}{[WACC-g_N]}\right]}{[1+WACC]^N}$$

$$WACC = \omega_e k_e + \omega_d k_d (1-\tau) + \omega_{pe} k_{pe}$$

なお、
FCF はフリーキャッシュフロー、
$WACC$ は加重平均資本コスト、
g はフリーキャッシュフローの成長率、
t は個々の期間、
T は予測が得られた時点での最終価値、
N は一定成長が発生する時点、
ω は個々の資本コンポーネントのウエイト、
k_e は普通株式のコスト、
k_d は負債のコスト、
k_{pe} は優先株式のコスト、

τ　は現行税率
を示している。

株価収益率を用いた市場乗数のアプローチ

評価に関連するコンセプトの一つに、市場乗数を使ったアプローチがある。その一つの例が株価収益率を用いた乗数で、前記の一定成長モデルから派生するものである。この乗数は、1株当たりの配当（DPS：Dividends per share）と1株当たりの収益（EPS：Earnings per share）の2つのコンポーネントに分けられる。計算は、まず、一定成長モデルからスタートする。

$$P_0 = \frac{DPS_0(1+g_n)}{k_e - g_n} = \frac{DPS_1}{k_e - g_n}$$

次の期間の1株当たりの配当（DPS_1）は、現在の期間の1株当たりの収益に配当性向（PR：Payout Ratio：1株当たりの収益に対する1株当たりの配当の比率。不変と仮定される）を掛け、さらに、1プラス成長率（$1+g$）を掛けた値になる。

$$DPS_1 = EPS_0[PR](1+g_n)$$

同様に、次の期間の1株当たりの収益は、現在の期間の1株当たりの収益に1プラス成長率を掛けた値になる。

$$EPS_1 = EPS_0(1+g_n)$$

一定成長モデルにおける1株当たりの収益のモデルを、1株当たりの配当のモデルに置き換えれば、価格設定の関係式が得られる。

$$P_0 = \frac{EPS_0[PR](1+g_n)}{k_e - g_n}$$

設定価格を1株当たりの収益で割れば、大まかな株価収益率（PE）を得ることができる。

$$\frac{P_0}{EPS_1} = \frac{[PR](1+g_n)}{k_e - g_n} \approx PE_1$$

PEとEPSの2つの比率が、長期にわたって比較的安定しているものと仮定すれば、次の期間のEPSの予測を通じて現在の価格設定構造を把握することができる。

$$P_0 = E\tilde{P}S_1[PE_1]$$

株価収益率を使う上での問題点には、市場によって株価収益率にばらつきがあるという事実が含まれる。すなわち、複数の市場に製品やサービスを提供している企業の場合は、適切な加重平均株価収益率を見い出すことが困難なのである。また、株価収益率は、長期にわたって安定しているとは限らないし、複数の企業の間では完全に異なるものである。比較評価の際、非効率な経営が行なわれている企業と効率的な経営が行なわれている企業が混ぜ合わされれば、平均株価収益率が歪曲されてしまう。また、市場の過剰反応や思惑買いは、株価収益率を過度に膨張させる。この傾向は、特に急成長している企業において顕著である。さらに、すべての会社が株式を公開しているわけではなく、株価収益率を持っていない場合もある。そのような場合にプロジェクトの評価をするとき、特定の投資の収益性とそれに対応する株価収益率を特定することは困難である。したがって、株価収益率を用いて評価を行なうことは無理である。なお、この他にも似たようなアプローチはある。これらのアプローチでは、株価収益率の代わりに、企業事業価値対収益、株価対簿価、株価対売上高、等々の乗数が使われ、手法や適用形態も似通っている。

割引手法

割引キャッシュフロー分析を行なう際、考慮すべき手法がいくつかある。

すなわち、連続／離散、年度中間／年度末、および期間の初め／終わりのいずれで割り引くかである。

● 連続割引 対 離散割引

　この割引手法は、割引キャッシュフロー分析にとって重要なものである。同一の複利期間の計算方法に基づいた、年換算の有効割引率によって将来のキャッシュフローを割り引かなければならない。例えば、＄100のキャッシュフローに年30％の割引率が使われる場合を考えてみよう。複利期間の数によって、現在価値と将来価値が異なってくる（表2Ａ－1参照）。

　このことについてさらに説明してみよう。利率が30％の口座に預金した＄100のお金は、複利が年1回の場合、1年の終わりには＄130に増える。しかし、複利が四半期ごとに行なわれるなら、利息が利息を生む複利効果により、預金の価値は＄133.55まで増える。すなわち、

　　第1四半期の終わりの価値 ＝ $100.00(1+0.30/4)^1 = \$107.50$
　　第2四半期の終わりの価値 ＝ $107.50(1+0.30/4)^1 = \$115.56$
　　第3四半期の終わりの価値 ＝ $115.56(1+0.30/4)^1 = \$124.23$
　　第4四半期の終わりの価値 ＝ $124.23(1+0.30/4)^1 = \$133.55$

　この場合、年単位の割引率を異なる複利期間に合わせたものが有効年率となるわけで、これは次のように計算される。

表2A-1◎連続割引 対 定期離散割引

周期	期間数／年	利率	将来価値	現在価値
年	1	30.00％	＄130.00	＄76.92
四半期	4	33.55％	＄133.55	＄74.88
月	12	34.49％	＄134.49	＄74.36
日	365	34.97％	＄134.97	＄74.09
連続	∞	34.99％	＄134.99	＄74.08

$$\left(1+\frac{\text{割引率}}{\text{期間数}}\right)^{\text{期間数}}-1$$

四半期の複利の場合、有効年率は次のようになる。

$$\left(1+\frac{30.00\%}{4}\right)^4-1=33.55\%$$

この利率を年間に適用すれば、＄100（1＋0.3355）＝＄133.55となる。

この分析は、月、日、あるいは他のどのような周期についても行なうことができる。さらに、利率が常に複利すると仮定するなら、連続有効年率を使うべきで、これは次のように計算できる。

$$\lim_{\text{期間数}\to\infty}\left(1+\frac{\text{割引率}}{\text{期間数}}\right)^{\text{期間数}}-1=e^{\text{割引率}}-1$$

例えば、30％の利率が常に複利を続けるなら、実質的な利率は$e^{0.3}-1=34.99\%$となる。ここで、複利期間の数が増えるにつれて、有効利率も連続複利の限界に達するまで増え続けることに注意されたい。

年、四半期、月、および日ごとの複利は、指数関数を用いた連続複利に対比して、離散定期複利と呼ばれる。要するに、複利期間の数が多ければ多いほど、支払われるキャッシュフローの将来価値は高くなり、現在価値は低くなるのである。したがって、加重平均資本コストを使って計算した割引率が常に複利し続けている（つまり支払われる利息と資本コストが常に複利し続ける）場合に離散定期複利を割引キャッシュフロー分析に適用すると、算出された正味現在価値は過度に楽観的なものになる可能性がある。

● 年度末割引 対 年度中間割引

従来の割引キャッシュフローのアプローチでは、将来発生するキャッシュフローを現在価値で割り引き、それを合計してプロジェクトの正味現在価値を算出していた。これらのキャッシュフローは、普通、年、四半期、または月など、将来の特定の期間に連結している。図２Ａ－１には、割引率を20％と仮定した向こう５年間のキャッシュフローの例が示されている。これらの

図2A-1◎年度末割引 対 年度中間割引

WACC=20%

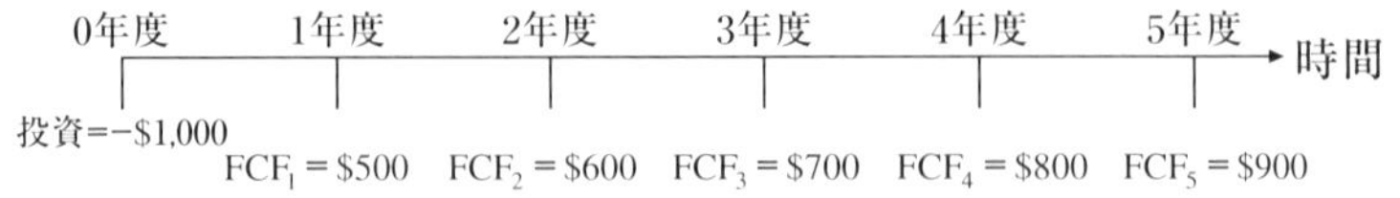

```
0年度    1年度    2年度    3年度    4年度    5年度   時間
 |        |        |        |        |        |
投資=-$1,000  FCF₁=$500  FCF₂=$600  FCF₃=$700  FCF₄=$800  FCF₅=$900
```

$$NPV = -\$1,000 + \frac{\$500}{(1+0.2)^1} + \frac{\$600}{(1+0.2)^2} + \frac{\$700}{(1+0.2)^3} + \frac{\$800}{(1+0.2)^4} + \frac{\$900}{(1+0.2)^5} = \$985$$

キャッシュフローは年間の時間軸に連結しているので、実際に発生するのは各年度の終わりということになる。すなわち、初年度の終わりには＄500、第２年度の終わりには＄600といったふうに続いていくわけである。この手法は、年度末割引手法と呼ばれる。

しかし、実際のビジネスでは、キャッシュフローは年間を通じて徐々に蓄積するものである。年度末に一度に総額が出るということはない。そこで、年度中間の割引手法を適用することが考えられる。すなわち、初年度に年間を通じて蓄積していく＄500のキャッシュフローは、1.0年ではなく0.5年で割り引くのである。なお、この中間ポイントにおいては、＄500のキャッシュフローは年間を通じて均等に発生すると仮定している。

$$NPV = -\$1,000 + \frac{\$500}{(1+0.2)^{0.5}} + \frac{\$600}{(1+0.2)^{1.5}} + \frac{\$700}{(1+0.2)^{2.5}} + \frac{\$800}{(1+0.2)^{3.5}}$$
$$+ \frac{\$900}{(1+0.2)^{4.5}} = \$1,175$$

● **期末の割引 対 期初の割引**

割引に関するもう一つの大きな問題は、期間の終わりと初めのいずれを使って割り引くかということである。ここで、図２Ａ－２に示すような時間軸に沿って発生するキャッシュフローを考えてみよう。

さらに、評価を行なう日付は2002年の１月１日であると仮定しよう。

図2A-2◎期末の割引 対 期初の割引

WACC=20%

```
        2002年度   2003年度   2004年度   2005年度
         ├─────────┼─────────┼─────────┼─────────→ 時間
   投資=-$1,000  FCF₁=$500  FCF₂=$600  FCF₃=$700
```

（※FCF添字はFCF_1, FCF_2, FCF_3）

　＄500のキャッシュフローは、初年度の初め（2003年1月1日）に発生するか、終わり（2003年12月31日）に発生する。前者の場合は1年間の割引が必要で、後者の場合は2年間の割引が必要になる。

　仮にキャッシュフローが年間、すなわち2002年1月1日から2003年1月1日にかけて均等に発生するなら、割引は0.5年間だけでよい。

　しかし、評価を行なう日付が2002年の12月31日であり、キャッシュフローは2003年の1月1日か2003年の12月31日に発生するとすると、前者の場合は割引の必要はないが、後者の場合は、年度末割引の手法を使った1年間の割引が必要になる。年度中間割引の手法では、2003年の12月31日に発生するキャッシュフローは0.5年で割り引くことになる。

付録　2B
割引率 対 リスクフリーレート

　普通、キャッシュフローの割引率には加重平均資本コスト（WACC）が使われる。唯一の例外は、企業が、特定のプロジェクトに投資することで特別な不確実性、リスク、および機会コストが発生すると信じており、それらを相殺するためにWACCよりも高いハードルレートを設定したいと望んだ場合である。これから行なう検討で明らかになるが、WACCを使うことには問題が伴うものである。そこで、リアルオプションの世界では、WACCの代わりのインプットとして、吟味するプロジェクトの経済的寿命と満期が同じである国債のスポット金利を使う。

　一般的に言って、WACCは、債権、優先株式、および普通株式などのコスト・コンポーネントの加重平均として捉えられる。すなわち、

$$WACC = \omega_d k_d (1-\tau) + \omega_p k_p + \omega_e k_e$$

となるわけで、この場合、τは実効法人税率、kは負債[1] d、優先株式[2] p、および普通株式[3] eに該当するコストである。

　ただし、この資本コストに影響を与える要因は他にもいくつかあり、いずれも考慮に入れる必要がある。これらの要因には次のようなものが含まれる。
① WACC割引率を計算するためのベースとして企業の資本構成を使うことは不適切である恐れがある。なぜなら、プロジェクト固有のリスクと企業全体のリスク構成は同一ではないからである。
② 経済における一般的な金利は、現在・将来ともに上昇・下降する可能性がある。これは、長期債券の金利であっても、一般金利の変動に合わせて資金を確保するために変更される可能性があることを意味している。したが

って、利率のブートストラップ法により、先渡し金利を使って将来のスポット金利を推量していかなければならない。

③時とともに税法が変われば、負債の返済の際に活用できる投資・減価などの会計手段にも影響が及ぶことが考えられる。また、国によって、徴税の管轄権が異なるので、企業の節税努力に対して適用される税法も異なっている。

④企業の資本構成が、特別な長期目標やウエイトを持っていて、現行の構成と一致していない場合がある。この場合、企業は、最適な構成へ向けて改革を進めていることが多い。

⑤配当性向と留保率に関する方針のいかんによっては配当の方針全体が変わる可能性がある。配当の方針が変われば、株式のコストを計算するために必要な予測配当成長率も変わることになる。

⑥必要最小限の利益とリスク・プロファイルを含む企業の投資方針。

⑦分析前と後との経済、産業の両面からのダイナミックな考察。

⑧特定の証券のコスト構成の測定の問題。

⑨小規模な企業ではコストを正しく測定することが難しいという問題。

⑩減価償却から発生する資金と貸借対照表に載らない項目が計算に含まれないことが多いという問題。

⑪年度内の複数のWACC率[4]には、単純な算術平均ではなく幾何平均を使うべきである。

⑫WACCの計算において、時価に基づくウエイトと簿価に基づくウエイト[5]のどちらを使うべきかという問題。

⑬資本資産価格モデル（CAPM）に欠点があるという問題。

CAPMモデル 対 マルチファクターモデル

　CAPMモデルでは、ある程度単純化した仮定の下におけるすべての資産の利益率は、リスクのない資産の利益率にその資産の市場関連のリスクにつり合ったプレミアムを加えたものと同一であると見なす。CAPMは、理論的かつ仮説的な世界の中で複数の仮定[6]を用いて開発されたものであり、現実に

は適合しない。すなわち、設計そのものに欠点があるのである。[7]

そこで、CAPMに代わって、企業が経験する系統的なリスクを適切に捕捉するマルチファクター（多因子）モデルを使うことが考えられる。著者は、ある出版物に寄稿した記事の中で、ノンパラメトリックなマルチファクターモデルを使ったほうがより確固とした結果が得られることを示した。しかし、そのようなディテールに踏み入ることは、本書の趣旨から外れるので、ここでは深くは言及しない。

CAPMについては、著者以外にもテストを行なった研究者がいるが、彼らは、ベータという単一の因子だけではどのような収益が期待できるかを十分に説明し得ないことを確認している。彼らが行なったリサーチは、時価総額変数（市場価値を用いて測定したもの）とレバレッジ変数の両方を取り入れるべきであることを実証している。特に重要なレバレッジ変数は、時価・簿価比率と株価収益率の2つである。ただし、これらを同時に使うと、時価・簿価比率と時価総額変数が株価収益率の効果を吸収してしまうので注意を要する。だが、いずれにしても、ベータだけでは十分にリスクを捕捉できないことが経験上明らかである以上、時価・簿価比率と企業の市場自己資本の規模の両方について、次のような自然対数を付け加える必要がある。

$$E[R_{i,t}] - [R_{f,t}] = \beta_{i,t}(E[R_{m,t}] - R_{f,t}) + \delta_{i,t}\ln(BME_{i,t}) + \gamma_{i,t}\ln(ME_{i,t})$$

上記において、$R_{i,t}$、$R_{m,t}$、および$R_{f,t}$は、それぞれ、tの時点における企業iの個別の期待収益、期待株式投資リターン、およびリスクフリーレートを示したものである。$BME_{i,t}$と$ME_{i,t}$は、それぞれ、tの時点における企業iの時価・簿価比率と総資本価値の規模を示したものである。

上に述べた、3つの因子（時価総額変数、時価・簿価比率および株価収益率）を用いた価格モデルのほうが、単一の因子を用いるCAPMよりも正確に収益を予測できるということは、他の研究者達によっても確認されている。資産の価格設定そのものは合理的なプロセスであり、3つの因子を用いたモデルにはよく順応するが、それを標準的な単一因子のCAPMに収縮させることは誤りだということで彼らの見解は一致している。単一の因子を用いるCAPMの重大な問題の一つは、取引されているすべての証券を正しく代表す

るような良い市場の代替物を見い出すことが難しいということである。また、市場の代替物の期待収益は、事後のリターンに依存することが多いため、正しく予測することは困難である。マルチファクターモデルは、単一の因子を用いることに起因するこれらの欠点を除外し、CAPMの予測結果をより満足なものにするための一つの試みである。

なお、3つの因子を用いたモデルの一つのバリエーションとして、次のようなものが考えられる。

$$E[R_{i,t}] - [R_{f,t}] = \beta_{i,t}(E[R_{m,t}] - R_{f,t}) + \xi_{i,t} \ln(SMB_{i,t}) + \psi_{i,t} \ln(HML_{i,t})$$

上記において、$SMB_{i,t}$は、最小から最大の時価総額に対する平均リターンの相違を時系列で示したもの。$HML_{i,t}$は、最高から最低の時価・簿価比率に対する平均リターンの相違を、市場ポートフォリオをランク付けした後、時系列で示したものである。

このマルチファクターモデルは、あらゆる市場や産業に対して応用することができる。上に挙げたモデルの因子は、特定の業務分野や業界に合わせて設定できるからである。ただし、マクロ経済学的な変数を用いる場合は、企業の過去の収益と密接に相関させなければならない。十分なデータが得られる場合は、多変量回帰モデルを作成した上で、統計学的に見て重要と判断される変数を使うことができる。もちろん、このモデルが濫用される可能性があることは否定できない[8]が、正しく使われる限り、プロジェクトや資産が内包する潜在的なリスクについての豊富な情報を得ることができることは間違いない。しかし、優れた割引率モデルとはどのようなものなのかという究極的な質問に対しては、まだ答えは出ていないのである。

第3章
リアルオプション分析

　この章では、リアルオプションの最も重要な特質について説明する。説得力のあるいくつかの例に触れ、リアルオプションのアプローチが、伝統的な評価方法よりも多くの洞察を提供できるのはなぜなのかを理解できると思う。一つの例では、プロジェクトの評価に際してアナリストが踏むと思われるステップを詳細に説明している。このため、簡略化されてはいるがかなり長い記述になっていることをご了承いただきたい。この例では、採用する方法によって下される決定が異なってくる様子を詳しく説明するとともに、別のオプションに目を向けることによってプロジェクトに大きな価値を付加するという新しい考え方を紹介する。場合によっては、一つのプロジェクトの中に戦略的なオプションを創り出すことによって、そのプロジェクトが企業全体に対して発揮する価値を拡大することも可能なのである。

1 リアルオプションの最も重要な特質

　経営の柔軟性が求められるような特定の戦略的プロジェクトを評価するとき、伝統的な割引キャッシュフローだけに依存することは適切ではない。ファイナンスのマイケル・ブレナンとエドゥアルド・シュワルツの両教授が、金鉱の採掘権の評価についての一つの例を提供している。この例では、ある採鉱会社が地元の金鉱の採掘権を所有していることになっている。しかし、採掘を行なわなければならないという法的義務はない。したがって、この会社は、金の市場価格が高くなれば採掘を始め、逆に大幅に値下がりすれば採掘を停止し、また、再開できる時期を待つことができるわけである。そこで、貨幣の時間的価値を考慮に入れた上で、採掘にかかる費用をXとし、採掘した金から得られる利益をSとすると、次のような利益スケジュールが考えら

れる。

    S−X ただし S＞Xである場合のみ。
    0   ただし S≦Xである場合のみ。

 この利益は、採掘した金の価値を原資産とするコール・オプションの利益と同一である。もしも費用が原資産の価値を上回るなら、このオプションは期限が切れるまで無価値のまま実行されずに終わり、逆に価値が費用を上回るなら実行される。すなわち、SがXを上回るなら採掘し、下回るなら採掘しないということになる。
 この金鉱のシナリオを拡張して、独自のものではあるがまだ開発が終わっていない技術や、現時点および近い将来にはほとんどキャッシュフローを生まないが、保有していることで企業の市場での位置付けに大きく貢献する可能性がある特許について考えてみよう。伝統的な割引キャッシュフローのアプローチで見れば、これらの資産ははなはだしく過小評価されてしまう。これに対して、リアルオプションのアプローチで見れば、これらの状況に適した評価が可能であり、資産の真の価値についてのより良い洞察を得ることができる。つまりは、潜在的な利益が費用を上回れば開発を進め、逆の場合は撤退するオプションを持つことができるのである。
 例えば、ある会社がある技術の特許を持っており、その技術の経済的寿命が10年であるとする。プロジェクトを進めるための研究開発費の総額は2億5000万ドルだが、将来の正味のキャッシュフローの予測総額は2億ドルでしかない。この場合、伝統的な割引キャッシュフローの考え方では、正味現在価値は−5000万ドルとなり、そのプロジェクトは放棄すべきだということになる。しかし、これは独自の技術であるし、将来の価値が現在の予測を超えて高いものになる可能性がある。また、開発された技術が、その先のプロジェクトで活用できる可能性もある。もちろん、この例は話を簡略にしたものではあるが、それでも、リアルオプションを応用して評価すれば、結果は大きく異なってくるだろう。10年満期のリスクフリーの国債の標準利率が6％と仮定して予測キャッシュフローの標準偏差のシミュレーションを行なえ

ば、この研究開発プロジェクトの価値は200万ドルと計算することができる。これはつまり、柔軟性の価値が5200万ドル、もしくは静的なNPV値の26％であることを意味している。[1]　当然のことだが、研究開発のプロジェクトは、何かまったく新しくユニークなものを創造したり、従来よりも価値の高い製品を開発したりするためのものである。しかし、ほとんどの研究開発プロジェクトは、本質的にリスクが高い上に多額の初期投資が必要である。したがって、将来における潜在的なキャッシュフローも変動が大きく、低いキャッシュフローになる確率が非常に高い。つまり、研究開発プロジェクトの大半は、期待に応えることができず、収入も、儲けと呼ぶにはほど遠い些細なものに終わることが多いのである。このため、伝統的な割引キャッシュフローの視点から見れば、研究開発プロジェクトというものは極めて魅力が薄く、実行のためのインセンティブに欠けるのである。しかし、現在の産業界をながめてみれば、この見方が誤っていることが分かってくる。実際には、膨大な数の研究開発プロジェクトが実行されているからである。これは、これらのプロジェクトが本来備えている価値を、企業の経営執行部が看破しているからに他ならない。そこで、このような戦略的価値を定量的に把握する必要が生じてくるのである。

2　リアルオプションの役割

　リアルオプションは、その名称が示唆するように、実物資産をオプション理論を使って評価するものである。金融資産、株式、または債券を評価するものではない。現実に、リアルオプションは、経済的に困窮している企業や、不確実性が高い条件の下で経営の柔軟性を十分に保持しながら研究開発を行なわなければならない企業の分析に、極めて大きな貢献を果たしてきている。しかし、リアルオプションが広く企業一般の注目を集めるようになったのは、10年ほど前からのことである。

3 リアルオプション実践のシンプルな例

　あるクライアントが、新薬製品の研究と開発を進めているとする。この事業に着手するために必要とされた初期投資額は1億ドルであった。さて、この研究開発事業がもたらす正味の収入を、フリーキャッシュフローに基づいて予測すると、次年度を初めとする最初の6年間に、それぞれ800万ドル、1200万ドル、1500万ドル、1200万ドル、1100万ドル、および1000万ドルのプラスのキャッシュフローがもたらされることになる。さらに、第6年度には、1億5500万ドルの残存価値が残るものと仮定する。[2]　これらのキャッシュフローは、この会社の研究開発努力に伴う日常の業務活動から生み出される（この会社が研究開発以外の活動を行なわない専門企業であるものと仮定して）。表3-1のパネルAには、シンプルな割引キャッシュフローが示されており、市場リスクに合わせて調整した加重平均資本コスト（WACC）を12％として割り引いた後の正味現在価値は2485万ドルである。

　ここで、この研究開発の努力が成功しており、3年のうちには、さらに資金を投資して製品を市場に送り出す可能性があると仮定する。例えば、この製薬会社の場合、最初の2年ないし3年の研究が期待された成果を上げており、今、発見された新薬を製造して大々的に売り出す準備が整ったということになる。パネルBには、この事象に関連するキャッシュフロー列が示されている。これによると、第3年度にさらに3億8200万ドルの第2期分の初期投資が行なわれ、これが、第6年度までの各年度にそれぞれ3000万ドル、4300万ドル、および5300万ドルのプラスのキャッシュフローをもたらすことになっている。さらに、プロジェクトの経済的寿命を考慮に入れて、ゴードン成長モデルを使って計算すると、残りのキャッシュフローの最終価値は4億5400万ドルになる。この第2期の正味現在価値は、－2499万ドルと計算されている。したがって、パネルAとパネルBの正味現在価値の合計は、－14万ドルとなり、このプロジェクトは実行に値しないということになる。しかし、この、正味現在価値の計算をベースとした伝統的な方法では、研究開発努力の価値をはなはだしく過小評価している。

表3-1 ◎リアルオプションと割引キャッシュフローの比較

パネルA

（単位:100万ドル）

時間	0	1	2	3	4	5	6
初期投資	$(100.00)						
キャッシュフロー		$8.00	$12.00	$15.00	$12.00	$11.00	$10.00
最終価値							$155.00
正味キャッシュフロー	$(100.00)	$8.00	$12.00	$15.00	$12.00	$11.00	$165.00
割引率	0%	12%	12%	12%	12%	12%	12%
現在価値	$(100.00)	$7.14	$9.57	$10.68	$7.63	$6.24	$83.59
正味現在価値	$24.85						

パネルB

（単位:100万ドル）

時間	0	1	2	3	4	5	6
初期投資				$(382.00)			
キャッシュフロー					$30.00	$43.00	$53.00
最終価値							$454.00
正味キャッシュフロー				$(382.00)	$30.00	$43.00	$507.00
割引率				5.50%	12%	12%	12%
現在価値				$(325.32)	$19.07	$24.40	$256.86
正味現在価値	$(24.99)						
NPV総計	$(0.14)						
計算されたコール価値	$73.27						
投資の価値	$98.12						

　ここでは、考慮しなければならない問題点が２つある。第一に、第２期の初期投資額３億8200万ドルに対して用いられた割引率の問題。第二に、２番目の予測キャッシュフロー列におけるオプションの問題である。

　表３－１のパネルＢに見るように、第２期の初期投資だけは5.5％で割り引かれているが、これ以外のプラスの予測キャッシュフローは、すべて、一定の12％ＷＡＣＣで割り引かれている。しかし、現実には、時間の経過とともにリスクが変わり、それにつれて利率も変わることが予測される。したがって割引率についても時間の経過とともに若干の理論的変更が加えられるべきである。考えられる一つのアプローチは、リスクを調整した市場フォワー

ド・レートをベースとした、再帰的な利率のブートストラップを使用することである。しかし、ここでは分析を簡略にするために、12％という値は時間が経過してもほとんど変わらないものと仮定する。第2期分の初期投資に対しては、国債の3年のスポット・リスクフリーレートである5.5％という値が使われている。これは、このキャッシュフローが現在の時点で予測されたものであり、プライベート・リスクからは影響を受けるが市場リスクからは影響を受けないものと仮定しているからである。この仮定によれば、初期投資額はリスクフリーレートで割り引くべきである。12％WACCで割り引くと、投資の価値が過大評価されてしまうことになる。将来の支払いに備えるために、この会社は3億8200万ドルと同額の資金を保留し、向こう3年の間に使えるようにすることができる。そして、この会社の期待収益率は、リスクフリーレートに対応して設定されており、他の何らかの利息収入は、投資活動から得た収入と見なされる。市場リスクを考慮して調整した12％の加重平均資本コストは使用すべきではない。なぜなら、この会社は、12％の収益率の達成を希望して、将来のキャッシュフローが市場リスクに大きく左右される中で、失敗のリスクを負いながら研究開発プロジェクトを実行していることになるからである。しかし、3億8200万ドルというお金は、現時点では同様のリスクに直面していない。財務理論においては、市場リスク（将来の収入とキャッシュフローが未知で、市場の変動の影響を受けやすいということ）については個々のリスクに合わせて調整した割引率（この会社の場合は12％WACC）を使い、プライベート・リスク（第2期分の初期投資額は、市場からの外的要因によってではなく、会社内部のコスト構成によって変更される可能性があり、新薬を市場に送り出すための費用対効果が悪くなっても市場はこれを償ってくれないということ）については5.5％のリスクフリーレートを使う場合が多い。

　2番目の予測キャッシュフロー列におけるオプションは、コール・オプションと見なすことができる。この会社は、投資を実行し、製品を市場に送り出すオプションを持っているが、オプション実行の義務はない。3年間の予測現在価値がマイナスの額になるなら、第2期の実行を断念することもあり得る。逆に、予測現在価値がプラスの額になり、負担したリスクを適切に補

填することができるなら、第2期の実行を決断するだろう。そこで、第2期をコール・オプションとして評価すると、第1期と第2期を合わせた、プロジェクト全体としての正味現在価値の総額は、＋9812万ドルになる（つまり、第1期の正味現在価値である2485万ドルに7327万ドルのコール価値を加算した結果である）。そして、これこそが、プロジェクトが内包する真の戦略的価値である。なぜなら、この会社には、新薬を市場に出す義務はないからである。将来のビジネス環境が好ましいものでなければ、いったん棚上げにして販売時期を遅らせたり、特許権を売却したり、プロジェクトの実行を通じて得られた知識を別の新薬の開発に活用したりすることができるのである。この、第2期を実行しなくともよいというオプションを無視することは、プロジェクトの真の価値を過小評価することに他ならないのである。

4 リアルオプションの高度なアプローチ

　前述の例が、単一のオプションを前提とした極めてシンプルな例であることは言うまでもない。もっと複雑なケースにおいては、より高度なモデルを使う必要がある。これらのモデルには、解析型エキゾチックオプション分析、ダイナミックプログラミング法において制約を満たす目的関数の偏微分方程式による最適化、三項または多項モデル、二項格子、および確率論的シミュレーションなどがある。これらの高度なモデルについては、技術的な付録を付けてこのあとのいくつかの章で説明し、実際のビジネス・ケースでどのように応用されるのかを示す。しかし、ここでは、リアルオプションがどのようなものなのか、また、戦略的なオプションの観点から思考することが、経営陣の意思決定をどれだけ支援し、他の方法では得られないような洞察を得ることにつながるのかを俯瞰的に理解することに専念したいと思う。

5 リアルオプションはなぜ重要なのか

　まず銘記しておかなければならないのは、伝統的な割引キャッシュフローのアプローチでは、意思決定の経路は一つしかなく、結末は固定されている

と仮定するということである。さらに、すべての決定は最初に下され、いったん決定が下された後は、変更を加えたり時間の経過とともに発展させたりすることはできない。これに対し、リアルオプションのアプローチでは、高い不確実性と、新情報が得られたときには複数の戦略的選択肢やオプションの中から最善のものを選ぶ経営上の柔軟性を考慮に入れて、複数の決定経路を設定する。すなわち、経営陣は、行く手に不確実性がある場合には、決定を下した後でも戦略を修正できる柔軟性を持つのである。新情報が得られて不確実性が解消するにつれて、経営陣は、いくつもの戦略の中から最善のものを選んで実行することができる。伝統的な割引キャッシュフロー分析が単一の静的な決定を仮定するのに対して、リアルオプション分析は、多次元かつ動的な一連の決定を仮定することによって、ビジネス環境の変化に対応する柔軟性を経営陣に提供するのである。

伝統的なアプローチが静的な意思決定だけを仮定するのに対して、リアルオプションは、将来に向けて複数の決定を動的に下すことができるものと仮定する。これにより、経営陣は、ビジネス環境の変化に対応する柔軟性を持つことになる。

　ここで視点を変えて、2つのポイントについて考えてみよう。一つは、「初期投資の出発点」。投資の戦略的な決定はこのときに下される。もう一つは、「最終ゴール」である。分析の最終ゴールは、企業の投資収益率と株主の富を最大化できるような最善の決定を見い出すことである。伝統的な割引キャッシュフローのアプローチでは、一本の直線によってこの2つを結び付けているのに対して、リアルオプションのアプローチでは、最終ゴールに到達するためのルートがいくつも描かれたロードマップを提供している。しかも、このロードマップに描かれたルートは、互いにつながり合っているのである。前者は、1回限りの意思決定プロセスを意味し、後者は、投資家が時間の経過とともに学習を重ね、発生するさまざまな事象に対応して以前の決定を更新する、動的な意思決定プロセスを意味している。
　このように、割引キャッシュフロー分析をベースとした伝統的なアプロー

チには、いくつもの落とし穴があり、リアルオプションは、こうした伝統的な分析の限界を超えて、数多くの洞察を提供するのである。リアルオプションを使うことで、最低でも割引キャッシュフローを使って得た結果に合理性があるか否かを検証することができる。また、割引キャッシュフローの方法論を取り入れながらうまく活用すれば、まったく新しい評価アプローチを獲得することもできる。これは、オプションの根底にある理論が健全なものであり、応用に際して無理がないからである。

日常的な言葉で名づけられたリアルオプションには、次のようなものがある。
①将来の成長のためのオプション
②待機するオプション
③遅延するオプション
④拡張するオプション
⑤縮小するオプション
⑥選択するオプション
⑦リソースを切り替えるオプション
⑧フェーズごとに段階投資を行なうオプション

リアルオプションの本当の名前は、例えば、「アメリカン型拡張オプションのためのBarone-Adesi-Whaley近似値モデル」といった具合で、分かりにくい。しかし、日常的な言葉を使った名前なら、一見しただけでそれがどのようなオプションなのかが分かるだろう。これは重要なポイントである。プロセスと結果についての説明が、経営陣にとって理解しやすいものであればあるほど、リアルオプションの方法論とそれがもたらす結果が受け容れられるチャンスが大きくなるからである。要は、「ブラックボックス」的な分析手法をできるだけ透明化することによって理解を容易にするということである。この問題については、第10章でもう一度詳細に考察することにする。

企業が持つ戦略的オプション、すなわち動的でいつでも変更できる能力を持つ柔軟な意思決定も含めて企業の価値を形成するプロジェクトを評価するには、伝統的なアプローチではいくつかの点で欠陥がある。例えば、伝統的

な割引キャッシュフロー・モデルでは、プロジェクトが生み出し得る価値をはなはだしく過小評価してしまう恐れがあり、資産の公正な市場価値を正しく見定めることができない。これは、そのプロジェクトが生み出すキャッシュフローが当面の間はゼロまたは極めて小さいものであっても、長期的に見れば大きな価値を企業にもたらし得るのだということが無視されているからである。また、プロジェクトは、権利「そのもの」ではなく、権利を「行使するオプション」を所有するという観点から見るべきなのである。つまり、所有者は、そのオプションを実行することもできるし、機会費用が利得を上回る場合には実行せず、そのまま期限が切れるに任せることもできるということである。この観点から見ると、権利を行使するオプションを考慮に入れ、その価値を正しく評価できるようなオプションのアプローチだけが推奨に値するものだということになる。また、リアルオプションは、伝統的なアプローチには望めないような強靭性を分析に付加する。例えば、オプション価格モデルに対するリアルオプションの入力において、さまざまな値を試すことにより、分析結果に対するストレス・テストや感度テストを実行することができる。このモデル全体に対する分析は、別の仮定を使って分析を一からやり直すことなく分析の妥当性の検証の手段にもなり得る。

　以下に述べる例では、オプションがなぜ重要なのか、また、設備投資戦略を立てる際に企業がオプションを考慮に入れるべきなのはなぜなのかを説明しようと思う。

　今あなたは、一つの投資戦略を持っているとする。この戦略は、初期投資額が＄100で、かっきり1年後におよそ＄120の利益が上がる。加重平均資本コストは15％、リスクフリーレートは5％で、ともに年率である。図3－1に示すように、この戦略の正味現在価値は＄4.3で、利得が費用を上回っており、これが良い投資であることが分かる。

　しかし、ここで、すぐに投資を始める代わりに、不確実性が解消するまで待機して様子を見るとすると、図3－2に示すような予想が得られる。ここでは、期間1で初期投資を行ない、期間2ではプラスのキャッシュフローが入ってくることになる。平均収益もしくは期待収益が＄120であるというあなたの当初の見込みが正しく、市場の需要が強ければ＄140、弱ければ＄100

のキャッシュフローが入ってくるとしよう。ここで、1年間待つというオプションがあれば、需要動向をより正確に推定することができ、その結果2つのシナリオに分岐した利益予想が得られる。このシナリオにおいて、費用と入ってくるキャッシュフローが同一（－＄100対＋＄100）になる場合、それは好ましくないシナリオであるので、投資から撤退するオプションを持ち、合理的な判断によってこれ以上先へは進まないことになるだろう。言い換えれば、製品に対する需要が強いことが確認され、1年間待つことで正味現在価値が＄10.6になる場合にのみ投資を行なうということである。この分析によって、この投資には、必ず行う義務のない投資においては、損失は限定的であることが分かる。なぜなら、分別のある投資家は、損失が出ることが確実な投資戦略を支持したりはしないからである。したがって、この場合の柔軟性の価値は＄6.3ということになる。

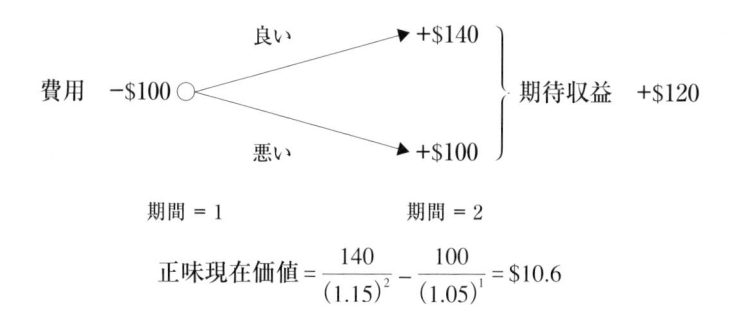

　しかし、もっと現実的な利益スケジュールは、図3－3に示したようなものだろう。1年間待機し、投資を第2年度まで延期すれば、今すぐに入って

図3-1◎オプションが重要な理由

－＄100　　　　　　　　　　　　　＋＄120
　○────────────────▶
　期間＝0　　　　　　　　　　　　期間＝1

$$\text{正味現在価値} = \frac{120}{(1.15)^1} - 100 = \$4.3$$

図3-2◎不確実性が解消するまで待機した場合

　　　　　　　　　　　良い　　　＋＄140
費用　－＄100　○　　　　　　　　　　　　期待収益　＋＄120
　　　　　　　　　　　悪い　　　＋＄100

　　　　　期間＝1　　　　　期間＝2

$$\text{正味現在価値} = \frac{140}{(1.15)^2} - \frac{100}{(1.05)^1} = \$10.6$$

図3-3◎現実的な利益スケジュール

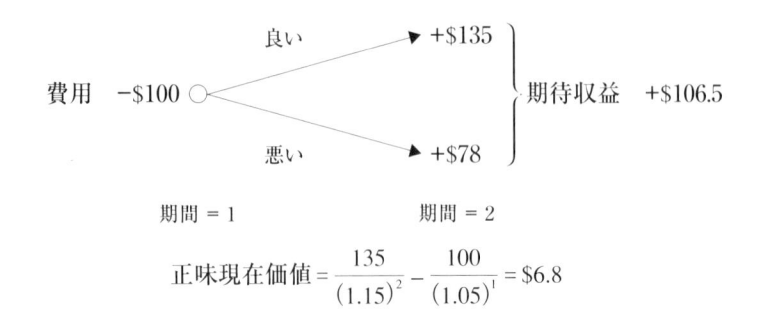

```
                       良い      +$135
  費用   -$100 ○                          期待収益  +$106.5
                       悪い      +$78

              期間 = 1           期間 = 2
```

$$正味現在価値 = \frac{135}{(1.15)^2} - \frac{100}{(1.05)^1} = \$6.8$$

くるかもしれないキャッシュフローをあきらめることになる。また、今すぐ投資しないことで、＄5の漏損または機会費用が発生する（＄140－＄135）。しかし、投資費用もまた、投資を延期することにより、1年後に初期投資が行なわれるときまで負担しないで済むため、減じられることになる。この計算によると、正味現在価値は＄6.8になる。

6 伝統的なアプローチとリアルオプションの比較

　図3－4から図3－9までは、1人のアナリストの視点から、伝統的な分析とリアルオプション分析を段階を追って比較分析したものである。このアナリストは、割引キャッシュフロー・モデルによる将来のキャッシュフローの分析から始め、続いて感度分析とシナリオ分析を行なっている。伝統的なアプローチで到達することができるのは、せいぜいここまでである。しかし、分析結果がどちらかと言えば否定的なものであったため、このアナリストは、新しい分析手法をいくつか応用することに決め、モンテカルロ・シミュレーションとリアルオプション分析を行なう。その上で、すべての分析結果を比較し、結論を導き出している。これらは、新しい分析手法を使って得た結果と洞察を比較分析するための手法として正しいものだと言える。この例の場合、アナリストは、積極的な追求や受動的な待機によってもっと多くの情報を入手するというオプションを創造することで、プロジェクト全体に大きな

付加価値を見い出しているのである。

　もちろん、ここでは、いくつかの簡略化された仮定が用いられている。例えば、企業は、市場や競合会社からの影響をまったく受けずに1年間待機した後でプロジェクトを実行するものと仮定している。これは、実行を1年遅らせても、競合会社が市場に一番乗りしたり、市場のシェアを拡大したりすることはないと想定していることを意味するが、実際は、競合会社は相手が静観している間にリスクを冒してでも類似プロジェクトに投資し、優位に立とうとするだろう。また、プロジェクトを今すぐに開始しても将来開始しても費用とキャッシュフローは変わらないと仮定しているが、実際にはそのようなことはない。こうした問題に対処するためには、もっと複雑な仮定を付加して分析しなければならないことは言うまでもないが、ここでは、説明を分かりやすくするために、基本的な仮定が正しいものであると見なす。すなわち、費用とキャッシュフローは実行時期のいかんにかかわらず同一であり、競合会社からの反撃はないものと見なすのである。

図3-4◎割引キャッシュフロー・モデル

A. 割引キャッシュフロー

以下の例は、待つことの重要性を示している。例えば、ここに一つの企業があり、かなり大規模な設備投資を行なう必要に迫られているが、同時に、待機して決定を遅延するオプションを持っているとする。業種としては、新薬の研究開発やIT投資などが考えられるだろう。また、単純に、まだ市場で実績がない新製品のマーケティングを行なう場合を考えてもよい。

このプロジェクトの財務分析を命じられたアナリストは、プロジェクトの経済的寿命を5年として、時間軸に従って最も起こりうる確率が高い正味キャッシュフローのレベルを推定している。さらに、実行費用は2億ドルで、プロジェクトのリスク調整割引率は20%と仮定している。なお、この20%という値は、この企業の加重平均資本コストと同じである。以上を前提として計算した正味現在価値（NPV）は、−2670万ドルの損失となっている。

```
割引率＝20%    t＝0    t＝1    t＝2    t＝3    t＝4    t＝5
              ─────────────────────────────────────→ 時間
              −$200M  $30M   $36M   $70M   $80M   $110M
                       NPVの計算値 ＝ −$26.70M（M＝100万ドル）
```

B. 割引キャッシュフローの感度分析

計算された正味現在価値はかなりの損失を示しているが、もっと厳密に考察すれば決定を改善できるのではないかとアナリストは考え、感度分析を行なうことにした。この簡略化された例では、変数は3つしかない（割引率、費用、および将来の正味キャッシュフロー）ので、アナリストは、3つすべてを10%増加させて、これらの変化に対するNPVの計算値の感度を測ることにした。

```
割引率＝20%    t＝0    t＝1    t＝2    t＝3    t＝4    t＝5
              ─────────────────────────────────────→ 時間
              −$220M  $30M   $36M   $70M   $80M   $110M
```
費用を10%増加
（−$200Mから−$220Mへ）

NPVの計算値 ＝ −$26.70Mから−$46.70Mに変わった。

```
割引率＝20%    t＝0    t＝1    t＝2    t＝3    t＝4    t＝5
              ─────────────────────────────────────→ 時間
              −$200M  $33M   $40M   $77M   $88M   $121M
```
予測収益を10%増加

NPVの計算値 ＝ −$26.70Mから−$9.37Mに変わった。

```
割引率＝22%    t＝0    t＝1    t＝2    t＝3    t＝4    t＝5
              ─────────────────────────────────────→ 時間
              −$200M  $30M   $36M   $70M   $80M   $110M
```
割引率を10%増加
（20%から22%へ）

NPVの計算値 ＝ −$26.70Mから−$35.86Mに変わった。

上記3つの感度を、潜在的な結果の範囲（変数の感度を示す）が大きいものから小さいものへ下降させて並べて表に示すと次のようになる。この感度表から、トルネード・グラフを作成することもできる。

	期待正味現在価値			入力		
変数	下限	上限	範囲	下限	上限	ベース・ケース
費用	($46.70)	($6.70)	$40.00	($220)	($180)	($200)
割引率	($16.77)	($35.86)	$19.09	18%	22%	20%
キャッシュフロー5	($31.12)	($22.28)	$8.84	$99	$121	$110
キャッシュフロー3	($30.75)	($22.65)	$8.10	$63	$77	$70
キャッシュフロー4	($30.56)	($22.85)	$7.72	$72	$88	$80
キャッシュフロー1	($29.20)	($24.20)	$5.00	$27	$33	$30
キャッシュフロー2	($29.20)	($24.20)	$5.00	$32	$40	$36

図3-5◎トルネード・グラフとシナリオ分析

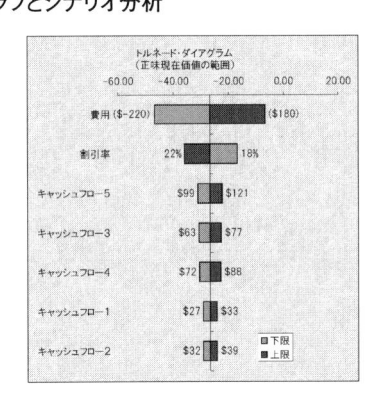

```
            トルネード・ダイアグラム
            （正味現在価値の範囲）
        -60.00   -40.00   -20.00   0.00   20.00
費用($-220)                               ($180)
割引率              22%        18%
キャッシュフロー-5        $99    $121
キャッシュフロー-3        $63   $77
キャッシュフロー-4        $72    $88
キャッシュフロー-1        $27  $33
キャッシュフロー-2        $32  $39
                                   ■下限
                                   □上限
```

C. シナリオ分析

次は、シナリオの作成である。このアナリストは、ある程度の可能性を持つ3つのシナリオを作り、それぞれのシナリオが実現する確率を主観的に推定した。例えば、最悪のケースのシナリオでは、基準ケースのシナリオの予測収益の50％しか得られないが、最良のケースのシナリオでは150％が得られるといった具合である。

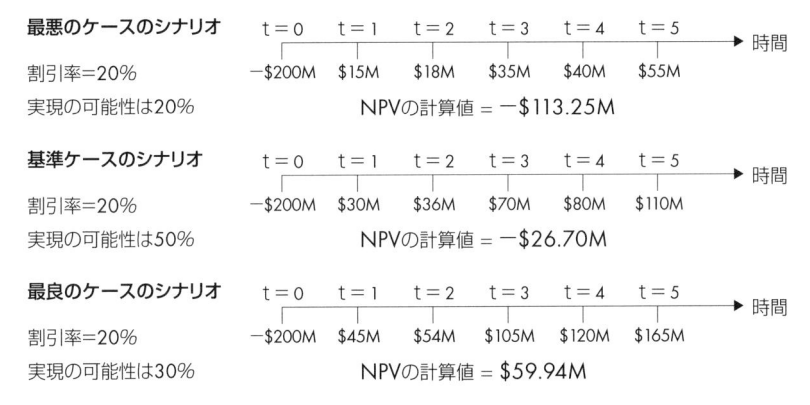

最悪のケースのシナリオ

	t＝0	t＝1	t＝2	t＝3	t＝4	t＝5	→ 時間

割引率＝20%　　　　　　-$200M　$15M　$18M　$35M　$40M　$55M

実現の可能性は20%　　　　　　NPVの計算値 ＝ －$113.25M

基準ケースのシナリオ

	t＝0	t＝1	t＝2	t＝3	t＝4	t＝5	→ 時間

割引率＝20%　　　　　　-$200M　$30M　$36M　$70M　$80M　$110M

実現の可能性は50%　　　　　　NPVの計算値 ＝ －$26.70M

最良のケースのシナリオ

	t＝0	t＝1	t＝2	t＝3	t＝4	t＝5	→ 時間

割引率＝20%　　　　　　-$200M　$45M　$54M　$105M　$120M　$165M

実現の可能性は30%　　　　　　NPVの計算値 ＝ $59.94M

期待NPV＝0.20（-$113.25M）＋0.50（-$26.70M）＋0.30（$59.94M）＝－$18.04M

3つのシナリオそれぞれの確率に基づいてNPVを計算した後、期待NPVを計算すると、－$18.04Mとなるが、これらの数字に問題があることは明らかである。可能性の範囲があまりにも大きく、まともな結論を出すことが不可能なのである。だいたい、どの数字を信用すればよいのだろうか？　－$18.04M？　それとも－$26.70M？　また、上限ポテンシャルと下限リスクが、基準ケースのシナリオと他の2つのシナリオと比べ大きく異なっているが、これらのどれかが実現する可能性は一体どれくらいあるのだろうか？　つまり、これらの結果を信用するのは、危ない博打をするのと同じなのである。そこで、アナリストは、モンテカルロ・シミュレーションを行なってこれらの疑問に対する答えを探ることにした。

図3-6◎シミュレーション

D. シミュレーション

この例の場合、2つの方法でモンテカルロ・シミュレーションを行なうことができる。一つは、上記のシナリオ分析で計算したNPVを使ってシミュレーションする方法である。この場合、アナリストが、将来のキャッシュフローに関する自分の予測に高い自信を持っており、最悪のケースのシナリオのNPVが可能性の範囲における絶対的な最小値であり、最良のケースのシナリオのNPVが絶対的な最大値であることは間違いないと仮定することになる。今一つは、最も実現する可能性が高い基準ケースのシナリオを使って、経営陣が定める費用と収益の構成の範囲に基づいた入力でシミュレーションを行なう方法である。

(i) シナリオ分析に基づくシミュレーション

アナリストは、三角分布を使ったシミュレーションを行なった。シミュレーション・モデルへの入力変数には、最悪のケースのシナリオ、基準ケースのシナリオ、および最良のケースのシナリオを用いた。結果は下に示すとおりである。なお、以下の例では、デシジョニアリング社のCrystal Ballシミュレーション・パッケージを使っている。

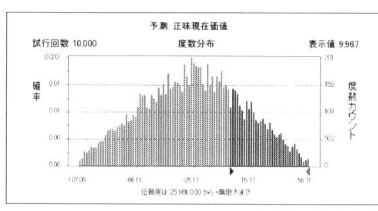

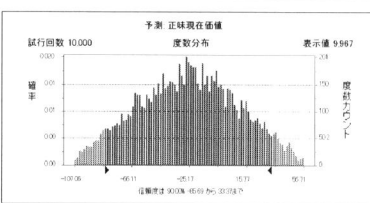

平均	−25.98
標準偏差	35.61
範囲下限	−112.01
範囲上限	59.54
範囲の幅	171.55

3つのシナリオの条件設定が極端なため、範囲がかなり大きくなっている。また、プロジェクトの損益がゼロになるか、NPVが0より大きくなるチャンスは25.16%しかない。

90%の統計的信頼区間が−$85.69Mから$33.37Mの間となっているが、これもかなり広い。可能性がこれほど大きく変動するようでは、2番目の方法でシミュレーションをするほうが賢明である。すなわち、基準ケースのシナリオに注目し、そのシナリオの入力変数に基づいてシミュレーションを行なうのである。

(ii) 基準ケースのシナリオを使ったシミュレーション

シナリオ分析を行なうに当たり、このアナリストは、予測収益がベース・ケースに対して50%変動する2つのケース（最悪と最良）のシナリオを作成したが、ここでは、ベース・ケースだけに注目し、シミュレーションによって10,000のシナリオを作成する。トルネード・ダイアグラムを見ると、割引率と費用が分析の結果を左右する重要な要因であることが分かるので、2番目のアプローチでは、この2つの重要な要因についてシミュレーションを行なう形で分析を進めることにする。アナリストは、この企業がこれまで使ってきた割引率に関する過去のデータに基づいて、割引率が正規分布になっており、平均値は20%、標準偏差は2%であると仮定する。費用構成は、経営陣による入力に基づいて、最小−$180M最大−$220Mの一様分布であるものと仮定してシミュレーションを行なった。この費用範囲は、経営陣が直感的に決めたものだが、過去の類似のプロジェクトでも同じような値になっているので、実証済みと考えてよい。以下は、このシミュレーションの結果を示したものである。

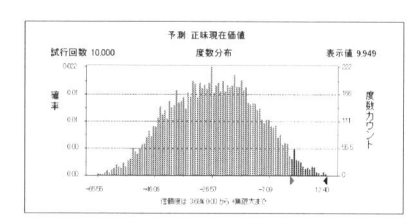

平均	−26.07
標準偏差	14.84
範囲下限	−75.74
範囲上限	27.64
範囲の幅	103.38

ここでは、ある程度管理可能な範囲が得られているので、より意味のある推論を行なうことができる。シミュレーションの結果によれば、プロジェクトが損益ゼロ以上になるチャンスは3.68%しかない。

図3-7◎リアルオプション分析（積極的な戦略と受動的な戦略）

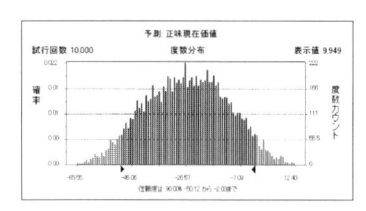

90％の信頼区間は、−50.12Mから−2.03Mの間。

ほとんどの場合、プロジェクトのNPVはマイナス領域に入っており、見通しは明るくない。しかし、このプロジェクトを重要視している経営陣としては、何とか価値を付加する方法や投資を財務的に正当化できる方法がないか知りたがっている。答えは、リアルオプションを使うことによって得ることができる。

E. リアルオプション

企業は、待機したり投資を遅延したりするオプションを持っている。すなわち、不確実性が解消するまで待ってから次にとるべき行動を考えるのである。市場の条件が好ましいシナリオを提示したときには投資するが、NPVがマイナスになるような基準ケースのシナリオや最悪のケースのシナリオを提示したときにはプロジェクトの撤退を決定する。

(i) リアルオプション

1年間待機し、その間に役に立つ情報を集めれば、プロジェクトを実行するかしないかの判断をつけることができる。以下は、意思決定の経路をディシジョンツリーで示したものである。

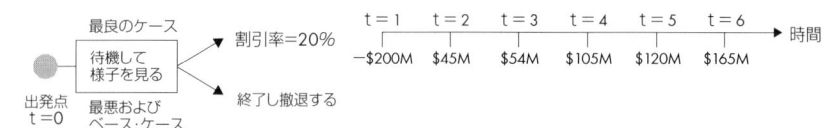

1年間待機する場合のNPV

この場合、NPVはプラスになる。これは、1年の待機期間を経た時点で市場の需要が基準程度であったり不振であったりすれば、経営陣はプロジェクトの実行に待ったをかける権利を持っているからである。反対に、市場が最良のケースのシナリオに合致するか、それを超える場合、経営陣は、プロジェクトを実行し、プラスのNPVを確保するオプションを持っている。なお、NPVは、予測収益に基づいて、$49.95Mと計算される。

(ii) 待機するオプション（積極的なマーケットリサーチ戦略）

市場に関する新情報が得られるまで、1年間受動的に待つ代わりに、経営陣は、マーケットリサーチ戦略の実行という積極的な戦略を選択することができる。仮に、500万ドルの費用をかけてマーケットリサーチを実行し、6カ月後に信頼できる情報が得られたとすれば、その企業は、市場の状況が自然に明らかになるまで待ち続ける時間を節約することができる。マーケットリサーチを行なった結果、最良のケースのシナリオに匹敵するような収益が期待できることが分かれば、プロジェクトは、6カ月後に実行に移すことができるのである。以下は、この戦略と意思決定経路と時間軸を示したものである。

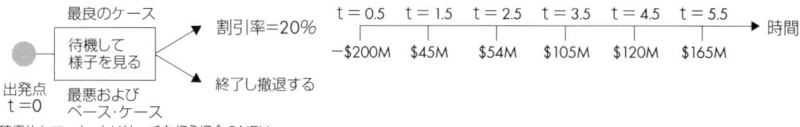

積極的なマーケットリサーチを行う場合のNPV

積極的なマーケットリサーチを実行した後、マーケットリサーチの実行費用
−$500万ドルを勘定に入れて計算したNPV＝$49.72M

この場合、NPVの計算値は$49.72Mとなり、受動的な待機の戦略のNPVと近くなっているが、この額にはマーケットリサーチの実行費用である−500万ドルが含まれている。また、この−500万ドルは、潜在的な最大損失額でもあり、市場の条件が適切である場合にのみプロジェクトを実行するオプションを獲得するために支払うプレミアムでもある。

図3-8◎重ねグラフ分析

ここで、もう一つ考えるべき点がある。経営陣としては、決定を下すのに十分な情報が集まるまでの時間を短縮するために必要なマーケットリサーチの費用として、実際には最大いくらかけられるのかを知りたいと思うのではないかという問題である。この疑問に答えるには、1番目の待機オプションと2番目の待機オプションが事実上同一になるようなマーケットリサーチの費用はいくらかを考えればよい。そこで、$49.95Mと$49.72Mの差をマーケットリサーチ費用の削減額に設定すれば、当初の500万ドルを477万ドルに引き下げることができる。つまり、この企業がマーケットリサーチのためにかける費用は477万ドルを超えるべきではなく、もしも超える場合は受動的な戦略を選択して1年待ったほうがよいということである。

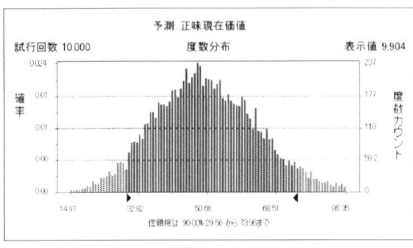

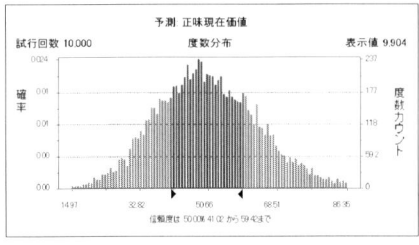

平均	50.50
標準偏差	13.56
範囲下限	-8.20
範囲上限	115.17
範囲の幅	106.97

シミュレーション結果の分布の幅が前ほど広くなくなり、意味のある推論を行なうことができるようになった。シミュレーション結果によると、90%の信頼区間は$29.56Mから$73.96Mの間となっている。この範囲なら、ほとんど100%の確率でプラスのNPVが得られることになる。

この場合、50%の信頼区間が$41.02Mから$59.42Mまでの間となっている。この範囲は、期待価値の範囲と見なすことができる。なぜなら、実際のNPV（平均は$50.50M）は50%の確率でこの範囲内に収まるからである。

F. 分析所見

期待価値のアプローチだけを使って得たNPVと、3つのシナリオを使って得たNPVには、それほど違いはない。しかし、シミュレーションを行なうと、期待価値のアプローチのほうが分布範囲が縮小し、結果もより確実なものになって、解釈がしやすくなる。そこへリアルオプションを加えると、リスクが大幅に軽減され、収益は劇的に増加する。下の重ね図では、3つのアプローチのシミュレーションを行なった後の分布を比較している。広い分布を示したのは3つのシナリオすべてに基づいてシミュレーションを行なったもの、分布が狭く左側にあるのが基準となる予測収入に基づいてシミュレーションを行なった期待価値のアプローチ、そして分布が狭く右側にあるのがリアルオプションのアプローチである。リアルオプションのアプローチは、最良の状況が得られた場合にのみ実行する。

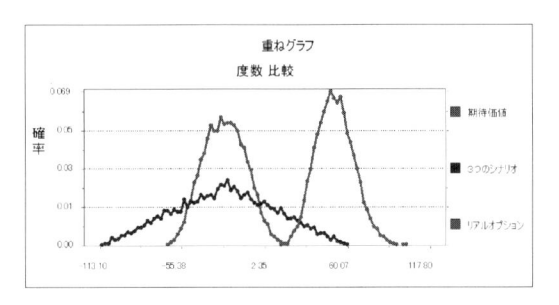

図3-9◎分析についての結論

以上説明した例は、伝統的な割引キャッシュフロー（DCF）の方法とリアルオプションの比較のほとんどの場合に当てはまるものである。リスクが、収益とNPVのレベルの不確実な変動と定義される以上、すべてのダウンサイド・リスクはリアルオプションによって軽減することができる。なぜなら、基準もしくは最悪のシナリオが発生することが明らかな場合は、プロジェクトを実行しないというオプションが組み込まれているからである。正しい戦略的オプションを確保し、適切に行動し、新情報が得られれば決定が下された後でも修正できるということを含めた、「実存する」、すなわち本来所有している価値によってプロジェクトを評価することによってのみ、リスクを軽減し収益を拡大することができるのである。これこそまさにウイン／ウインの状況である。

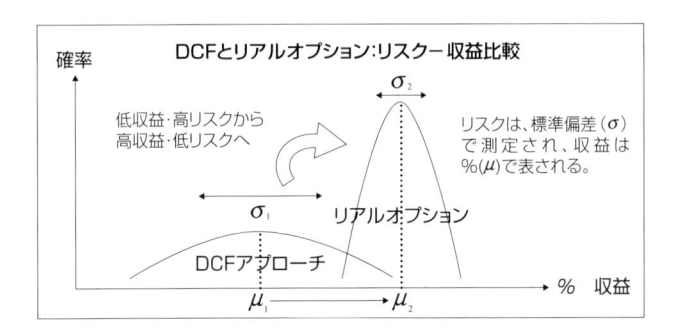

DCFとリアルオプション：リスク－収益比較

さらに、当初はNPVが－$26.70Mという、まったく見込みがないように見えたプロジェクトが正当化され、利益を生み出すことが可能になった。これは、現実のプロジェクトには、「待機または延期するオプション」があるからである。ひとたび不確実性が解消され、活用できる情報が増えれば、経営陣は、市場の状況に照らし合わせて先に進むべきか否かを決めることができるのである。このコール・オプションは、積極的なマーケットリサーチを実行することによって購入することができる。この待機の戦術を持つことにより、あらゆる下降リスクを切り捨てながら、上昇ポテンシャルを守ることが現実に可能になるのである。

次に、意思決定において最大の後悔を最小化するというミニマックス原理の観点から考えてみる。DCF法を盲目的に用いてプロジェクトを進めた場合、その最大の後悔は最悪のケースの－$113.25Mとなる。一方、積極的なマーケットリサーチを行いながらいったん待機するというオプションを考慮すると、最大の後悔は－$4.77Mとなる。この違いは、それぞれの最大の後悔が、起こりうる最悪のシナリオに基づいたものとなっているからである。つまり、リアルオプションの世界では、最悪－$113.25Mの損失が起こりうる投資を、マーケットリサーチを行なうというわずか－$4.77Mのプレミアムを支払うことで損失を限定することとなる。なぜなら、マーケットが極めて思わしくない場合、このプロジェクトは決して実行されず、大きな損失を回避できるからである。

「確実な情報の価値」は、待機オプションが生み出す価値の増加分として捉えることができるが、これは、単純な期待価値のNPVアプローチとは比較にならない。「確実な情報を持つことの価値」は、6800万ドルにもなるからである。しかも、これほどのレベルの情報が、477万ドルの追加費用を負担してマーケットリサーチを実行するだけで得られるのである。すなわち、戦略的なリアルオプションの考え方と意思決定のプロセスは、14.25倍のレバレッジを生み出したということになる。この見方は、一つのコール・オプションを購入する場合の金融オプションに酷似している。すなわち、時価が100ドルの原資産普通株式を一定の時点で一定の行使価格で買う権利のオプションを5ドルで購入するのと同じなのである。わずか5ドルで、コールの購入者は、自分の購入力を20倍の100ドルにまで引き上げたわけである。さらに、もしも株価が150ドルまで上がれば（上に述べた例と同様、50％の増加である）、コールの保持者はオプションを行使し、その株式を100ドルで購入してから150ドルで売却することができる。5ドルの費用を差し引いても、元の投資額の9倍の45ドルの利益が上がるのである。

以上、さまざまな観点からリアルオプションの価値を説明してきたが、最も重要なのは、戦略的なオプションを付加することによって、プロジェクトの価値を大幅に拡大できるということである。賢明な経営陣は、すべからく、意思決定のプロセスにオプションの枠組みを取り入れるべきである。すなわち、さまざまなプロジェクトの中にすでに実存している戦略的なオプションを見い出すか、あるいは、プロジェクトの価値を高めるために新しい戦略的オプションを創り出していくべきなのである。

■ 第3章の要約 ■

　プロジェクトにいろいろなリアルオプションが存在することを認識し、プロジェクトにそれらのオプションを取り入れ、戦略的に設定することによってリアルオプションは極めて高い価値を発揮することができる。戦略的なオプションは、意思決定者に、不確実性に対するヘッジを提供することができるのである。いったん決定を下した後でも、不確実性が既知となれば修正を施す能力を持つことで、意思決定者は事実上どのようなダウンサイド・リスクにも対処できるように自らをヘッジしたことになる。また、本章で示したように、リアルオプションのアプローチは、ヘッジの手段だけでなく、大きなレバレッジも提供する。さまざまなアプローチの比較から明らかなように、リアルオプション分析は、プロジェクトのリスクを軽減するだけでなく、プロジェクトの中に戦略的なオプションを新たに創り出し、収益を拡大することも可能にするのである。

第3章に関連する設問

1．オプションがマイナスの値を示すことはあり得るか？

2．リアルオプションが、入り組んだ道のりの戦略的なロードマップと見なされることがあるのはなぜか？

3．リアルオプションが、リスク軽減と収益拡大のための戦略と見なされるのはなぜか？

4．リアルオプションの名前が、数学的なモデルの名前に因んだものではなく、自明なものになっているのはなぜか？

5．図3－5の例に示した、トルネード・グラフとはどのようなものか？

第 4 章
リアルオプションのプロセス

　この章では、リアルオプションのプロセスの枠組みについて説明する。この枠組みは、リアルオプションの実行を成功に導くための8つのステップから構成されている。これらのステップは、経営陣による定性的なスクリーニング・プロセスから、経営陣に提出する明快で簡潔なレポートの作成まで、それぞれ異なった性格を持っている。著者は、コンサルタントとして、また、さまざまな業界の問題の直接担当者として、リアルオプションの実行を成功させてきたが、ここで説明するプロセスは、その経験に基づいて開発されたものである。各ステップは、単独で実行することもできるが、全部を順を追って実行すれば、より強固なリアルオプション分析が可能になる。

1　リアルオプション分析実行のための重要なステップ

　リアルオプションのプロセスの詳細は、この章の最後に記載した図4－1に示すとおりだが、全体を大きな流れとして見ると、次の8つのシンプルなステップに分けることができる。
- 経営陣による定性的なスクリーニング
- ベース・ケースの正味現在価値分析
- モンテカルロ・シミュレーション
- リアルオプションの問題の枠組みづくり
- リアルオプションのモデリングと分析
- ポートフォリオとリソースの最適化
- レポート作成
- 更新のための分析

2 経営陣による定性的なスクリーニング

　経営陣による定性的なスクリーニングは、あらゆるリアルオプション分析における最初のステップである（図4－1のセクションAを参照）。経営陣は、会社のミッション、ビジョン、目標、または全体的な事業戦略に照らし合わせて、どのプロジェクト、資産、構想または戦略に対して突っ込んだ分析をするかを決めなければならない。また、これには、市場シェア拡大のための戦略、競争力優位性、技術取得、成長、シナジー（社内各部の共同体制）、またはグローバル化などの諸問題が含まれる。経営陣は、自分達の政策との整合性を判断基準として、初期リストに記載されたプロジェクトの審査選考を行なうのである。すなわち、このステップでは、解決すべき問題をすべて考慮するための枠組みが経営陣によって構築されるわけで、最も価値の高い洞察はここから得られる場合が多い。

3 ベース・ケースの正味現在価値分析

　最初の定性的スクリーニングを通過するプロジェクトの一つ一つに対して、割引キャッシュフロー・モデルを作成する（図4－1のセクションBを参照）。これは、ベース・ケースの分析に相当するもので、目的は一つ一つのプロジェクトの正味現在価値を計算することである。これは、単一のプロジェクトのみを評価する場合にも当てはまる。正味現在価値は、収益と費用を予測し、それらを適切な市場リスク調整割引率で割り引く伝統的なアプローチを使って計算する。

　なお、過去のデータが揃っており、過去の経験から見て先行きがある程度予測できると判断される場合には、時系列予測を行なうことも考えられるが、それ以外の場合は、経営陣が設定した仮定を使うことになるだろう。[1]

4 モンテカルロ・シミュレーション

　静的な割引キャッシュフローでは、単一の時点についての推定結果しか得ることができない。そのため、予測キャッシュフローに影響を与える将来の事象が極めて不確実であるという事実を考えれば、その信頼性は微々たるものである場合が多い。そこで、特定のプロジェクトの実際の価値をより正確に推定するために、モンテカルロ・シミュレーションを行なうことが考えられる（図4－1のセクションCを参照）。

　普通は、まず、割引キャッシュフロー・モデルの感度分析から始める。正味現在価値を結果変数と見なし、その前提変数の一つ一つを変更することで、結果変数がどのように変わるかを検討するのである。前提変数には、収益、費用、税率、割引率、設備投資額、および減価償却費などが含まれるが、最終的には、これらすべてがモデルに投入され、正味現在価値の計算値に影響を与える。前提変数をすべて捕捉し、一つ一つの前提変数を個別に変更すれば、正味現在価値にどのような影響が出るかを把握することができる。この作業が済んだら、次は、結果をグラフで表示するが、普通、これはその形状に因んでトルネード・グラフと呼ばれる。トルネード・グラフでは、感度の高い前提変数から感度の低い前提変数へ、上から下へ順に記入される。この情報が得られたら、アナリストは、重要な変数のうち、将来の不確実性が高いものはどれで決定論的なものはどれかを見極めることができる。

　正味現在価値を左右するほど重要でありながら不確実性が高い変数は、重要成功要因と呼ばれる。重要成功要因は、モンテカルロ・シミュレーションの第一候補である。[2]　なぜなら、重要成功要因のいくつかは、相関関係にあるからだ。例えば、営業費用は特定の製品の販売量に正比例して増加し、価格は販売量に反比例して低下するといった具合である。このような場合には、相関モンテカルロ・シミュレーションが必要になる。普通、こうした相関関係は、過去のデータの中から見い出すことができる。相関シミュレーションを行なうことで、現実の世界における変数の作用に極めて近似した結果を得ることができるのである。

5 リアルオプションの問題の枠組みづくり

次の重要なステップは、リアルオプションの考え方に沿って問題の枠組みを作ることである（図4－1のセクションDを参照）。最初の経営陣によるスクリーニングのプロセスの中で見出された全体的な問題をベースとして考えれば、個々のプロジェクトの特定の戦略的オプションが明確になってくる。これらの戦略的オプションには、拡張、縮小、撤退、切替、選択、等々が含まれるが、この他にもさまざまなオプションが存在し得る。個々のプロジェクトの戦略的オプションが確認された時点、またはプロジェクトの各段階において、アナリストは、存在するオプションの中から適切なものを選んでさらに詳細に分析することができるのである。[3]

6 リアルオプションのモデリングと分析

モンテカルロ・シミュレーションを行なった結果得られた確率論的な割引キャッシュフロー・モデルでは、値が分布の形で表現される。リアルオプションでは、原資産変数はプロジェクトの将来の収益性、すなわち将来のキャッシュフローであると仮定する。将来のフリーキャッシュフロー、すなわち原資産変数のインプライドボラティリティは、前のステップで行なったモンテカルロ・シミュレーションによって計算される。普通、ボラティリティは、フリーキャッシュフローの対数収益率の標準偏差として測定される。また、リアルオプションのモデリングの原資産価値の初期値には、ベース・ケースの割引キャッシュフロー・モデルにおける将来のキャッシュフローの現在価値が用いられる（図4－1のセクションEを参照）。

7 ポートフォリオとリソースの最適化

ポートフォリオの最適化は、リアルオプション分析上の一つのステップである（図4－1のセクションFを参照）。もし複数のプロジェクトを対象と

して分析が行なわれた場合、経営陣としては、着手されたプロジェクト群のポートフォリオとして分析結果を見るべきである。なぜなら、プロジェクトというものは互いに相関している場合がほとんどで、一つ一つを切り離して見たのでは全体像が見えてこないからである。したがって、ポートフォリオの最適化は重要な作業である。あるプロジェクトが他のプロジェクトと関連している以上、ポートフォリオを活用してリスクのヘッジングや多角化を行なう機会は間違いなく存在しているからである。予算が限られており、時間とリソースも制約されている中で、企業は、リスクの許容範囲を見極めながら一定のレベルの収益を上げていかなければならない。ポートフォリオの最適化では、こうした事情をすべて考慮に入れながら最良のポートフォリオ構成を創り出していく。アナリストは、複数のプロジェクトにまたがる最良の投資配分を実現する役割を担っているのである。[4]

8 レポート作成

　レポート作成が終わらない限り、分析は完全とは言えない（図4－1のセクションGを参照）。[5] レポートは、分析の結果だけでなく、プロセスも示すものでなければならない。明快、簡潔、かつ正確な説明を行なうことによって、難解な解析学のブラックボックスを透明なステップに変身させるのである。仮定やデータがどこから来たのか、また、どのような種類の数学的・財務的な操作が行なわれたのかが理解できないまま、ただブラックボックスから出てきた結果だけを受け容れるような経営陣はどこにもいないのである。

9 更新のための分析

　リアルオプション分析では、将来は不確実であり、経営陣はその不確実性が解消されたり、リスクが既知のものになったときにはいったん下した決定に修正を加える権利を持っていると仮定する。一方で、分析そのものは、そのような不確実性やリスクが現実となる前に行なわれるのが普通である。したがって、リスクが既知となった時点で、すでに行なわれた分析を再検討し

以前の入力仮定を見直したりする必要がある。さらに、長期のプロジェクトの場合には、リアルオプション分析を何回か繰り返して実行することをあらかじめ定めておき、必要に応じて最新のデータや仮定を取り入れて更新していくことが望ましいのである。

第1部 ■ リアルオプション分析　理論編

第4章 ◎ リアルオプションのプロセス

図4-1 ◎ リアルオプションのプロセス

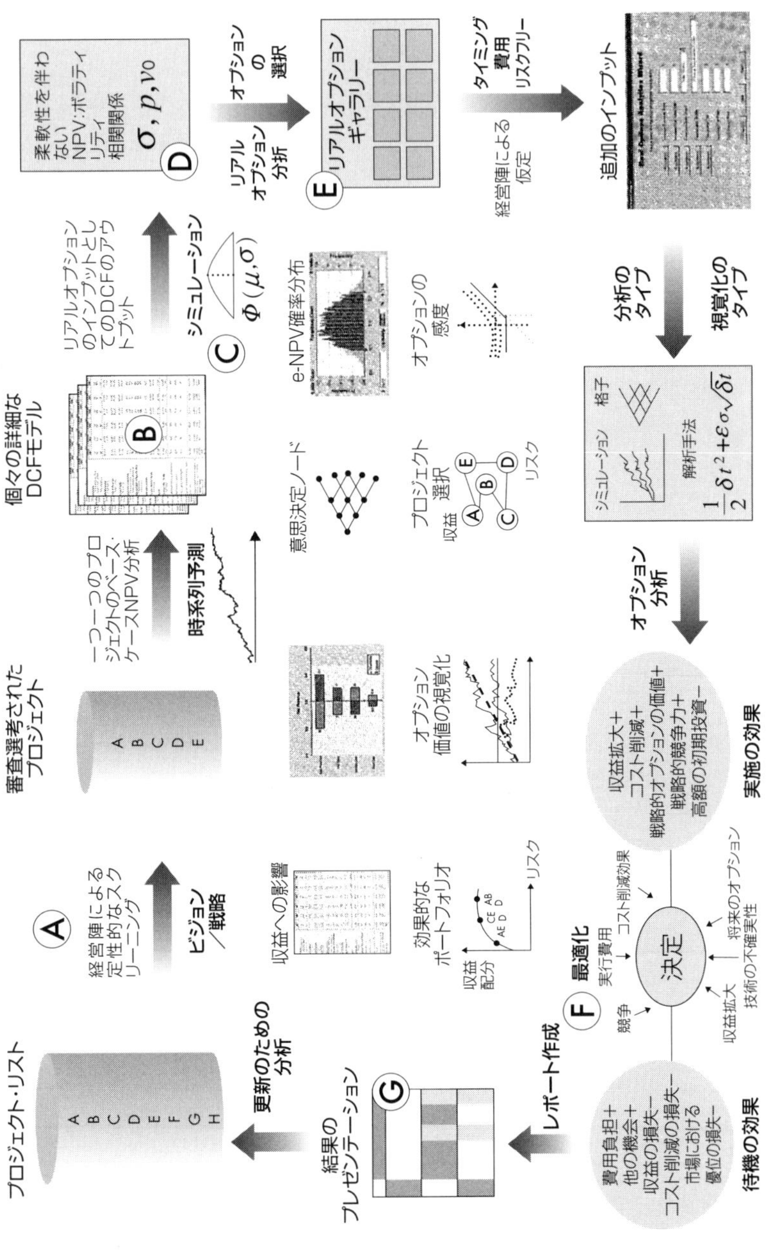

■ 第4章の要約 ■

　リアルオプション分析の実行のために必要なステップを理解することは極めて重要である。なぜなら、これらのステップを理解することで方法論そのものについての洞察が深まるからだ。またそれだけでなく、リアルオプションが各種の伝統的な分析からどのように進化してきたのか、また、伝統的なアプローチの限界がどこにあり、新しい分析手法はどこから始まるのかといったことがはっきりと理解できる。以上の理由から、この章では、経営陣によるスクリーニングのプロセス、ベース・ケースの正味現在価値もしくは割引キャッシュフロー分析、モンテカルロ・シミュレーション、リアルオプション分析、リアルオプション・モデリング、ポートフォリオの最適化、レポート作成、および更新のための分析の8つのステップを概観した。

第4章に関連する設問

1．モンテカルロ・シミュレーションとは何か？

2．ポートフォリオの最適化とは何か？

3．リアルオプション分析の枠組みにおいて更新のための分析が必要なのはなぜか？

4．問題の枠組みづくりとは何か？

5．レポートが重要なのはなぜか？

第5章
リアルオプション、金融オプション、モンテカルロ・シミュレーション、および最適化

　この章では、リアルオプションと金融オプションの違いを説明する。リアルオプションが、元々、金融オプションから派生したものであることはすでに述べたが、両者の間にはいくつかの重要な相違点がある。これらの相違点により、リアルオプションの数学的構造に変更を加えなければならないため、特に注意が必要である。引き続き、この章では、モンテカルロ・シミュレーションとポートフォリオの最適化の基本について説明する。ポイントは、この2つの概念がリアルオプション分析のプロセス全体にどのように関係しているかということである。これについては、本論の中でも応用例を示すが、この章の付録では、金融オプション、シミュレーション、およびポートフォリオの最適化の技術についてより詳細に説明する。

1 リアルオプション 対 金融オプション

　リアルオプションは、金融オプションの理論を実物資産の分析に応用したものである。したがって、金融オプションとリアルオプションの間には、数多くの類似点がある。しかし、図5-1に示すように、重要な相違点もいくつか存在している。例えば、金融オプションの満期は短く、通常は数カ月で期限切れになるのに対して、リアルオプションの満期は長く、期限切れまで数年あるものがほとんどであるし、エキゾチックオプション（特殊で複雑なタイプのオプションの総称）の中には、無期限のものまである。また、金融オプションにおける原資産は株価であるが、リアルオプションの場合は、その他にも数多くの事業上の変数が用いられる。これらの変数には、フリーキャッシュフロー、市場の需要、物価等々が含まれる。したがって、実物資産の分析にリアルオプション分析を応用するときには、どの原資産を対象とす

149

るのかを明確に理解しておかなければならない。なぜなら、オプションのモデリングに使われるボラティリティの測定値は、原資産変数に関するものだからである。

図5-1◎金融オプション 対 リアルオプション

金融オプション	リアルオプション
・満期が短い。通常は数カ月。 ・オプションの価値を決める原資産変数は、株価、もしくは金融資産の価格である。 ・株価を操作してオプションの価値をコントロールすることはできない。 ・価値は小さい場合が多い。 ・競争や市場の影響はオプションの価値や価格と無関係である。 ・すでに30年以上にわたって取引の対象になっており、完全に定着している。 ・通常は、偏微分方程式やエキゾチックオプションのためのシミュレーション／分散低減法によって解を得る。 ・市場で取引されている有価証券をベースとしており、比較対象と価格情報が揃っている。 ・経営陣による仮定と行動は評価と無関係である。	・満期が長い。通常は数年。 ・原資産変数は、フリーキャッシュフローで、これは、競争、需要、経営状態によって決まる。 ・経営陣の決定と柔軟性により、戦略的オプションの価値を増加させることができる。 ・何億ドルにも達し得る大型の決定事項である。 ・競争と市場が戦略的オプションの価値を決める。 ・過去10年の間に企業財務の分野で開発が進められてきたものである。 ・通常は、方程式と二項格子が原資産変数のシミュレーションとともに用いられ、解を得る。 ・取引されていない、各企業固有の性格を持った資産を対象としており、市場における比較対象がない。 ・経営陣による仮定と行動がリアルオプションの価値を決める。

　金融オプションには、インサイダー取引を規制する法律があるため、オプションの保持者は、少なくとも理論的には、株価を操作して自分達に有利な状況を作り出すことはできない。しかし、リアルオプションでは、経営陣が特定の戦略的オプションを設定できるため、彼らの決定次第でプロジェクトのリアルオプションの価値を増加させることが可能である。リアルオプションの価値（一つの戦略的オプションにつき何千、何百万、または何億ドルもの大きさになる）に比べて、金融オプションの価値は比較的小さい（一つのオプションにつき何十ドルから何百ドルといった程度）。

　金融オプションは、すでに何十年にもわたって取引されてきているが、リアルオプション「現象」が発生したのは、ごく最近のことである。ただ、ど

ちらのタイプのオプションも、似通ったアプローチで解を得ることができる。これらのアプローチには、解析型解法、偏微分方程式、有限差分法、二項格子、およびシミュレーションなどがあるが、リアルオプションのためのアプローチとしてビジネスの世界で受容されているのは、二項格子である。これは、二項格子の方法論がシンプルで理解しやすく、経営陣に対して説明して支持を取り付ける上で好都合だからである。また、金融オプションのモデルは、市場で取引されている有価証券と公開されている資産価格をベースとしているため、構成しやすく客観性もあるのに対して、リアルオプションは市場性のない資産をベースとする傾向があり、金融市場で取引されている類似資産は滅多に利用できない。このため、リアルオプションの評価においては、経営陣による仮定が非常に重要になるが、金融オプションの評価においてはあまり重要ではない。プロジェクトによっては、将来オプションを設定できるような戦略を経営陣が作ることも可能である。ただし、そのようなオプションの価値は、それらがどのように組み立てられているかによって変わってくる。

　基本的ないくつかのケースの中には、リアルオプションと金融オプションの間にほとんど差がないものもある。図5-2は、コール・オプションとプット・オプションの利得を示したグラフであるが、4つのグラフのすべてにおいて、垂直軸に戦略的オプションの価値を示し、水平軸に原資産の価値を示している。折れ曲がった実線は、オプション満期日における利得の関数を示している。これは事実上プロジェクトの正味現在価値と見なすことができる。なぜなら、満期日において行使期間は事実上ゼロとなり、オプションの価値は正味現在価値（原資産の価値から実行費用を差し引いたもの）に戻るからである。一方、点線の曲線は、オプション満期日以前の利益の関数を示している。この場合、満期まで時間があるためにまだ不確実性が残っており、オプションの価値はプラスになっている。この曲線は戦略的なオプションの価値を含んだ正味現在価値である。両方とも、底値の部分がほぼ水平になっているが、これは、オプションのプレミアムと見なすことができる。この場合、リスクの最大値は、オプションを獲得するためのプレミアムもしくは費用に相当する。すなわち、損失は、最大でもオプションを獲得するために支

図5-2◎オプションのペイオフ表

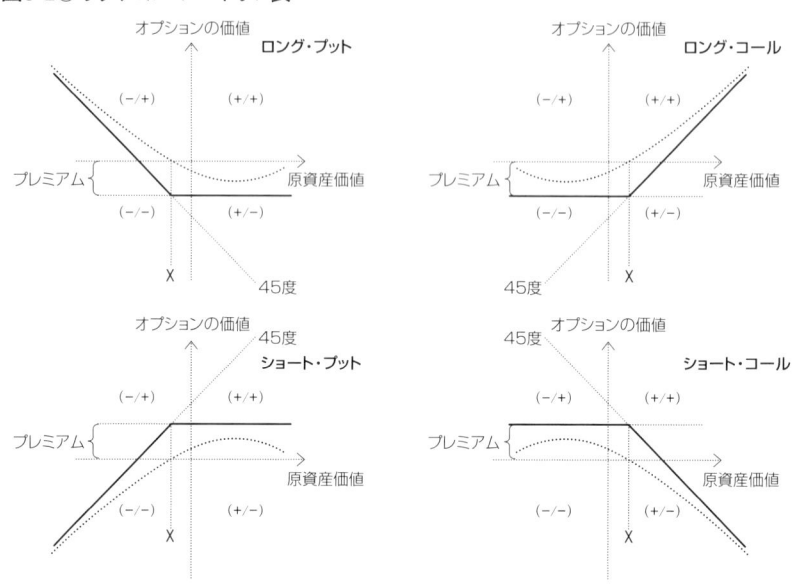

払った価格を超えることはないのである。

　ロング・コールのポジション、すなわちコール・オプションの買い手、そして保持者の立場は、拡張オプションに類似している。これは、拡張オプションを作ったり設定したりするためにかかる費用が、そのオプションのプレミアム、または購入価格とほぼ同じだと考えられるからである。時間が経過しても原資産の価値が上がらない場合、この拡張オプションの保持者がこうむる損失は、オプションを設定するための費用（マーケットリサーチの費用など）ということになる。原資産の価値が行使価格（グラフの中でXで示してあるもの）を十分に上回ったときには、この拡張オプションの価値も増加する。価値の上昇に限界はないが、下落については、オプション購入のために支払ったプレミアムが下限となる。損益の均衡点は、実線と水平軸が交差するところで、これは、行使価格にプレミアムを加算したものである。

　ロング・プット・オプションのポジション、すなわちプット・オプションの買い手、そして保持者の立場は、撤退オプションに類似している。これは、

撤退オプションを作ったり設定したりするためにかかる費用が、そのオプションのプレミアム、または購入価格とほぼ同じだと考えられるからである。時間が経過しても原資産の価値が下がらない場合、この撤退オプションの保持者がこうむる損失は、オプションを設定するための費用（グラフの中でプレミアムと同一の実線で示してあるもの）ということになる。原資産の価値が行使価格（グラフの中でXで示してあるもの）を十分に下回ったときには、この撤退オプションの価値も増加する。この場合、オプションの保持者にとっては、既存のプロジェクトを放棄したほうが有利である。価値の上昇に上限はないが、下落については、オプション購入のために支払ったプレミアムが下限となる。損益の均衡点は、実線と水平軸が交差するところで、これは、行使価格からプレミアムを差し引いたものである。[1]

　ショート・ポジション、すなわちコールとプットの売り手、そして受け手の側の利得プロファイルは、ロング・ポジションの利得パターンが正負対称になる。これは、一つのコールもしくは一つのプットのロング・ポジションとショート・ポジションを同時に重ね合わせれば、ゼロサムゲームになることを意味している。ショート・ポジションは、オプションの発行者側の立場を反映しているのである。例えば、拡張と縮小のオプションが、何らかの法的拘束力を持った契約に基づいたものである場合、契約の発行者側がこれらのショート・ポジションを保持することになる。

2 モンテカルロ・シミュレーション

　現実のシステムの模倣を目的とした分析方法は、すべてシミュレーションである。特に、他の分析において現実の再現が数学的に複雑になりすぎるか、困難である場合には、シミュレーションが行なわれることが多い。スプレッドシートにおけるリスク分析では、スプレッドシート・モデルとシミュレーションの両方を用いて、モデル化されるシステムのインプットをさまざまに変えてその効果をアウトプットに基づいて分析する。この一つがモンテカルロ・シミュレーションであり、不特定の変数に対していくつもの値をランダムに何回も繰り返して生成して、現実のモデルをシミュレートする。

● モンテカルロ・シミュレーションの由来

　モンテカルロ・シミュレーションは、モナコのモンテカルロに因んで名づけられた。この町の一番の魅力は、あらゆる賭け事に興じることができるカジノ群である。ルーレット、サイコロ、およびスロットマシンといった博打は、どれもランダムな作用を見せるが、これは、モンテカルロ・シミュレーションがモデルをシミュレートするために変数の値をランダムに選択する作用に似ている。例えばサイコロを振った場合、1、2、3、4、5、6のいずれかの目が出ることは分かっているが、どの目がいつ出るかは分からない。変数の場合も同じで、値の範囲は分かっているが、特定の時期や事象に対してどのような値が出るかは分からないのである（利率、必要な人員数、収入、株価、在庫、割引率など）。

　一つ一つの変数がとり得る値は、確率分布によって定められる。どのタイプの分布を選ぶかは、その変数を取り巻く条件によって決まる。例として、よく使われる分布のタイプを図5-3に示した。シミュレーションが行なわれる間、個々の変数に対して使われる値は、この、定められた可能値の中からランダムに選択されるのである。

● シミュレーションはなぜ重要なのか？

　シミュレーションは、不特定の変数の確率分布の中からさまざまな値を繰り返し拾い出し、それらを該当する事象に当てはめることによって、一つのモデルについての無数のシナリオを計算するものである。これらのシナリオからそれぞれ何らかの結果が得られる。つまり、どのシナリオからも一つの予測を生成するのである。予測は、シミュレーションの実行者がモデルのア

図5-3◎最も基本的な分布の例

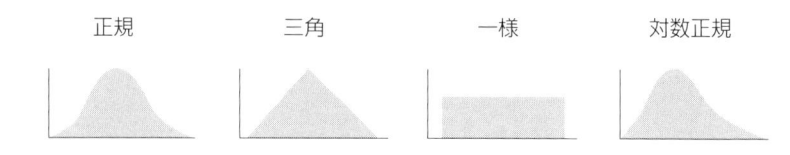

　　　　　正規　　　　　　三角　　　　　　一様　　　　　　対数正規

第1部 ■ リアルオプション分析　理論編

図5-4◎平均値の欠陥

実際	5
保有在庫	6

生鮮食料品のコスト	$100
宅配便のコスト	$175
コスト総計	$100

平均値	5.00

過去のデータ（5年間）

月	実際
1	12
2	11
3	7
4	0
5	0
6	2
7	0
8	0
9	11
10	12
11	0
12	9
13	3
14	5
15	0
16	2
17	1
18	10
58	3
59	2
60	17

あなたの会社は生鮮食料品の販売業を営んでいる。あなたの役目は、保有する在庫の最適なレベルを見出すことである。在庫が実際の需要を上回ると、100ドル分の生鮮食料品が無駄になり、在庫が実際の需要をカバーするのに不十分である場合は、175ドルの宅配便のコストが発生する。なお、これらは商品1個当たりのコストである。あなたは、まず、右に示すような過去の需要データを60日間分集めた。その上で単純に平均値を計算すると、5個という値が出たので、これをもって在庫の最適なレベルとすることにした。かくしてあなたは、平均値の欠陥という重大な落とし穴にはまったのである！

実際の需要のデータは右側のコラムに示してあるが、第19行から57行までは、スペースの都合上割愛している。あなたは、アナリストとして、何をすればよいのだろうか？

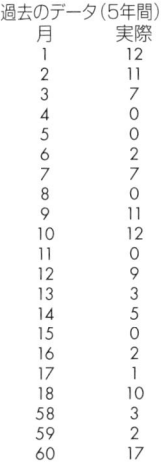

実際の需要の頻度ヒストグラム

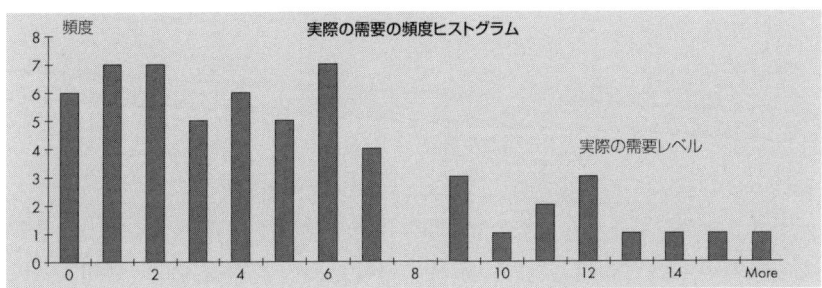

（横軸：実際の需要レベル 0〜More、縦軸：頻度 0〜8）

ウトプットとして重要と定めた事象（普通は公式や関数で表される）で、普通は、総計、純利益、または総支出などがこれに当たる。

　シミュレーションの重要性を示す例は、図5-4と図5-5に示した。図5-4は、「平均値の欠陥」と名づけたが、これは、シミュレーションを使わないことがアナリストを誤った決定に導くことを示すためである。この例では、エラー発生の明らかな原因は、過去の需要分布が極めて歪んでいる一方で、費用構成が非対称になっていることである。例えば、今あなたがある会議に出席しているとしよう。そこで、あなたの上司が、出席者全員に対して、昨年の収入はどれくらいだったかと尋ねたとする。さっそく全員に問い

155

図5-5◎シミュレーションの必要性

シミュレーションによる平均値の欠陥の修正

シミュレーションによる実際の需要の平均値	8.53	シミュレーションによる需要の範囲	7.21から9.85
保有在庫量	9.00	シミュレーションによるコストの範囲	178.91から149

生鮮食料品のコスト	$100
宅配便のコスト	$175
コスト総計	$46.88

最良の方法は、ノンパラメトリック・シミュレーションを行なうことである。実際の需要のレベルの過去のデータをインプットして使い、最も確率が高い将来の需要レベルをシミュレートするのである(この場合は8.53個)。
この需要レベルによれば、試行在庫数が9個のときにコストが最も小さくなることが分かるが、これは、元の平均値の欠陥の例で見積もられた5個という値からはかけ離れたものである。

試行在庫	コスト総計
1.00	$1,318
2.00	$1,143
3.00	$968
4.00	$793
5.00	$618
6.00	$443
7.00	$268
8.00	$93
9.00	$47
10.00	$147
11.00	$247
12.00	$347
13.00	$447
14.00	$547
15.00	$647
16.00	$747

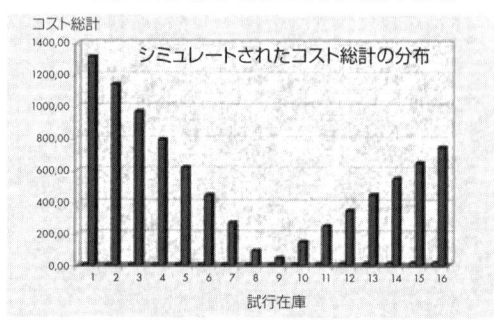

シミュレートされたコスト総計の分布

質してみると、出席者の給与は6万ドルから15万ドルの間にあることが分かった。そこで、ざっと計算してみると、平均給与額は10万ドルであったことが分かったが、ここまで来て、上司が、自分の収入は2000万ドルだったと告げたのである！このため、会議室にいる一同の平均収入は、突如として150万ドルに跳ね上がってしまった。150万ドルという値が、あなたや同僚達の昨年の収入からかけ離れたものであることは言うまでもない。この場合は、中央値を使うほうが適切である。このように、単純に平均値を使うと、極めて誤解を招くような結果が出るのである。[2]

図5－5では、シミュレーションを用いて適正な在庫のレベルを計算している。ここで使われているアプローチは、ノンパラメトリック・シミュレーションと呼ばれる。この名前が示すとおり、このシミュレーション・アプローチには、分布のパラメータが一切割り当てられていない。モンテカルロ・シミュレーションでは、あらかじめ分布の型（正規、三角、対数正規等々）を設定し、使用するパラメータ（平均値、標準偏差等々）を決めなければな

らないが、ノンパラメトリック・シミュレーションでは、データそのものを使って現実を再現するのである。

　ここで、過去の需要のレベルに関するデータを１年分集めて、毎日の需要量をそれぞれ１個のゴルフボールに書き込んだとしよう。次にこの365個のボールをバスケットに投げ込んで混ぜ合わせる。その中から１個を無作為に拾い出し、書いてある値を紙に書き写してからバスケットに戻し、もう一度混ぜ合わせる。これを365回繰り返してから平均値を計算すれば、単一のグループについての試行が完了したことになる。このプロセスを同じように数千回繰り返して平均値を出し続ける。こうして得られた平均値の分布が、このシミュレーションの結果である。すなわち、このシミュレーションから得られる期待価値は、これらの何千もの平均値からさらに単純な平均値を割り出したものなのである。

　図５－５は、こうしたノンパラメトリック・シミュレーションから派生する分布の例を示している。この図に見るように、コストを最小化できる最適な在庫のレベルは９個で、図５－４で計算した個数からはかけ離れている。ノンパラメトリック・シミュレーションは、Crystal Ballのシミュレーション・ソフトウエアのブートストラップ機能を使えば比較的容易に実行することができる。

　図５－６は、Excelを使ったノンパラメトリック・シミュレーションのシンプルな例を示しているが、Excelの機能だけでできることには限界がある。例えば、図５－６に示した例では、発生確率が異なる９つのシンプルなケースを仮定し、シミュレーションそのものは３つのシンプルなステップで行なうことができる。しかし、標本の適正な分布を得るためには何千回ものシミュレーションを行なう必要があり、結果として非常に多くの行・列を取り扱わなければならなくなる。これは、Excelの能力を超えていると言わざるを得ない。平均値の欠陥の例については、すべてのケース（実際の需要のレベル）を列挙し、その一つ一つに対して同じ確率を使用することによって分析をより簡単化できる。もちろん、この場合も、かなり大規模なシミュレーションになるので、Excelを使うことはすすめられない。最良の方法は、図５－７に示すように、Crystal Ballのようなソフトウエアを使ってシミュレ

図5-6◎Excelによるシミュレーション

ステップ1: 仮定

値	確率
362995	55%
363522	10%
252094	10%
122922	10%
23572	3%
305721	3%
61877	3%
147322	3%
179310	3%

シミュレーション（確率の仮定）

ここには、仮定値とそれに対応する発生確率が示されている。確率の合計は100％にならなければならない。

次に、仮定値を、[0,1]に制限した乱数に置き換える。例えば、正規分布の場合、0.00から0.55の間の数値が得られる確率は55％、0.56から0.65なら10％といった具合である。これは、下のステップ2で行なう。

ステップ2: 表の設定

最小	最大	内在
0.00	0.55	362994.83
0.56	0.65	363522.33
0.66	0.75	252094
0.76	0.85	122922.05
0.86	0.88	23572.39
0.89	0.91	305721.43
0.92	0.94	61876.66
0.95	0.97	147322.19
0.98	1.00	179359.73

セル $D$16:$F$24

100の試行に対してシミュレーションを行ない、平均を出す。これを数千のセットに対して繰り返し、一つ一つのセットについて平均を出す。次に、これらの何千ものシミュレートされたセットを使って 確率分布を作り、それに適応する記述的統計量を計算する（中央値、標準偏差、信頼区間、確率等々）。

VLOOKUP(RAND(),$D$16:$F$24,3)

ステップ3: シミュレーション

値	セット1	セット2	セット3	セット4	セット5	セット100	セット1000	セット1500	セット2000	平均 上位90%以内 セット5000
1	147322	122922	252094	362995	362995	252094	362995	61877	363522
2	362995	362995	362995	252094	147322	61877	362995	362995	122922	179360
3	252094	362995	363522	122922	362995	252094	61877	362995	362995	362995
4	362995	362995	252094	362995	362995	362995	61877	179360	179360	122922
5	362995	362995	362995	363522	122922	122922	363522	252094	147322	362995
6	362995	362995	363522	122922	252094	363522	362995	179360	122922	179360
7	122922	362995	362995	362995	362995	122922	122922	252094	61877	122922
8	363522	362995	363522	362995	122922	362995	122922	122922	362995	61877
9	362995	362995	252094	362995	362995	362995	362995	179360	363522	363522
10	122922	122922	363522	362995	305721	252094	252094	61877	362995	362995
11	305721	362995	362995	362995	362995	252094	363522	362995	362995	362995
12	362995	362995	362995	362995	252094	362995	252094	362995	362995	122922
95	252094	362995	362995	363522	362995	122922	362995	362995	252094	61877
96	252094	252094	61877	362995	363522	122922	23572	122922	305721	362995
97	362995	362995	23572	362995	362995	122922	305721	362995	23572	362995
98	362995	362995	362995	147322	362995	252094	362995	362995	362995	252094
99	122922	362995	362995	362995	362995	362995	362995	147322	362995	252094
100	363522	252094	362995	362995	362995	362995	362995	362995	362995	362995
平均	275763	282681	318044	292146	300325	299948	298498	302302	296806	294590

第13行から94行まではスペースの都合上割愛。

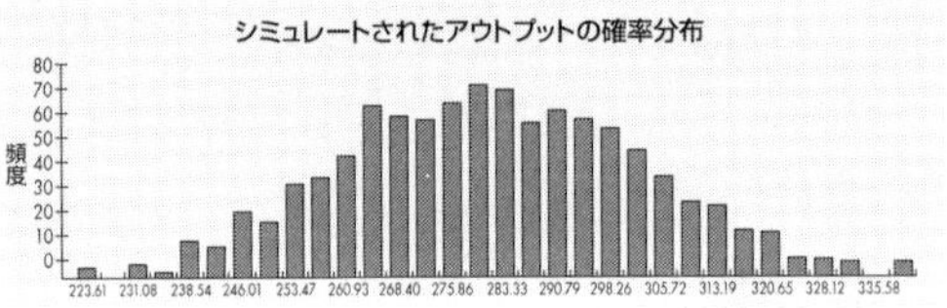

記述的統計量

平均値	279.50
中央値	279.34
最頻値	313.66
標準偏差	20.42
歪度	0.05
上位5%	245.34
上位10%以内	253.16
上位90%以内	306.00
上位95%以内	312.71

シミュレートされたアウトプットの確率分布

ーションを行なうことである。

　図5‐7は、Crystal BallをExcelのスプレッドシートと組み合わせて使った場合の例を示している。シミュレーションの仮定、予測結果、および意思決定変数のセルは強調して表示してある。詳細については、付録9Bのモンテカルロ・シミュレーション・ソフトウエアの入門と使用を参照していただきたい。

　なお、本書には、シミュレーション・ソフトウエアCrystal Ballの試用版のCD-ROMが添付されている。この中には、スプレッドシートの例や、Real Options Analysts Toolkitの試用版も入っているので参照していただきたい。

図5-7 ◎ モンテカルロ・シミュレーション

モンテカルロ・シミュレーションを使った財務分析

プロジェクトA

	2001	2002	2003	2004	2005		
収益	$1,010	$1,111	$1,233	$1,384	$1,573	ENPV	$126
対収益営業経費率	0.09	0.10	0.10	0.12	0.13	IRR	15.68%
営業経費	$91	$109	$133	$165	$210	リスク調整割引率	12.00%
EBITDA	$919	$1,002	$1,100	$1,219	$1,363	成長率	3.00%
対EBITDAフリーキャッシュフロー比率	0.20	0.25	0.31	0.40	0.56	最終価値(Terminal Value)	$8,692
フリーキャッシュフロー ($1,200)	$187	$246	$336	$486	$760	最終価値リスク調整割引率	30.00%
初期投資額 ($1,200)						割引最終価値	$2,341
収益成長率	10.00%	11.00%	12.21%	13.70%	15.58%	対NPV最終価値比率	18.52
						投資回収期間	3.89
						リスク	$390

プロジェクトB

	2001	2002	2003	2004	2005		
収益	$1,200	$1,404	$1,683	$2,085	$2,700	ENPV	$146
対収益営業経費率	0.09	0.10	0.11	0.12	0.13	IRR	33.74%
営業経費	$108	$138	$181	$249	$361	リスク調整割引率	19.00%
EBITDA	$1,092	$1,266	$1,502	$1,836	$2,340	成長率	3.75%
対EBITDAフリーキャッシュフロー比率	0.10	0.11	0.12	0.14	0.16	最終価値(Terminal Value)	$2,480
フリーキャッシュフロー ($400)	$109	$139	$183	$252	$364	最終価値リスク調整割引率	30.00%
初期投資額 ($400)						割引最終価値	$668
収益成長率	17.00%	19.89%	23.85%	29.53%	38.25%	対NPV最終価値比率	4.49
						投資回収期間	2.83
						リスク	$122

プロジェクトC

	2001	2002	2003	2004	2005		
収益	$950	$1,069	$1,219	$1,415	$1,678	ENPV	$129
対収益営業経費率	0.13	0.15	0.17	0.20	0.24	IRR	15.99%
営業経費	$124	$157	$205	$278	$395	リスク調整割引率	15.00%
EBITDA	$827	$912	$1,014	$1,136	$1,283	成長率	5.50%
対EBITDAフリーキャッシュフロー比率	0.20	0.25	0.31	0.40	0.56	最終価値(Terminal Value)	$7,935
フリーキャッシュフロー ($1,100)	$168	$224	$309	$453	$715	最終価値リスク調整割引率	30.00%
初期投資額 ($1,100)						割引最終価値	$2,137
収益成長率	12.50%	14.06%	16.04%	18.61%	22.08%	対NPV最終価値比率	74.73
						投資回収期間	3.88
						リスク	$53

プロジェクトD

	2001	2002	2003	2004	2005		
収益	$1,200	$1,328	$1,485	$1,681	$1,932	ENPV	$26
対収益営業経費率	0.08	0.08	0.09	0.09	0.10	IRR	21.57%
営業経費	$90	$107	$129	$159	$200	リスク調整割引率	20.00%
EBITDA	$1,110	$1,221	$1,355	$1,522	$1,732	成長率	1.50%
対EBITDAフリーキャッシュフロー比率	0.14	0.16	0.19	0.23	0.28	最終価値(Terminal Value)	$2,648
フリーキャッシュフロー ($750)	$159	$200	$259	$346	$483	最終価値リスク調整割引率	30.00%
初期投資額 ($750)						割引最終価値	$713
収益成長率	10.67%	11.80%	13.20%	14.94%	17.17%	対NPV最終価値比率	26.98
						投資回収期間	3.38
						リスク	$56

	実行費用	シャープレシオ	ウエイト	プロジェクト費用	プロジェクトNPV	リスク・パラメータ	投資回収期間	技術レベル	技術構成
プロジェクトA	$1,200	0.02	5.14%	$62	$6	29%	3.89	5	0.26
プロジェクトB	$400	0.31	25.27%	$101	$38	15%	2.83	3	0.76
プロジェクトC	$1,110	0.19	34.59%	$380	$10	21%	3.88	2	0.69
プロジェクトD	$750	0.17	35.00%	$263	$9	17%	3.38	4	1.40
総計	$3,450	0.17	100.00%	$806	$63	28%	3.49	3.5	3.11

制約条件:

	下限	上限	
予算	$0	$900	(最高額の900に入るのは10%)
投資回収構成	0.10	1.00	
技術構成	0.40	4.00	
プロジェクト構成	5%	35%	

これまで、いくつかの例を用いてシミュレーションの多岐にわたる用途の一端を述べてきたが、もう一つ、シミュレーションの用途の中でも特筆に値するものを挙げるとすると、シミュレーションは予測のために使うことができるということである。アナリストは、シミュレーションを使って、将来のキャッシュフロー、費用、収益、価格等々を予測することができる。

　図5－8は、シミュレーションを使って株価を予測した場合の例を示している。この例は、幾何ブラウン運動（Geometric Brownian Motion）[3]と呼ばれる確率過程の上に組み立てられたものである。この仮定を使えば、特定の株式の価格パスをシミュレートすることができる。この例では、そうしたパスを3つ示しているが、実際には、何千ものパスが生成された上で結果の確率分布が作られる。すなわち、将来の特定の時期、例えば100日目に、その日の価格の確率分布を把握できるといった具合である。同様の概念は、需要、費用、およびその他のあらゆる変数にも当てはめることができる。添付のCD-ROMには、価格パスをシミュレートしたスプレッドシートの例も入っている。

図5-8◎対数正規シミュレーション

対数正規分布の概念化
シンプルなシミュレーションの例
有効な分布を得るためには何回もシミュレーションを行なう必要がある。

平均値	15%
シグマ	30%
時間	毎日 ▼
開始価値	100

時間(日)	正規偏差	シミュレート値
0		100.0000
1	0.0873	100.2259
2	-0.4320	99.4675
3	-0.1389	99.2652
4	-0.4583	98.4649
5	1.7807	101.9095
6	-1.4406	99.2212
7	-0.5577	98.2357
8	0.5277	99.2838
9	-0.4844	98.4345
10	-0.2307	98.0634
11	0.8688	99.7532
12	2.1195	83.9088
13	-1.9756	100.1461
14	1.3734	102.8517
15	-0.8790	101.2112
16	-0.7610	99.8203
17	0.3168	100.4824
18	-0.0511	100.4452
19	0.0653	100.6301
20	-0.6073	99.5368
21	0.6900	100.9091
22	-0.7012	99.6353
23	1.4784	102.5312
24	-0.9195	100.8184
25	-0.3343	100.2411
26	-2.3395	95.9465
27	-1.7831	92.8103
28	-0.3247	92.2958
29	0.5053	93.2409
30	0.0386	93.3652
247	1.0418	100.9205
248	-0.7052	99.6388
249	0.1338	99.9521
250	0.0451	100.0978

ここでは、株の終値を予測するための幾何ブラウン運動過程モデルに従って株価パスをシミュレートするとどのような効果が得られるかを示している。

ここでは、例として3つのパスが示されているが、実際には、何千ものシミュレーションが行なわれ、分布特性が分析される。通常は、何千ものシミュレートされた価格パスに基づいて、そこから得られた平均終値が分析される。

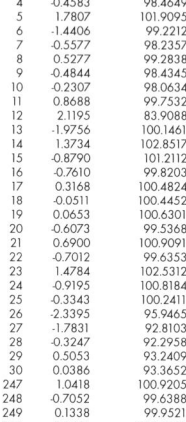

第31行から246行まではスペースの都合上割愛。

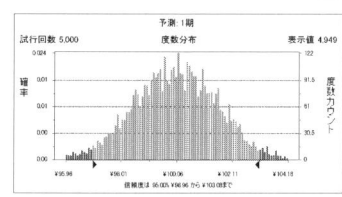

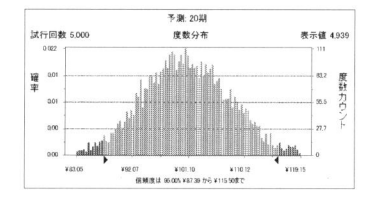

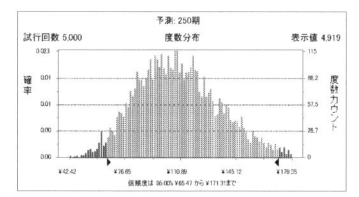

何千ものシミュレートされた株価パスを総括して確率分布を作る。ここでは、第1期、第20期、および第250期の3つの時点における株価パスを例として示している。実際には各期に対する250の分布を得ることができ、これは年間の取引日数に等しい。

さらに、これらの特定の時間についての確率分布の一つ一つを分析し、統計学的に有効な信頼区間を計算して、意思決定プロセスに役立てることもできる。

以上の作業に伴い、一つ一つの予測期間の期待値と信頼区間をグラフで表すことができる。

期数が増えるに従って信頼区間が広くなることに注目されたい。これは、時間の経過とともにリスクと不確実性が増すからである。

■ 第5章の要約 ■

　この章では、金融オプションとリアルオプションには類似点が多い反面、いくつかの重要な相違点があることを説明した。なかでも重要な相違点は、リアルオプションが、通常市場で取引されることのない実物資産を扱うのに対して、金融オプションでは、市場で活発に取引されており、変動が激しく満期が短い金融資産を扱うという点である。続いて、リアルオプションを行使する際の重要不可欠なアプローチである、モンテカルロ・シミュレーションについて説明した。確率やシミュレーションを使って洞察を深めることをせずに、単純な平均値を使えば、誤った決定を下す恐れが強いことは、平均値の欠陥の例からも明らかである。

　この章には、金融オプション、シミュレーション、および最適化について詳細に説明した付録が付いていることを強調したい。これらのテーマについて、もっと突っ込んだ理解を得たいと望むアナリストにとって大いに役立つだろう。

```
┌─────────────────────────────────┐
│        第5章に関連する設問        │
└─────────────────────────────────┘
```

1. 金融オプションとリアルオプションの相違点の中で、最も重要と思うものを3つ挙げよ。

2. 「平均値の欠陥」の例では、ノンパラメトリック・シミュレーションのアプローチが使われている。ノンパラメトリック・シミュレーションとはどのようなものか？

3. 株価パスをシミュレーションするとき、幾何ブラウン運動と呼ばれる確率過程が使われている。確率過程とはどのようなものか？

4. ブラック-ショールズ方程式で使われる仮定の制約の中にはどのようなものがあるか？

5. 図5-8の例を使って、幾何ブラウン運動プロセス ($\delta S_t = S_{t-1} \left[\mu \delta_t + \sigma \varepsilon \sqrt{\delta_t} \right]$) に基づいてシンプルな収入パスをExcelでシミュレートせよ。仮定は、年50％のボラティリティ (σ)、2％の平均ドリフト率 (μ)、および2002年1月の時点での開始価値 (S_0) は＄100である。2002年1月から2004年12月までの期間の毎月の価格パスを作成せよ。Excel上で、"$= NORMSINV(RAND(\ \ ))$" の関数を使い、シミュレートされた標準正規乱数分布値δを表現せよ。

付録 5A
金融オプションのポイント

　以下は、金融オプションに関する重要なポイントである。金融オプションは、リアルオプションにかなり似ているが、これは、両者の理論的基礎が、同一の性格を持っているからである。

金融オプションの定義

- オプションは、その所有者/保持者に、一つの原資産に関する取引を行なう権利を与えるものである。しかし、その取引を行なわなければならないという法的な義務は伴わない。例えば、あらかじめ決められた将来の日付、または特定の期間内に、あらかじめ決められた価格（行使価格）である資産を購入または売却する場合のオプションは、ロング・ポジション（買い手）に対しては取引をするか否かの決定権を、ショート・ポジション（売り手）に対してはその取引を実行する義務をもたらす。
- コール・オプション（call option）は、特定の数の有価証券を一定の期間内にあらかじめ決められた価格で購入するオプションである。
- プット・オプション（put option）は、特定の数の有価証券を一定の期間内にあらかじめ決められた価格で売却するオプションである。
- 行使価格（exercise priceまたはstrike price）は、オプション契約に記載される有価証券の売買価格である。
- オプション価格は、オプション契約の市場価格である。
- 満了期日（expiration date）は、オプションが期限切れになるか満期に達する期日である。

- 計算価値（formula value）は、オプションの付加価値、すなわち、あるコール・オプションが今日行使された場合の価値で、現行の株価から行使価格を差し引いたものである。
- デリバティブ（derivative）は、その価値が他の資産の価値から派生する有価証券である。

ブラック－ショールズ・モデル

ブラック－ショールズのような、オプション価格の設定のための基本的なモデルは次のような仮定に基づいている。
- コール・オプションの原資産株式は、そのオプションの行使期間中配当を出さないものとする。
- 株式やオプションの売買には取引費用がないものとする。
- 短期のリスクフリーの利率が既知であり、オプションの行使期間中不変であるものとする。
- 有価証券の買い手は、購入価格の一部または全部を短期のリスクフリーレートで借り入れることができるものとする。
- 短期の売却にはペナルティがないものとし、売り手は、空売り有価証券の当日価格による売上高の満額を現金でただちに受け取るものとする。
- コールまたはプットのオプションは、満了期日においてのみ行使できるものとする。
- 証券取引は常時継続して行なわれており、株価は常時継続して変動しているものとする。

ブラック－ショールズ・パラダイムの使用に関して：
- コール・オプションの価値は、現行株価の上昇（下降）とともに増加（減少）するものとする。
- コール・オプションの行使価格が上昇（下降）すれば、オプションの価値は減少（増加）するものとする。
- 満期に達するまでの時間が長くなればなるほど、オプションの価値は増加

165

するものとする。
- リスクフリーレートが上昇すれば、オプションの価値は増加する傾向があるものとする。
- 株価の変動が大きければ大きいほど、その株式の価格がコール・オプションの行使価格を上回る可能性が高くなり、それによってオプションの価値も増加するものとする。

その他の重要なポイント

- コール・オプションの所有者は、株式（原資産）を特定の期間内に特定の価格で購入する権利を持つ。一方、プット・オプションの所有者は、株式（原資産）を特定の期間内に売却する権利を持つ。これらの権利を獲得するためには、オプションの売り手にプレミアムと呼ばれる価格を支払って購入しなければならない。
- オプションの所有者すべてに対して、売り手が存在していなければならない。売り手は、オプション・ライターと呼ばれる。
- ポジションには4つの種類があることに注目しなければならない。コール・オプションの買い手、コール・オプションの売り手（ライター）、プット・オプションの買い手、およびプット・オプションの売り手（ライター）の4つである。
- オプション終了の時点において、株価Sが行使価格Xを上回る場合、コール・オプションには価値がある。いわゆる「イン・ザ・マネー」（オプション行使時に利益が出る状態）である。すなわち、$S - X > 0$であるなら、そのコール・オプションはイン・ザ・マネーだということになる。
- オプション終了の時点において、株価Sが行使価格Xと同じである場合、コール・オプションには価値がない。いわゆる「アット・ザ・マネー」（オプション行使時に利益がゼロの状態）である。すなわち、$S - X = 0$であるなら、そのコール・オプションはアット・ザ・マネーだということになる。
- オプション終了の時点において、株価Sが行使価格Xを下回る場合、コー

ル・オプションには価値がない。いわゆる「アウト・オブ・ザ・マネー」（オプション行使時に損失が出る状態）である。すなわち、S－X＜0であるなら、そのコール・オプションはアウト・オブ・ザ・マネーだということになる。
- オプション終了の時点において、株価Sが行使価格Xを上回る場合、プット・オプションには価値がない。いわゆる「アウト・オブ・ザ・マネー」（オプション行使時に損失が出る状態）である。すなわち、S－X＞0であるなら、そのプット・オプションはアウト・オブ・ザ・マネーだということになる。
- オプション終了の時点において、株価Sが行使価格Xと同じである場合、プット・オプションには価値がない。いわゆる「アット・ザ・マネー」（オプション行使時に利益がゼロの状態）である。すなわち、S－X＝0であるなら、そのプット・オプションはアット・ザ・マネーだということになる。
- オプション終了の時点において、株価Sが行使価格Xを下回る場合、プット・オプションには価値がある。いわゆる「イン・ザ・マネー」（オプション行使時に利益が出る状態）である。すなわち、S－X＜0であるなら、そのプット・オプションはイン・ザ・マネーだということになる。
- アメリカン・オプションでは、オプションの所有者は満期日またはそれ以前のいつの時点でもオプションを行使することができる。
- ヨーロピアン・オプションでは、満期日においてのみ行使できる。
- アメリカン・オプションとヨーロピアン・オプションの特質が同じで、配当の支払いがある場合、アメリカン・オプションの価値はヨーロピアン・オプションの価値よりも大きいか、最低でも同等である。もし、配当がない場合は、アメリカン・オプションといえども早期に行使することは良策ではない。すなわち、配当がないに等しい場合は、アメリカン・オプションの価値はヨーロピアン・オプションの価値と同等の状態になるのである。

付録　5B
シミュレーションと確率分布

確率分布を理解する

　確率を理解するために、次のような例を考えてみよう。あなたは、ある大企業の一つの事業部の中の課税対象賃金の分布を見たいと望んでいるとする。まずやらなければならないのはデータの収集だが、ここでは、その事業部で働く者のうち、課税対象となるすべての従業員の賃金が対象になる。次に、収集したデータを意味のあるフォーマットに整理した上で、頻度分布グラフとしてプロットする。頻度分布を得るためには、賃金を金額に応じてグループ階級に分け、それらの階級をグラフの水平軸上に配置する。それから、各階級の中の従業員の度数をグラフの垂直軸に配置する。これで、この事業部における課税対象賃金の分布が容易に見られるようになった。

　図５Ｂ－１を見ると、時給７ドルから９ドルの報酬を得ている従業員の多く（180名中およそ60名）が８ドルであることが分かる。

　このデータは、確率分布としてグラフ化することができる。確率分布では、一つ一つの階級の中の従業員の数を、従業員総数の中の一部分として表現する。確率分布を得るためには、各階級の中の従業員数を従業員総数で割り、その結果をグラフの垂直軸に配置すればよい。

　図５Ｂ－２は、個々の賃金グループの中の従業員数を、従業員総数に対する比率として示している。この図を使えば、全部のグループの中からランダムに抜き出した１人の従業員の賃金が、特定の階級の中に収まる可能性または確率を推定することができる。例えば、サンプルを抽出した時点にも同じ条件が存在しているものと仮定すれば、全部のグループの中からランダムに

図5B-1◎従業員数と時給

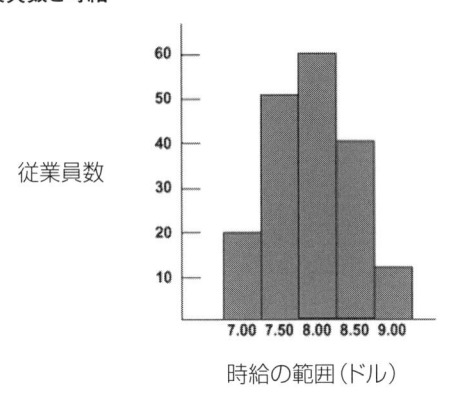

従業員数

時給の範囲（ドル）

図5B-2◎確率と時給

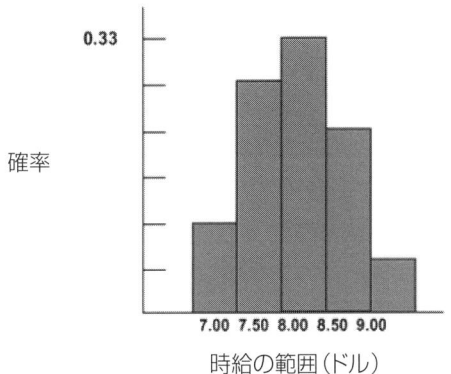

確率

時給の範囲（ドル）

　抜き出された1人の従業員の賃金が8.00ドルから8.50ドルの間である確率は0.33（3つに1つの可能性）ということになる。

　確率分布は、離散か連続のいずれかの形をとる。離散確率分布は、次の二項分布のように、中間値を含まない整数のみをとり、それぞれの確率を示す一連の棒で表される。例えば、コインを4回投げたときに表が出る回数は0、1、2、3、4のどれかであるが、こうした離散事象を表すのが離散分布である。これに対して、連続分布は、数学的抽象と見るべきものである。なぜ

なら、連続分布では、2つの数の間にはいかなる中間値も存在し得ると仮定するからである。すなわち、分布の中の2点の間には、無限の数の値が存在すると仮定する。これは、現実の状況には必ずしも合致しないが、実際には、連続分布を使って離散分布に似たものを作ることが可能である。

確率分布を選択する

　データをプロットしてみるということ自体が、確率分布を選択する上での一つの指針であるが、もう一つの手順として、次に述べるような一連のステップを踏んで、自分のスプレッドシートの中の不確実な変数を最もよく記述できるような確率分布を選択することもできる。
　適切な確率分布を選択するためのステップは次のようになる。
- まず、検討の対象となっている変数に注目する。その変数を取り巻く条件について、知っていることをすべて列挙する。不確実な変数については、過去のデータから価値のある情報を得ることができるかもしれないが、過去のデータが入手できない場合は、経験に基づいて判断して、その不確実な変数について自分が知っていることを列挙していく。
- 確率分布についての説明を読み直す。
- その変数の特徴にかなった分布を選択する。ある分布の条件が変数の条件と合致した場合、その分布は変数の特徴にかなっていることになる。

サンプリング手法

　シミュレーションの試行が行なわれている間、Crystal Ballソフトウエアは、あなたのモデルの中の仮定の一つ一つに対する乱数値を生成し続ける。Crystal Ballは、サンプリング・オプションに基づいてこれらの値の生成手法を選択できる。サンプリング手法は次の2つである。
①モンテカルロ
　個々の仮定の定められた分布の中から、有効な値を無作為に選択する。
②ラテン・ハイパーキューブ

個々の仮定の分布を均等に分割し、その各々から値を無作為に選択する。

● モンテカルロ

　モンテカルロの場合、Crystal Ballは、個々の仮定の完全に独立した確率分布に対して乱数値を生成する。すなわち、1回の試行のために選択された乱数値は、次の試行のために選択される乱数値に対して一切影響を及ぼさない。
　モンテカルロ・サンプリング手法を使って真の分布形に近いものを得るためには、ラテン・ハイパーキューブよりも多くの試行を行なわなければならない。
　自分のスプレッドシート・モデルに対して「現実の世界」におけるwhat-ifのシナリオをシミュレートしたい場合は、モンテカルロ・サンプリング手法を使うとよい。

● ラテン・ハイパーキューブ

　ラテン・ハイパーキューブの場合、Crystal Ballは、個々の仮定の確率分布を、一つ一つが同一の確率を持つ、互いに重複しない複数の部分に分割する。その上で、Crystal Ballは、分割された個々の部分の確率分布に対して該当する部分の中から乱数値を生成する。こうして集められた値が、ラテン・ハイパーキューブのサンプルとなる。分割されたすべての部分からの値を使用した後、Crystal Ballは再度新しい値を生成する。一般的に、ラテン・ハイパーキューブによるサンプリングは、従来のモンテカルロによるサンプリングよりも正確にシミュレーションの統計量を計算できる。これは、分布のすべての範囲に対するサンプリングが、より均等かつ首尾一貫した形で行なわれるからである。したがって、ラテン・ハイパーキューブでは、比較的少ない試行回数でモンテカルロ・サンプリングと同等の統計的正確さを得ることができる。ただし、ラテン・ハイパーキューブでサンプリングを行なうためには、シミュレーションが実行されている間、個々の仮定のためのすべてのサンプルを保持し続ける必要がある。このため、メモリを追加しなければならない場合がある。

シミュレーションの統計量の正確さを重視する場合は、ラテン・ハイパーキューブ・サンプリング手法を使うとよい。

● **信頼区間**

モンテカルロ・シミュレーションは、ランダム・サンプリングを使ってモデルの結果を推定するための技法である。得られた結果を使って計算される統計量には、平均値、標準偏差、およびパーセンタイルなどがあるが、これらは、常にいくらかの誤差を含んでいるものである。信頼区間（ＣＩ：Confidence Intervals）は、ある統計量の周りで計算された範囲（bound）で、一定のレベルの確率でエラーを測定するためのものである。例えば、平均値の周りに95％の信頼区間が定義されるということは、その区間の中に平均値が入っている可能性は95％であるということになる。逆に言えば、平均値がその区間の外にある可能性は5％である。

ほとんどの場合、信頼区間は特定の統計量を真ん中に挟んで両側に対称的に構成されるので、$X = (CI_{max} - 平均値) = (平均値 - CI_{min})$ ということになる。つまり、「平均値が、推定平均値にＸを加算もしくは減算した範囲に収まる確率は95％である」といった形で信頼度を記述することができるのである。

信頼区間は、統計量の精度、ひいてはシミュレーションそのものの精度を見極める上で重要である。一般的に言って、試行回数が多ければ多いほど、信頼区間の幅は狭くなり、統計量の精度は増すことになる。

最も頻繁に使われる分布

以下は、モンテカルロ・シミュレーションで使うことができるさまざまな確率分布の詳細なリストである。参考としてここに記載する。

● **一様分布**

最小と最大の間のすべての値が同一の可能性で発生する分布。

条件 一様分布には、次の3つの基本条件がある。

- 最大値は固定されている。
- 最小値は固定されている。
- 最小と最大の間のすべての値は同一の可能性で発生する。

● 正規分布

　正規分布は、確率理論の中で最も重要な分布である。なぜなら、この分布は、人間のＩＱや身長など、数多くの自然現象の記述に使われるからである。意思決定者は、この正規分布を使って、インフレ率や将来のガソリンの価格などの不確実な変数を記述することができる。

条件 正規分布には、次の３つの基本条件がある。
- 不確実な変数には、起こりうる可能性が最も高い部分が１つ存在する（分布の平均値）。
- 不確実な変数が平均値を上回る可能性と下回る可能性は同じである（平均値の対称性）。
- 不確実な変数は平均値に遠いところよりも近いところにある可能性が高い。

● 三角分布

　三角分布は、最小値、最大値、および起こりうる可能性が最も高い値が既知である状況の記述に使われる。例えば、自動車の販売において、過去の最小・最大販売台数と通常の販売台数が既知である状況の記述などである。

条件 三角分布には次のような基本条件がある。
- 最小値は固定されている。
- 最大値は固定されている。
- 起こりうる可能性が最も高い値（最尤値）は、最小・最大値の間にあり、分布の形は三角形になる。最小・最大値に近づくにつれて、発生の可能性が小さくなる。

● 二項分布

　二項分布は、一定の回数の試行が行われる間に特定の事象が発生する回数

を記述する。例えば、コインを10回投げて表が出る回数や、50の項目の中の欠陥項目の個数などである。

条件 この分布のパラメータは、試行の回数（n）と確率（p）である。さらに、次の3つの基本条件がある。
- 1回の試行に対して得られる可能性がある結果は2つだけである。
- 試行はそれぞれ独立している。つまり、1回目の試行は2回目の試行に影響を与えない。それ以降の試行についても同様である。
- 一つの事象が発生する確率は、複数の試行間で同一である。

● ポアソン分布

ポアソン分布は、ある間隔において特定の事象が発生する回数を記述する。例えば、1分間にかかる電話の数や、文書1ページの中に含まれる間違いの数などである。

条件 ポアソン分布には、次の3つの条件がある。
- どの間隔においても、事象発生の回数に制限はない。
- 事象発生は独立している。一つの間隔における事象発生が、他の間隔における事象発生に影響を及ぼすことはない。
- 事象発生の平均回数は、複数の間隔間で同一でなければならない。

● 幾何分布

幾何分布は、1回目の成功が発生するまでの試行の回数を記述する。例えば、初めて勝ち目が出るまでにルーレットを回す回数などである。

条件 幾何分布には、次の3つの基本条件がある。
- 試行回数は固定されていない。
- 1回目の成功が発生するまで試行が継続される。
- 成功の確率は複数の試行間で同一である。

● 超幾何分布

超幾何分布は、一定の回数の試行が行なわれる間に特定の事象が発生する回数を記述するという点で二項分布に似ている。異なるのは、二項分布の試

行が独立しているのに対して、超幾何分布の試行はその後に続く試行の確率を変えるという点である。これは、「復帰のない試行」と呼ばれている。例えば、ここにある製品の部品が詰まった箱があり、その中には欠陥品があることが既知であるとする。そこで、その箱の中の部品を一つ選んだところ、欠陥品だったので、箱から取り除いた。その後、同じ箱からもう一つの部品を選んだ場合、それが欠陥品である確率は最初に選んだ部品の場合よりも低くなる。なぜなら、すでに一つの欠陥品が箱から取り除かれているからである。もしも最初の欠陥部品を箱に戻していたら、確率は当初のまま変わらず、試行プロセスは二項分布の条件を満たすことになるわけである。

条件 超幾何分布には、次の3つの条件がある。
- 項目や要素の総数（母集団のサイズ）は固定されている。また、サイズは1,750以下でなければならない（有限母集団）。
- 標本のサイズ（試行回数）は、母集団の一部に相当する。
- 母集団における既知の成功確率は、一つ一つの試行が終わるたびに若干変化する。

● 対数正規分布

対数正規分布は、金融分野における証券の分析や不動産評価において見られるような、値が正の歪度を持っている場合に広く使われる。株価は、正規（対称）に分布するより、正の歪度を持って分布する場合が多い。これは、株価というものが、ゼロの下限を下回ることができない反面、上昇については上限がないという特質を持っているからである。同様に、不動産の価格も、マイナスの値になることができないため、正の歪度を持つことになる。

条件 対数正規分布には、次の3つの条件がある。
- 不確実な変数は上限なしに増加し得るが、ゼロを下回ることはできない。
- 不確実な変数は正の歪度を持っており、大半が下限近くにある。
- 不確実な変数の自然対数は正規分布に従う。

一般的に、変動係数が30％より大きい場合には対数正規分布を使うとよい。そうでなければ正規分布を使う。

● 対数正規パラメータ・セット

対数正規分布は、デフォルトでは算術平均と標準偏差を使う。過去のデータが入手できる場合の応用では、対数平均と標準偏差のセットか、幾何平均と標準偏差のセットのいずれかを使うほうがより適切である。

● 指数分布

指数分布は、ランダムな時点に再発する事象を記述する際に広く使われる。例えば、電子機器の故障発生の時間的間隔や、サービス・ブースへの故障品の配達の時間的間隔などである。

指数分布は、一定の時間的間隔をおいてある事象が発生する回数を記述する場合のポアソン分布に関連するものだと言える。指数分布の一つの重要な特質は、「無記憶」(memoryless) 特性である。すなわち、一定のオブジェクトの将来の存続期間が同じ分布に従うということである。これは、そのオブジェクトがいつの時点に存在していたかということとは無関係である。時間は将来の結果に対して何ら影響を及ぼさないのである。

条件 指数分布には、次の基本条件がある。
■ 指数分布は、事象発生の間の時間の長さを記述する。

頻繁には使われない分布

● ワイブル分布（レイリイ分布）

ワイブル分布は、寿命や疲労のテスト結果のデータを記述する。最もよく使われるのは、信頼度調査において故障時間を記述する場合や、信頼度・品質管理テストにおいて材質の破壊強度を記述する場合である。しかし、その他にも、風速など、さまざまな物理量を表すときにも使われることがある。

ワイブル分布は、他の分布の属性を流用することができる分布の一つである。例えば、選択した形状パラメータに応じて、指数分布、レイリイ分布、およびその他の分布のモデリングを行なうことができる。ワイブル分布は極めて柔軟性が高い分布なのである。例えば、ワイブル形状パラメータが1.0である場合、ワイブル分布は指数分布と完全に同一になり、しかもワイブル

位置パラメータにより、0.0以外の位置から指数分布が始まるように設定できる。形状パラメータが1.0より小さい場合、ワイブル分布は急な下降曲線を描く。この効果は、慣らし運転の期間中における部品の故障などを記述しようとする製造業者にとっては便利なものである。

● ベータ分布

　ベータ分布は極めて柔軟性が高い分布で、ある固定された範囲における可変性を表す場合によく使われる。ベータ分布の応用方法の中でも特に重要なのは、ベルヌイ分布のパラメータのための共役分布として使う場合である。この場合、一つの事象の発生確率の不確実性を表すためにベータ分布が使われる。この他にも、ベータ分布は、経験的なデータの表現や、比率や分数のランダムなふるまいを予測するためにも使われる。

　ベータ分布の価値は、アルファとベータの2つのパラメータを変えることによって、非常に広範な形状を得ることができる点にある。2つのパラメータが等しければ、分布は対称形になる。一つのパラメータが1で、もう一つのパラメータが1より大きければ、分布は「J」の形状を示す。アルファがベータより小さければ、分布は正の歪曲を持つことになる（この場合、値のほとんどは最小値に近いものになる）。アルファがベータより大きければ、分布は負の歪曲を持つことになる（この場合、値のほとんどは最大値に近いものになる）。ベータ分布は非常に複雑なものであるので、パラメータを決める方法については、ここでは言及しないこととする。

　条件　ベータ分析には、次の2つの基本条件がある。
■ 不確実な変数は、0と一つの正の値の間の乱数値である。
■ 分布の形状は、2つの正の値を使って特定できる。

● ガンマ分布（アーランおよびカイ2乗）

　ガンマ分布は、広範な物理量に対して応用が可能で、対数正規、指数、パスカル、アーラン、ポアソン、およびカイ2乗の各分布に関連している。ガンマ分布は、特に気象学において、空気中の汚染物質の濃度や降雨量を表す際に使われるが、展開のプロセスが完全にはランダムではない事象について、

発生の時間的間隔を測定するためにも使われる。ガンマ分布のこの他の応用分野としては、在庫管理、経済理論、および保険リスク理論などがある。

条件 ガンマ分布は、ポアソンのプロセスにおいて、一つの事象が「r」番目に発生するまでの時間の長さの分布を示す場合に最もよく使われる。この場合のガンマ分布の基本条件は次の3つである。

- 測定単位がどのようなものであっても、発生回数は一定数に限定されない。
- 発生は独立している。一つの測定単位における発生回数は、他の単位における発生回数に影響を及ぼさない。
- 平均発生回数は、すべての単位の間で同一でなければならない。

● ロジスティック分布

ロジスティック分布は、成長を記述する際に最もよく使われる（時間変数の関数として表される人口増加など）。化学反応の経過や、全体もしくは個々の成長過程の表現にも使われることがある。

計算パラメータ ロジスティック分布には、「期待値」と「尺度」の2つの標準的なパラメータがある。期待値のパラメータは平均値で、この分布の場合、最頻値と同一である。これは、この分布が対称分布だからである。

期待値パラメータを選択したら、次は、尺度のパラメータを推定することができる。尺度パラメータは0よりも大きい数である。尺度パラメータが大きければ大きいほど、分散も大きくなる。

● パレート分布

パレート分布は、都市の人口、天然資源の発見、個人所得、株価の変動、および通信回路のクラスタリング・エラーなどの経験的現象に関連した分布として広く使われている。

計算パラメータ パレート分布には、「位置」と「形状」の2つの標準的なパラメータがある。位置パラメータは、変数の下限である。

位置パラメータを選択したら、次は、形状パラメータを推定することができる。形状パラメータは0よりも大きい数字で、普通は1よりも大きい場合が多い。形状パラメータが大きければ大きいほど、分散は小さくなり、分布

の右端は厚くなる。

● 極値分布

極値分布（タイプ1）は、一定期間内における応答の最大値（洪水、降雨、地震など）の記述によく使われる。その他の応用には、材質の破壊強度、施工設計、および航空機の負荷や耐性などがある。極値分析は、ガンベル分布としても知られている。

 計算パラメータ 極値分布には、「最頻値」と「尺度」の2つの標準的なパラメータがある。最頻値パラメータは、起こりうる可能性が最も高い値である（確率分の中の最高点）。

最頻値パラメータを選択したら、次は、尺度パラメータを推定することができる。尺度パラメータは0よりも大きい数である。尺度パラメータが大きければ大きいほど、分散も大きくなる。

● 負の二項分布

負の二項分布は、「r」番目の試行が成功するまでの試行回数の分布をモデル化する際に便利な分布である。例えば、10件の注文を成約に持ち込むまでに必要なセールス・コールの回数などが当てはまる。この分布は、本質的には、幾何分布の上位の分布であると言えるだろう。

 条 件   負の二項分布には、次の3つの基本条件がある。
■ 試行回数は固定されていない。
■「r」番目の成功が発生するまで試行が継続される。
■ 成功の確率は複数の試行間で同一である。

付録 5C
予測のためのアプローチ

　広義に捉えれば、予測とは、リソースの計画と管理を目的として将来を予見する行為である。

　予測には、数多くの科学的なアプローチがある。例えば、Crystal Ballを使ってモデルを作成してシミュレートする「what-if」予測を行なったり、一定期間内のデータを集めて動向やパターンを分析したりするが、ここでは、後者の概念、すなわち、一つの時系列のパターンを見て将来のデータを予測する場合について考える。

　予測のための科学的なアプローチは、普通、以下のカテゴリーのどれかに分類される。

①時系列

　　過去のデータのパターンの時系列分析を行なって結果を予測する。この方法は、条件が同一に留まる安定した状況において最も効果がある。

②回帰

　　関心対象である一つの変数と、それに影響を与える可能性がある他のいくつかの変数の間の過去の関係を使って結果を予測する。この方法は、異なる変数の異なる効果を確認する必要がある場合に効果がある。このカテゴリーには、重線形回帰も含まれる。

③シミュレーション

　　一つのモデルに対していくつもの異なるシナリオを生成して可能な結果を予測する。この方法は、過去のデータは不備であるが状況をモデル化して作用を分析することは可能である場合に最も効果がある。

④定性的

主観的な判断と専門家の意見を使って結果を予測する。この方法は、過去のデータがなく、モデルも作成できない場合に最も効果がある。

時系列予測

時系列予測は、上記の予測カテゴリーの一つで、過去のデータが一つのパターンといくつかのランダムなエラーが組み合わされたものであると仮定する。目標は、パターンのレベル、傾向、および季節変動を理解することによって、エラーから分離したパターンを獲得することである。それができたら、統計的測定法を使ってエラーを測定し、獲得したパターンが過去のデータをどれだけ再現しているか、また、将来のデータをどれだけ正確に予測しているかを見極める。

重線形回帰

重線形回帰は、一つのデータ系列（従属変数）が、他のデータ系列（独立変数）の関数である場合、またはそれに依存している場合に使われる。例えば、レタスの収穫量は、与えられた水の量、毎日の日照時間、および使用した肥料の量に依存している。

重線形回帰の目標は、過去のデータに最も適合する回帰式を発見することである。「重」という言葉が示すように、ここでは、一つ以上の独立変数を回帰式の従属変数として定めることができる。一方、「線形」という言葉は、回帰式が一つの線形式であることを意味している。線形式は、独立変数（x_1, x_2, x_3…）が組み合わされて単一の従属変数（y）が決定される過程を記述するものである。

重線形回帰では、次の回帰式の係数を発見する。

$$y = b_0 + b_1 x_1 + b_2 x_2 + b_3 x_3 + \cdots + e$$

ここで、b_1、b_2およびb_3は、独立変数の係数であり、b_0はy切片、eはエラーである。

独立変数が一つしかない場合、この式は直線を示す。これは、重線形回帰の特別なケースとして、単線形回帰と呼ばれ、次式で表される。

$$y = b_0 + b_1 x + e$$

ここで、b_0はグラフ上で線がy軸と交差する点で、xは独立変数、eは誤差項である。独立変数が2つだけある場合、回帰式は平面を示す。3つ以上の独立変数がある場合は超平面になる。これらの回帰式の係数を見い出すには、特異値分解を使うとよい。[1]

付録　5D
最適化モデルによる分析

　シミュレーション・モデルのほとんどが、コントロール可能な変数を持っている。例えば、製品の価格や、プロジェクトへの投資額などは、コントロール可能な変数の例である。これらは、意思決定変数と呼ばれる。意思決定変数に最適な値を見い出せるか否かによって、重要な目標を達成できるか否かが決まる。ここでは、高い視点から最適化について詳細に説明するが、付録9Cでは、添付のCrystal BallのOptQuestソフトウエアを使ってリソースの最適化を行なう場合の例をステップ・バイ・ステップで示している。

　一般的に、最適な値を得るためには、インタラクティブ、またはアドホックな姿勢で臨まなければならない。それには、ある初期値のセットを使ったシミュレーションを行ない、結果を分析し、一つまたはそれより多くの変数を変更し、再びシミュレーションを行なう必要がある。そして、満足な解が得られるまで以上のプロセスを繰り返すのである。これは、モデルが小さい場合でさえ手間と時間がかかるプロセスであるし、一つのシミュレーションから次のシミュレーションへ進む際にも、値をどのように調整すればよいのかが分かりにくいものである。

　もう一つのもっと厳密なアプローチとして、可能なすべての選択肢を系統的に列挙していく方法がある。このアプローチを使えば、間違いなく最適解を得ることができる。ここで、シミュレーション・モデルが2つの意思決定変数だけに依存している場合を考えてみよう。仮に、変数が、それぞれ10個の値を持ち得るとすれば、すべての組み合わせを試行するにはシミュレーションを100回行なわなければならないことになる（選択肢の数が10^2あるからである）。一つ一つのシミュレーションが極めて短い（例えば2秒）とする

と、すべてのプロセスはおよそ3分で完了することになる（もちろん、コンピュータを使っての話である）。

しかし、決定変数が2つではなく、6つある場合を考えてみると、すべての組み合わせを試行するには100万回のシミュレーションが必要になる（選択肢の数が10^6あるからである）。こうなると、すべての選択肢を列挙するまでに、数週間や数カ月の時間は容易に過ぎてしまう。ことによると、数年もかかることさえあり得る。

最適化モデルとは何か？

競争が激化する今日のグローバル経済の中で、企業は、施設の新設や拡張、在庫管理、および製品構成の決定など、数多くの困難な決定に直面している。これらの決定には、何千または何百万もの潜在的な選択肢が存在している。そのすべてを検討し評価するなどということは、現実的でないだけでなく、不可能な場合さえある。そこで、モデルを使って、適切な変数を取り入れた意思決定の分析や最適解の発見を図ることになるのである。モデルは、特定の問題の最も重要な特徴をとらえ、それを解釈しやすい形で提示してくれる。また、直感だけでは得られないような洞察も提供してくれるのである。

最適化のモデルは、「意思決定変数」、「制約条件」、および「目的関数」の3つの大きな要素から成り立っている。

- **意思決定変数**は、コントロールすることが可能な数量である。例えば、ある製品の生産量や異なる複数の投資に対する資金配分額などはこれに当たる。また、一定の数のプロジェクトのセットの中からどれを選択するかも意思決定変数の一例と見なすことができる。リアルオプションでは、ポートフォリオの最適化分析の中で、特定のプロジェクトの実行または中止の決定の問題も含む。また、複数のプロジェクトにまたがる予算配分を＄や％で表したものも、意思決定変数として構成することができる。
- **制約条件**は、複数の意思決定変数の間の関係のうち、意思決定変数のとり得る値を制限するようなものを記述したものである。例えば、ある制約条件は、さまざまな投資に対して配分される資金の総額が定められた額を超

えてはならないと規定しているかもしれない。また、特定のグループの中から選択できるプロジェクトは一つだけと規定しているかもしれない。リアルオプション分析では、予算上の制約、時期の限定、最低利益、またはリスクの許容レベルなどが制約条件に含まれる。

- **目的関数**は、利益の最大化や費用の最小化など、モデルの目的を数学的に表現したものである。リアルオプションでは、利益を最大化しながらリスクを最小化すること（利益リスク比率の最大化）が目的関数となる。

概念的に見ると、最適化モデルは図5D-1に示すようなものになるだろう。

最適化モデルは、解として、目的関数を最適化（最大化または最小化）するような意思決定変数の値のセットを提供する。将来が予見できるようなシンプルな世界であれば、最適化モデルの中のすべてのデータは定数となり、モデル自体は決定論的なものになる。

しかし、現実の意思決定環境においては、決定論的な最適化モデルによってすべての複雑な要素を捕捉できる場合はほとんどない。現実には、モデル・データは不確実であり、確率論的な形でしか記述することができないのである。したがって、目的関数も、選択する意思決定変数のセットがどのようなものであっても何らかの確率分布を持つことになる。この確率分布は、

図5D-1◎決定論的な最適化モデル

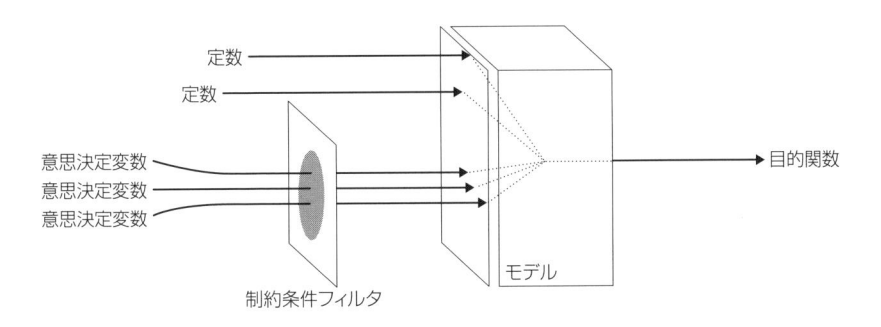

Crystal Ballなどのソフトウエアを使ってモデルをシミュレートすることによって見い出すことができる。

不確実性を伴う最適化モデルには、上に述べた以外にも、次のような要素が含まれている。

- **仮定**は、確率分布を使ってモデル・データの不確実性を捕捉する。
- **予測**は、モデルから得られる結果の頻度分布である。
- **予測統計量**は、平均値、標準偏差、および分散などの予測値の分布の要約である。予測統計量を最大化、最小化、または制限することによって、最適化をコントロールすることになる。
- **必要条件**は、予測統計量に対する追加の制限である。予測値分布の中のすべての統計量に対して、上限と下限を設定することができる。また、可変必要条件を定めることによって、必要条件の値を範囲で定めることもできる（図5D-2を参照）。

意思決定変数

意思決定変数は、モデルの中の変数のうちで、コントロールが可能なものである。例えば、製品の価格や、プロジェクトへの投資額などがこれに当たる。リアルオプションでは、ポートフォリオを構成する複数のプロジェクトにまたがる予算配分を＄や％で表したものが意思決定変数となる。

図5D-2◎不確実性を伴う最適化モデル

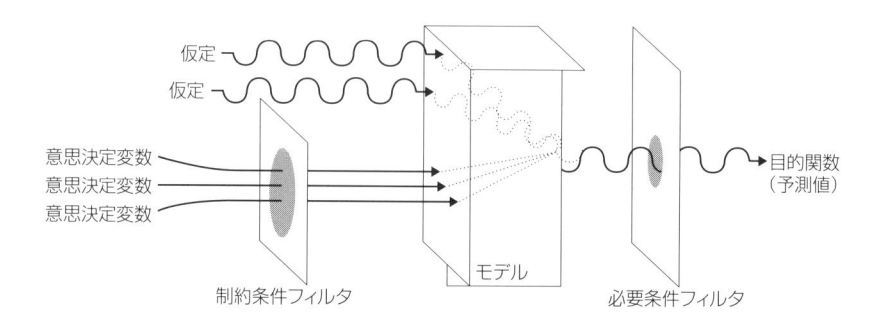

意思決定変数の定義とは、意思決定変数の次の属性を定義することを意味する。
- **範囲**：変数の上限と下限を決める。
- **タイプ**：変数が離散か連続かを決める。離散変数は、整数値と非整数値のいずれでもよいが、ステップ・サイズは、0より大きい値（整数または非整数）でなければならない。連続変数にはステップ・サイズは不要で、どの範囲にも無限の数の値が存在し得る。リアルオプションでは、離散変数としてプロジェクトの実行または中止が含まれる。連続変数の場合は、プロジェクトに配分される予算を＄か％で表すことができ、どのような連続値もとれるものとする。
- **ステップ・サイズ**：定められた範囲における離散意思決定変数の連続する値の間の差を決める。例えば、1から5の範囲における離散意思決定変数のステップ・サイズが1であれば、可能な値は1、2、3、4、または5のいずれかでなければならない。また、0から2の範囲における離散意思決定変数のステップ・サイズが0.25であれば、可能な値は0、0.25、0.5、0.75、1.0、1.25、1.5、1.75、または2.0のいずれかでなければならない。

最適化モデルでは、あらかじめ定められた意思決定変数のリストの中から、最適化する意思決定変数を選択する。選択した意思決定変数の値は、与えられた時間内に一つ一つの意思決定変数に対する最適値が見い出されるまで、シミュレーションが1回行なわれるごとに変わる。

制約条件

制約条件は、複数の意思決定変数の間の関係を定義することによって意思決定変数のとり得る値を制限する。例えば、2つのプロジェクトに対する投資総額が5万ドルでなければならない場合は、次のように定義できる。

$$\text{プロジェクト}X + \text{プロジェクト}Y = \$50,000$$

あるいは、両方のプロジェクトに対する支出が予算によって2500ドルと定

められている場合は、次のように定義できる。

$$\text{プロジェクト } X + \text{プロジェクト } Y \leq \$2,500$$

実行可能性（フィージビリティー）

　実行可能解は、すべての制約条件を満たす解である。意思決定変数の値の組み合わせに、制約条件を満足させることができるものがない場合は、実行不可能となる。なお、問題に対して定められた制約条件を満たしていないとして、どんな解（意思決定変数に対する値の一つのセット）も実行不可能となってしまう場合があり得るが、これは、問題またはモデルそのものが実行不可能だということではないことを注意したい。

　例えば、ある投資家が、次の制約条件の下で、最適な投資ポートフォリオを見い出すことを要求しているとする。

$$\text{プロジェクト } X + \text{プロジェクト } Y \leq \$10,000$$
$$\text{プロジェクト } X + \text{プロジェクト } Y \geq \$12,000$$

　合計が1万ドルを超えないと同時に1万2000ドル以上になるような投資の組み合わせがないことは自明である。

　あるいは、同じ例で、決定変数の範囲が次のようになっているものと仮定してみよう。

$$\$15,000 \leq \text{ポートフォリオ支出} \leq \$25,000$$

　さらに、制約条件は次のように仮定する。

$$\text{ポートフォリオ支出} \leq \$5,000$$

　これもまた、問題を実行不可能にする結果となる。

　つまり、問題そのものが実行不可能なのではなく、制約条件によってモデル化された関係が首尾一貫していないために、実行不可能な状態が発生するのである。したがって、一見して実行不可能な問題も、条件を修正すること

によって実行可能にすることができる。

目的関数

　最適化モデルは、それぞれ、一つの目的関数を持っている。目的関数は、予測変数値であり、モデルの目的を仮定と意思決定変数によって数学的に表したものである。最適化の役目は、意思決定変数の値を選択したり改善したりすることによって目的関数の最適値を見い出すことである。

　モデル・データが不確実で、確率分布によってしか記述できないときは、どのような意思決定変数のセットを選択したとしても、目的関数自体も何らかの確率分布を持つことになる。

予測統計量

　予測分布値のすべてを目的関数として使うことはできないので、単一の要約基準（統計量）を使って、分布を他の分布と比較し選択するための特徴づけを行なう必要がある。どの統計量を選ぶかは、目的関数の目標に依存している。ある数量の最大化や最小化が目標である場合は、平均値や中央値を中心的な傾向を判断する基準として用いることが多い。この2つの統計量のうち、より一般的に使われるのは平均値である。しかし、歪みの強い分布の場合は、平均値が不安定になる傾向がある（標準誤差が多くなるからである）。そこで、中央値のほうが、中心的な傾向を判断するためのより良い基準となる。全体的なリスクを最小化する場合は、目的関数の標準偏差と分散を使うのが一番の良策である。目的関数の端の値（両極に近い値）を最大化または最小化する場合は、低高いずれかのパーセンタイルを使うのが適切だろう。また、目的関数の形状や範囲をコントロールする場合は、歪度、尖度、あるいは信頼度などの統計量を使うことが考えられる。

最小化と最大化

　目的関数を最大化するか最小化するかは、どの統計量を選んで最適化するかに依存している。例えば、利益を予測するものとして、統計量に平均値を選んだ場合は、利益の平均値を最大化することが望ましい。これに対して、統計量に標準偏差を選んだ場合は、これを最小化して、予測の不確実性を限定することが望ましくなる。リアルオプションのポートフォリオ最適化では、最大化する目的関数はリスク・リターン比率である。この目的関数を最大化すると、複数のプロジェクトにまたがる最適な投資配分が、最小のリスクで最大の利益が上がるような形で自動的に行なわれる（効率的フロンティアの作成も可能）。

必要条件

　必要条件は予測統計量を制限するが、制約条件とは異なるものである。なぜなら、制約条件は、意思決定変数（または複数の意思決定変数の間の関係）を制限するものだからである。文献によっては、この必要条件を「確率論的制約条件」、「機会制約条件」、あるいは「目標」と呼んでいるものもある。

　必要条件を定義するには、まず、一つの予測（目的関数の予測またはその他の予測）を選択する。目的関数の場合と同様、ここでも、その予測統計量を選択するが、最大化したり最小化したりする代わりに、上限、下限、または両方（範囲）を定める。リアルオプションでは、必要条件によって個々のプロジェクトに割り当てる資本やリソースの許容最大値や最小値を設定する。

実行可能性

　一つの解が実行可能と判断されるためには、必要条件が満足されなければならない。これは、制約条件の場合と同様である。最適化モデルが必要条件

を含んでいる場合は、制約条件に照らし合わせて実行可能と判断された解が、一つもしくはそれ以上の必要条件に抵触するために実行不可能となることもある。

可変必要条件

可変必要条件は、必要条件の範囲（単一点の代わりに）と、その範囲の中のチェック・ポイントの数を定義するものである。可変必要条件を定義するには、まず一つの予測（目的関数の予測またはその他の予測）を選択する。目的関数や必要条件の場合と同様、ここでも、その予測統計量を選択するが、最大化したり最小化したりする代わりに、その統計量の上限か下限のみを制限する。そして、その範囲と範囲内でのチェックポイントを設定するのである。

最適化モデルのタイプ

最適化モデルは次のように分類できる。

モデル	含むもの
離散	離散決定変数のみ
連続	連続決定変数のみ
混合	離散決定変数と連続決定変数の両方

● 線形と非線形

最適化モデルは、目的関数と制約条件をモデル化するために使われる数学的な関係によって、線形と非線形のいずれにもなり得る。線形の関係では、式の中のすべての項は、単一の変数に定数を掛けたものだけになる。

例えば、$3X-1.2Y$ は線形の関係である。なぜなら、第1項と第2項が、一つの変数と定数を掛け合わせたものだからである。非線形の関係は、X^2、XY または 3.1^X といった項によって構成される。目的関数か制約条件のどち

らかにこのような項を含むモデルは、すべて、非線形に分類される。

● **決定論的と確率論的**

　最適化モデルは、モデル・データの性格によって、決定論的または確率論的という形でも分類できる。

　決定論的なモデルでは、すべての入力データは定数で、確実性のある既知の値と仮定される。確率論的なモデルでは、モデル・データの中に不確実なものがあり、確率分布で記述される。確率論的なモデルは、決定論的なモデルよりもはるかに最適化しにくい。なぜなら、目標を達成するためにはシミュレーションを行なわなければならないからである。

第2部

Real Options Analysis
Tools and Techniques for
Valuing Strategic Investments and Decisions

リアルオプション分析
応用編

第6章
リアルオプションの計算方法

第7章
リアルオプションのモデル

第8章
リアルオプションのより高度な問題

第9章
Real Options Analysis Toolkit
（リアルオプション分析ツールキット）(CD-ROM)

第10章
結果の解釈とプレゼンテーション

第2部の概要

第6章　リアルオプションの計算方法

　この章では、リアルオプション分析の一般的なタイプをいくつか紹介する。なかでも重点的に取り上げるのは、微分方程式による解析解とリスク中立確率を使用した二項格子で、これらの長所と短所を詳細に説明する。また、二項格子を取り巻く理論的根拠についても、できるだけ分かりやすく解明する。いくつかのシンプルな例を通して、ある二項格子がどのようにして導き出されるのかを説明する。

◎──解析型解法と二項格子モデル

　この項では、リアルオプションが扱う問題の解を得るために使われる2つの主流のアプローチを紹介する。すなわち、二項格子モデルと解析型解法の使用方法である。さらに、それぞれのアプローチを使うことの長所と短所についても検討する。また、2つのアプローチから得られる結果が極限において互いに近似していく経緯も示す。

◎──二項格子のアプローチとその応用

　ここでは、二項格子について、リスク中立確率、ステップ数、およびジャンプ・サイズ（上昇、下落サイズ）の応用も含めて詳細に説明する。

◎──キャッシュフローの予測における不確実性

　この2つの項では、キャッシュフローの予測における不確実性の捉え方について説明する。モンテカルロ・シミュレーションを使えば、容易に不確実性を捕捉し定量化することができる。しかし、プロジェクトに戦略的なオプションが設定できれば、不確実性そのものの中に秘められた価値を見い出すことができるかもしれない。モンテカルロ・シミュレーションだけでは、そのような価値は見い出すことはできない。リアルオプションを使えば、アップサイドとダウンサイドの

両方のオプションをより適切に定量化することができる。

◎──**不確実性の離散シミュレーションとしての二項格子モデル**

　この2つの項では、不確実性の"コーン（円錐形）"を、時間の経過とともに不確実性が増大するという見方に基づいて議論する。不確実性のコーンは、ブラウン運動過程のような確率論的なシミュレーション手法を使うことにより捕捉できるが、二項格子がその確率論的なプロセスに近似していく過程を検討する。実際、二項格子は離散型のシミュレーションであり、その極限においては、解析型のアプローチを使う連続型の確率論的プロセス・シミュレーションによって得られる結果に近似していくのである。

◎──**二項格子モデルを直感的に眺め、リスク中立の世界に遊ぶ**

　この2つの項では、二項格子モデルに焦点を合わせ、難解な高等数学の助けを借りない直感的な説明を試みる。検討する式には、上昇と下落のジャンプ・ステップや、リスク中立確率が含まれる。

第7章　リアルオプションのモデル

　この章では、異なるタイプの戦略的なリアルオプションを検討し、これらのオプションの解を得るための方法をステップ・バイ・ステップで説明する。検討するオプションには、撤退、拡張、縮小、および選択が含まれる。さらに、複合オプション、コスト推移モデル、ボラティリティ変動モデル、および段階複合オプションについても検討を加える。これらの基本的なタイプのオプションは、後章や巻末に添付したCD-ROMにあるような、もっと複雑なリアルオプションを分析するための素材となるものである。

　この章では、いくつかの項にまたがって、異なるタイプのリアルオプションのケースを検討していくが、その過程で、読者は、さまざまなリアルオプションのモデルを自ら計算することになる。これらのモデルには、二項格子と解析的アプローチの使用が含まれている。計算するオプションの例には、拡張、縮小、バリア、撤退、切替等々が含まれる。また、ボラティリティ推定、ブラック－ショールズ・モデル

の検討、市場複製ポートフォリオを使ったパス（経路）依存型評価、静的な二項モデルの例、感度分析、現実性のチェック、および三項ツリーに関する技術的な付録も付け加えた。

第8章　リアルオプションのより高度な問題

　この章では、高度なリアルオプションの問題を検討する。これらの問題には、終了および撤退のオプション、タイミングオプション、複合オプション、および戦略的最適化の使用が含まれる。章の末尾には、3つの技術的な付録を付け、いくつかの異なる戦略的プロセス、微分方程式、およびいくつかのエキゾチック・オプション・モデルについての説明を提供している。

　オプションのモデルは、シンプルなヨーロピアン・ブラック–ショールズ・モデルからスタートし、ブラック–ショールズに配当の支払い、選択オプション、複雑選択オプション、複合オプション、ルックバックオプション、フォワードスタート・オプション、スプレッド・オプション、離散時間切替オプション、および二資産相関オプションへと展開する。また、アメリカン・タイプのオプションの推定についても説明する。

第9章　Real Options Analysis Toolkit(リアルオプション分析ツールキット)(CD-ROM)

　この章では、この本に添付されているCD-ROMに搭載されたReal Options Analysis Toolkitを解説する。このCD-ROMには、いくつかのサンプル・アプリケーションが入っており、ステップ・バイ・ステップの説明も付いている。さらに、技術的な付録も3つ付いており、ユーザーがExcelから直接利用できるリアルオプション分析関数群と、デシジョニアリング社のCrystal Ballを用いたモンテカルロ・シミュレーションと確率論的最適化のための手引きが提供されている。

　この章では、リアルオプション分析の応用に関する技術的詳細に触

れる。読者は、Real Options Analysis Toolkitを使いながら、いくつかの事例の中を歩いて行くことになる。画面のイラストを見て、ステップ・バイ・ステップでプロセスをたどりながら、ソフトウエアによるビジネス・ケースの解決の過程を体験できるであろう。

なお、このCD-ROMには、Crystal Ballソフトウエアの試用版も入っている。この試用版を使えば、この章で説明するサンプル・ケーススタディを簡単に再現することができる。

第10章　結果の解釈とプレゼンテーション

　この章では、分析の結果と、リアルオプションを使うアナリストが作成することになるレポートについて検討する。目的は、読者が分析結果を解釈し、その結果をCEOの机の上まで持って行けるようにするための情報を提供することである。

　経営陣に対してリアルオプションの話題を初めて切り出すときにはどのようにしたらよいのか？　伝統的なアプローチと、より高度な分析アプローチの間にはどのような関連性があるのだろう？　洒落た数学モデルによって生み出された、アナリスト自身も解釈できないようなたった一つの数字に、経営陣は会社の「命運を賭ける」ものだろうか？　この章では、アナリストの立場に立って、極めて複雑な分析結果のセットを経営陣に説明するためのステップ・バイ・ステップの方法論を提供する。できるだけ視覚に訴えるために、図や表やプロセス・フローなども活用するので、読者は、リアルオプション分析の結果を詳細かつ明快に説明するための決定版的なマニュアルを手にすることができるだろう。

　結果の解釈とプレゼンテーションのプロセスは、13のステップで構成されている。これらのステップには、リアルオプションと伝統的な財務分析の比較、両者の類似性の比較、および相違点の強調などが含まれる。プレゼンテーションでは、伝統的な分析が限界に達し、リアルオプションが始まる過程を、分かりやすく構成された評価プロセス

を通じて明示する。続く結果の要約では、投資額と利益の大きさが異なる、いくつかのプロジェクトを比較する。比較に際しては、利益だけでなく、リスクの構成も考慮に入れる。次に、選択するプロジェクトが、会社の収益にどのようなインパクトをもたらすかを予測する。この他、感度分析と、そこから得られる重要成功要因も提示する。その後、分析に付きもののリスクを確認し、測定するための手段として、モンテカルロ・シミュレーションを提示する。そして最後に、リアルオプション分析に起因する仮定と結果、およびそれに対応するリスク分析を提示する。

　この章は、リアルオプション分析に関する記事、書籍、およびその他の出版物を列挙した付録で締めくくられる。これらの参考文献は、読者が、有用なリソースや追加の情報を得る上で役立つであろう。ただし、掲載した記事類は、決して完全なものではなく、著者の目から見て、本書で検討したトピックに関連があると判断し、推選したものでしかないことを承知されたい。

第6章
リアルオプションの計算方法

　この章と、次の章では、リアルオプションの一般的なタイプと、分析を行なうためのステップ・バイ・ステップのアプローチを紹介する。ここでは解析型モデル、偏微分方程式、およびリスク中立確率に基づいた二項格子の手法を扱う。それぞれの方法の長所と短所を詳細に検討しながら、二項計算式を取り巻く理論的根拠についても、できるだけ分かりやすく解明する。高等数学を使わず、一連の簡略化した検討を重ねて、ある二項格子がどのようにして導き出されるのかを説明する。

1　解析型解法と二項格子モデル

　金融オプションの分析では、オプションの価値を計算するためにさまざまな方法が使われる。これらの方法は、ブラック-ショールズ・モデルとその改良型に代表されるような解析型方程式、モンテカルロ・経路依存型シミュレーション法、格子法（二項、三項、四項、および多項ツリーなど）、およびその他の計算技法から、偏微分方程式の使用まで、広範囲にわたる。しかし、主流の方法と見なされ、実際に最も広く使われているのは、解析型解法、偏微分方程式、および二項格子モデルである。

　ブラック-ショールズ・モデルに代表される解析型解法とは、入力する仮定の値が揃っていれば計算式により、解が得られるというものである。これらの解法は、正確・迅速で、ある程度のプログラミングの知識があれば容易に実行できる。だが、その反面、演算には高度な確率計算法が用いられるため、説明が難しい。また、これらは、極めて限定的な前提を必要とするため、モデルの柔軟性に欠ける、すなわち応用できる問題が限られることはいなめない。

これに対して、二項格子は、実行も説明も簡単であり、柔軟性も高い。しかし、後に説明するように、より良い近似値を得るためには、大量のコンピュータ・パワーとともに多くのステップの計算が必要である。

　リアルオプションは、さまざまな方法で計算できる。これらの方法には、経路依存型シミュレーション、解析型モデル、偏微分方程式、および多項・二項アプローチなどがある。

　二項格子を使って得た結果は、極限において解析型解法を使って得た結果に近似していく。これは重要なポイントである。つまり、経営陣に対してリアルオプションのプレゼンテーションを行なう際には、解析型解法から得た結果と二項格子から得た結果を合わせて使うとよい。この章では、主流のアプローチについて突っ込んだ検討を行ない、それぞれのアプローチの結果を比較した上で、リアルオプションを分析する際、どのアプローチをいつ使うべきかを検討する。

　下に示す例は、二項格子が解析型解法の結果に近似する現象を示したものである。この例では、一般ブラック－ショールズ・モデル[1]を使って、ヨーロピアン・コール・オプションを計算している。

$$Call = Se^{-q(T)}\Phi\left[\frac{\ln(S/X)+(rf-q+\sigma^2/2)T}{\sigma\sqrt{T}}\right] - Xe^{-rf(T)}\Phi\left[\frac{\ln(S/X)+(rf-q+\sigma^2/2)T}{\sigma\sqrt{T}}\right]$$

　ここで、株価（S）と行使価格（X）はともに＄100、行使期間（T）は1年、行使期間中のリスクフリーレート（rf）は5％、原資産のボラティリティ（σ）は25％で、配当（q）はないものとする。一般ブラック－ショールズ・モデルを使って計算すると、利益は＄12.3360になる。これに対し、二項格子を使って計算すると、次のような結果が出る。

$N = 10$ステップ	$12.0923
$N = 20$ステップ	$12.2132
$N = 50$ステップ	$12.2867
$N = 100$ステップ	$12.3113
$N = 1,000$ステップ	$12.3335
$N = 10,000$ステップ	$12.3358
$N = 50,000$ステップ	$12.3360

　これは、極めて単純化した例だが、ステップの数（N）が大きくなればなるほど、二項格子を使って計算した値が解析解に近似していくことが分かる。なお、二項格子を使ってより良い推定をするためにはたくさんのステップが必要となる。あるリサーチによると、十分な近似値を得るのに十分なステップの数は1000にものぼるとされている。

　ステップは、一つの格子の中の分岐事象の数と定義することができる。例えば、図6－1に示す二項格子は、時間0からスタートする3つの期間を持っている。最初の期間には2つの格子点（S_0uとS_0d）があり、2番目の期間には3つの格子点（S_0u^2、S_0udおよびS_0d^2）があるといった形で、ステップが進むとともに格子点の数が増えてくる。したがって、前述したように1000のステップを行うためには、1、2、3、と進んで、1001に達するまで格子点を計算しなければならない。これは、トータルでは50万1501個の格子点を計算することになる。仮に、オプションの計算に当たって1万回のシミュレーション試行を行なうとすると、およそ$5×10^9$個の格子点を計算する必要がある。これは、Excelのスプレッドシートで299枚、メモリ・スペースで4.6GBに相当する。このような途方もない作業を実行するためには、ソフトウエアを使用すべきであるのは言うまでもないだろう。[2] なお、下のツリーでは、期間2の中央の格子点（S_0ud）が、期間1の上の分岐S_0u、下の分岐S_0dと同じものとなるが、このような二項格子は、再結合ツリー（recombining tree）と呼ばれる。

　図6－2は、2つの期間を持つ非再結合ツリー（non-recombining tree）

の例である。この場合、期間2の中央には異なる2つの格子点（S_0ud'とS_0du'）がある。これは、非再結合ツリーでは、格子点の数が幾何級数的に増加することを意味しており、結果として、計算には非常に長い時間と多大なリソースが必要になる。具体的に説明すると、期間0の格子点の数が2^0、ステップ1で2^1、ステップ2で2^2といった形で増加し続け、ステップ1,000になると$2^{1,000}$、すなわち、およそ2×10^{301}個に達するということになる。こうなると、たとえコンピュータを使っても、二項ツリー全体を計算し終えるまでに数週間から数カ月かかってしまうことになる！　再結合二項格子と非再結合二項格子は、極限において同じ結果をもたらすので、ほとんどの分析においては再結合格子を使ったほうが楽であることは間違いない。

　ただし、非再結合格子を使わなければならない場合もある。特に、確率的に変動する原資産変数が2つ以上ある場合や、単一の原資産変数であってもボラティリティが時間の経過とともに変化する場合は、非再結合格子を使う必要がある。第7章の付録7Ⅰでは、複数のボラティリティを伴う場合の非結合格子の使い方と、複数の再結合格子を使って非再結合格子を再現する方

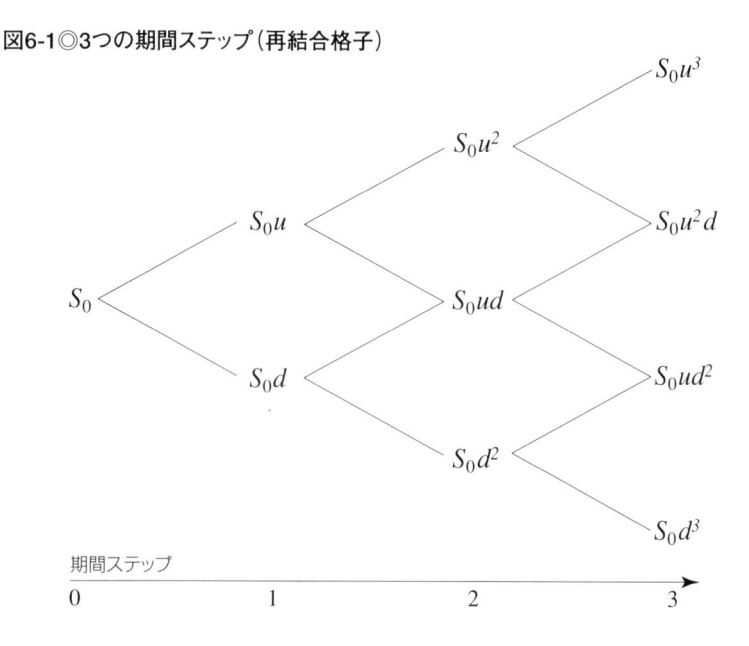

図6-1◎3つの期間ステップ（再結合格子）

法を説明している。

　以上の例から、解析型解法のほうが二項格子よりも計算しやすいことが理解できるだろう。しかし、解析型解法の背後にある高度な確率計算式の特性を正確に説明することは、枝が上下する二項格子を説明するよりも難しい。2つの方法が極限において同じ結果をもたらすことは分かっているので、経営陣に対するプレゼンテーションの際には、説明しやすい二項格子を使うべきだろう。

　なお、2つの方法それぞれの長所と短所に関しては、他にも考慮すべき問題がある。例えば、解析型解法は、数学的に「優雅」な方法だが、簡単に操作できるようなものではない。また、その前提は極めて限定的である。したがって、解析式を微調整するには、確率数学に精通している必要がある。一方、二項格子は、計算に手間取ることはあるものの、組み立てそのものは簡単で、シンプルな代数の知識があれば十分である。さらに、二項格子は非常に柔軟なので、容易に微調整を加えて、ほとんどのタイプのリアルオプションの問題に対応することができる。ただし、扱うオプションの問題がもっと

図6-2◎2つの期間ステップ（非再結合格子）

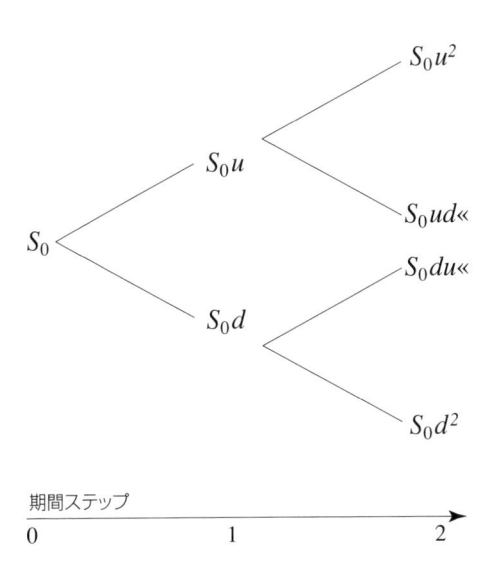

S_0 → $S_0 u$ → $S_0 u^2$
　　　　　　　→ $S_0 ud$ «
　　　→ $S_0 d$ → $S_0 du$ «
　　　　　　　→ $S_0 d^2$

期間ステップ
0　　　1　　　2

高度なものになってくると、二項格子では対応できなくなる。例えば、第8章とその付録に記したオプション・タイプでは、解析式を使ったほうがうまくいくだろう。

この章も含め、本書の第2部では、さまざまなタイプのリアルオプションの問題と、それに関連するソリューションを引き続いて紹介していく。説明に当たっては、解析型モデル、偏微分方程式、および二項格子の各ソリューションを、場合に応じて適宜使用する。ここでは、話を分かりやすくするために、ほとんどの場合、ステップが5つしかない再結合格子を使用するが、アルゴリズムは変わらない。したがって、読者は、5つの期間を、何千もの期間に同様の方法で簡単に拡張することができるものと思う。

2 二項格子のアプローチとその応用

二項の世界には、いくつかの基本的な類似点がある。例えば、解決しようとしているリアルオプションの問題がどのようなタイプのものであっても、二項格子のアプローチを使う限り、2つある方法のいずれかによって解を得ることができる。第1の方法はリスク中立確率の使用、第2の方法は市場複製ポートフォリオの使用である。このうち、市場複製ポートフォリオについては、第7章付録7Cで詳細に検討している。複製ポートフォリオ法を理解し、正しく応用することは簡単ではないが、得られる結果は、リスク中立確率法を使って得られる結果と同一になる。どちらの方法を使ってもよいわけだが、常に応用と提示のしやすさを念頭に置いて考えるべきである。

市場複製ポートフォリオでは、裁定の機会はなく、市場では既存の資産のペイアウト・プロファイル（収支構造）を複製できるような資産が数多く取引されていて、必要に応じて獲得することができるものと仮定する。この仮定は、重要な意味を持つ。一つの例を挙げて考えてみよう。

あなたは、1期につき一定の割合の配当が支払われる複数の公開株からなるポートフォリオを持っているとする。取引上の制限、税金、または取引費用などが一切ないとすれば、配当の支払いがない複数の株式からなる2番目のポートフォリオを購入して、配当が支払われる複数の株式からなる最初の

ポートフォリオのペイアウトを複製することが、理論的には可能である。例えば、1期につき特定の数の株式を売却して、最初のポートフォリオの毎期の配当支払額を複製することができるわけである。そこで、両方のペイアウトが同一なら、たとえ株式構成が異なっていても、2つのポートフォリオの価値は同一だということになる。そうでなければ、裁定によって、市場の効力が両者の価値を均衡させることになる。これは、株式が自由に取引される流動性の高い金融証券の世界においては、完全に筋の通った話である。しかし、実物資産や企業固有のプロジェクトが評価の対象となるリアルオプションの世界を純粋に財務の観点から見れば、このような仮定は受け容れ難いものであるし、ポートフォリオ複製の数学的手法も応用が困難になる。

　そこで、市場複製ポートフォリオのアプローチを、リスク中立確率と呼ばれるアプローチと比較してみよう。端的に言うと、リスクのあるキャッシュフローのセットを対象として、それをリスク調整割引率で割り引くという割引キャッシュフロー・モデルのような方法を使う代わりに、特定の時期に起こりうる特定のキャッシュフローの確率に対して、簡単にリスクを調整することができるということである。そして、これらのリスク調整済みの確率をキャッシュフローに適用すれば、アナリストは、これらの（リスクを計算に入れた）キャッシュフローを、リスクフリーレートで割り引くことができる。これが、二項格子をオプション評価に応用するための考え方の本質であり、得られる結果は完全に同一になる。

　では、リスク中立確率法の応用がどれくらい簡単なものかを見てみよう。どのオプション・モデルにも、少なくとも2つの格子が必要である。第1の格子は原資産のためのもの、第2の格子はオプション評価のためのものである。評価対象のリアルオプション・モデルがどのようなものであっても、まず例外なく次のような基本構造を持っている。

$$入力：S、X、\sigma、T、rf、b$$
$$u = e^{\sigma\sqrt{\delta t}} \text{および} d = e^{-\sigma\sqrt{\delta t}} = \frac{1}{u}$$
$$p = \frac{e^{(rf-b)(\delta t)} - d}{u - d}$$

基本的な入力は、原資産の現在価値（S）、オプションの実行費用の現在価値（X）、％で表した原資産フリーキャッシュフロー収益率の自然対数ボラティリィティ（σ）、有効期間（満期）までの年数（T）、リスクフリーレートまたは無リスク資産の収益率（rf）、および％で表した配当の継続的アウトフロー（b）である。これに加えて、二項格子法では、2つの計算値のセット、すなわち、上昇率と下落率の因数（uとd）とリスク中立確率（p）が必要になる。この式に見るように、上昇率は、キャッシュフロー・ボラティリティに期間（δt）の平方根を掛けたものの指数関数である。期間は、ステップからステップの間の期間である。すなわち、あるオプションが1年の満期を持っており、設定された期間が10のステップを持っていれば、一つ一つの期間は、0.1年のステップ期間を持っていることになる。ボラティリティの測定値は、年単位で計算された値である。これに期間の平方根を掛け合わせれば、期間のボラティリティに相当する値が得られる。なお、下落率は、上昇率の逆数である。ボラティリティの測定値が大きくなればなるほど、上昇と下落の率も大きくなるが、両者は相互に逆数の関係にあるため、格子は再結合する。なぜなら、上昇と下落のステップは、記号は異なるが同じ大きさを持つからである。経路が先に進むにつれて、これらの二項分岐は再び合流しなければならないのである。

　さて、計算しなければならい2番目の値は、リスク中立確率である。これは、リスクフリーレートと配当の差に期間を掛けた指数関数から下落率を引いた値と、上昇と下落の率の差の間の比率である。リスク中立確率の値は、言わば数字のマジックであり、それ自体には特に意味はない。リアルオプションのユーザーが犯す大きな過ちは、リスク中立確率の値を、何らかの事象の発生に関する主観的もしくは客観的な確率を示したものだと決めてかかることである。リスク中立確率値そのものには、経済的・財務的な意味は一切なく、一連の計算における一つの中間的な産物でしかない。重要なのは、これらの値を手にすることで、図6－3に示すような原資産価値の二項格子を作る準備が整うということである。

二項格子は、リスク中立確率と市場複製ポートフォリオを使って計算する

ことができる。二項および多項格子を使うときには、期間ステップの数が大きくなればなるほど粒度が高くなり、結果として精度も高くなることを念頭に置くべきである。

では、実際に二項格子を作ってみよう。基本的には、時間ゼロにおける原資産の現在価値（S_0）から始めて、それに上昇率（u）と下落率（d）を掛ければ、図6－3に示すような二項格子ができる。ここで覚えておかなければならないのは、一つの格子点からは一つの分岐しか派生しないということである。上向きの枝と下向きの枝を1本ずつ生み出すのである。そして、中間の枝はすべて再結合する。この原資産の展開は、ボラティリティがゼロで、不確実性が存在しない決定論的な世界では、格子は1本の直線になり、割引キャッシュフロー・モデルで十分であることを示している。なぜなら、オプションや柔軟性の価値もゼロになるからである。すなわち、ボラティリティ（σ）がゼロなら、上昇（$u=e^{\sigma\sqrt{\delta t}}$）と下落（$d=e^{-\sigma\sqrt{\delta t}}$）のジャンプ・サイズは1となるのである。

しかし、ボラティリティの測定値が示すように、不確実性とリスクが現に存在している以上、格子が1本の水平な直線になることは起こり得ない。必ず上昇と下落の動きから構成される。そして、オプションの価値を生成するのは、この、上昇と下落の不確実性なのである。すでに述べたように、ボラティリティの測定値が大きくなればなるほど上昇と下落の率も大きくなる。これは、存在する不確実性が高ければ高いほど、上向きのポテンシャルも増加し、そのオプションの潜在的な価値が高くなることを意味している。

第7章では、特定のリアルオプションの解決方法については、短いビジネス・ケースを示しながら、一つ一つの問題のタイプについて詳細に説明する。その上で、解析式を使って、戦略的オプションを評価し、さらに二項格子を使って評価結果を確認する。二項のアプローチについては、これまで見てきたような原資産を表す格子の展開から始めて、結果の要約と適切な解釈で締めくくる。ステップをベースとした方法を分かりやすく説明するために期間の数は少なくするが、読者は、必要に応じてもっと多くの期間を追加して分析を拡張することができる。

図6-3◎原資産価値の二項格子

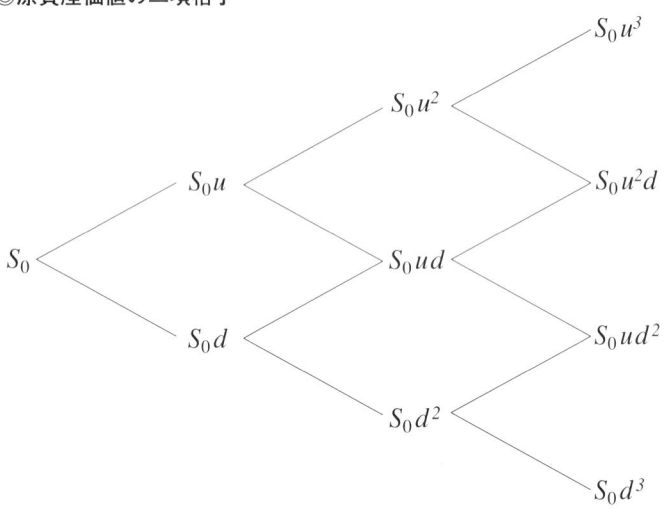

```
                                                    S_0 u^3
                                    S_0 u^2
                    S_0 u                           S_0 u^2 d
                                    S_0 ud
    S_0                                             S_0 ud^2
                    S_0 d
                                    S_0 d^2
                                                    S_0 d^3
```

3 | 不確実性の存在とその感触

　ほとんどの財務分析では、まずフリーキャッシュフローが作成され、それが、損益計算書やキャッシュフロー計算書といった形でまとめられる。キャッシュフローは、普通、図6－4に示すように、一つの時系列上に表現される。キャッシュフローに関するこれらの数字は、未知の将来の予測値である。

　このシンプルな例の場合、キャッシュフローの成長は右上がりの直線をたどると仮定している。同様の予測は、過去のデータを時系列モデルに当てはめたり、回帰分析をしたりすることによっても得ることができる。このような予測値、または成長曲線を得るためにどのような方法を使ったとしても、それは、未知の将来についての一点推定の集合になる。そこで、これらの統計量に対して割引キャッシュフロー分析を行なえば、プロジェクトの正確な価値が分かることになる。しかし、これは、将来のキャッシュフローが既知であり、不確実性も存在しないと仮定すればの話である。もしもこの仮定が

正しければ、予測値を取り巻くボラティリティも存在しないことになる。

しかし、現実には、ビジネスの条件を予測することは難しい。不確実性は現に存在し、将来のキャッシュフローの実際のレベルは、図6－5に示すようなものになる。特定の時期におけるキャッシュフローが、必ず予測したレベルになるとは限らない。上回る可能性もあれば下回る可能性もある。すなわち、時期のいかんにかかわらず、実際のキャッシュフローは、一定の確率で、一定の範囲内の数値に収まるのである。一つの例として、初年度のキャッシュフローが、＄480から＄520の間に収まるものとし、経験から、実際の値は、20％の平均ボラティリティで予測値の周りを変動することが分かっている場合を考えてみよう。[3] この例のほうが、実際のビジネスの状況をはるかに正確に反映していることは言うまでもないだろう。しかし信頼度（確率的要素）を含んだビジネスの状況を予測することは、極めて難しい。

図6－6は、直線で示された予測値に実際のキャッシュフローを重ね合わせて表示した例である。実際のキャッシュフロー・レベルの不確実性が高け

図6-4◎直線の割引キャッシュフロー

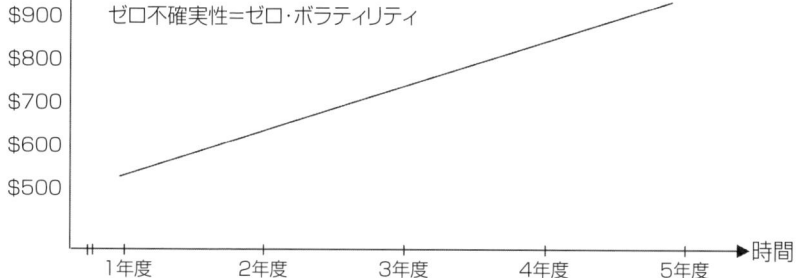

```
0年度      1年度       2年度       3年度       4年度       5年度          時間
WACC=30%  FCF₁=$500  FCF₂=$600  FCF₃=$700  FCF₄=$800  FCF₅=$900
```

$$WACC=30\%,\ FCF_1=\$500,\ FCF_2=\$600,\ FCF_3=\$700,\ FCF_4=\$800,\ FCF_5=\$900$$

(グラフ：ゼロ不確実性＝ゼロ・ボラティリティ、$500から$900への直線)

この直線のキャッシュフロー予測が、割引キャッシュフロー分析の基礎である。ここでは、将来のキャッシュフローを、静的で既知なものと仮定している。

れば高いほど、ボラティリティも高くなっている。濃い色の線は、ボラティリティが20％の場合を示しているが、予測値周りでの変動が激しいことが分かる。これらの値は、モンテカルロ・シミュレーションを使って定量化することができる。例えば、図6－6には、モンテカルロ・シミュレーションによって計算された、ボラティリティが5％の場合の確率分布が示されている。これを見ると、実際値が＄510から＄698の間に収まる可能性は95％である。一方、ボラティリティが20％である場合の95％の信頼区間は、＄405から＄923の間である。実際のキャッシュフローは、これらの範囲の中でどのようにも変動し得ることが分かる。つまり、ボラティリティが高ければ高いほど、不確実性の範囲も大きくなるのである。

図6-5◎シミュレーションを伴う割引キャッシュフロー

WACC=30%
$FCF_1=\$500\pm20$ $FCF_2=\$600\pm30$ $FCF_3=\$700\pm35$ $FCF_4=\$800\pm50$ $FCF_5=\$900\pm70$

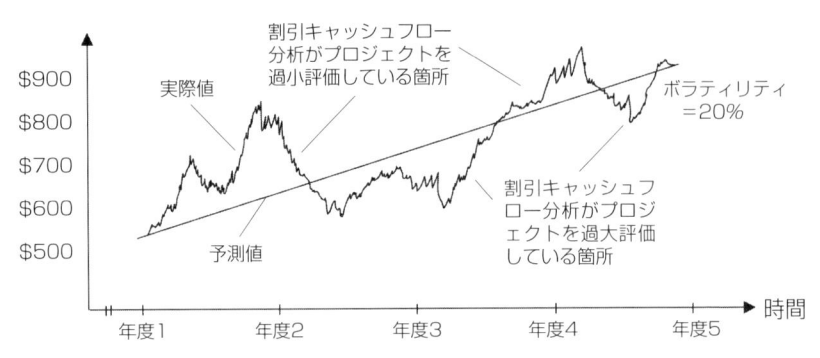

異なる時点における実際のキャッシュフローは、現実には、不確実性とリスクにより、予測値と一致するとは限らない。上回る可能性も下回る可能性もある。

図6-6◎不確実性の表情

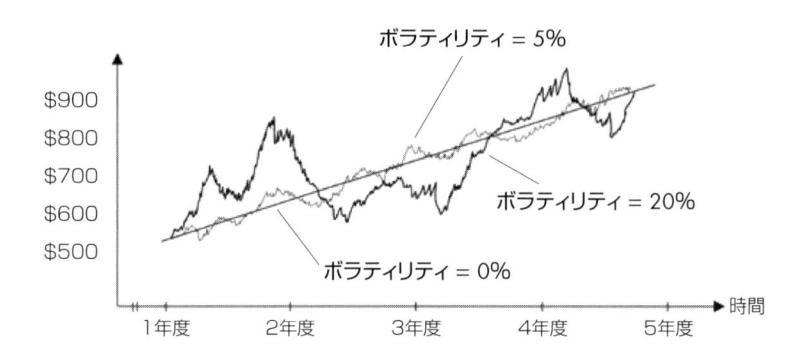

[グラフ: 時間(1年度〜5年度)に対するキャッシュフロー($500〜$900)の推移。ボラティリティ = 5%、20%、0%の3本の線]

リスクが高くなれば、ボラティリティも高くなり、実際のキャッシュフローの予測値周りの変動が大きくなる。ボラティリティがゼロのときは、すべての値が折りたたまれ、静的な予測値の直線となる。

5%ボラティリティ

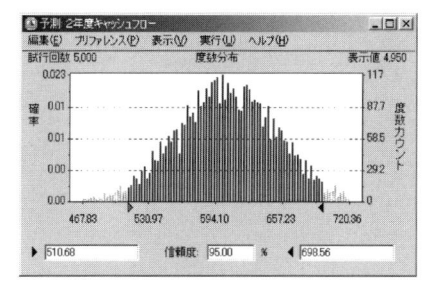

[ヒストグラム: 予測 2年度キャッシュフロー、試行回数 5,000、表示値 4,950、信頼度 95.00%、下限 510.68、上限 698.56]

20%ボラティリティ

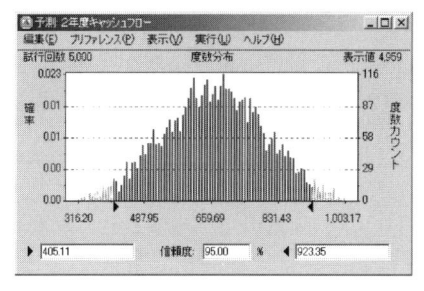

[ヒストグラム: 予測 2年度キャッシュフロー、試行回数 5,000、表示値 4,959、信頼度 95.00%、下限 405.11、上限 923.35]

4 不確実性そのものに秘められた価値

　モンテカルロ・シミュレーションを応用して、キャッシュフローの不確実性のレベルを定量化できることはすでに述べた。しかし、このシミュレーションは、経営陣が持ち得る戦略的な選択肢を考慮に入れていない。例えば、シミュレーションでは、実際のキャッシュフローが予測レベルの上か下にくる場合の範囲と確率は計算に入れているが、実際にそのような事態が起こったときに経営陣が何をし得るかは考慮していない。

　ここで、図6-7を見ていただきたい。平均予測レベルの上の部分は、もしも経営陣が別の市場や製品にビジネスを拡張したり新技術を開発したりする戦略的なオプションを持っていて、それを行使したなら、かなりの価値が得られることを示している。反対に、もしも経営陣が特定の技術、市場、あるいは開発プロジェクトを撤退または切り替えるオプションを持っていて、営業条件が悪化したときにそれらを行使できるとしたら、これもまた会社にとって価値のある戦略だと言えるだろう。ただ、撤退の決定に直面すると、経営陣は、たとえ特定のプロジェクトを撤退するのが最良の策であることが明らかであっても、このままこのプロジェクトをキープすれば、条件が好転して利益が出るようになるのではないかと考えがちである。その上、心理的な側面や、そのプロジェクトに対する愛着心が作用することもあり得る。プロジェクトを成功させることが、何らかの金銭的な報償、個人的な評判、あるいは功名心と結び付いているとき、撤退の決定を下すことは、それが最良の決定であることが明白であっても、困難なことなのである。

　プロジェクトのリアルオプションを評価するためには、次のような仮定が必要である。第一に、営業、技術、市場、等々の要因には、不確実性と変化が付き物であるということ。そして、プロジェクトや企画の価値を左右するのは、これらの不確実性であるということ。

　リアルオプションは、次の仮定の上に立つときのみ戦略的な価値を持つ。
　（i）不確実性が存在する。

(ⅱ) 不確実性がプロジェクトの価値を左右する。
(ⅲ) 経営陣は柔軟性を持っている。
(ⅳ) 柔軟性の戦略に信頼性と実行可能性がある。
(ⅴ) 経営陣は、合理的に戦略を実行する能力を持っている。

　さらに、経営の柔軟性が存在する。すなわち、時間の経過につれてこれらの不確実性が解消すれば行使できるような戦略的なオプションを経営陣が持っているということ。最後に、これらのオプションを実行することが最良の策であることが明らかになったときには、それらを実行する能力のみならず、進んで実行する意欲を経営陣が持っているということ。すなわち、生み出される付加価値が、負担するリスクと少なくとも比例したものであるときに、その戦略を実行できるだけの分別を経営陣が持っていると仮定しなければリアルオプションは使えないのである。このような戦略的価値を無視すれば、プロジェクトの価値をはなはだしく過小評価してしまう結果になる。リアル

図6-7◎リアルオプションの直感

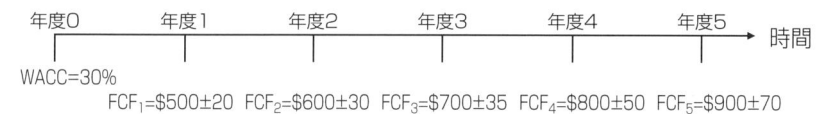

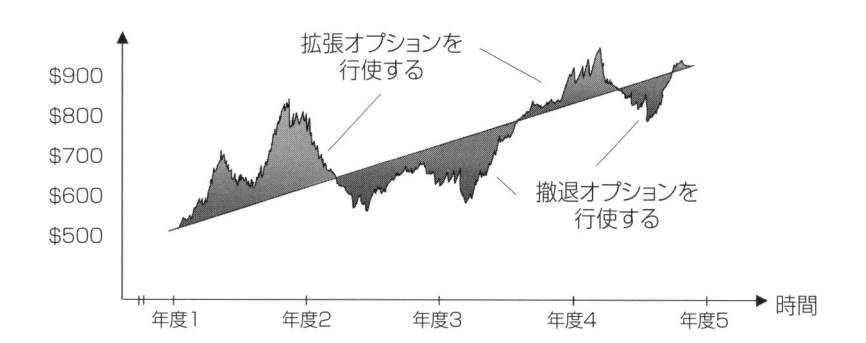

WACC=30%
$FCF_1=\$500\pm20$　$FCF_2=\$600\pm30$　$FCF_3=\$700\pm35$　$FCF_4=\$800\pm50$　$FCF_5=\$900\pm70$

（拡張オプションを行使する／撤退オプションを行使する）

企業がこれらの変動を利用できるような位置に自らを置くことができるなら、不確実性の中に価値を見い出すことができる。

オプションは、この、「柔軟性の価値」を正確に捕捉するとともに、特定の戦略の実行が最善策となるような条件を明示する。

リアルオプションの観点から見て、最も価値が高いのは、「アット・ザ・マネー」、もしくは「アウト・オブ・ザ・マネー」のプロジェクト、すなわち、静的な正味現在価値がマイナスか、損益分岐点に近いところにあるプロジェクトである。これは、リアルオプション分析が、伝統的な分析が見逃してきた戦略的価値を捕捉するものだからである。そして、捕捉した付加価値は、これまで利益性がないと判断されてきたプロジェクトを十分に正当化する可能性を持っているのである。

5 不確実性の離散シミュレーションとしての二項格子

不確実性がプロジェクトの価値を左右する以上、我々は、さらに考察を進めて、不確実性の正体を見極める必要がある。図6-8は、時間の経過につれて不確実性が高くなっていく様子を「不確実性のコーン」として示したものである。リスクは、時間が経過しても増加しないかもしれないが、不確実性は時間の経過とともに確実に増加する。例えば、数カ月後のビジネス状況の予測は比較的簡単だが、もっと先の予測は時間が経てば経つほど難しくなってくるものである。この事実は、たとえリスクが一定であっても変わるものではない。これが、「不確実性のコーン」の特徴なのである。シミュレーションを使って不確実性を定量化しながら将来のキャッシュフローを予測しようとするときの定番の手法は、図6-8に示すように、長期にわたるキャッシュフローの経路を何千回もシミュレートすることである。そうして得られたすべての経路に基づいて、それぞれの期間に対して起こりうる可能性を示した、確率分布を得ることができる。シミュレーションでは、ボラティリティを固定した上で、幾何ブラウン運動を使って経路を生成している。幾何ブラウン運動を方程式で表すと次のようになる。

$$\frac{\delta S}{S} = \mu(\delta t) + \sigma \varepsilon \sqrt{\delta t}$$

ここで、$\frac{\delta S}{S}$と表示されているのは、％で表せる変数Sの変化である。

この式は、決定論的な部分（$\mu(\delta t)$）と、確率論的な部分（$\sigma\varepsilon\sqrt{\delta t}$）を組み合わせたものである。ここで、$\mu$はドリフト項（drift term）もしくは成長パラメータで、期間δtとともに増加する。一方、σは、時間の平方根で成長するボラティリティ・パラメータである。εは、変動変数で、通常は平均値が0で分散が1の正規分布になる。なお、ブラウン運動にはさまざまなタイプがあるが、いずれも、オプション評価のための標準的な仮定として広く受け容れられおり、株価の予測にも使われている。

さて、ここで、ボラティリティ（σ）が、数千回にわたるシミュレーションを通じて一定とされている点に注意していただきたい。毎回変わるのは、仮定価値（ε）だけである。[4] 後に二項格子を解くために必要な二項計算式の直感的な性格を検討するときにもっと明らかになるが、これは重要なポイントである。なぜなら、オプションのモデリングに必要な仮定の一つは、ブラウン運動への依存だからである。この例では、リスクまたはボラティリティの測定値（σ）は、時間が経過しても一定のままとされているが、不確実

図6-8◎不確実性のコーン

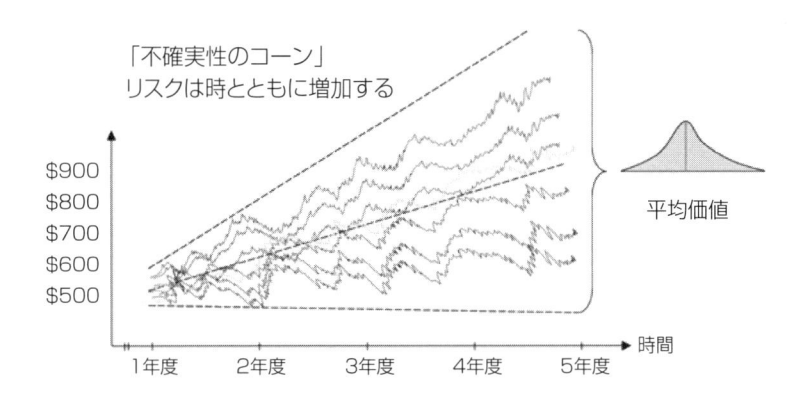

リスクを定量化し、実際のキャッシュフローを予測するためには、複数のシミュレーションを実行しなければならない。

図6-9◎二項格子を使った離散型シミュレーション

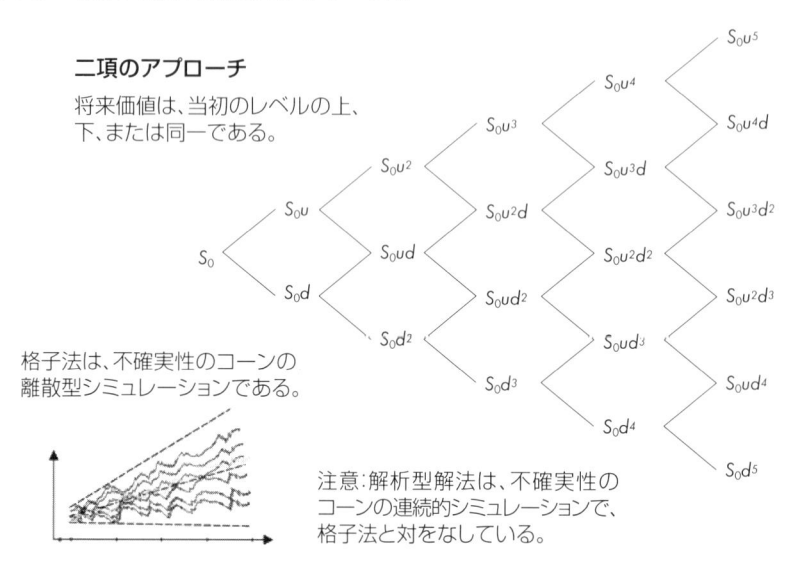

二項のアプローチ
将来価値は、当初のレベルの上、下、または同一である。

S_0 → S_0u, S_0d
S_0u → S_0u^2, S_0ud
S_0d → S_0ud, S_0d^2
S_0u^2 → S_0u^3, S_0u^2d
S_0ud → S_0u^2d, S_0ud^2
S_0d^2 → S_0ud^2, S_0d^3
S_0u^3 → S_0u^4, S_0u^3d
S_0u^2d → S_0u^3d, $S_0u^2d^2$
S_0ud^2 → $S_0u^2d^2$, S_0ud^3
S_0d^3 → S_0ud^3, S_0d^4
S_0u^4 → S_0u^5, S_0u^4d
S_0u^3d → S_0u^4d, $S_0u^3d^2$
$S_0u^2d^2$ → $S_0u^3d^2$, $S_0u^2d^3$
S_0ud^3 → $S_0u^2d^3$, S_0ud^4
S_0d^4 → S_0ud^4, S_0d^5

格子法は、不確実性のコーンの離散型シミュレーションである。

注意：解析型解法は、不確実性のコーンの連続的シミュレーションで、格子法と対をなしている。

性のレベルは、時間の経過につれて（$\sigma\sqrt{\delta t}$）だけ増加する。すなわち、不確実性のレベルは、時間の平方根で成長する。つまり、時間が経てば経つほど、将来の予測が難しくなるのである。不確実性のコーンは、この現象を表しており、時間が経つにつれてコーンの幅は広くなっていく。

　時間が経つにつれて不確実性が増加していくことを表現した不確実性のコーンと図6－9に示したような二項格子を比べてみると、ともに三角の形を持つ両者の間の類似性がはっきりと見えてくる。本質的には、二項格子は、不確実性のコーンの離散型シミュレーションである。さらに言うなら、ブラウン運動は、不確実性のコーンの連続的な確率論的シミュレーション・プロセスであるのに対して、二項格子は、離散型のシミュレーション・プロセスなのだということである。

　ステップ期間がゼロに接近し、ステップの数が無限に接近する極限においては、二項格子のアプローチから派生する結果が、ブラウン運動過程から得られる結果に接近してくる。ブラウン運動を離散的に解けば二項計算式が生

成され、連続的に解けばブラック－ショールズのような解析型の方程式とそれに付属するモデルが生成されるわけである。この後、いくつかの項では、ブラウン運動過程のシンプルで直感的な離散型展開を示しながら、二項方程式を獲得する方法を説明する。

　二項格子が離散型シミュレーションの一つのタイプであるのに対して、ブラウン運動の確率過程は一つの連続的なシミュレーションである。

　なお、備考として付け加えると、三項（三枝）モデルや四項（四枝）モデルのように、一つ一つの格子点に2つ以上の多くの分岐がある多項モデルも、左記に似たブラウン運動仮定を必要とするが、その解決は数学的に見て二項の場合よりも困難である。一つ一つの格子点にどれほど多くの枝があっても、これらのモデルは限界点においてはまったく同じ結果をもたらす。違いは、一つ一つの格子点から出る枝が多ければ、結果が出るのも速いということだけである。例えば、特定のリアルプションの問題を解くのに、二項モデルが100のステップを必要とする場合、三項モデルなら、多分その半分のステップしか必要としないだろう。しかし、三項ツリーの問題を解くための数学的問題は、二項ツリーの問題を解くための数学よりはるかに複雑である。したがって、ほとんどのリアルオプションの問題は二項を使って解かれることになる。このことを実証するために、第7章付録7Hでは、三項ツリーを解く方法の例を示している。

　さて、再び二項格子の性格の考察に戻ろう。図6－10は、ボラティリティが異なるいくつかの二項格子を示している。これらの例を見れば、ボラティリティが高くなればなるほど、格子点から出る上下の枝の間の値の範囲と展開が広くなることが分かる。二項格子法は離散型のシミュレーションなので、ボラティリティが高くなればなるほど、分布の展開が広くなるのである。この現象は、最後の格子点にはっきりと表れている。最後の格子点における最高値と最低値の間の範囲は、ボラティリティが高い格子のほうが低い格子よりも広くなっている。

　ボラティリティがゼロと等しくなるような極端な場合には、格子が折りた

図6-10◎ボラティリティと二項格子

不確実性が高くなれば格子は広くなる。

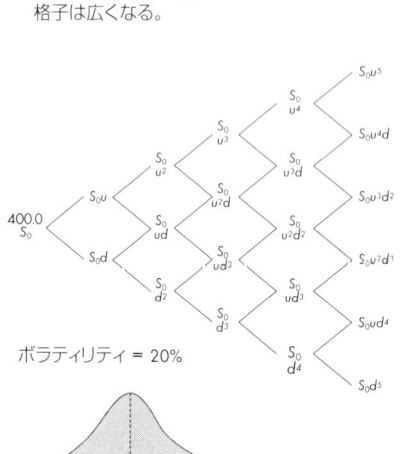

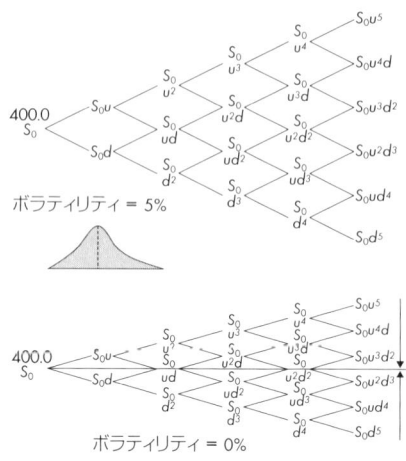

ボラティリティ = 20%

ボラティリティ = 5%

ボラティリティ = 0%

ボラティリティがゼロの場合、二項格子による評価結果は折りたたまれて、割引キャッシュフローの計算結果と合流する。

たまれて直線になってしまう。この直線は、図6－4に示した直線キャッシュフロー・モデルに似ている。この後、例を挙げて、ボラティリティがゼロのキャッシュフローを二項格子で計算し、その結果が割引キャッシュフロー・モデルの正味現在価値のアプローチを使って計算した結果になっていく様子を示すが、これは重要なポイントである。なぜなら、不確実性とリスクがゼロであるということは、将来のすべてのキャッシュフローが絶対の確実性をもって既知であることを意味しているからだ。そうなれば、戦略的なリアルオプションの価値が存在する余地などない。つまり、不確実性とリスクが存在しなければ、すべて割引キャッシュフローだけで片が付くのである。しかし、現実のビジネス条件は、不確実性が充満しており、ボラティリティは現に存在する。そこで、二項格子を使ってそのボラティリティを捕捉するのである。

以上のことを踏まえて考えれば、割引キャッシュフロー・モデルは、リア

ルオプション・モデルの一つの特殊なケースと見ることができる。つまり、不確実性が事実上存在せず、ボラティリティがゼロに近い場合を表現するのが割引キャッシュフロー・モデルなのである。したがって、割引キャッシュフロー・モデルが誤った考え方であると決めつける必要はない。ただ、将来のキャッシュフローの予測において、不確実性をゼロと仮定してみるとそうなるというだけのことなのである。

6 二項格子におけるステップと精度の関係

二項格子法を使う上でのもう一つの重要な概念は、ステップと精度の関係である。例えば、5年のリアルオプション・プロジェクトを5つのステップで評価する場合、個々の期間（δt）は、1年になる。また、50のステップで評価する場合は、δtは、一つのステップにつき0.1年になる。ここで、上昇と下落のステップ・サイズが、それぞれ、$e^{\sigma\sqrt{\delta t}}$ と $e^{-\sigma\sqrt{\delta t}}$ であったことを思い

図6-11◎ヨーロピアン・オプションの例

- ヨーロピアン金融コール・オプションの例。資産価値（S）は＄100、行使価格（X）は＄100、行使期間（T）は1年、リスクフリーレート（rf）は5％、ボラティリティ（σ）は25％。配当の支払いはない。
- ブラック−ショールズ方程式を使うと＄12.3360という結果が得られた。

$$Call = S\Phi\left[\frac{\ln(S/X)+(r+\sigma^2/2)T}{\sigma\sqrt{T}}\right] - Xe^{-rT}\Phi\left[\frac{\ln(S/X)+(r-\sigma^2/2)T}{\sigma\sqrt{T}}\right]$$

- 5ステップの二項アプローチを使うと＄12.79という結果が得られた。
  ——二項アプローチのステップ1:

$$S=100、X=100、\sigma=0.25、T=1、rf=0.05 とする。$$

$$u = e^{\sigma\sqrt{\delta t}} = 1.1183 \text{ および } d = e^{-\sigma\sqrt{\delta t}} = 0.8942$$

$$p = \frac{e^{rf(\delta t)} - d}{u - d} = 0.5169$$

出していただきたい。δtが小さければ小さいほど、上昇と下落のステップも小さくなり、格子法から計算される値の粒度が高くなる。

そこで、一つ例を挙げてみよう。図6－11は、ヨーロピアン金融コール・オプションのシンプルな例を示したものである。ここで、このコール・オプションの資産価値が＄100、行使価格が＄100、行使期間が1年と仮定する。さらに、リスクフリーレートが5％で、過去のデータの対数値に基づいてボラティリティの計算を行なった結果が25％であったと仮定する。このオプションには配当の支払いがなく、満期日においてのみ行使可能なので、ブラック－ショールズ方程式だけで十分に対応できる。

ブラック－ショールズ方程式を使って得られたこのコール・オプションの価値は、＄12.3360であった。計算の過程は次のとおりである。

$$Call = S\Phi\left[\frac{\ln(S/X)+(rf+\sigma^2/2)T}{\sigma\sqrt{T}}\right] - Xe^{-rf(T)}\Phi\left[\frac{\ln(S/X)+(rf-\sigma^2/2)T}{\sigma\sqrt{T}}\right]$$

$$Call = 100\Phi\left[\frac{\ln(100/100)+(0.05+0.25^2/2)1}{0.25\sqrt{1}}\right]$$

$$- 100e^{-0.05(1)}\Phi\left[\frac{\ln(100/100)+(0.05-0.25^2/2)1}{0.25\sqrt{1}}\right]$$

$$Call = 100\Phi[0.325] - 95.13\Phi[0.075] = 100(0.6247) - 95.13(0.5298) = 12.3360$$

この問題は、図6－12と図6－13に示すように、二項格子を使っても解くことができる。

まず、二項格子の計算式を解く。すなわち、上昇率と下落率、およびリスク中立確率を計算するのである。仮定は、期間（δt）が0.2年（1年の行使期間を5つのステップで割ったもの）である。計算の過程は次のとおりである。

$$u = e^{\sigma\sqrt{\delta t}} = e^{0.25\sqrt{0.2}} = 1.1183$$

$$d = e^{-\sigma\sqrt{\delta t}} = e^{-0.25\sqrt{0.2}} = 0.8942$$

$$p = \frac{e^{rf(\delta t)} - d}{u - d} = \frac{e^{0.05(0.2)} - 0.8942}{1.1183 - 0.8942} = 0.5169$$

図6-12は、二項のアプローチにおける最初の格子を示したものである。リアルオプションの世界では、この格子は、原資産の将来のキャッシュフローの現在価値からの展開に基づいて作られる。今考えている金融オプションの分析では、株価の最初のレベルを＄100として、この＄100が、現存する不確実性とボラティリティによって時間の経過とともに展開していくものと考える。例えば、第1の時期における＄100の価値は、上側の分岐で＄111.8（＄100×1.118）となり、下側の分岐では＄89.4（＄100×0.894）となる。この、上昇と下落の複合効果は、格子の終点まで続く。ボラティリティの年率が25％だとすれば、5年が経過した後では、＄57.2から＄174.9の間のいずれかの値になるのである。ここで、もしもボラティリティがゼロであれば、格子は直線に折りたたまれ、どの期間においても、株価は＄100になることを思い出していただきたい。株価が、＄57.2から＄174.9の区間の間で変動し得るのは、不確実性が存在する場合だけなのである。

　図6-12に示す格子では、すべての値が経路に依存している。例えば、格

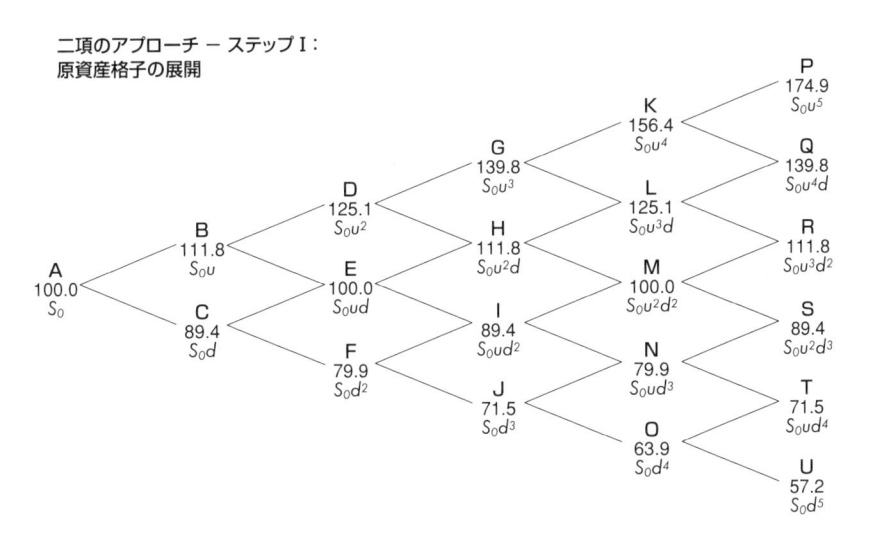

図6-12◎ヨーロピアン・オプションの原資産格子

二項のアプローチ － ステップⅠ：
原資産格子の展開

A　100.0　S_0

B　111.8　S_0u
C　89.4　S_0d

D　125.1　S_0u^2
E　100.0　S_0ud
F　79.9　S_0d^2

G　139.8　S_0u^3
H　111.8　S_0u^2d
I　89.4　S_0ud^2
J　71.5　S_0d^3

K　156.4　S_0u^4
L　125.1　S_0u^3d
M　100.0　$S_0u^2d^2$
N　79.9　S_0ud^3
O　63.9　S_0d^4

P　174.9　S_0u^5
Q　139.8　S_0u^4d
R　111.8　$S_0u^3d^2$
S　89.4　$S_0u^2d^3$
T　71.5　S_0ud^4
U　57.2　S_0d^5

図6-13◎ヨーロピアン・オプション評価格子

二項のアプローチ−ステップⅡ：
オプション評価格子

オプションを実行した場合と、期限が切れるに任せた場合の最大値
期限切れに任せる＝＄0（アウト・オブ・ザ・マネー。期限が切れて無価値になる）
オプションを実行＝$S_0 u^5 - X = \$174.9 - \$100 = \$74.9$

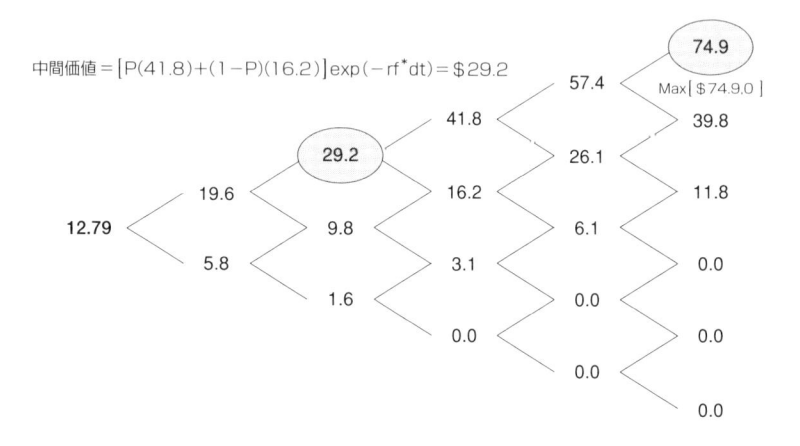

中間価値＝$[P(41.8)+(1-P)(16.2)]\exp(-rf^*dt)=\$29.2$

```
                                               74.9
                                        57.4   Max[$74.9,0]
                                 41.8          39.8
                           29.2         26.1
                    19.6         16.2          11.8
            12.79          9.8          6.1
                    5.8          3.1           0.0
                           1.6          0.0
                                 0.0           0.0
                                        0.0
                                               0.0
```

子点Hにおける値$S_0 u^2 d$は、乗算により、ABEH、ABDH、またはACEHのいずれかのパスを経由して得られる。経路ABEHの値は、$S \times u \times d \times u$、経路ABDHの値は、$S \times u \times u \times d$、そして経路ACEHの値は、$S \times d \times u \times u$で、いずれも結果は$S_0 u^2 d$となる。

　図6−13は、ヨーロピアン・オプションの評価格子の計算を示したものである。評価格子は、2つのステップで計算される。バックワード・インダクションと呼ばれるプロセスにより、最終格子点からスタートし、中間格子点に進むのである。

　例えば、図6−13の中で、丸で囲んだ最終ノードの値は＄74.9となっている。これは、オプションを行使した場合と、コストが利得を上回るためにオプションの期限が切れるに任せて無価値にした場合の額を最大化することによって計算した値である。オプションを行使した場合の価値は、＄174.9−＄100と計算され、利益は＄74.9となる。＄174.9という値は、図6−12の格子の格子点Pに記載されている値、＄100はオプションの行使のための費用

図6-14◎期間が多ければより正確になる

● 各種アプローチの比較
　　　── ブラック-ショールズ：$12.3360
　　　── 二項：
　　　　　•N ＝ 5 ステップ　　　　　$12.7946 ······· 過大評価
　　　　　•N ＝ 10 ステップ　　　　 $12.0932 ⎫
　　　　　•N ＝ 20 ステップ　　　　 $12.2132 ⎪
　　　　　•N ＝ 50 ステップ　　　　 $12.2867 ⎬ 過小評価
　　　　　•N ＝ 100 ステップ　　　　$12.3113 ⎪
　　　　　•N ＝ 1,000 ステップ　　　$12.3335 ⎪
　　　　　•N ＝ 10,000 ステップ　　 $12.3358 ⎭
　　　　　•N ＝ 50,000 ステップ　　 $12.3360 ······· 正確な評価
　　　── シミュレーション：（10,000試行：$12.3360）

で、この2つから$74.9という値が引き出されているわけである。

以上が第1のステップで、次の第2のステップでは、中間ノードを計算する。図6－13の中で、丸で囲んだ中間格子点は、リスク中立確率を使って計算される。すでに計算済みのリスク中立確率0.5169を使い、次のような計算をしてバックワード・インダクション分析を行なう。

$$[(p)up+(1-p)down]\exp[(-riskfree)(\delta t)]$$

$$[(0.5169)41.8+(1-0.5169)16.2]\exp[-(0.05)(0.2)]=29.2$$

このバックワード・インダクションの計算を、スタートの期間までずっと繰り返していくと、期間ゼロにおけるオプションの価値は$12.79という結果が出る。

図6－14は、ブラック－ショールズによる解析解、異なるステップ数を持つ二項格子、およびモンテカルロ・シミュレーションを使った一連の計算を示している。二項格子のところで、ステップの数が多ければ多いほど結果が正確になっている点に注目してもらいたい。

ステップの数が無限大に近づく（各ステップ（δt）の間の時間がゼロに近づく）極限においては、二項格子における離散型シミュレーションは、解析解を導き出す連続的シミュレーション・モデルに近似してくる。今回の場合、配当の支払いがなく、オプションの行使は満期日においてのみ可能なので、

ブラック-ショールズ・モデルを利用することができる。二項格子のステップ数が5万に近づいたところで、両者の結果は収斂する。しかし、ほとんどの場合は、ステップ数が1000に達した時点で、精度は十分に高くなるものである。なお、3番目の方法であるモンテカルロ・シミュレーションにおいても、施行が1万回に達したところで結果が収斂していることに注目してもらいたい。

　図6-15は、二項格子のもう一つの概念を示している。格子の中の期間の数が多ければ多いほど、原資産の格子の粒度が高くなり、結果として精度も高くなるということである。図6-15の1番目の格子には5つのステップがあり、2番目の格子には20のステップがある（図では、スペースの都合上ステップ10から先を割愛している）が、両者の間に類似した値があることに注意してもらいたい。例えば、1番目の格子の111.83という値は、ステップ1で発生しているのに対して、2番目の格子ではステップ2で発生している。実際、1番目の格子の中の値は、すべて2番目の格子でも発生している。しかし、2番目の格子は、1番目の格子より多くの中間値を含んでいるため、粒度が高くなっているのである。図6-14で見たように、ステップの数が多いということは粒度が高いということを意味しており、結果として精度も高くなるのである。

7 二項格子の方法論を直感的に眺める

　ここでは、二項格子の方法論を直感的に眺めて検討してみよう。二項格子は、たとえそれがシンプルなものであっても、確率論とマルチンゲール理論についてのある程度の知識がないと十分には理解できない。しかし、本当に重要なのは、複雑な数学の知識で武装することではなく、もっと直感的に、格子というものがどのように働くのかを理解することである。

　そこで、二項格子を計算するときに考慮しなければならない一対の重要な計算式を思い起こしてみよう。これらの計算式は、図6-16に示しているが、上昇／下落の式（原資産の格子を作るときに使う、離散型シミュレーションのための二項格子の上昇・下落サイズを計算するもの）と、リスク中立確率

の式（バックワード・インダクション法によって格子を評価するときに使うもの）である。この一対の計算式は、リアルオプションの二項モデルすべてに適用される。対象となるモデルがどれほど複雑なものであっても必ず適用されるのである。[5] 図6-16で、上昇率（u）は、$u=e^{\sigma\sqrt{\delta t}}$ で表され、下落率（d）は、$d=e^{-\sigma\sqrt{\delta t}}$ で表されている。ここで、σは、対数キャッシュフロー収益率のボラティリティで、δt は格子の中の期間である。以上に基づいて、リスク中立確率は次のように表されている。

$$p = \frac{e^{dr(t)} - d}{u - d}$$

図6-15◎より多くのステップ、より高い粒度、より高い精度

5つの期間ステップ

100.00	111.83	125.06	139.85	156.39	174.90			
	89.42	100.00	111.83	125.06	139.85			
		79.96	89.42	100.00	111.83			
			71.50	79.96	89.42			
				63.94	71.50			
					57.18			

20の期間ステップ

100.00	105.75	111.83	118.26	125.06	132.25	139.85	147.89	156.39	165.39	174.90
	94.56	100.00	105.75	111.83	118.26	125.06	132.25	139.85	147.89	156.39
		89.42	94.56	100.00	105.75	111.83	118.26	125.06	132.25	139.85
			84.56	89.42	94.56	100.00	105.75	111.83	118.26	125.06
				79.96	84.56	89.42	94.56	100.00	105.75	111.83
					75.62	79.96	84.56	89.42	94.56	100.00
						71.50	75.62	79.96	84.56	89.42
							67.62	71.50	75.62	79.96
								63.94	67.62	71.50
									60.46	63.94
										57.18

図6-16◎格子の方程式

$$u = e^{\sigma\sqrt{\delta t}} \text{ および } d = e^{-\sigma\sqrt{\delta t}} = \frac{1}{u}$$

$$p = \frac{e^{(rf-b)(\delta t)} - d}{u - d}$$

・1番目の方程式は、最初の原資産の格子で使われる離散型シミュレーションの上昇・下落サイズを計算するためのものである。

・2番目の方程式は、リスク中立確率を計算するためのものである。

ここで、*rf* は、%で表されるリスクフリーレートで、*b* は、%で表される配当の連続的ペイアウトである。

格子の計算式を直感に訴える形で説明するのは、面倒なことだが、それでも重要であることには変わりはない。アナリストは、数学の素養に秀でているだけではだめである。リアルオプション・モデルの計算の舞台裏で何が起こっているのかを説明する能力が必要なのである。図6－17と図6－18は、二項格子の計算式を極めて単純化した形で示し、その展開の「姿と感触」を、難解な財務数理の助けを借りずに直感に訴える形で表したものである。

図6－17が示すように、財務評価に不確実性を組み込まない決定論的なアプローチでは、過去のデータの回帰分析、時系列分析、または経営陣による仮定によって将来のキャッシュフローを予測する。しかし、不確実性が現存することを認識し、それをモデルに組み込む確率論的なアプローチでは、ブラウン運動を含めたいくつかの方法を適用することができる。すでに見たように、ブラウン運動過程は、財務予測や金融オプションの価格のモデルに使われている。

指数ブラウン運動の過程は、次の方程式から始まる。

$$\frac{\delta S}{S} = e^{\mu(\delta t) + \sigma\varepsilon\sqrt{\delta t}}$$

この過程は、決定論的な部分と確率論的な部分に分けることができる。

$$\frac{\delta S}{S} = e^{\mu(\delta t)} e^{\sigma\varepsilon\sqrt{\delta t}}$$

モデルの決定論的な部分（$e^{\mu(\delta t)}$）は、ブラウン運動過程の勾配、すなわち成長率を示している。ここで、リアルオプション分析では原資産変数（普通、オプションのモデル化においてSで表されるもの）は将来のフリーキャッシュフローの現在価値であったことを思い出していただきたい。これは、ある期間から次の期間へのキャッシュフローの成長率については、すでに、割引キャッシュフロー分析が行なわれたときに直感的な形で計算に入れられているということである。[6] したがって、ここでは、確率項（$e^{\sigma\varepsilon\sqrt{\delta t}}$）だけを計算に加えればよい。この項は、極めて変動が激しい変動項（ε）を含んでいる。

図6-17◎アップとダウンの格子方程式

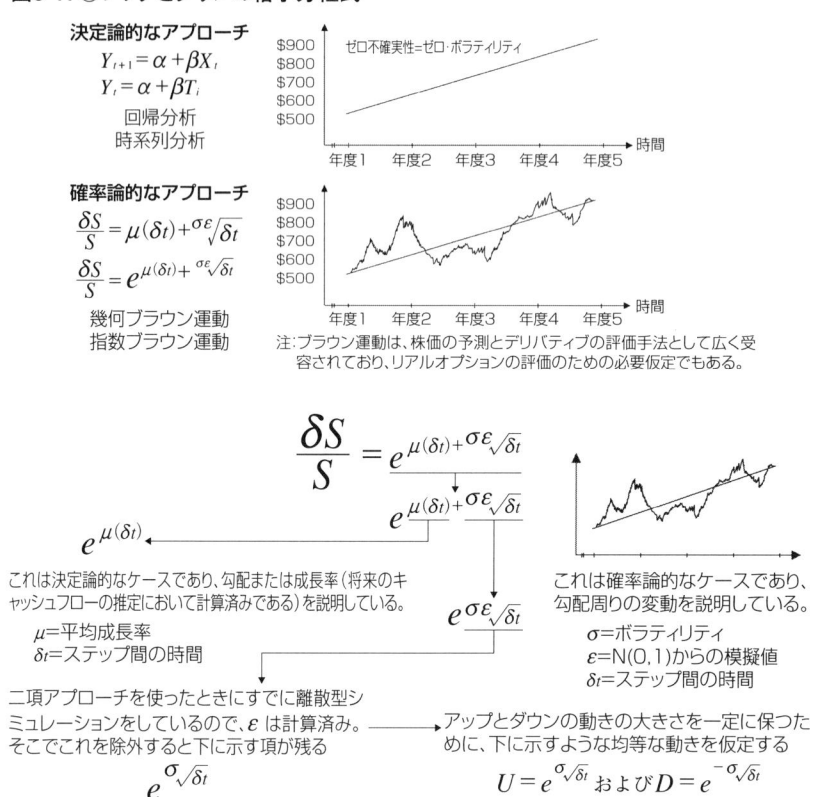

決定論的なアプローチ
$Y_{t+1} = \alpha + \beta X_t$
$Y_t = \alpha + \beta T_t$
回帰分析
時系列分析

$900
$800
$700
$600
$500

ゼロ不確実性＝ゼロ・ボラティリティ

年度1　年度2　年度3　年度4　年度5　時間

確率論的なアプローチ
$\dfrac{\delta S}{S} = \mu(\delta t) + \sigma \varepsilon \sqrt{\delta t}$
$\dfrac{\delta S}{S} = e^{\mu(\delta t) + \sigma \varepsilon \sqrt{\delta t}}$

幾何ブラウン運動
指数ブラウン運動

$900
$800
$700
$600
$500

年度1　年度2　年度3　年度4　年度5　時間

注：ブラウン運動は、株価の予測とデリバティブの評価手法として広く受容されており、リアルオプションの評価のための必要仮定でもある。

$$\frac{\delta S}{S} = e^{\mu(\delta t) + \sigma \varepsilon \sqrt{\delta t}}$$

$e^{\mu(\delta t)}$

これは決定論的なケースであり、勾配または成長率（将来のキャッシュフローの推定において計算済みである）を説明している。
μ＝平均成長率
δt＝ステップ間の時間

$e^{\sigma \varepsilon \sqrt{\delta t}}$

これは確率論的なケースであり、勾配周りの変動を説明している。
σ＝ボラティリティ
ε＝N(0,1)からの模擬値
δt＝ステップ間の時間

二項アプローチを使ったときにすでに離散型シミュレーションをしているので、ε は計算済み。そこでこれを除外すると下に示す項が残る

$e^{\sigma \sqrt{\delta t}}$

アップとダウンの動きの大きさを一定に保つために、下に示すような均等な動きを仮定する

$U = e^{\sigma \sqrt{\delta t}}$ および $D = e^{-\sigma \sqrt{\delta t}}$

　確率項（$e^{\sigma \varepsilon \sqrt{\delta t}}$）は、ボラティリティの成分（$\sigma$）、時間の成分（$\delta t$）、および変動成分（$\varepsilon$）を含んでいる。ここで、二項格子のアプローチが離散型のシミュレーション・モデルであったことをもう一度思い出していただきたい。つまり、我々は、それぞれの期間について変動を表すシミュレーションをやり直す必要はなく、変動変数（ε）は除外することができる。残る確率項は、$e^{\sigma \sqrt{\delta t}}$ だけである。

　そして、再結合二項格子を得るためには、上昇率と下落率は同じ大きさを持っていなければならない。したがって、上昇率を $e^{\sigma \sqrt{\delta t}}$ とするなら、下落

率は、その逆数、すなわち $e^{-\sigma\sqrt{\delta t}}$ とすることができる。

　この、上昇率と下落率は、原資産の格子の展開を作成するときに使われる。これは、リアルオプションの二項モデル・アプローチにおける最初のステップである。なお、原資産の格子の展開を構成する値は、ボラティリティと、格子点間の期間だけに依存することに注目されたい。格子の展開がどれだけ先に進んでも、上昇率と下落率は変わらない。ただ、これらのジャンプの累積効果だけが時間の経過とともに増加するのである。すなわち、図6‒16における上昇（u）の値は、どの格子点においても同一であるが、展開が先に進むほど、累積効果（u^3かu^2d、等々）は、$e^{\sigma\sqrt{\delta t}}$か$e^{-\sigma\sqrt{\delta t}}$の割合で増加するわけである。これは、ボラティリティが高ければ高いほど、格子上の値の範囲は広くなることを意味している。

　さらに、図6‒15に示したように、ステップ期間の値が小さければ小さいほど、格子の粒度と精度が高まる。

　二項モデルのための2番目の式は、リスク中立確率の計算式である。図6‒18において、リスク中立確率は次のように定義されている。

$$p = \frac{e^{(rf-b)\delta t} - d}{u - d}$$

　図6‒18は、リスク中立確率の展開を直感的に示したものであり、図6‒19は、リスク中立確率とはどのようなもので、何をするのかを説明したものである。まず、シンプルな例として、コイン・トスの場合を考えてみよう。表が出ればペイオフは＄1、裏が出ればペイオフは＄0とする。コインに細工がなければ、この賭けで期待できるペイオフは、50％（＄1）＋50％（＄0）＝＄0.50ということになる。つまり、リスク中立であるならば、＄0.50賭けようと、賭けずに立ち去ろうと、この賭けの価値が＄0.50であることに変わりはない。もしもあなたが危険を恐れないギャンブラーなら、＄0.50より多い金額を賭けることをためらわないだろう。また危険を恐れる慎重派なら、期待されるペイオフである＄0.50より少ない金額で参加できる場合にのみ賭けに参加するだろう。

　図6‒18は、2つの分岐を持つ決定ノードと、それぞれの分岐の発生確率を使った問題を示している。この二項ツリーの期待価値は、上のコイン・ト

図6-18◎リスク中立確率の方程式

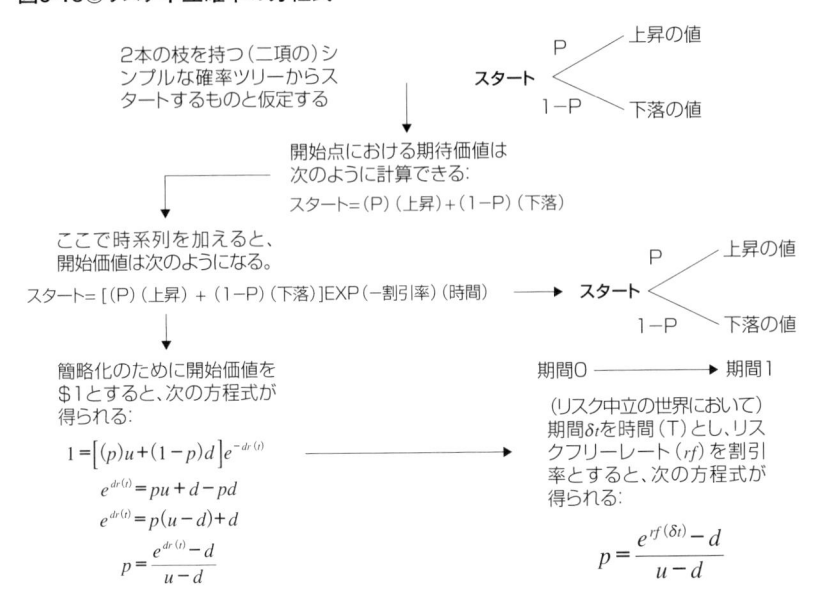

2本の枝を持つ(二項の)シンプルな確率ツリーからスタートするものと仮定する

スタート ──< P 上昇の値 / 1−P 下落の値

開始点における期待価値は次のように計算できる:
スタート=(P)(上昇)+(1−P)(下落)

ここで時系列を加えると、開始価値は次のようになる。
スタート=[(P)(上昇)+(1−P)(下落)]EXP(−割引率)(時間)

スタート ──< P 上昇の値 / 1−P 下落の値

期間0 ──────→ 期間1

(リスク中立の世界において)期間δtを時間(T)とし、リスクフリーレート(rf)を割引率とすると、次の方程式が得られる:

簡略化のために開始価値を$1とすると、次の方程式が得られる:

$$1 = [(p)u + (1-p)d]e^{-dr(t)}$$
$$e^{dr(t)} = pu + d - pd$$
$$e^{dr(t)} = p(u-d) + d$$
$$p = \frac{e^{dr(t)} - d}{u - d}$$

$$p = \frac{e^{rf(\delta t)} - d}{u - d}$$

スと同じ方法で計算されており、開始点における期待価値は、(p)上昇 + $(1-p)$下落となる。

さて、ここで時系列を加えたらどうなるだろうか。再びコイン・トスの例に戻って、この賭けが完了するまでに時間t（例えばまる1年）を要するとすれば、賭けのペイオフ金額は、時間価値を割引いたものでなければならない。また、支払額は保証されておらず、一定のレベルのリスクがあるとすれば、市場リスク調整割引率で割り引かれるべきである。すなわち、ペイオフの期待開始価値は、$[(p)上昇 + (1-p)下落]\exp(-割引率)(期間)$ となる。[7] ここで、drを割引率、tを時間、uをアップの枝の場合のペイオフ、そしてdをダウンの枝の場合のペイオフとすると、この問題の開始点における現在価値は、スタート＝$[(p)u + (1-p)d]e^{-dr(t)}$ と表すことができる。

簡略化のために、開始価値が1であるとする。この仮定は、オプション価格モデルの基本的な仮定として広く受け容れられているものである。そこで、この仮定を上の方程式に当てはめると、$1 = [(p)u + (1-p)d]e^{-dr(t)}$ となる。

この式の両側に $e^{-dr(t)}$ の逆数を掛けると $(p)u+(1-p)d=e^{dr(t)}$ となり、さらに各項を展開し整理すると $p(u-d)+d=e^{dr(t)}$ となる。ここで p を求めると、次のようになる。

$$p=\frac{e^{dr(t)}-d}{u-d}$$

このリスク中立確率が、二項格子上の確率に対する解である。二項格子の理論的枠組みによれば、時間（t）は、格子点間の期間であるので、δt と表すことができる。また、後で説明するように、この確率 p は、リスクがすでに計算済みであるリスク中立の世界において使われるので、割引率 dr はリスクフリーレート rf と同じになる。そこで、これらの値を置換すると、次のような二項計算式が得られる。

$$p=\frac{e^{rf(\delta t)}-d}{u-d}$$

しかし、連続的な配当動向がある場合は、このリスクフリーレートは、配当利回りを差し引いたもの（$rf-b$）に修正される。

8 リスク中立の世界に遊ぶ

「リスク中立の世界」とは、特定の変数からリスクが取り除かれた状況を意味する。我々の例の場合、その特定の変数は、キャッシュフローのペイアウトである。キャッシュフローのペイアウトからリスクを取り除くことは可能である。2つの方法でリスク調整を行なうことにより、リスクを割り引くことができるのである。第1は、キャッシュフローのペイアウトそのもののリスクを調整する方法。これは、割引キャッシュフロー法を使うということであり、適切な市場リスク調整割引率を適用する。なお、市場調整割引率は、リスクフリーレートよりも高いのが普通である。第2は、ペイアウトにつながる確率を調整してから、リスクフリーレートを使って元のキャッシュフローを割り引く方法。この場合、リスクは、確率の調整の際にすでに計算済みであるので、市場リスク調整割引率は使わない。もし使うと、リスクを2度計算に入れてしまうことになる。2番目の方法を別の言葉で表現すると、二

項の世界においてリスク中立確率を使うということである。いずれの方法も、適切に応用すれば、同じ結果が得られる。

図6-19は、2つのリスク調整方法を一緒に示したものである。例えば、割引率が22.08％で、ペイオフが1年後に発生するとすれば、コイン・トスの期待現在価値は、$[50\%(\$1)+50\%(\$0)]\exp[(-22.08\%)(1)] = \$0.40$となる。この$0.40は、リスク調整後の価値を現時点のドル金額で表したものであり、ペイオフがただちに行なわれた場合は、金額は$0.50になる。ただし、これは直感的に見た結果である。なぜなら、リスクがあり、1年後に発生するか否かがはっきりしないペイオフの価値が、間違いなく発生するペイ

図6-19◎リスク中立の世界

あなたは今賭け（コイン・トス）をしようとしている。$1のペイオフがあるチャンス（表）が50％で、$0のペイオフがあるチャンス（裏）が50％なので、期待価値は$0.50である

ペイアウトは将来の時期（期間1）に発生すると仮定すれば、この賭けにリスクがあることは明白である。したがって、一つの期間に対してリスク調整した割引率（例えば22.08％）を使ってペイアウトを割り引くべきである。この場合、この賭けの価値は次のようになる：

$[50\%(\$1)+50\%(\$0)]\exp(-22.08\%)(1) = \$0.40$

これが、リスク調整した後のこの賭けの価値である。

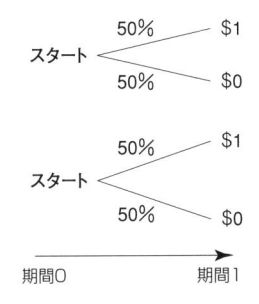

この、$0.40という値は、2つの方法で得ることができる。第1は、リスク調整割引率を使ってキャッシュフローのリスクを調整する方法。第2は、同じキャッシュフローを使いながら、そのキャッシュフローが発生する確率のほうのリスクを調整する方法。確率のリスクを調整（または中立化）した場合は、キャッシュフローのペイアウトは、リスク調整割引率ではなくリスクフリーレートを使って割り引き、同じリスクを2度計算に入れることがないようにしなければならない。

同じ例を使って、次の計算式を得ることができる。
$[P(\$1)+(1-P)(\$0)]\exp(-5\%)(1) = \$0.40$
目的関数の確率50％を計算によって調整して得たリスク中立確率（p）は42％である。

いずれのアプローチでも同じ結果が得られることは明白である。例えば：
$[42\%(\$1)+58\%(\$0)]\exp(-5\%)(1) = \$0.40$

注：オプション分析に向いているのは、リスク中立確率のアプローチである。なぜなら、リスク推定エラーが起こりやすいリスク調整割引率よりもリスクが低いからである。

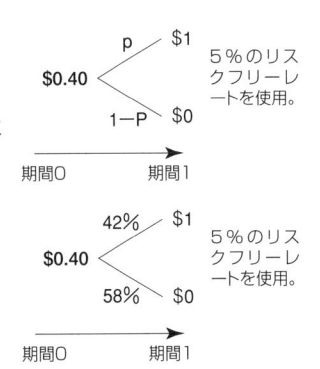

オフの価値より低いのは当たり前だからである。プレイヤーとしては、参加するための費用がペイオフの価値よりも低い場合にのみ賭けに参加すべきである。この方法は、キャッシュフローを適切なリスク調整割引率で調整する割引キャッシュフローのアプローチに似ている。

　図6－19では、リスク中立確率を使う第2の方法も示されている。リスク中立確率は、割引キャッシュフローの場合と同じパラメータを使って計算することができる。すなわち、計算された期待価値が＄0.40なので、それに基づいて ［(p)＄1＋(1－p)＄0］exp［(－5％)(1)］ の式を使って計算すればリスク中立確率pを得ることができるのである。こうして得られる中立確率pは、元の確率が50％であるのに対して、42％になる。なお、リスクの確率を調整した以上、キャッシュフローのペイオフは、5％のリスクフリーレートを使って割り引くこととなる。この、42％のリスク中立確率を次の式に当てはめれば、キャッシュフローの期待現在価値を得ることができる。［42％(＄1)＋58％(＄0)］exp［(－5％)(1)］＝＄0.40 ―― これは、割引キャッシュフローによって得られた値と同じである。

　以上をまとめると、リスクのあるキャッシュフローに対しては、リスクの調整を行なうべきであり、リスクの調整を行なう方法は2つあるのだということである。つまり、その方法は、リスク調整割引率を使ってキャッシュフローそのものを調整するか、キャッシュフローにつながる確率を調整し、結果として得られる調整済みのキャッシュフローをリスクフリーレートで割り引くかのいずれかである。前者は割引キャッシュフロー・モデルで、後者は二項格子の問題を解くために広く使われているのである。なお、リアルオプション分析においては、後者が好ましい。なぜなら、後者の方法では、二項格子上の個々のノードごとに、あるいは決定ツリー分析の各過程において、プロジェクト固有の割引率を修正しなくてもよいからである。

　例えば、ディシジョンツリー分析法（この方法だけでリアルオプションの問題を解くことはできない）を使う場合、異なる時点の異なる決定ノードの一つ一つに対して異なる割引率を推定しなければならない。これは、異なる時点における異なるプロジェクトは、それぞれ異なるリスク構成を持っているからである。そこで、推定誤差が発生すれば、大きなディシジョンツリー

分析の場合には大きく増幅されてしまう。リスク中立確率を使う二項格子法なら、このような誤差の発生を回避することができる。

　二項格子による計算結果の一つとして、キャッシュフローのリスクを調整しようと、確率のリスクを調整しようと、キャッシュフローにもたらされる結果が同じになる場合がある。すなわち、割引キャッシュフロー分析から得られる結果が、二項格子法から得られる結果と寸分違わないケースである。ただ、この状況が発生するためには、一つ条件がある。それは、キャッシュフローのボラティリティがゼロでなければならないということ、すなわち、キャッシュフローが確実に既知であると仮定しなければならないということである。不確実性がないとき、戦略的オプションに価値はない。つまり、一つのプロジェクトの正味現在価値が、拡張された（オプションを考慮した）正味現在価値と同一になってしまうのである。図6−20は、このことを示している。

　図6−20に示したキャッシュフローに基づけば、35％の加重平均資本コストを使って割り引いた後の正味現在価値は＄1,426となる。これは、第1の方法により、35％の市場リスク調整割引率を使ってキャッシュフローのリスクを調整した場合である。

　第2の方法は、二項格子の使用である。図6−20で、二項格子の開始点が将来のキャッシュフローの現在価値になっている点に注意してもらいたい。ここでは、任意に＄2,426と設定し、実行費用は＄1,000と設定してある。正味現在価値が＄1,426になりさえすればよい（＄2,426−＄1,000）ので、この設定に問題はない。そこで、この＄2,426という値から始めて、二項方程式を計算する。まず、$u = e^{\sigma\sqrt{\delta t}} = e^{0\%\sqrt{1}} = 1$ と、$d = e^{-\sigma\sqrt{\delta t}} = e^{-0\%\sqrt{1}} = 1$ を使って上昇率と下落率を計算する。これは、ボラティリティが0％で、5年間のステップ数が5つであるため期間δtが1となる状況を表している。さらに、リスク中立確率は100％となっているが、ここで、ゼロ・ボラティリティのときに格子が直線に折りたたまれる現象を示した図6−10を思い出していただきたい。上昇と下落のステップがないため、リスク中立確率が100％になるのである。図6−20の中の1番目の格子はこの状況を示しており、原資産の展開が、将来のどの状態においても開始価値と同一になっている。

233

図6-20◎割引キャッシュフロー・モデルを二項格子で解く

```
  年度0      年度1       年度2       年度3       年度4       年度5
                                                                    → 時間
WACC=35%  FCF₁=$500  FCF₂=$600  FCF₃=$700  FCF₄=$800  FCF₅=$900
```

NPV = $1,426

これらの値を使って、二項リアルオプション・モデルを構築することができる。

原資産の現在価値は$2,426で、実行費用は$1,000と仮定する。

$1,426のNPVが得られる。ここで、上の場合と同様の5年の期間を仮定し、リスクフリーレートを使う。ここでは、二項格子上にNPV分析を構築しているので、ボラティリティは0%で、リスク中立確率pは100%と仮定することができる(ボラティリティと不確実性がゼロで、事象の発生が保証されている状態)。

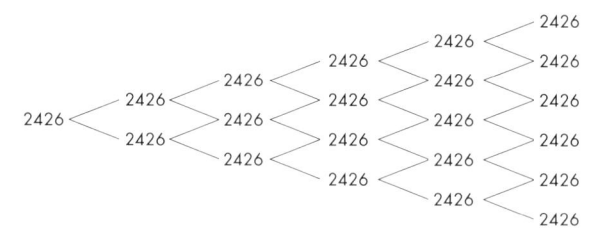

（2426の二項格子）

二項のアプローチは、シンプルな割引によるNPV分析と同じ結果($1,426)をもたらす。

オプションを行使した場合と行使せずに期限が切れるに
任せた場合の最大差額
期限切れに任せる = $0
オプションを行使する = $S_0 u^5 - X = \$2426 - \$1000 = \$1426$

中間値 = $[P(1426)+(1-P)(1426)]\exp(-rf*dt) = \$1426$

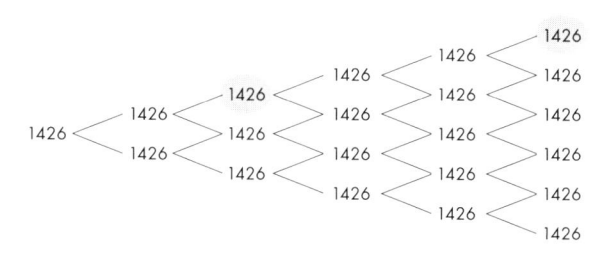

（1426の二項格子）

2番目の格子は、二項モデルの評価を示している。最終格子点は、オプションを行使した場合と、行使せずに期限が切れるに任せた場合の差額の最大値である。オプションを行使した場合の価値は、どの最終格子点においても$2,426 − $1,000であり、オプションの期限が切れるに任せた場合の価値は$0である。すべての中間格子点は、ヨーロピアン・コール・オプションの場合と同様、一期先のオプションの価値から求められる。また、ここでは、簡略化のためにリスクフリーレートは無視できる程度とする。すなわち、$[(p)\$1,426 + (1-p)\$1,426]\exp[(-0\%)(1)] = \$1,426$という値をすべての中間格子点が持つことになり、これが開始価値まで続く。以上のような、極めて単純化された特殊なケースにおいては、正味現在価値の計算値は、二項格子法を使った計算値と同一になる。これから分かるように、リアルオプション分析は、最も基礎的なレベルにおいては、正味現在価値分析と同様の性質を持っているのである。

図6−21は、この状況を示している。伝統的な財務分析においては、通常はまず正味現在価値が計算される。これは、利得から費用を差し引いたもの(最初の等式)である。利得は、税引後のキャッシュフローをいくらかの市場調整割引率で割り引いたものの正味現在価値と等しく、費用は、リスクフリーレートで割り引いた投資費用の現在価値と等しいのである。

通常、企業の経営陣は、正味現在価値とその計算方法についてはよく知っ

図6-21◎リアルオプションと正味現在価値

$$NPV = 利得 − 費用$$
$$オプション = 利得\,\Phi(d_1) − 費用\,\Phi(d_2)$$
$$eNPV = NPV + オプション価値$$

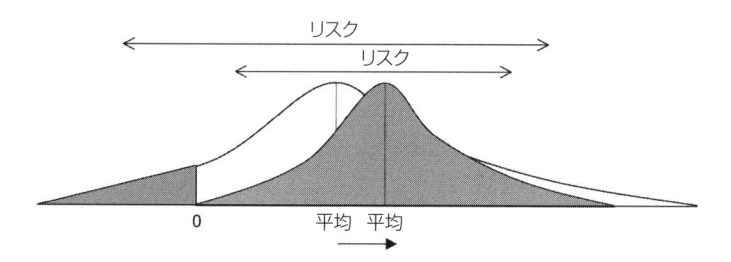

ている。利得が費用を上回るなら、すなわち、正味現在価値がプラスの値であるなら、プロジェクトを承認してもよいというのが、世間一般の通念である。これは、シンプルであり、直感的に納得できる考え方である。しかし、オプション理論に目を向け、シンプルなコール・オプションを一つ検討すれば、それが、利得から費用を差し引いたものに若干の変更を加えたもの（第2の等式）にすぎないことが分かる。

　両者の違いは、利得の費用の後に$\Phi(d)$という乗数が付け加えられていることである。この乗数は、二項格子における離散型シミュレーション・プロセスから得られる利得と費用それぞれの発生確率にすぎない。したがって、リアルオプション理論においては、オプションの価値を、利得から費用を差し引いたものとして極めてシンプルに捉えて差し支えない。ただ、ブラック－ショールズ・モデルを使うときのように、それぞれの変数のリスクや発生確率を計算に加えさえすればよいのである。

　上に見た特殊なケースのように、もしも不確実性が存在せず、ボラティリティがゼロで、発生確率が100%である場合、予測した値が発生することは保証されている。そうなれば、リアルオプションの価値は、利得と費用両方の$\Phi(d)=100\%$であるときには正味現在価値に折りたたまれるのである。これが理解できれば、このケースのオプション価値が、不確実性が存在し、ボラティリティがゼロでないとき、すなわち両方の$\Phi(d)$が100%と等しくないときの正味現在価値の分析結果よりもはるかに大きいものであることは容易に理解できるだろう。

　最後に、3番目の等式に示された、拡張正味現在価値（eNPV）は、決定論的なベース・ケースの正味現在価値と戦略的オプションの価値の合計である。オプションの価値は、柔軟性の価値、すなわち、ある戦略的オプションを行使する能力は堅持するが、行使の義務は負わないということを考慮に入れて決められる。eNPVは、ベース・ケース分析と柔軟性の付加価値の両方を踏まえているのである。

■ 第6章の要約 ■

　二項格子のアプローチ、偏微分方程式、および解析型解法は、リアルオプションの問題を解くための主流のアプローチである。このうち、最も好まれるのは、数学的平明さと説明のしやすさを兼ね備えた二項格子のアプローチである。ブラックボックスを透明化し、結果を、経営陣が呑み込みやすいものにすることは、極めて大切なことである。また、二項格子を計算するための数学、すなわち、上昇率と下落率とリスク中立確率は、偏微分方程式や解析型解法に応用される難解な高等数学の確率論を使わなくとも、容易に、かつ直感的に説明することができる。

第6章に関連する設問

1. 二項格子を使ってリアルオプションの問題を解いた結果が、解析型のモデルを使って得た結果に接近するのはなぜか？

2. リアルオプション分析は、割引キャッシュフロー分析の一つの特別なケースか？ それとも、割引キャッシュフロー分析が、リアルオプション分析の一つの特別なケースなのか？

3. リスク中立確率とはどのようなものなのか説明せよ。

4. 再結合格子と非再結合格子の違いは何か？

5. 図6−12から6−14の例を使って、同じヨーロピアン・オプションを10の期間で作成し、評価せよ。その上で、自分の回答が図6−14に示した値と合致することを検証せよ。

第 7 章
リアルオプションのモデル

　この章では、リアルオプションのモデルの解を得るための方法をステップ・バイ・ステップで説明する。ここで取り上げるリアルオプションはいずれもよく使われるもので、撤退、拡張、縮小、選択、複合、コスト推移、およびボラティリティ変動が含まれる。第8章とその付録では、さらに高度なタイプのオプションを検討するが、これには、切替、タイミング、およびバリアが含まれる。この章で示すいくつかの例は、こうしたより複雑なリアルオプションのモデルを解く際の素材として役立つだろう。この章の例は、理解を助けるために、意図的に簡略化されている。技術的により高度な例も、付録に記載されているが、これらの例については、第9章で再び扱い、添付のCD-ROMにあるソフトウエア、Crystal BallとReal Options Analysis Toolkitを使って解を得る。

1 撤退オプション

　ある製薬会社が新薬を開発中である。しかし、開発の進捗、市場の需要、動物実験、臨床試験、およびFDA（合衆国食品医薬品局）の承認など、不確実な面が多いため、経営陣は、戦略的な撤退オプションを設定することにした。すなわち、開発が行なわれる向こう5年間は、いつでも研究開発プロジェクトの進捗状況を見直し、必要ならその新薬開発プロジェクトを中止できるようにしようというのである。5年が経過すれば、この新薬開発プロジェクトは、成功か失敗のいずれかの結果がはっきりするため、それ以降、このオプションには何らの価値も残らない。プロジェクトが中止された場合は、問題の新薬に関する知的財産権を、契約合意を結んでいる他の製薬会社に売却できることとなっている。特許の所有側は、期間内のいつの時点でも自由

にこの契約を行使することができる。

適切な市場リスク調整割引率で割り引いた将来の期待キャッシュフローの現在価値を、伝統的な割引キャッシュフロー・モデルにより計算したところ、1億5000万ドルという結果が得られた。また、モンテカルロ・シミュレーションにより、将来の対数キャッシュフロー収益率のボラティリティを計算したところ、30％という結果が得られた。この開発プロジェクトと同じ期間の無リスク資産のリスクフリーレートは5％であり、会社の知的財産担当役員によると、この新薬に関する特許には、向こう5年の間に売却した場合、1億ドルの価値がある。ここでは、話を簡略にするために、この1億ドルの残存価値は、向こう5年間固定されていると仮定する。以上を前提として、あなたに与えられた課題は、この撤退オプションにはどれだけの価値があるのか、そして、この新薬開発プロジェクトが、総合的に見て会社にとってどれだけの価値を持っているのかを計算することである。

そこで、まず、アメリカン・プット・オプションの解析型近似式を使うことにした。なぜなら、この新薬の開発から撤退するというオプションは、オプションの期限が切れるときまで、いつの時点でも実行することができるからである。さらに、この解析型分析によって得た値を、二項格子計算によっても確認することにした。図7－1と図7－2は、二項格子を使って行なった分析の結果を示している。Bjerksund解析型アメリカン・プット・オプション近似式（これは巻末CD-ROMのReal Options Analysis Toolkitに入っている）を使って計算したところ、このアメリカン撤退オプションの価値は697万5600ドルという結果が出た。次に、この撤退オプションの価値を二項のアプローチで計算すると、ステップの数が5の場合664万1200ドル、ステップの数が1000の場合708万7800ドルとなり、近似式で得た結果を検証することができた。[1] 最初の格子、すなわち、原資産の格子の例は、図7－1に示してある。

図7－1に示した計算とステップは、第6章で概観した、上昇率、下落率、およびリスク中立確率分析をベースとしている。まず、上昇率が1.3499、下落率が0.7408となっているので、原資産価値の＄150からスタートして、これに上昇率と下落率を掛け、＄202.5と＄111.1という値を得た。図7－1の

図7-1 ◎撤退オプション（原資産格子）

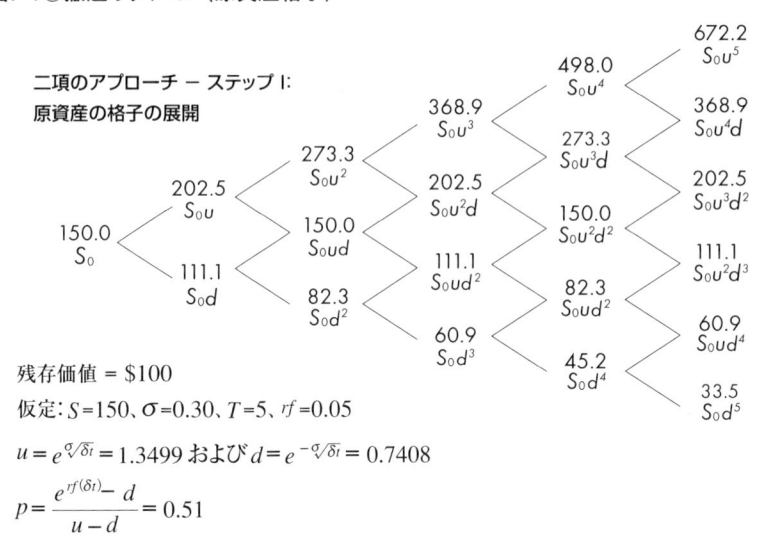

二項のアプローチ − ステップ I：
原資産の格子の展開

```
                                                              672.2
                                                              S₀u⁵
                                              498.0
                                              S₀u⁴
                                368.9                         368.9
                                S₀u³                          S₀u⁴d
                  273.3                       273.3
                  S₀u²                        S₀u³d
       202.5                    202.5                         202.5
       S₀u                      S₀u²d                         S₀u³d²
150.0             150.0                       150.0
S₀                S₀ud                        S₀u²d²
       111.1                    111.1                         111.1
       S₀d                      S₀ud²                         S₀u²d³
                  82.3                        82.3
                  S₀d²                        S₀ud²
                                60.9                          60.9
                                S₀d³                          S₀ud⁴
                                              45.2
                                              S₀d⁴
                                                              33.5
                                                              S₀d⁵
```

残存価値 = $100
仮定：$S=150, \sigma=0.30, T=5, rf=0.05$

$u = e^{\sigma\sqrt{\delta t}} = 1.3499$ および $d = e^{-\sigma\sqrt{\delta t}} = 0.7408$

$p = \dfrac{e^{rf(\delta t)} - d}{u - d} = 0.51$

格子のこれ以降の値については、読者自身で検算していただきたい。

　第2のステップは、図7−1の原資産格子の展開で計算した値を使って、図7−2に示したオプション評価のための格子を計算することである。

　オプション評価のための格子は、2つのステップで作成する。最終格子点の評価と、バックワード・インダクションと呼ばれるプロセスによる中間格子点の評価である。最初の格子では、すべての値に、上昇率と下落率を掛けて、左から右へ進む形で計算しているが、2番目の格子では、最終格子点からスタートして逆行する形で計算している。すなわち、格子の最後の値の評価から始めて、右から左へ進むのである。

　図7−2で、丸で囲んだ最終格子点（A）には、＄672.2という値が示されているが、これは、撤退する場合と継続する場合を比較して価値最大化（価値が最大となる選択を行なうこと）によって得た値である。この会社は、5年の期間が終わる時点で、既存の新薬開発プロジェクトから撤退または継続するオプションを持っている。経営陣としては、当然、利益が最大になるような戦略を選択することになる。

図7-2◎撤退オプション（評価格子）

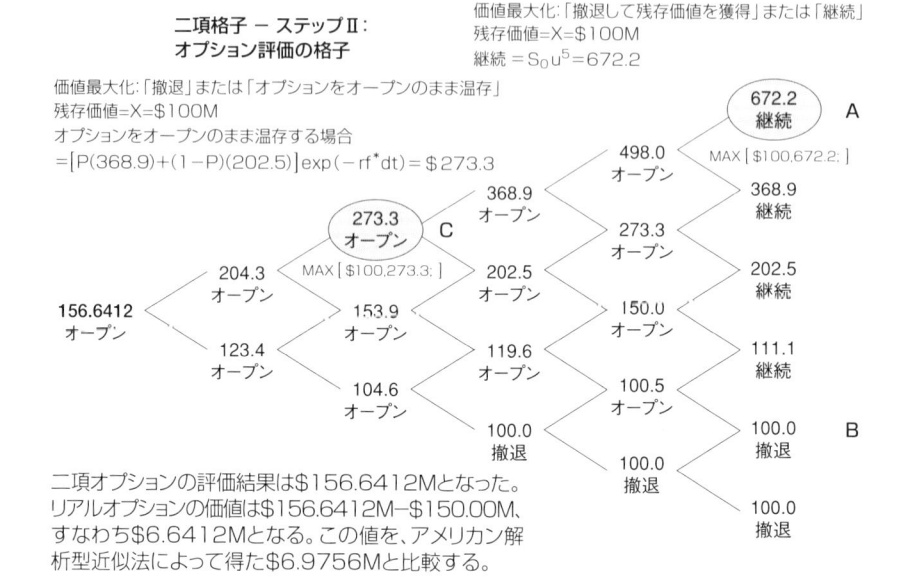

二項格子 － ステップⅡ：
オプション評価の格子

価値最大化：「撤退して残存価値を獲得」または「継続」
残存価値＝X＝$100M
継続 ＝ S_0u^5＝672.2

価値最大化：「撤退」または「オプションをオープンのまま温存」
残存価値＝X＝$100M
オプションをオープンのまま温存する場合
＝[P(368.9)＋(1－P)(202.5)]exp(－rf*dt)＝$273.3

```
                                                           672.2
                                                           継続      A
                                              498.0      MAX[$100,672.2;]
                                              オープン
                                                           368.9
                                     368.9                 継続
                                     オープン
                            273.3                273.3
                            オープン               オープン
                   204.3            202.5                  202.5
                   オープン           オープン                 継続
        156.6412            153.9                150.0
        オープン              オープン               オープン
                   123.4            119.6                  111.1
                   オープン           オープン                 継続
                            104.6                100.5
                            オープン               オープン
                                     100.0                 100.0
                                     撤退                   撤退      B
                                              100.0
                                              撤退
                                                           100.0
                                                           撤退
```

C: 273.3 オープン　MAX[$100,273.3;]

二項オプションの評価結果は$156.6412Mとなった。リアルオプションの価値は$156.6412M－$150.00M、すなわち$6.6412Mとなる。この値を、アメリカン解析型近似法によって得た$6.9756Mと比較する。

　新薬のプロジェクトから撤退する場合の価値は、特許権をあらかじめ定められた1億ドルで売却する場合の価値と同じである。これに対して、図7－1の原資産格子の最終格子点（S_0u^5）を見ると、プロジェクトを継続する場合の価値が6億7220万ドルとなっている。したがって、利益を最大化するためには、開発の継続を決定すべきであり、それが、図7－2の評価格子の最終格子点（A）の価値は6億7220万ドルであるという評価結果につながる。一方、図7－2の最終格子点（B）を見ると、この時点で撤退する場合の価値は1億ドルである。これに対して、図7－1の同じ位置の格子点を見ると、原資産価値が6090万ドルとなっている。したがって、この格子点においては、プロジェクトの撤退が決定され、この格子点で利益を最大化した場合の価値は撤退オプションの価値である1億ドルと同額になる。これは、ごく簡単に理解できるだろう。新薬開発を継続した場合に原資産の価値が高くなるなら（格子点A）、継続するのが賢明であり、状況が悪化して開発努力の価値が大きく低下したなら（格子点B）、プロジェクトから撤退して会社の損失を抑

えることが最善の策となるのである。もちろん、これは、経営陣が利益を最大化するための最善策を実行する決断力を持っており、必要な場合には優柔不断に陥ることなくプロジェクトから撤退できる場合の話である。

さて、次に中間格子点についても検討してみよう。図7－2の格子点Cを見ると、2億7330万ドルという計算結果が出ている。この格子点でも、会社は2つのオプションを持っている。すぐに撤退するか、今は撤退せずオープンのままとして、この先状況が悪化したときには、その時点でこの撤退オプションを行使してプロジェクトから撤退するかである。この場合も、撤退する場合の価値は、1億ドルの残存価値と同じである。継続する場合の価値は、将来におけるオプションの潜在的価値のリスク中立確率による加重平均値を、現在価値に割り引いたものになる。

リスクの調整は、オプションの将来のキャッシュフローの確率に対してすでに行なわれているので、ここでは、リスクフリーレートを使って割り引くことができる。そこで、オプションを行使せずオープンのままにした場合の価値を計算すると、$[(p)(\$368.9)+(1-p)(\$202.5)]\exp[(-rf)(\delta t)] = \$273.3$（×100万）となる。

これは、撤退した場合よりも高い価値である。なお、ここでは、リスクフリーレートrfを5％、ステップ期間を1（5年を5つの時間ステップに分割すると、一つの期間ステップは1年と等しくなる）、そしてリスク中立確率Pを0.51と仮定している。バックワード・インダクションを使って、開始点まで計算していくと、1億5664万1200ドルという結果が出た。割引キャッシュフロー法を使って得た結果は1億5000万ドルなので、両者の差額である664万1200ドルは撤退オプションによってもたらされた付加価値と見ることができる。

撤退オプションを持つことは、一つのセーフティネットを手に入れることと同じである。または、状況が悪化した際の脱出手段を手に入れることと同じだと言ってもよいだろう。いずれにしても、こうしたオプションを経営陣が持つことによって、プロジェクトの価値は、1億5000万ドルという静的な価値よりも高いものになったのである。柔軟性を考慮しない静的なNPV 1億5000万ドルと、リアルオプションの価値664万1200ドルを合計した1億5664万

1200ドルという値は、eNPV（拡張正味現在価値）またはNPV+O（リアルオプションの柔軟性を備えたNPV）であり、これが、この新薬開発プロジェクトの正しい価値なのである。もちろん、格子分析にさらなる修正を加えて、実際のビジネス条件をもっと正確に反映させることは可能である。例えば、プロジェクトから撤退した場合の残存価値を時間の経過とともに変えたいなら、適切と判断した時期に対応する格子点での残存額を変えればよい。同様の方法で、インフレ調整や、知的財産価値の経時低下の再現なども行なうことができる。

2 拡張オプション

　ある成長企業の、割引キャッシュフロー・モデルに基づいた将来の収益性の評価（すなわち適切な市場リスク調整割引率で割り引いた将来の期待キャッシュフローの現在価値）が、4億ドルであったとする。あなたは、モンテカルロ・シミュレーションを使って、この企業のプロジェクトの将来の対数キャッシュフローに含まれるボラティリティを計算し、35%という結果を得た。無リスク資産の向こう5年間のリスクフリーレートは7%である。ここで、この企業が、向こう5年の間に競合企業を2億5000万ドルで買収し、事業規模を2倍にする拡張オプションを持っていると仮定する。この拡張オプションを計算に入れた場合、この企業の総価値はどれくらいになるだろうか？

　あなたは、アメリカン・コール・オプションの解析型近似法を使うことにした。なぜなら、このオプションは、期限が切れるときまで、いつでも実行することができるからである。次に、解析型分析によって得た値を、二項格子計算によって確認することにした。図7-3と図7-4は、二項格子を使って得た分析結果を示している。Barone-Adesi-Whaleyアメリカン・コール近似方程式を使ってこのアメリカ拡張オプションの価値を推定したところ、6億2660万ドルという結果が出た。[2]　一方、この拡張オプションの価値を二項のアプローチで計算すると、ステップの数が5の場合6億3830万ドル、ステップの数1,000の場合も6億3830万ドルとなり、近似式で得た結

図7-3◎拡張オプション（原資産格子）

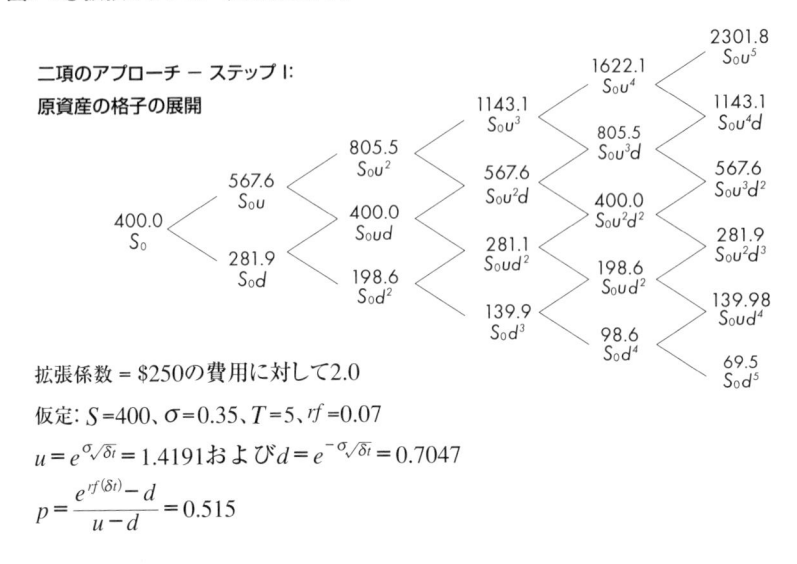

二項のアプローチ — ステップ I:
原資産の格子の展開

```
                                                              2301.8
                                                              $S_0u^5$
                                              1622.1
                                              $S_0u^4$
                               1143.1                         1143.1
                               $S_0u^3$                       $S_0u^4d$
                805.5                          805.5
                $S_0u^2$                       $S_0u^3d$
 567.6                          567.6                         567.6
 $S_0u$                         $S_0u^2d$                     $S_0u^3d^2$
400.0           400.0                          400.0
$S_0$           $S_0ud$                        $S_0u^2d^2$
 281.9                          281.1                         281.9
 $S_0d$                         $S_0ud^2$                     $S_0u^2d^3$
                198.6                          198.6
                $S_0d^2$                       $S_0ud^3$
                               139.9                          139.98
                               $S_0d^3$                       $S_0ud^4$
                                              98.6
                                              $S_0d^4$
                                                              69.5
                                                              $S_0d^5$
```

拡張係数 = $250の費用に対して2.0
仮定: $S=400$、$\sigma=0.35$、$T=5$、$rf=0.07$
$u = e^{\sigma\sqrt{\delta t}} = 1.4191$ および $d = e^{-\sigma\sqrt{\delta t}} = 0.7047$
$p = \dfrac{e^{rf(\delta t)} - d}{u - d} = 0.515$

果を検証することができた。読者も、添付のCD-ROMにあるReal Options Analysis Toolkitを使って、超格子の1,000ステップの二項分析を実行すれば、これらの結果を容易に検証することができる。最初の格子、すなわち原資産格子の例は、図7－3に示してある。

　図7－3に示した計算とステップは、第6章で概観した、上昇率、下落率、およびリスク中立確率分析をベースとしている。図7－3に示すように、上昇率が1.4191、下落率が0.7047となっているので、原資産価値の$400からスタートして、これに上昇率と下落率を掛け、$567.6と$281.9という値を得た。図7－3の格子のこれ以降の値については、読者自身で検算していただきたい。

　第2のステップは、図7－3の原資産の格子の展開で計算した値を使って、図7－4に示したオプション評価のための格子を計算することである。

　図7－4で、丸で囲んだ最終格子点（D）には、$4,353.7という値が示されているが、これは、拡張する場合と拡張しない場合を比較して価値最大化によって得た値である。

この企業は、5年の期間が終わる時点で、競合企業を買収して現在の事業規模を倍増するか否かのオプションを持っているが、経営陣としては、当然、利益が最大になるような戦略を選択することになる。競合企業を買収して事業を拡張する場合の価値は、図7－3の格子の中で図7－4の格子点（D）と同じ位置にある格子点を見れば分かるとおり、現在の$2,301.8という値を倍増したものに等しい。したがって、競合企業を買収して現在の事業規模を倍増する場合の価値は、買収費用を差し引いて、次のように計算することができる。2($2,301.8) − $250 = $4,353.7（×100万）

　現在の事業規模のまま継続する場合の価値は、図7－3の原資産格子の最終格子点（S_0u^5）に示されているように、$2,301.8（×100万）である。そこで、利益を最大化するためには、2億5000万ドルで競合企業を買収すべきであり、それが、図7－4の評価格子の最終格子点Dの価値は43億5370万ドルであるという評価結果につながるのである。一方、図7－4の最終格子点Eを見ると、現在の事業規模のまま継続する場合の価値が6950万ド

図7-4◎拡張オプション（評価格子）

二項格子 − ステップⅡ：
オプション評価の格子

価値最大化：「拡張」または「縮小」
拡張 ＝（拡張）S_0u^5 − 投資額
　　 ＝ 2($2301.8M) − $250 ＝ $4353.7
現状のまま継続 ＝ S_0u^5 ＝ $2301.8

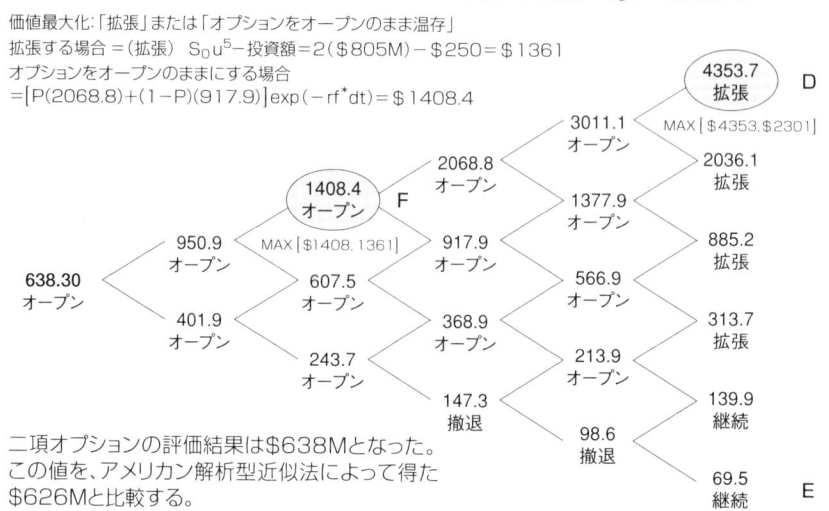

価値最大化：「拡張」または「オプションをオープンのまま温存」
拡張する場合 ＝（拡張）S_0u^5 − 投資額 ＝ 2($805M) − $250 ＝ $1361
オプションをオープンのままにする場合
＝[P(2068.8)+(1−P)(917.9)]exp(−rf*dt) ＝ $1408.4

[格子図：
638.30 オープン
950.9 オープン / 401.9 オープン
1408.4 オープン F, MAX[$1408,1361] / 607.5 オープン / 243.7 オープン
2068.8 オープン / 917.9 オープン / 368.9 オープン / 147.3 撤退
3011.1 オープン / 1377.9 オープン / 566.9 オープン / 213.9 オープン / 98.6 撤退
4353.7 拡張 D, MAX[$4353,$2301] / 2036.1 拡張 / 885.2 拡張 / 313.7 拡張 / 139.9 継続 / 69.5 継続 E]

二項オプションの評価結果は$638Mとなった。
この値を、アメリカン解析型近似法によって得た
$626Mと比較する。

ルとなっている。これに対して、買収により事業を拡張する場合の価値は、2($69.5)－$250＝－$111（×100万）となってしまう。したがって、拡張せずに現在の事業規模のまま継続する決定を下して利益を最大化すべきであり、格子点Eの価値は6950万ドルということになる。これは、直感的に理解できるだろう。市場の状況が非常に良い場合には、拡張オプションを実行することにより原資産の価値が十分に高くなるので（格子点D）、競合企業の買収を通じて事業規模を倍増するのが賢明であり、状況が悪化して事業価値が低下する場合（格子点E）には、現在の事業規模のまま継続することが最善の策となる。このような場合に拡張プロジェクトを強行しても失敗することは目に見えているからである。

　さて、次に中間格子点についても検討してみよう。図7－4の格子点Fを見ると、14億840万ドルという計算結果が出ている。この格子点でも、会社は2つのオプションを持っている。すぐに事業を拡張するか、今は拡張せずオープンのままとして、この先市場の状況が改善したときには、その時点でこの拡張オプションを行使して競合企業を買収するかである。この格子点で拡張する場合の価値は、2($805)－$250＝$1,361（×100万、端数切り上げ）である。現状のまま継続する場合の価値は、将来におけるオプションの潜在的価値のリスク中立確率による加重平均値を、現在価値に割り引いたものになる。リスクの調整は、オプションの将来のキャッシュフローの確率に対してすでに行なわれているので、ここでは、リスクフリーレートを使って割り引くことができる。そこで、オプションをオープンのまま温存する場合の価値を計算すると、$[(p)(\$2,068.8)+(1-p)(\$917.9)]\exp[(-rf)(\delta t)]=\$1,408.4$（×100万）となる。これは、拡張した場合よりも高い価値である。なお、ここでは、リスクフリーレートrfを7％、ステップ期間を1、そしてリスク中立確率Pを0.515と仮定している。バックワード・インダクションを使って、開始点まで計算していくと、6億3830万ドルという結果が出た。割引キャッシュフロー法を使って得た結果は4億ドルなので、今競合企業を買収する場合の価値は、2($400)－$250＝$550（×100万）となる。これは、現在の事業価値を2倍したものから競合企業の買収費を差し引いた金額である。

すぐに買収を実行せずにオプションを温存することにより、経営陣は、競合企業の買収に関して、市場と経済効果の両面で、確固とした展望を得ることができた。つまり、拡張オプションを設定することで、事業価値が、静的な5億5000万ドルという値よりも高いものであることが分かったのである。柔軟性を考慮しない静的なNPV5億5000万ドルと、リアルオプションの価値8830万ドルを合計した6億3830万ドルという値は、eNPV（拡張正味現在価値）またはNPV+O（リアルオプションの柔軟性を備えたNPV）であり、これが、この企業の正しい事業価値なのである。すなわち、リアルオプションは、既存の事業価値に16％の付加価値をもたらしたことになる。もし、リアルオプションのアプローチが使われなければ、事業価値は過小評価されることとなる。なぜなら、現在の事業を拡張することはできるが、しなければならない義務はないという戦略的オプションを持てば、企業としては、市場の条件が良くならない限り、拡張に踏み切らない可能性が高いからである。そして、これは、この企業が、将来何が起こり得るかを考慮しないまま、ただちに競合企業を買収する場合の潜在的な危険性に対するヘッジを確保しているということでもある。不確実性が高いビジネス環境においては、オプションを持ちながら、時によってはそれを実行せずオープンのままにしておくのは、大切なことなのである。もちろん、格子分析にさらなる修正を加えて、実際のビジネス条件をもっと正確に反映させることは可能である。例えば、競合企業の買収費用は時間の経過とともに変わるだろうし、拡張係数（この企業の場合は事業規模倍増）も、ビジネス条件が変われば変化するだろうが、こうした変数は、格子の計算にすべて組み込むことができる。[3]

3 縮小オプション

あなたは、ある大手航空機製造会社に勤務している。この会社は、新しい超音速長距離ジェット機の技術的有効性と市場の需要について確信が持てないでいる。そこで、戦略的オプション、特に、向こう5年の間は製造施設を50％縮小できるオプションを設定して、自らをヘッジすることにした。ここでは、この会社が、割引キャッシュフロー・モデルによる将来の収益性の静

的な評価（すなわち適切な市場リスク調整割引率で割り引いた将来の期待キャッシュフローの現在価値）が10億ドルである事業構成を持っているものとする。あなたは、モンテカルロ・シミュレーションを使って、プロジェクトの将来の対数キャッシュフローに含まれるボラティリティを計算して、50％という結果を得た。無リスク資産の向こう5年間のリスクフリーレートは5％である。ここで、この企業が、向こう5年の間に現在の営業規模を50％縮小し、4億ドルの費用節減を達成するオプションを持っていると仮定する。営業規模の縮小は、ベンダーの一つと法的な契約合意を結ぶことによって行なわれる。ベンダー側は余剰生産能力とスペースを引き継ぎ、会社側は既存の従業員数を減らすことによってこの規模の費用節減を達成しようというのである。

この場合、アメリカン・オプションの解析型近似法を使うことができる。なぜなら、この事業規模の縮小オプションは、期限が切れるときまで、いつの時点でも実行することができるからであり、その結果は、二項格子計算に

図7-5◎縮小オプション（原資産格子）

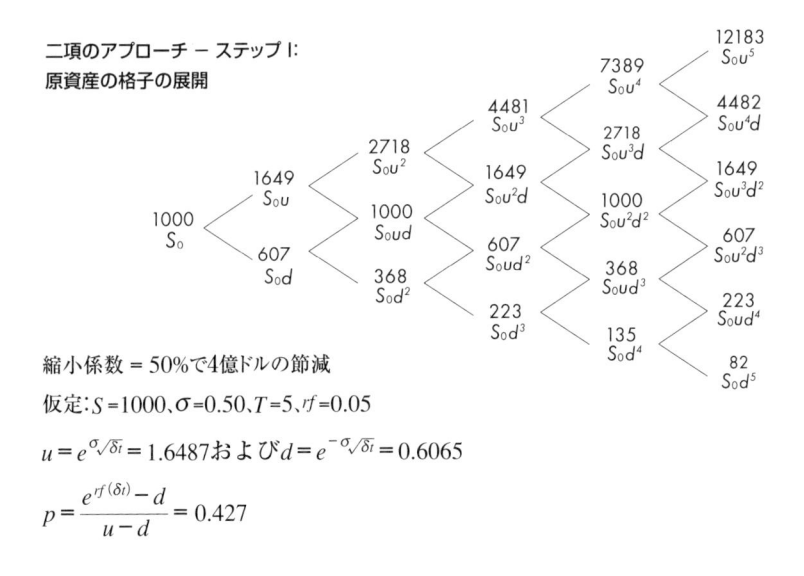

二項のアプローチ − ステップ I:
原資産の格子の展開

```
                                                                        12183
                                                                        S₀u⁵
                                                         7389
                                                         S₀u⁴
                                          4481                          4482
                                          S₀u³                          S₀u⁴d
                             2718                        2718
                             S₀u²                        S₀u³d
                1649                      1649                          1649
                S₀u                       S₀u²d                         S₀u³d²
    1000                     1000                        1000
    S₀                       S₀ud                        S₀u²d²
                607                       607                           607
                S₀d                       S₀ud²                         S₀u²d³
                             368                         368
                             S₀d²                        S₀ud³
                                          223                           223
                                          S₀d³                          S₀ud⁴
                                                         135
                                                         S₀d⁴
                                                                        82
                                                                        S₀d⁵
```

縮小係数 ＝ 50％で4億ドルの節減
仮定：$S = 1000, \sigma = 0.50, T = 5, rf = 0.05$

$u = e^{\sigma\sqrt{\delta t}} = 1.6487$ および $d = e^{-\sigma\sqrt{\delta t}} = 0.6065$

$p = \dfrac{e^{rf(\delta t)} - d}{u - d} = 0.427$

図7-6◎縮小オプション（評価格子）

二項格子 - ステップⅡ:
オプション評価の格子

価値最大化:「縮小」または「現状のまま継続」
縮小 =（縮小）$S_0 u^5$ + 節減額 = 0.5($12,183M) + $400M = $6,491
現状のまま継続 = $S_0 u^5$ = $12,183

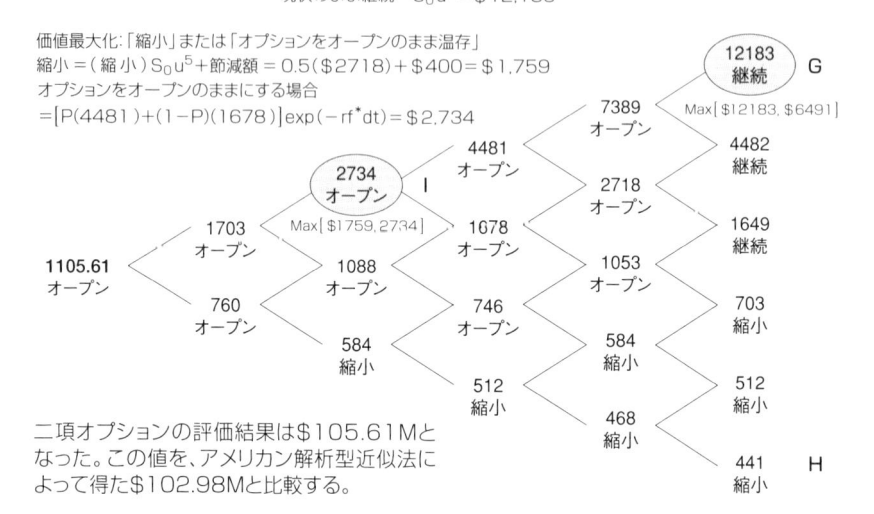

価値最大化:「縮小」または「オプションをオープンのまま温存」
縮小 =（縮小）$S_0 u^5$ + 節減額 = 0.5($2718) + $400 = $1,759
オプションをオープンのままにする場合
= [P(4481) + (1−P)(1678)] exp(−rf*dt) = $2,734

```
                                                              12183
                                                              継続    G
                                               7389         Max[$12183, $6491]
                                               オープン
                                    4481                  4482
                                    オープン              継続
                         2734                 2718
                         オープン              オープン
              1703      Max[$1759,2734]       1678         1649
              オープン                        オープン       継続
1105.61                 1088                  1053
オープン                オープン              オープン
              760                   746                   703
              オープン              オープン              縮小
                         584                  584
                         縮小                 縮小
                                    512                   512
                                    縮小                 縮小
                                              468
                                              縮小
                                                           441
                                                           縮小    H
```

二項オプションの評価結果は$105.61Mと
なった。この値を、アメリカン解析型近似法に
よって得た$102.98Mと比較する。

よって確認することができる。図7-5と図7-6は、二項のアプローチを使って得た分析結果を示している。Barone-Adesi-Whaleyアメリカン・コール近似式を使ってこのアメリカン縮小オプションの価値を計算したところ、1億223万ドルという結果が出た。[4] 次に、この縮小オプションの価値を二項アプローチで計算すると、ステップの数が5の場合1億561万ドル、ステップ数が1000の場合1億298万ドルとなった。最初の格子、すなわち原資産格子の例は、図7-5に示してある。

図7-5に示した計算とステップは、第6章で概観した、上昇率、下落率、およびリスク中立確率分析をベースとしている。図7-5に示すように、上昇率が1.6487、下落率が0.6065となっているので、原資産価値の$1,000からスタートして、これに上昇率と下落率の因子を掛け、$1,649と$607という値を得た。図7-5の格子のこれ以降の値については、読者自身で検算していただきたい。

　第2のステップは、図7-5の原資産の格子の展開で計算した値を使って、

図7－6に示したオプション評価のための格子を計算することである。

図7－6で、丸で囲んだ最終格子点（G）には、＄12,183という値が示されているが、これは、縮小する場合と継続する場合を比較して価値最大化によって得た値である。この会社は、5年の期間が終わる時点で、既存の事業規模を縮小するか、縮小せずに期限が切れるに任せるかのオプションを持っているが、経営陣としては、当然、利益が最大になるような戦略を選択することになる。事業を50％縮小する場合の価値は、既存の事業価値の半分に、4億ドルの節減額を加算した値になる。したがって、事業規模を縮小する場合の価値は、0.5（＄12,183）＋＄400＝＄6,491（×100万）となる。現在の事業規模のまま継続する場合の価値は、図7－5の原資産格子の最終格子点（S_0u^5）に示されているように、＄12,183（×100万）である。そこで、利益を最大化するためには、図7－6の最終格子点（G）に示されているように、現状の121億8300万ドルの事業規模のまま継続すべきである。一方、図7－5で、図7－6の最終格子点Hと同じ位置にある格子点を見ると、現在の事業規模のまま継続する場合の価値が8200万ドルとなっている。これに対して、事業を50％縮小する場合の価値は、0.5（＄82）＋＄400＝＄441（×100万）である。したがって、ここでは事業を50％縮小する決定を下して利益を最大化すべきであり、格子点Hの価値は4億4100万ドルということになる。これは、直感的に理解できるだろう。営業状況が良好な場合には、このまま事業を継続しても原資産の価値が十分に高いため（格子点G）、現状のレベルを維持して事業を継続するのが賢明であり、状況が悪化して事業価値が低下する場合（格子点H）には、既存の事業規模を50％縮小することが最善の策となる。

次に中間格子点についても検討してみよう。図7－6の格子点Iを見ると、27億3400万ドルという計算結果が出ている。この格子点でも、会社は2つのオプションを持っている。すぐに事業を縮小するか、今は縮小せずオープンのままとして、この先市場の状況が悪化したときにはその時点でこの縮小オプションを行使して既存の事業を縮小するかである。この格子点で縮小する場合の価値は、0.5（＄2,718）＋＄400＝＄1,759（×100万、端数切り上げ）である。現状のまま継続する場合の価値は、将来におけるオプションの潜在的

価値のリスク中立確率による加重平均値を、現在価値に割り引いたものになる。リスクの調整は、オプションの将来のキャッシュフローの確率に対してすでに行なわれているので、ここでは、リスクフリーレートを使って割り引くことができる。そこで、オプションをオープンのまま温存する場合の価値を計算すると、$[(p)(\$4,481)+(1-p)(\$1,678)]\exp[(-rf)(\delta t)] = \$2,734$（×100万）となる。これは、事業を縮小した場合よりも高い価値である。なお、ここでは、リスクフリーレートrfを5％、ステップ期間の数を1、そしてリスク中立確率Pを0.427と仮定している。バックワード・インダクションを使って、開始点まで計算していくと、11億561万ドルという結果が出た。割引キャッシュフロー法を使って現在の事業価値を計算した結果は10億ドルなので、事業規模を50％縮小できるオプションの価値は1億561万ドルになる。柔軟性を考慮しない静的なNPV10億ドルと、リアルオプションの価値1億561万ドルを合計した11億561万ドルという値は、eNPV（拡張正味現在価値）またはNPV$^+$O（リアルオプションの柔軟性を備えたNPV）であり、これが、この航空機製造会社のプロジェクトの正しい価値なのである。すなわち、リアルオプションは、既存の事業価値に10.56％の付加価値をもたらしたことになる。もし、リアルオプションのアプローチが使われなければ、このプロジェクトの価値は過小評価されることとなる。

　このビジネス・ケースに修正を加えて、実際のビジネス条件に近いものにするためには、異なるいくつかのオプション・タイプを一度に計算に加えたり（選択オプション）、段階を踏んで計算に加えたり（複合オプション）することができる。例えば、この会社の場合、市場が不調のときに事業を縮小するだけでなく、好調なときには拡張することもできるはずである。あるいは、将来の展望が暗いときには、事業から完全撤退するということも考えられるだろう。これらの複数の戦略的オプションは、同時に存在できるし、長期にわたって段階的に導入することもできる。二項格子を使えば、これらの条件のいずれか、または全部をモデル化し、計算することができるのである。特定のリアルオプション分析がどれほどカスタム化されたものであっても、基本素材としての二項格子モデリングの有効性は変わらない。上に見たシンプルな例は、複雑なリアルオプションの問題に取り組むときのための強力な

4 選択オプション

　ある大手の製造業者が、戦略的オプションを使ってヘッジを確保することにした。具体的には、次の3つの戦略から選択するオプションを設定しようというのである。向こう5年間の任意の時点で、①現在の製造活動を拡張する、②現在の製造活動を縮小する、③またはすべての事業から完全に撤退する。ここでは、この会社が、割引キャッシュフロー・モデルによる将来の収益性の静的な評価（すなわち適切な市場リスク調整割引率で割り引いた将来の期待キャッシュフローの現在価値）が1億ドルである事業構成を持っているものとする。あなたは、モンテカルロ・シミュレーションを使って、プロジェクトの将来の対数キャッシュフローに含まれるボラティリティを計算して、15％という結果を得た。無リスク資産の向こう5年間のリスクフリーレートは年5％である。この企業は、向こう5年間のいつの時点においても現在の事業を10％縮小して、2500万ドルの費用節減を達成するオプションを持っていると仮定する。また、拡張オプションを実行すれば、2000万ドルの実行費用で30％の事業拡張が可能である。また、撤退オプションを実行すれば、その時点での会社の知的財産を1億ドルで売却することが可能である。

　ここで、二項格子計算を使うことができる。図7－7と図7－8は、二項のアプローチを使って分析した結果を示している。5つのステップを使ってリアルオプションの価値を計算した結果は1903万ドルである。最初の格子、すなわち原資産の格子の例は、図7－7に示してある。ここで、選択オプションにおいては、解析型近似法が使えないことに注意されたい。この場合、アナリストが使える最高の手段は、二項のアプローチである。

　図7－7に示した計算とステップは、第6章で概観した、上昇率、下落率、およびリスク中立確率分析をベースとしている。図7－7に示すように、上昇率が1.1618、下落率が0.8607となっているので、原資産価値の＄100.0からスタートして、これに上昇率と下落率を掛け、＄116.2と＄86.1という値を得た。図7－7の格子のこれ以降の値については、読者自身で検算していただ

きたい。

　第2のステップは、図7−7の原資産の格子の展開で計算した値を使って、図7−8に示したオプション評価のための格子を計算することである。

　図7−8で、丸で囲んだ最終格子点（J）には、＄255.2という値が示されているが、これは、拡張、縮小、撤退、および継続の各オプション間の価値最大化によって得た値である。この企業は、5年の期間が終わる時点で、これらのオプションを通じて、どのように事業を継続するかを選択するオプションを持っているが、経営陣としては、当然、利益が最大になるような戦略を選択することになる。事業から撤退する場合の価値は、1億ドルである。拡張する場合の価値は、1.3（＄211.7）−＄20＝＄255.2（×100万）である。事業を10％縮小する場合の価値は、既存の事業価値の90％に2500万ドルの節減額を加算したものと等しい。すなわち、0.9（＄211.7）＋＄25＝＄215.5（×100万）ということになる。現在の事業規模のまま継続する場合の価値は、図7−7の原資産格子で、図7−8の最終格子点（J）と同じ位置にある格子

図7-7◎選択オプション（原資産格子）

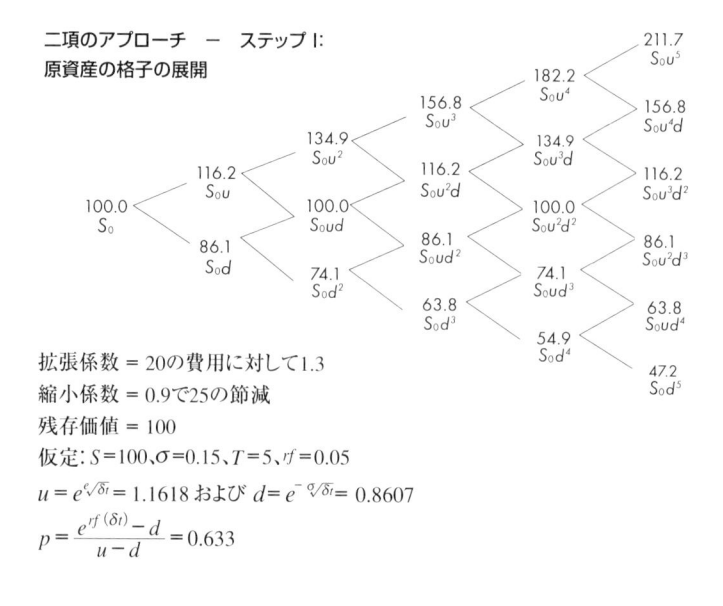

二項のアプローチ　−　ステップ I：
原資産の格子の展開

```
                                                                211.7
                                                                S₀u⁵
                                                    182.2
                                                    S₀u⁴
                                        156.8                   156.8
                                        S₀u³                    S₀u⁴d
                                                    134.9
                            134.9                   S₀u³d
                            S₀u²                                116.2
                116.2                   116.2                   S₀u³d²
                S₀u         100.0       S₀u²d
    100.0                   S₀ud                    100.0
    S₀                      86.1                    S₀u²d²
                86.1                    86.1                    86.1
                S₀d                     S₀ud²                   S₀u²d³
                            74.1                    74.1
                            S₀d²                    S₀ud³
                                        63.8                    63.8
                                        S₀d³                    S₀ud⁴
                                                    54.9
                                                    S₀d⁴
                                                                47.2
                                                                S₀d⁵
```

拡張係数＝20の費用に対して1.3
縮小係数＝0.9で25の節減
残存価値＝100
仮定：$S=100, \sigma=0.15, T=5, rf=0.05$
$u = e^{\sigma\sqrt{\delta t}} = 1.1618$ および $d = e^{-\sigma\sqrt{\delta t}} = 0.8607$
$p = \dfrac{e^{rf(\delta t)} - d}{u - d} = 0.633$

点（S_0u^5）に示されているように、2億1170万ドルである。したがって、利益を最大化するためには、事業を拡張すべきであり、格子点Jの価値は2億5520万ドルになる。

一方、図7-8で、最終格子点Kを見ると、この時点で既存の事業を縮小する場合の価値は、最大価値の1億250万ドルになっている。すなわち、事業規模を10％縮小した場合の価値は、$0.9(\$86.1)+\$25=\$102.5$（×100万）と計算されるわけである。これに対して、現在の事業規模のまま継続する場合の価値は8610万ドル、撤退する場合の価値は1億ドル、そして拡張する場合の価値は$1.3(\$86.1)-\$20=\$91.9$（×100万）である。

以上のことは、直感的に理解できるだろう。市場の需要が非常に良い場合、このまま事業を継続すれば原資産の価値が十分に高くなるため（格子点J）、事業を拡張するのが賢明であり、状況がやや悪化して事業価値が低下する場合（格子点K）には、既存の事業規模を10％縮小することが最善の策となる。Kのレベルよりもさらに低くなった場合、例えば格子点Mにおいては、事業

図7-8◎選択オプション（評価格子）
二項格子 – ステップⅡ：オプション評価の格子

撤退／拡張／縮小／オープンのまま
温存の各オプションの間の価値最大化
撤退する場合の残存価値＝X＝$100M
拡張＝拡張（134.9）拡張費用＝$155.4
縮小＝縮小（134.99）＋節減額＝$146.5
オプションをオープンのままにする場合
　＝[P(185.8)＋(1－P)(134.3)]exp(－rf*dt)
　＝$158.8

撤退／拡張／縮小／継続の各オプションの間の価値最大化
拡張＝拡張（211.7）　　拡張費用＝$255.21
縮小＝縮小（211.7）＋節減額＝$215.53
継続＝S_0u^5＝$211.7M

二項オプションの評価結果は$19.03（$119.03 － $100）となった。この値を、シンプルなブラック－ショールズ法で計算した次の各値と比較する。
撤退オプション単独：$6.32　縮小オプション単独：$15.00　拡張オプション単独：$14.49

119.0291 オープン

136.5 オープン
105.5 オープン

158.8 オープン　L
Max[$100; 155.4; 146.5; 158.8]
117.3 オープン
100.0 撤退

185.8 オープン
134.3 オープン
104.2 オープン
100.0 撤退

217.9 オープン
156.5 オープン
115.0 縮小
100.0 撤退
100.0 撤退

255.2 拡張　J
Max[$100; 255.2; 215.5; 211.7]
183.9 拡張
131.0 拡張
102.5 縮小　K
100.0 撤退
100.0 撤退
100.0 撤退　M

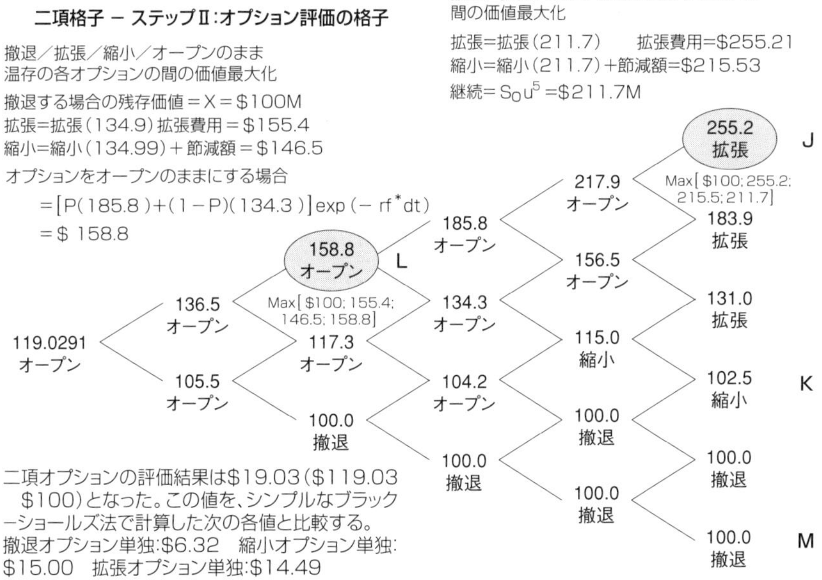

から完全撤退したほうがよい。

　さて、次に、中間格子点についても検討してみよう。図7－8の格子点Lを見ると、1億5880万ドルという計算結果が出ている。この格子点でも、この企業は4つのオプションを持っている。①拡張するか、②縮小するか、③撤退するか、④またはどのオプションも実行せず、将来に向けてオープンのまま温存するかである。この格子点で縮小する場合の価値は、0.9（$134.99）＋$25＝$146.5（×100万、端数切り上げ）である。事業から撤退する場合の価値は、1億ドルである。拡張する場合の価値は、1.3（$134.99）－$20＝$155.4（×100万）である。どのオプションも実行せず、オープンのまま温存する場合の価値は、将来におけるオプションの潜在的価値のリスク中立確率による加重平均値を、現在価値に割り引いたものになる。リスクの調整は、オプションの将来のキャッシュフローの確率に対してすでに行なわれているので、ここでは、リスクフリーレートを使って割り引くことができる。そこで、オプションをオープンのまま温存する場合の価値を計算すると、$[(p)(\$185.8)+(1-p)(\$134.3)]\exp[(-rf)(\delta t)]=\$158.8$（×100万）となる。これは、すべてのオプションの中で最も高い価値である。なお、ここでは、リスクフリーレートrfを5％、ステップ期間を1、そしてリスク中立確率pを0.633と仮定している。バックワード・インダクションを使って、開始点まで計算していくと、1億1903万ドルという結果が出た。原資産の現在価値は1億ドルなので、リアルオプションの価値は1903万ドルになる。ところで以上に対して、ブラック－ショールズ法を使ってこの問題を解くと、1442万ドルという誤った計算結果が出る。一つ一つのオプションを単独で分析すると、誤解につながるような結果がばらばらに出てくる。

　　　　　　　　撤退オプション単独632万ドル
　　　　　　　　縮小オプション単独1500万ドル
　　　　　　　　拡張オプション単独1449万ドル
　　　　　　　　個々のオプションの合計3581万ドル

　このように、複数のリアルオプションの組み合わせを別個に評価して、それらを合計すると、はなはだしく異なる誤った結果が出てくる。つまり、これらを正しく分析するためには、上に示したように、同一のプロジェクトの

中に存在するすべてのタイプのリアルオプションの間の相互作用を計算に入れなければならないのである。個々のオプションの合計が、各オプション間の相互作用を考慮した結果と一致しないのは、これらのオプションが、相互に排他的な、独立した性格を持っているからである。すなわち、この企業が、同一の格子点で事業の拡張と縮小を同時に行なうことは絶対にできないからである。

選択オプションは、こうした、各オプションの相互排他的な作用を捕捉することができる。格子上の特定の格子点について別個にオプション分析を行なった場合、拡張オプション分析では拡張が最善策とされ、縮小オプション分析では縮小が最善策とされるといった結果が出るかもしれない。しかし、この選択オプションにおいては、3つのオプションの間の相互作用がこうした事態の発生を防ぐし、オプションが過大評価されることもない。これは、この例の場合、同一の時点で複数のオプションを実行することができないようになっているからである。さらに、もっと高度なリアルオプションの問題においては、この、ある時点における複数のオプションの相互作用が極めて重要かつ必要になってくる。

また、時間の経過とともにパラメータのいくつかを変えることになれば（インフレ率と相関する成長率で実行費用が変わったり、時間の経過とともに残存額が変わったりする場合など）、分析はさらに複雑になってくる。しかし、これらも、二項格子を使えば容易に対応できるのである。

5 複合オプション

複合オプションの分析では、一つのオプションの価値がもう一つのオプションの価値に依存する。例えば、製薬会社が新薬を開発した場合、その新薬はFDA（合衆国食品医薬品局）の審査を受けて承認される必要があり、承認を得るためには人間を対象とした臨床試験を行なわなければならない。FDAの承認過程と、新薬の臨床試験は同時に進行するものであり、承認獲得は臨床試験の成功に大きく依存している。ここで、前者の費用が9億ドル、後者の費用が5億ドルであるとする。さらに、両方ともまったく同時に進め

られており、完了するまで３年かかるものとする。そこで、モンテカルロ・シミュレーションを使って、将来の予測対数キャッシュフローのボラティリティを計算したところ、30％という結果が出た。向こう３年間の無リスク資産のリスクフリーレートは7.7％である。この新薬開発プロジェクトの将来の収益性を割引キャッシュフロー・モデルによって静的に評価した結果（すなわち適切な市場リスク調整割引率で割り引いた将来の期待キャッシュフローの現在価値）は10億ドルである。図７－９、図７－10、および図７－11は、複合オプションの価値を割り出すための計算の過程を示している。図７－９は、いつものとおり、最初の原資産の格子を示しており、図７－10は第１のオプションの中間エクィティの格子を示し、図７－11は複合オプションのオプション評価格子をそれぞれ示している。なお、複合オプションの評価格子は、原資産としての第１のオプションに基づいて作成される。

図７－９に示した計算とステップは、第６章で概観した、上昇率、下落率、およびリスク中立確率分析をベースとしている。図７－９に示すように、上昇率が1.3499、下落率が0.7408となっているので、原資産価値の＄1,000からスタートして、これに上昇率と下落率を掛け、＄1,349.9と＄740.8という値を得た。図７－７の格子の残りの部分も、同じアプローチで計算されている。

第２のステップでは、図７－10に示すエクィティ格子の計算を行なう。図７－10の最終格子点（Ｎ）を見ると、＄1,559.6という値になっているが、こ

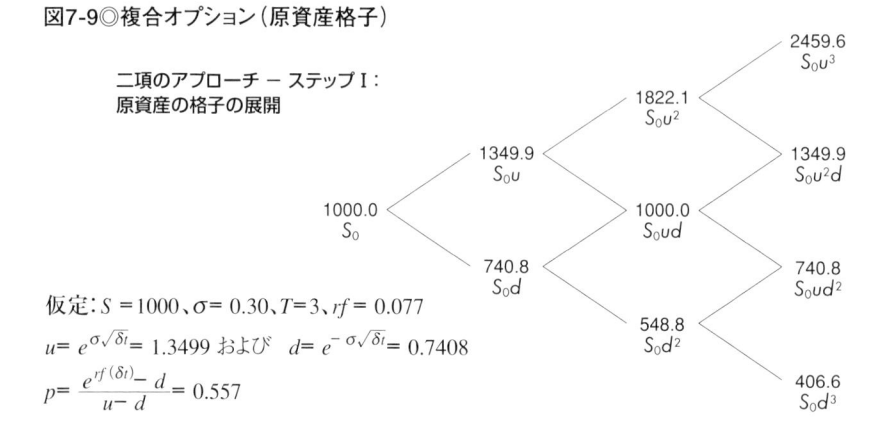

図7-9◎複合オプション（原資産格子）

二項のアプローチ － ステップⅠ：
原資産の格子の展開

```
                                                      2459.6
                                                      S₀u³
                                         1822.1
                                         S₀u²
                            1349.9                    1349.9
                            S₀u                      S₀u²d
               1000.0                   1000.0
               S₀                       S₀ud
                            740.8                     740.8
                            S₀d                      S₀ud²
                                         548.8
                                         S₀d²
                                                      406.6
                                                      S₀d³
```

仮定：$S = 1000$、$\sigma = 0.30$、$T = 3$、$rf = 0.077$

$u = e^{\sigma\sqrt{\delta t}} = 1.3499$ および $d = e^{-\sigma\sqrt{\delta t}} = 0.7408$

$p = \dfrac{e^{rf(\delta t)} - d}{u - d} = 0.557$

図7-10◎複合オプション(エクィティ格子)

二項のアプローチ − ステップⅡ:
エクィティ格子

```
                              1559.6  N
                 988.8     Max[$1559;0]
       605.1              449.9
361.1            231.9
       119.6  O           0.0
    Max[$119.6;-159.2]
                          0.0
                              0.0
```

価値最大化:「実行」または「0」
行使 = 2459.6−投資費用1 = $1559.6

これは、複合オプションの問題を解くために必要な中間エクィティ格子である。

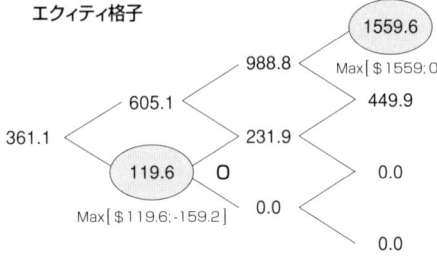

価値最大化:「実行」または「オプションをオープンのまま温存」
行使する場合 = 740.8−投資費用1 = −$159.2
オプションをオープンのまま温存する場合 = [P(231.9)+(1−P)(0)]exp(−rf*dt) = $119.6

れは、オプションを実行する場合と、実行せずに期限が切れて無価値化するに任せた場合を比較して価値最大化によって得たものである。すなわち、オプションの価値は、$2,459.6−$900(投資費用1) = $1,596.6(×100万)であり、利益を最大化する値は、MAX[1,559.6 ; 0](価値最大化)により、$1,596.6(×100万)と判定されたのである。

次に、中間格子点について検討してみよう。図7−10の格子点Oを見ると、1億1960万ドルという計算結果が出ている。この格子点においてオプションを実行する場合の価値は、$740.8−$900 = −$159.2(×100万)である。

図7-11◎複合オプション(評価格子)

二項のアプローチ − ステップⅢ:
オプション評価の格子

```
                              1059.6  P
                 546.4     Max[$1059.6;0]
       281.8              0.0
145.33           0.0
       0.0                0.0
             0.0  Q
        Max[$0.0;-500]
                          0.0
```

価値最大化:「実行」または「0」
実行 = 1559.60 投資費用2 = $1059.60

この複合オプションの価値$145.33を静的なNPV$100と比較すれば、オプションが$45.33の付加価値をもたらしたことが分かる。

価値最大化:「実行」または「オプションをオープンのまま温存」
実行する場合 = 0 投資費用2 = −$500.0
オプションをオープンのまま温存する場合 = [P(0)+(1−P)(0)]exp(−rf*dt) = $0

ここで、$740.8という値は、図7-9で、図7-10の格子点Oと同じ位置にある格子点から直接持ってきた値である。継続する場合の価値は、将来におけるオプションの潜在的価値のリスク中立確率による加重平均値を、現在価値に割り引いたものになる。リスクの調整は、オプションの将来のキャッシュフローの確率に対してすでに行なわれているので、ここでは、リスクフリーレートを使って割り引くことができる。そこで、オプションをオープンのまま温存する場合の価値を計算すると、$[(p)(\$231.9) + (1-p)(\$0)]\exp[(-rf)(\delta t)] = \$119.6$(×100万)となる。これは、2つの価値(実行する場合と継続する場合)のうちの最大価値である。なお、この計算では、リスクフリーレートrfが7.7%、ステップ期間を1、そしてリスク中立確率Pを0.557と仮定している。バックワード・インダクション法を使って、エクイティ格子を開始点まで計算していくと、3億6110万ドルという結果が出た。

第3のステップでは、図7-11に示すオプション評価格子の計算を行なう。図7-11で、丸で囲んだ最終格子点(P)を見ると、$1,059.6という計算結果が出ているが、これは、0とオプションの価値を比較して価値最大化によって得た値である。オプションの価値は、$1559.6 - $500(投資費用2) = $1,059.6である。ここで、$1,559.6という値は、図7-10のエクイティ格子で、図7-11の格子点Pと同じ位置にある格子点から直接持ってきた値であり、図7-9の原資産格子から持ってきたものではないことに注意してもらいたい。これは、複合オプションにおいては、原資産格子と評価格子がそれぞれ別のオプションになるからである。同様に、図7-11の格子点Qを見ると、$0という計算結果が出ているが、これは、この格子点のMAX[-$500;0](価値最大化)によって得た値である。バックワード・インダクション法により、この複合オプションの価値を計算すると、$145.33(×100万、端数切り上げ)となる。この値を、最初の投資(投資1)決定の静的な価値$1,000 - $900 = $100(×100万)と比較してみるとどうだろうか。巻末に添付されたソフトウエアを使って、ステップ数を1,000として計算すると$165.10。解析型複合オプション・モデルを使って計算すると$165.10。そして修正アメリカン・コール・オプション・モデルを使って計算すると$165.11という値がそれぞれ得られる。二項格子法の結果とアプローチが正

図7-12◎コスト推移オプション（原資産格子）

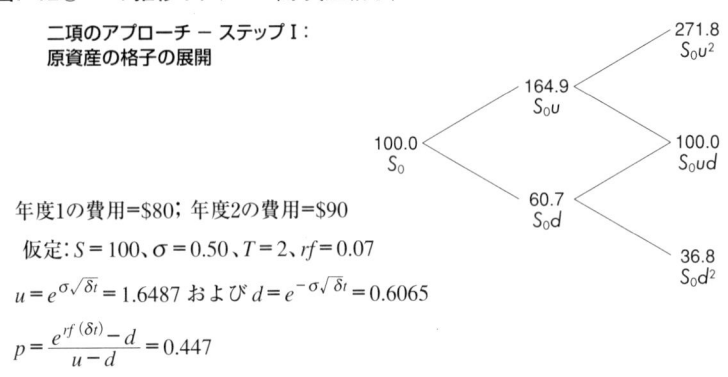

二項のアプローチ − ステップⅠ：
原資産の格子の展開

```
                                    271.8
                                    $S_0u^2$
                    164.9
                    $S_0u$
100.0                               100.0
$S_0$                               $S_0ud$
                    60.7
                    $S_0d$
                                    36.8
                                    $S_0d^2$
```

年度1の費用=$80；年度2の費用=$90

仮定：$S=100$、$\sigma=0.50$、$T=2$、$rf=0.07$

$u = e^{\sigma\sqrt{\delta t}} = 1.6487$ および $d = e^{-\sigma\sqrt{\delta t}} = 0.6065$

$p = \dfrac{e^{rf(\delta t)} - d}{u - d} = 0.447$

しいことが確認できるだろう。

6 コスト推移モデル

　これまで検討してきたオプション・タイプの変形の一つとして、行使価格の変更が考えられる。すなわち、時間の経過とともにプロジェクトの実行費用が変わっていくということである。特定の期間プロジェクトを延期すれば、費用は高くなる可能性がある。図7−12と図7−13は、この概念の応用例を示している。なお、行使価格の変更は、これまで見てきたオプション・タイプのいずれに対しても行なわれ得る。これは、異なるタイプのオプションを混合し、互いに適合させることができることを意味しているのである。

　以上を踏まえて、あるプロジェクトの初年度の実行費用8000万ドルが、次年度には、原材料費と投入費用の上昇により、9000万ドルに増加する場合を考えてみよう。モンテカルロ・シミュレーションを使って、将来の予測対数キャッシュフローのボラティリティを計算したところ、50％という結果が出た。向こう3年間の無リスク資産のリスクフリーレートは7.0％である。将来の収益性を割引キャッシュフロー・モデルによって静的に評価した結果（すなわち適切な市場リスク調整割引率で割り引いた将来の期待キャッシュフローの現在価値）は1億ドルである。原資産格子の展開は、図7−12に示

図7-13◎コスト推移オプション（評価格子）

二項のアプローチ - ステップⅡ:
オプション評価格子

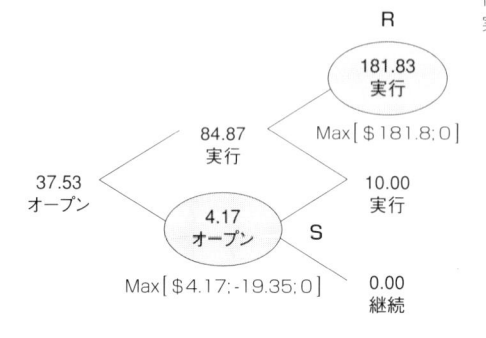

```
                        R
                    ┌────────┐
                    │ 181.83 │
                    │  実行  │
                    └────────┘
           84.87      Max[$181.8;0]
           実行
37.53                 10.00
オープン               実行
           ┌────┐
           │4.17│
           │オープン│  S
           └────┘
                      0.00
           Max[$4.17;-19.35;0]  継続
```

価値最大化:「購入オプションの実行」または「0」
実行＝271.83−実行費用2＝$181.83

二項法によりオプションの価値を評価すると$37.53という結果になる。これに対し、単純にブラック−ショールズ法だけで計算した場合$36.90または静的なNPVの結果は年度1:$20、年度2:$10となる。

価値最大化:「購入オプションの実行」または「オプションをオープンのまま温存」
実行する場合＝60.65−実行価格1＝−$19.35
オプションをオープンのまま温存する場合＝[P(10)+(1−P)(0)]exp(−riskfree*dt)＝$4.17

してある。

　図7−13は、行使価格が変わるオプションを、アメリカン・コール・オプションの計算アプローチと同じようにステップごとに計算する過程を示している。ここで、行使価格を変更する場合のコール・オプションの価値が、3753万ドルであることに注目されたい。これに対して、単純に割引キャッシュフロー法だけで静的な正味現在価値を計算すると、年度1に実行した場合の価値が2000万ドル、年度2に実行した場合の価値が1000万ドルになる。

　説明を簡略にするために、ここでは2期分だけに限って分析しているが、実際のビジネス条件においては、数多くのステップに対して複数の行使価格を設定し、それらを、より多くのステップを持つ二項ツリーを使ってモデル化することになる。ステップ期間のサイズ（δt）をベースとして、異なる時期における異なる費用を格子上に容易に適用することができる。さらに、コスト推移オプションを、拡張オプション、複合オプション、ボラティリティ・オプション、等々の他のすべてのタイプのオプションと組み合わせて使うことも可能である。

図7-14◎ボラティリティ変動オプション(原資産格子)

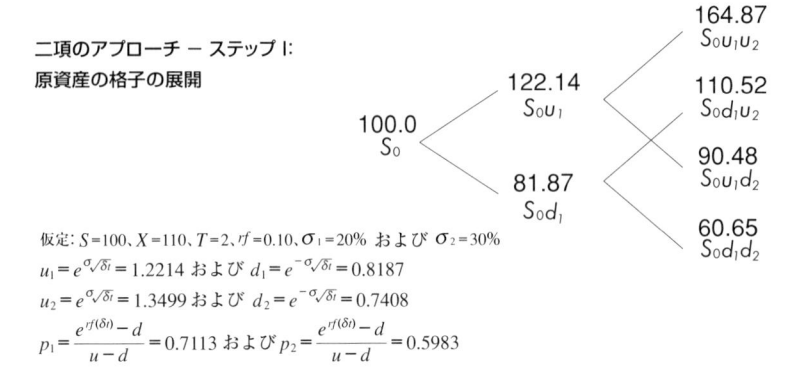

二項のアプローチ － ステップⅠ:
原資産の格子の展開

```
                        164.87
                        S₀u₁u₂
              122.14
              S₀u₁    110.52
                        S₀d₁u₂
100.0
S₀
              81.87     90.48
              S₀d₁    S₀u₁d₂

                        60.65
                        S₀d₁d₂
```

仮定:$S=100, X=110, T=2, rf=0.10, \sigma_1=20\%$ および $\sigma_2=30\%$

$u_1 = e^{\sigma\sqrt{\delta t}} = 1.2214$ および $d_1 = e^{-\sigma\sqrt{\delta t}} = 0.8187$

$u_2 = e^{\sigma\sqrt{\delta t}} = 1.3499$ および $d_2 = e^{-\sigma\sqrt{\delta t}} = 0.7408$

$p_1 = \dfrac{e^{rf(\delta t)} - d}{u - d} = 0.7113$ および $p_2 = \dfrac{e^{rf(\delta t)} - d}{u - d} = 0.5983$

7 ボラティリティ変動モデル

　行使価格の代わりに、キャッシュフロー・リターンのボラティリティが時間の経過とともに変化する場合もある。図7－14と図7－15は、この場合を示したものである。図7－14には、初年度のボラティリティが20%で、次年度のボラティリティが30%の2年オプションの例が示されている。この状況下では、2つの期間の上昇率と下落率が異なっている。したがって、二項格子は再結合型にはならない。実際、図7－14に示すように、原資産格子の枝は互いに交差している。下の第1枝の上側の分岐（$81.87から$110.52への分岐）が、上の第2枝の下側の分岐（$122.14から$90.48への分岐）と交差しているのである。こうした複雑な交差が、時間ステップの数に応じて多重的に複合していく。

　図7－15は、オプション評価の格子を示している。ここでは、異なるオプション・タイプの場合と同様の計算が、ボラティリティ変動オプションに対して行なわれている。例えば、最終格子点（T）は、$54.87という値を示しているが、これは、ゼロと、$164.87－$110＝$54.87を比較して価値最大化によって得た値である。一方、格子点Uでは、オプションを行使する場合の$81.87－$110＝－$28.13（×100万）と、オプションをオープンのま

図7-15◎ボラティリティ変動オプション（評価格子）

二項のアプローチ − ステップⅡ：オプション評価の格子

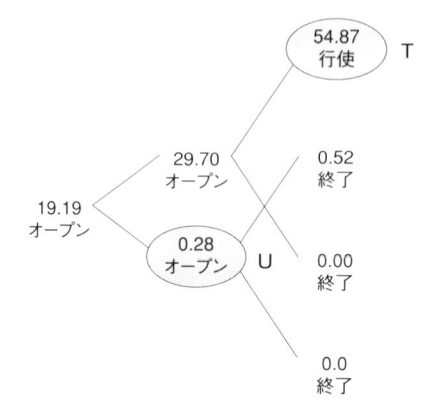

```
                    54.87
                    行使    T
              29.70        0.52
              オープン      終了
      19.19
      オープン
              0.28
              オープン  U  0.00
                          終了

                          0.0
                          終了
```

価値最大化：「購入オプションの実行」または「0」
実行＝164.87　実行費用＝$54.87

二項法によりオプションの価値を評価すると拡大NPVで$19.19という結果になる。これを静的なNPV−$10と比較すれば、オプションが$29.19の付加価値をもたらしたことが分かる。なお、このタイプの分析では、非再結合格子を仮定することに注目されたい。

価値最大化：「購入オプションの実行」または「オプションをオープンのまま温存」
実行する場合＝81.87　実行費用＝−$28.13
オプションをオープンのままにする場合＝[P(0.52)+(1−P)(0.00)] exp(−riskfree*dt)＝$0.28

ま温存する場合の $[(P)(\$0.52)+(1-P)(\$0)]\exp[(-rf)(\delta t)] = \$0.28$（×100万）を比較して価値最大化によって$0.28（×100万）という値を得ている。なお、この計算では、リスクフリーレート（rf）を10％、ステップ期間を1、リスク中立確率（P）を0.5983と仮定している。バックワード・インダクション法により、この評価格子を開始点まで計算した結果は、$19.19（×100万）となっており、静的な正味現在価値の−1000万ドル（1億ドルの利得に対して費用が1億1000万ドル）を大きく上回っている。

　ボラティリティの条件を変更すれば、これよりもっと複雑な分析を行なうことができる。例えば、複数の確率論的原資産変数が存在しており、それらがオプションの価値を左右する場合、各変数のボラティリティ同士が相関を持つかもしれない。例えば、商品の価格と販売量の2つの変数の間に負の相関がある場合（需要曲線が下降する場合）などの場合である。巻末添付のCD-ROMのReal Options Analysis Toolkitを使えば、こうしたより複雑な計算を実行することができる。

図7-16◎段階複合オプション（原資産格子）

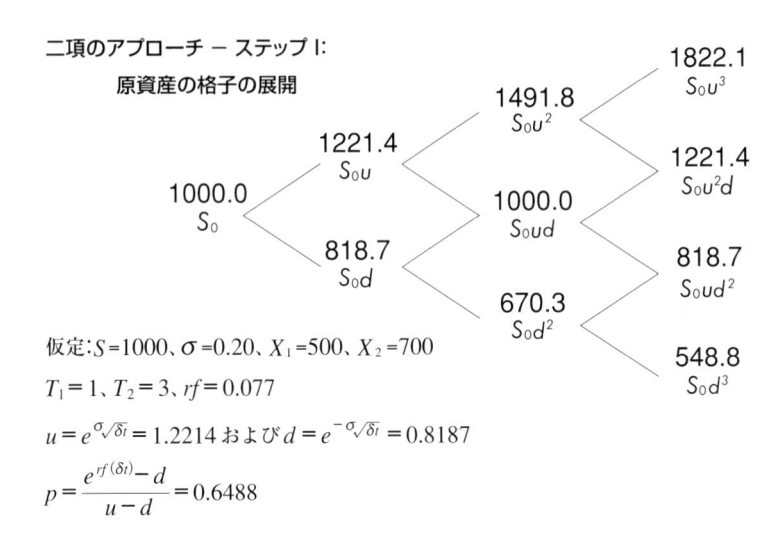

二項のアプローチ − ステップ I:
原資産の格子の展開

```
                                    1822.1
                          1491.8    $S_0u^3$
                 1221.4   $S_0u^2$
        1000.0   $S_0u$              1221.4
        $S_0$            1000.0     $S_0u^2d$
                 818.7   $S_0ud$
                 $S_0d$              818.7
                          670.3     $S_0ud^2$
                          $S_0d^2$
                                    548.8
                                    $S_0d^3$
```

仮定: $S=1000$、$\sigma=0.20$、$X_1=500$、$X_2=700$
$T_1=1$、$T_2=3$、$rf=0.077$

$u = e^{\sigma\sqrt{\delta t}} = 1.2214$ および $d = e^{-\sigma\sqrt{\delta t}} = 0.8187$

$p = \dfrac{e^{rf(\delta t)} - d}{u - d} = 0.6488$

8 段階複合オプション

　プロジェクトが複数の段階を持っており、後の段階が前の段階の成功に依存している場合、段階複合オプションが設定される。図7−16から図7−19では、段階複合オプションの計算の過程が示されている。例えば、2つの段階を持つプロジェクトがあり、第1段階の期限が1年で費用が5億ドルであり、第2段階の期限が3年で費用が7億ドルであると仮定する。モンテカルロ・シミュレーションを使って、将来の予測対数キャッシュフローのボラティリティを計算したところ、50％という結果が出た。向こう3年間の無リスク資産のリスクフリーレートは7.0％である。将来の収益性を割引キャッシュフロー・モデルによって静的に評価した結果（すなわち適切な市場リスク調整割引率で割り引いた将来の期待キャッシュフローの現在価値）は10億ドルである。原資産格子の展開は、図7−16に示してある。

　最初の原資産格子の計算は、これまでに見たオプション・タイプと同様で、

まず上昇率と下落率を計算してから、向こう3年間のキャッシュフローの現在価値を展開することから始める。

図7-17は、2番目のオプションのエクィティ格子の計算を行なう分析の第2のステップを示している。分析に際しては、最初に長期のオプションを計算し、次に短期のオプションを計算しなければならない。これは、一つの複合オプションの価値は、もう一つのオプションの価値をベースとするものだからである。図7-17の丸で囲んだ最終格子点（V）を見ると、$1,122.1という計算結果が出ているが、これは、ゼロと、オプションを行使する場合の$1,822.1 - $700 = $1,122.1（×100万）を比較して価値最大化によって得た値である。中間格子点Wは$71.3（×100万）という値を示しているが、これは、オプションを実行する場合の$670.3 - $700 = $-29.7（×100万）と、オープンのまま温存する場合の $[(p)($118.7)+(1-p)($0.0)]\exp[(-rf)(\delta t)] = $71.3（×100万）を比較して価値最大化によって得た値である。なお、この計算では、リスクフリーレート（rf）を7.7％、ステップ期間を1、

図7-17◎段階複合オプション（エクィティ格子）

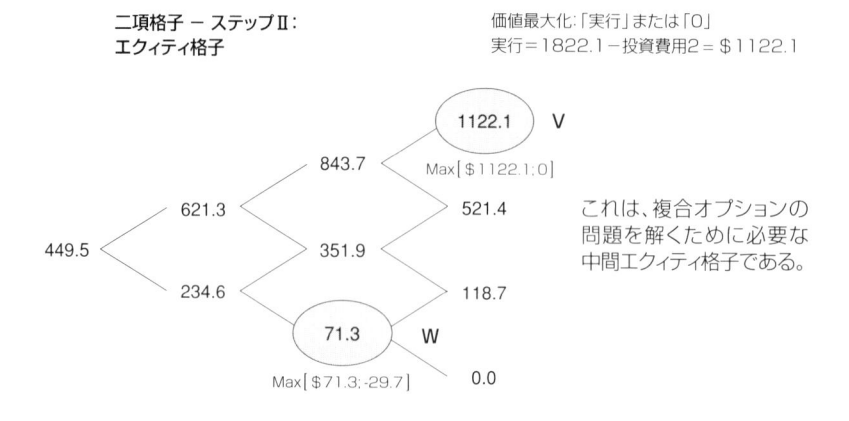

二項格子 - ステップⅡ：
エクィティ格子

価値最大化：「実行」または「0」
実行＝1822.1－投資費用2＝$1122.1

```
                                    1122.1   V
                        843.7       Max[$1122.1;0]
            621.3                   521.4            これは、複合オプションの
449.5                   351.9                        問題を解くために必要な
            234.6                   118.7            中間エクィティ格子である。
                        71.3    W
                        Max[$71.3;-29.7]  0.0
```

価値最大化：「実行」または「オプションをオープンのまま温存」
実行する場合＝670.3－投資費用2＝－$29.7
オプションをオープンのままにする場合＝$[P(118.7)+(1-P)(0.0)]\exp(-rf^{*}dt) = $71.3

図7-18◎段階複合オプション（評価格子）

二項のアプローチ － ステップⅢ：
オプション評価の格子

価値最大化：「実行」または「0」
実行＝621.7－投資費用1＝＄121.3

```
              121.3    X
         Y   Max[＄121.3;0.0]
        72.86
     Max[＄72.86;0.0]
              0.0
```

この複合オプションの価値は
＄72.86である。

価値最大化：「実行」または「オプションをオープンのまま温存」
実行する場合＝449.5－投資費用1＝－＄50.5
オプションをオープンのままにする場合＝[P(121.3)+(1-P)(0)]exp(-rf*dt)＝＄72.86

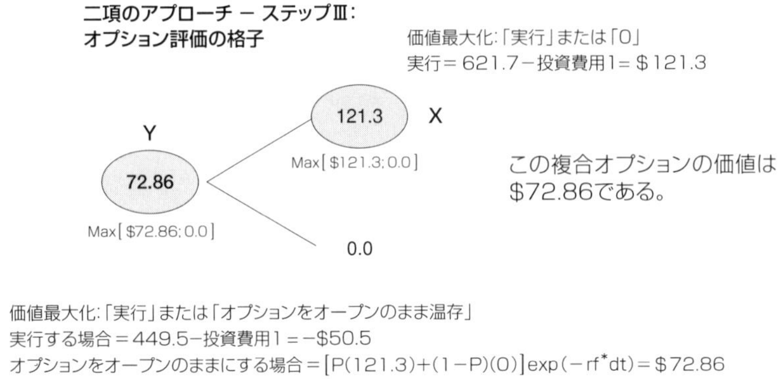

図7-19◎段階複合オプション（評価格子）

二項のアプローチ － ステップⅣ：
2つのオプション分析の結合格子

1番目のオプション　　　**2番目のオプション**

```
                             1122.1
                     843.7  2回目の投資を
                    オープン  行なう
           121.3
          1回目の投資を        521.4
   72.86   行なう       351.9  2回目の投資を
  オープン              オープン  行なう
           0.00
          投資しない        118.7
                     71.3   2回目の投資を
                    オープン  行なう
                             0.0
                            投資しない
```

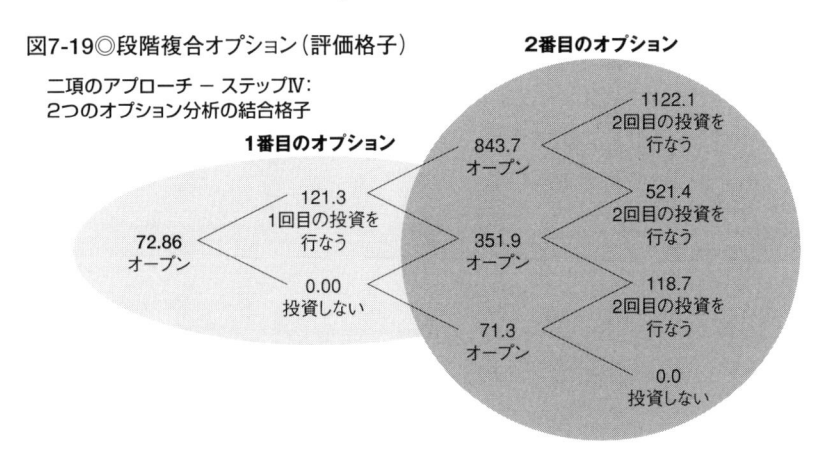

リスク中立確率（P）を0.6488と仮定している。バックワード・インダクションにより、このエクィティ格子を開始点まで計算した結果は、＄449.5（×100万）である。

図7－18は、最初の短期のオプションのエクィティ格子の評価を示している。この格子の分析は、図7－17に示した2番目の長期のオプションの格子に依存している。例えば、格子点Xを見ると、＄121.3（×100万）という値が示されているが、これは、ゼロと、オプションを実行した場合の＄621.27－＄500＝＄121.27（×100万）を比較して価値最大化によって得た

値である。ここで、＄621.27という値が、図7-17に示した2番目の長期のオプションのエクィティ格子の中の値であり、＄500という値が、1番目の短期のオプションの実行費用である点に注目してもらいたい。

一方、図7-18の格子点Yではバックワード・インダクション法が使われている。＄72.86という値は、オプションを行使する場合の＄449.5－＄500＝－＄50.5（×100万）と、オープンのまま温存する場合の $[(p)(\$121.3)+(1-p)(\$0.0)]\exp[(-rf)(\delta t)] = \$72.86$（×100万）を比較して価値最大化によって得た値である。つまり、利益を最大化する値は、オプションをオープンのまま温存することによって得られるのである。なお、この計算では、リスクフリーレート（rf）を7.7％、ステップ期間を1、リスク中立確率（P）を0.6488と仮定している。ここでも、5億ドルという値が、1番目の短期のオプションの実行費用である点に注目していただきたい。

図7-19は、図7-17と図7-18のオプション分析を組み合わせたもので、1回目と2回目の投資決定時期と、将来投資するべくオプションをオープンのまま温存する場合の両方を示している。

9 二項モデルの拡張

前述の例に見たように、二項格子では、いくつもの微調整を加えることができる。例えば、図7-20は、図7-7の場合と同じパラメータを持つ選択オプションを示しているが、若干「ひねり」が加えられている。すなわち、拡張係数が年10％ずつ増加する一方で、拡張費用は年3％ずつ減少するのである。しかも、撤退する場合の残存価値は年5％ずつ増加する。こうした「カスタマイズ」変更は、二項格子に容易に取り込むことができる。しかし、同じことを解析型のソリューションで行なうことは極めて難しい。なぜなら、解析型のモデルでは、少しでも変更が加えられるたびに、確率計算をし直さなければならないからである。二項格子なら、価値最大化という「常套手段」を使って簡単に変更することができる。

このアプローチを少し先に進めれば、読者は、ごく簡単にオプションをカスタマイズして、あらゆる状況に対応することができる。つまり、実際のビ

ジネス・ケースにより密着した分析を行なうことができるのである。例えば、成長率一つをとっても、先に挙げた例以外に、インフレ率、実行費用の変化、節減、または時間の経過に伴う残存価値の変化などを再現できるだろう。さらに重要なことは、拡張係数や縮小係数も変更が可能だということであろう。一つのプロジェクトの実行費用が、特定の期間内のどの時点でも、状況のいかんにかかわらず同一であるなどということはないからである。いずれにしても、この章で検討したシンプルな「素材」を使いこなすことができれば、読者は、より高度なカスタマイズされたリアルオプションのモデルの開発に進むことができる。

　第8章では、そうしたより高度なモデルや問題について説明する。また、第9章では、この本に添付されたCD-ROMにあるReal Options Analysis Toolkitを使うことによって、これらの高度なモデルにいかに容易に取り組むことができるかを示すつもりである。

図7-20 ◎二項モデルの拡張

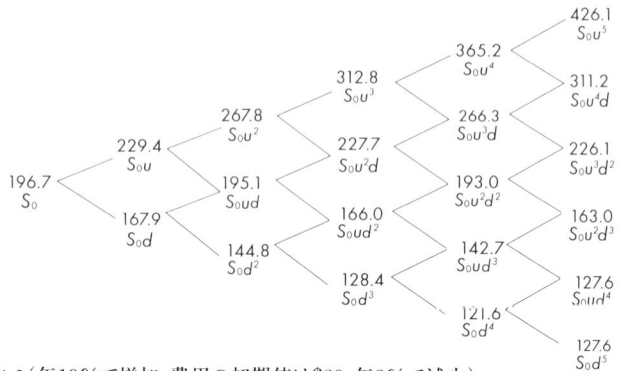

```
                                                                    426.1
                                                                    S₀u⁵
                                                        365.2
                                                        S₀u⁴
                                            312.8                   311.2
                                            S₀u³                    S₀u⁴d
                                267.8                   266.3
                                S₀u²                    S₀u³d
                    229.4                   227.7                   226.1
                    S₀u                     S₀u²d                   S₀u³d²
        196.7                   195.1                   193.0
        S₀                      S₀ud                    S₀u²d²
                    167.9                   166.0                   163.0
                    S₀d                     S₀ud²                   S₀u²d³
                                144.8                   142.7
                                S₀d²                    S₀ud³
                                            128.4                   127.6
                                            S₀d³                    S₀ud⁴
                                                        121.6
                                                        S₀d⁴
                                                                    127.6
                                                                    S₀d⁵
```

拡張係数 = 1.3（年10％で増加、費用の初期値は$20、年3％で減少）
縮小係数 = 0.9（節減費用の初期値は$25、年10％で減少）
残存価値 = 100（年5％で増加）
仮定: $S=100$、$\sigma=0.15$、$T=5$、$rf=0.05$
$u = e^{\sigma\sqrt{\delta t}} = 1.1618$ および $d = e^{-\sigma\sqrt{\delta t}} = 0.8607$
$p = \dfrac{e^{rf(\delta t)} - d}{u - d} = 0.633$

■ 第7章の要約 ■

　解析型解法は、正確かつ迅速であり、ある程度の基礎的なプログラミングの技術があれば簡単に実行することができる。しかし、その原理を説明することは極めて難しい。また、その前提は極めて限定的であり、モデリングにおける柔軟性も限られている。これに対して、二項格子は、実行も説明も簡単であり、極めて柔軟性が高いが、良好な近似値を得るためには、かなりのコンピュータ・パワーと多数のステップが必要である。極限においては、二項格子は、解析解に近似していく傾向がある。したがって、条件が許す限り、常に両方のアプローチを使って、結果を検証することが望ましい。解析型解法から得られた結果は、二項格子の構造と組み合わせて、リアルオプションのソリューションについての完全なプレゼンテーションとして経営陣に提示することができる。信頼性をテストするためには、ブラック－ショールズ・モデルを使うことさえできる。すなわち、リアルオプション分析の結果がブラック－ショールズと同様の大きさを持つ場合は、分析の信憑性がさらに高くなるのである。

第7章に関連する設問

1. 撤退オプションに関する図7－1と図7－2の例を使って、残存価値が当初の＄100（時期0において）から、時期1以降、毎期10％ずつ増加するものと仮定して、オプションの価値を計算し直せ。

2. 図7－3と図7－4に示した拡張オプションの例では、競合企業が、評価の対象となっている企業と同じレベルの成長率と不確実性を持っていると仮定している。これに対して、競合企業が異なる成長率と異なるリスクと不確実性を持っているとしたら何をしなければならないか説明せよ。競合企業のボラティリティが、35％ではなく45％であるものとして分析し直せ。

3. 図7－7と図7－8は、選択オプションを示している。すなわち、現在の事業の拡張、縮小、および撤退の各オプションの中から選択するオプションである。これら3つのオプションについて、この本に添付されたCD-ROMにあるReal Options Analysis Toolkitを使って分析し直し、図7－8に示された要約が正しいことを検証せよ。また、個々のオプションの価値の総和が、選択オプションの価値と一致しない理由を説明せよ。

4. 図7－9から図7－11に示した複合オプションの例で、第1段階の費用は9億ドルで第2段階の費用は5億ドルであった。しかし、同時複合オプションにおいては、これら2つの段階が同時に発生する。第1段階の費用を5億ドル、第2段階の費用を9億ドルに変更して、例を分析し直せ。結果は同等であるべきか、それとも同等であってはならないか？ また、その理由を説明せよ。

5．付録7Gの例に基づいて、Excelでモンテカルロ・シミュレーションを行なってヨーロピアン・コール・オプションを作成せよ。標準正規乱数分布のシミュレーションには、次の関数を使用せよ"＝NORMSINV（RAND（ ））"。仮定は、期限1年、ボラティリティ年率40％、原資産および実行費用＄100、リスクフリーレート5％、および無配当である。ブラック－ショールズと二項格子による結果を使って検証せよ。

6．付録7Cの例に基づいて、リスクフリーレートによる割引が継続するものと仮定して、リスク中立確率のアプローチを使ってアメリカン・コール・オプションの問題を解け。次に、市場複製ポートフォリオのアプローチを使って同じオプションの問題を解け。その上で、両方のアプローチから同一のコール・オプション価値が得られるという理論を検証せよ。比較的容易に応用できるのはどちらのアプローチか？ 両方のアプローチで使う仮定は次のとおりである：原資産価値＝＄100、実行費用＝＄100、満期＝3年、ボラティリティ＝10％、リスクフリーレート＝5％、配当＝0％、および二項格子のステップ数＝3。

付録 7A
ボラティリティの予測

リアルオプション分析において、予測が最も難しいパラメータは、キャッシュフローのボラティリティであろう。以下に、ボラティリティを計算するための方法について、個々の方法の長所と短所を含めて検討する。

対数キャッシュフロー収益率のアプローチ

表7A-1に示すように、対数キャッシュフロー収益率のアプローチでは、将来のキャッシュフローの予測値と、その収益率対数値を使ってボラティリティを計算する。まず、将来のキャッシュフロー列を計算してから、それらを適切な収益率に換算し、さらにそれらの収益率の自然対数を得る。こうして得られた自然対数収益率の標準偏差が、リアルオプション分析で使われるキャッシュフロー列のボラティリティとなるのである。ここで、収益率の数が、期間の総数よりも一つ少ないことに注目してもらいたい。すなわち、時期0から5に対して6つのキャッシュフローがあるのに対して、キャッシュフロー収益率は5つしかないのである。

次に、ボラティリティの予測値を次のように計算する。

$$\text{ボラティリティ} = \sqrt{\frac{1}{n-1}\sum_{i=1}^{n}(x_i - \bar{x})^2} = 25.58\%$$

ここで、nはXの数で、$\bar{x}$ はXの平均値である。以上を見れば、このシンプルなアプローチの長所と短所がすぐに分かるだろう。長所は、極めて実行が容易であり、モンテカルロ・シミュレーションを行なわなくともボラティリ

ティを推定することができるということである。しかも、これは数学的に有効な方法であり、金融資産のボラティリティを推定する際に広く使用されている。しかし、これをリアルオプション分析で使う場合には、細心な検討が必要である。例えば、ある時期のキャッシュフローが負の値である場合は、リターンも負の値になる。しかし、負の値には、自然対数は存在し得ない。したがって、キャッシュフローのダウンサイドを捕捉することができず、誤った結果が引き出される可能性がある。また、自己相関を持つキャッシュフロー（時系列予測の技法によって推定される）や、静的な成長率を持つキャッシュフローの場合も、誤ったボラティリティ予測が出る可能性がある。このような場合には、厳重な注意が必要である。

　上記のシンプルな方法に対して、モンテカルロ・シミュレーションによる割引キャッシュフロー・モデルを作ると、何千回もの試行によって、単一の誤ったボラティリティ予測を引き出してしまうリスクを軽減することができる。これは、割引キャッシュフローのレベルでモンテカルロ・シミュレーションを行なえば、ボラティリティが分布として得られ、その分布をリアルオプション分析の入力仮定として使うことができるからである。こうした方法で分析すれば、単一の予測値でなく、リアルオプションの予測価値の分布と、それに対応する発生確率を得ることができるのである。

表7A-1◎将来のキャッシュフローの予測値とそれに対応する対数リターン

時期	キャッシュフロー	キャッシュフロー収益率	キャッシュフロー収益率の自然対数（X）
0	$100	—	—
1	$125	$125/$100 = 1.25	ln($125/$100) = 0.2231
2	$ 95	$ 95/$125 = 0.76	ln($ 95/$125) = −0.2744
3	$105	$105/$ 95 = 1.11	ln($105/$ 95) = 0.1001
4	$155	$155/$105 = 1.48	ln($155/$105) = 0.3895
5	$146	$146/$155 = 0.94	ln($146/$155) = −0.0598

対数現在価値のアプローチ

対数現在価値のアプローチは、トム・コープランド[1]が最初に提唱したもので、将来のすべてのキャッシュフローの予測値を、最初の期間第1期と現時点（0期）の2組の現在価値に折りたたむ方法である。ステップは下に示すとおりで、計算に際しては固定割引率を仮に10%とする。各キャッシュフローについて、0期まで割り引いたものと、1期まで割り引いたものを考える。その値の合計により、次のように対数比が計算される。

$$X = \ln \left(\frac{\sum_{i=1}^{n} PVCF_i}{\sum_{i=0}^{n} PVCF_i} \right)$$

ここで、$PVCF_i$は、異なる時期iにおける将来のキャッシュフローの現在価値を表している。図7A-2で、Xの値は、ln（$514.31／$567.56）＝－0.0985と計算される。このX値を使って、割引キャッシュフロー・モデルのモンテカルロ・シミュレーションを行ない、Xの予測分布を得る。得られた予測分布の標準偏差が、リアルオプション分析で使われるボラティリティの予測値になる。ここで、シミュレートされるのは分子だけであり、分母には何ら変更が加えられないことに注意していただきたい。

この方法でボラティリティを推定することの欠点は、モンテカルロ・シミュレーションを使いながら、得られるのは単一の予測値だけだということである。対数キャッシュフロー収益率のアプローチなら、ボラティリティの分布を得ることができ、それを使ってリアルオプションの価値の計算値の分布を得ることができる。またこの方法に対する最も大きな反論点として、使用する割引率の変動性に依存しているということがある。例えば、X計算式を以下のように展開した場合を考えてみよう。

$$X = \ln\left(\frac{\sum_{i=1}^{n} PVCF_i}{\sum_{i=0}^{n} PVCF_i}\right)$$

$$= \ln\left(\frac{\dfrac{CF_1}{(1+D)^0} + \dfrac{CF_2}{(1+D)^1} + \dfrac{CF_3}{(1+D)^2} + \ldots + \dfrac{CF_N}{(1+D)^{N-1}}}{\dfrac{CF_0}{(1+D)^0} + \dfrac{CF_1}{(1+D)^1} + \dfrac{CF_2}{(1+D)^2} + \ldots + \dfrac{CF_N}{(1+D)^N}}\right)$$

ここで、Dは、使用する固定割引率を表している。展開した式を見ると、分子のキャッシュフロー列が1期ずれているし、割引因子も1期ずれている。したがって、キャッシュフローだけについてモンテカルロ・シミュレーションを行なった場合と、キャッシュフロー変数と割引率の両方についてモンテカルロ・シミュレーションを行なった場合とでは、Xの値が大きく異なって

表7A-2◎対数現在価値のアプローチ

時期	キャッシュフロー	時期0における現在価値	時期1における現在価値
0	$100	$\dfrac{\$100}{(1+0.1)^0} = \$100.00$	—
1	$125	$\dfrac{\$125}{(1+0.1)^1} = \$113.64$	$\dfrac{\$125}{(1+0.1)^0} = \$125.00$
2	$95	$\dfrac{\$95}{(1+0.1)^2} = \$78.51$	$\dfrac{\$95}{(1+0.1)^1} = \$86.36$
3	$105	$\dfrac{\$105}{(1+0.1)^3} = \$78.89$	$\dfrac{\$105}{(1+0.1)^2} = \$86.78$
4	$155	$\dfrac{\$155}{(1+0.1)^4} = \$105.87$	$\dfrac{\$155}{(1+0.1)^3} = \$116.45$
5	$146	$\dfrac{\$146}{(1+0.1)^5} = \$90.65$	$\dfrac{\$146}{(1+0.1)^4} = \$99.72$
合計		$567.56	$514.31

くる。リアルオプションでは、キャッシュフローの現在価値の変動性がオプション価値を決める。このアプローチのように、割引率の変動性がオプション価値を左右する方法には、大きな問題がある。そこで、この方法を修正するために、割引率を固定した上で分子のキャッシュフローだけについてシミュレーションを行なうことによって、各試行で異なる分子値と静的な分母値が得られるようにすることが考えられる。なお、このアプローチは、自己相関キャッシュフローと負のキャッシュフローに伴う測定リスクを軽減することができる。

GARCHアプローチ

　GARCHモデル（Generalized Autoregressive Conditional Heteroskedasticity model：一般化自己回帰型条件付き異分散モデル）を使っても、キャッシュフローのボラティリティを推定することができる。GARCHモデルは、主に、金融市場での時系列データを分析して、その条件付き分散やボラティリティを確定するために使われる。得られたボラティリティは、オプション評価にも使うことができるが、適正なボラティリティを得るためには、相当な量の過去のデータが必要である。良好なGARCH推定値を得るためには、普通、何十（時として何百）ものデータ・ポイントが必要になる。

　例えば、GARCH (1,1) モデルの一つは、次のような形をとる。

$$y_t = x_t \gamma + \varepsilon_t$$
$$\sigma_t^2 = \omega + \alpha \varepsilon_{t-1}^2 + \beta \sigma_{t-1}^2$$

　ここで、第1の式の従属変数（y_t）は、誤差項（ε_t）を伴う外生変数（x_t）の関数である。第2の式は、t期における分散（ボラティリティの2乗σ_t^2）を推定するためのものである。この分散は、過去の平均値（ω）と、前の期からのボラティリティ情報すなわち、平均式からの残差の2乗（ε_{t-1}^2）のラグとボラティリティ（σ_{t-1}^2）に依存している。GARCHモデルの詳細については、この本の主旨を超えるので、ここでは説明しない。GARCHモデル

ダイヤモンド社の経営戦略書 2003 **5**月

〒150-8409　東京都渋谷区神宮前6-12-17
http://www.diamond.co.jp/

※価格には消費税は含まれておりません。

自分で決める自分になると学ぶことだらけだ

人の話なんか聞くな！

大変な時代だからこそ、自分の信念を貫く
生き方が求められている。
人の話に惑わされている場合ではないぞ！と著者は喝を入れる。

堀場 雅夫 著
★46判上製／240頁／1500円

戦略評価の経営学

戦略の実行を支える業績評価と会計システム

戦略の計画を「絵に画いた餅」に終わらせず、確実な実行を担保する。業績評価と利益計画を統合させた戦略的会計システム。

ロバート・サイモンズ 著
伊藤 邦雄 監訳
★A5判上製／448頁／4300円

顧客主導型ビジネスモデルCSRP

製造業のマネジメントが変わる！

製造業が競争に勝ち抜く為に必要な仕組みは「顧客重視かつ企業利益を生む」新しいマネジメントモデルがCSRPである。

中野 一夫 編著
★46判上製／192頁／1800円

実践リアルオプションのすべて

戦略的投資価値を分析する技術とツール

リアルオプションの最新分析技法を徹底解説！類書に見られない豊富な実例でリアルオプションを学ぶことができる。

ジョナサン・マン 著
川口 有一郎 監訳
構造計画研究所 訳
★A5判／520頁／5000円

シナリオ・シンキング

不確実な未来に「構え」を創る思考法

旧来の戦略パラダイムが通用しなくなった今、経営の「構え」を作るために必須の思考法を図解と事例でわかりやすく解説。入門書の決定版。

西村 行功 著
★A5判／224頁／2000円

※配本月、書名、価格等は、予告なく変更することがあります。

ダイヤモンド社の経営戦略書 2003 **5**月

〒150-8409　東京都渋谷区神宮前6-12-17
http://www.diamond.co.jp/
※価格には消費税は含まれておりません。

Kei BOOKS 創刊！

「経Kei」とはダイヤモンド社が発行するリトルマガジン（月刊・A5版・48ページ）。小さな雑誌ですが、著名な執筆人が毎号、構造改革下の日本経済をめぐって論戦を繰り広げています。
その連載から生まれた単行本が、「経」BOOKSです。

経済がグローバル化することの本当の意味
グローバル経済の本質
国境を越えるヒト・モノ・カネが経済を変える

気づかぬうちに我々の生活を取り巻いているグローバルな経済の流れ。その本質を丁寧にわかりやすく伊藤教授が説き明かす。

伊藤 元重 著　★46判上製／240頁／1600円

小泉「改革」から日米関係まで異議あり！
ダマされるな！
目からウロコの政治経済学

なぜかくも無責任な国になってしまったのか。がんこな経済学者とナニワ系女子アナが痛快にニッポンを斬る！

金子 勝／丸川 珠代 著　★46判／208頁／1400円

600字で経済学のエッセンスを学ぶ
経済学思考が身につく100の法則

経済学の初級者にとって必ず理解せねばならない100の用語・公式・法則を、簡潔かつ的確に説明。練習問題付き。

西村 和雄 著　★A5判／192頁／1800円

※配本月、書名、価格等は、予告なく変更することがあります。

を使うためには、計量モデリングについての詳細な知識（モデルの検定、構造変化、および誤差推定など）が必要であり、一般的なアナリストレベルでは使いこなすことは困難である。

主観的推定によるアプローチ

　ボラティリティを推定するためのもう一つのアプローチは、経営陣が設定した仮定を使う方法である。例えば、経営陣が、あるプロジェクトの現在価値は対数正規分布に従い、平均値は4400万ドルと仮定したとする。さらに、期待価値は3000万ドルから6000万ドルの間で変動すると仮定しているが、これらの値は、10％タイルの最悪の場合と、90％タイルの最良の場合を想定したものである。（図7A－1参照）

　モンテカルロ・シミュレーション・ソフトウエアCrystal Ballを使うことによって、パーセンタイル入力値に対応する標準偏差を計算することができる。ここでは、1212万ドルという結果が出た。したがって、ボラティリティは、＄12.12／＄44.01、すなわち27.55％と推定できる。これは、Crystal Ballの「仮定の定義」の機能で、「パラメータ」のコマンドを選択し、適切なパーセンタイル値を入力することによってなされる。

市場における類似資産によるアプローチ

　ボラティリティを推定する方法のうち、公開されている市場データに依存する方法ほど頻繁に使われるものは他にない。しかし、この方法ほど濫用・誤用が横行しているものもない。例えば、あるプロジェクトを検討するときには、比較対象になり得る企業の株価を目安にすることが多い。これらの企業は、検討対象となっているプロジェクトに似通った業務内容、市場、およびリスクを持っているものでなければならない。そして、これらの企業の株の終値を使って、収益率の自然対数の標準偏差を計算する。この方法は、すでに説明した対数キャッシュフロー収益率法とまったく同じものであるが、問題は、比較の対象となっている企業の固有のリスクが、検討の対象となっ

図7A-1◎対数正規　10 − 90　百分位数

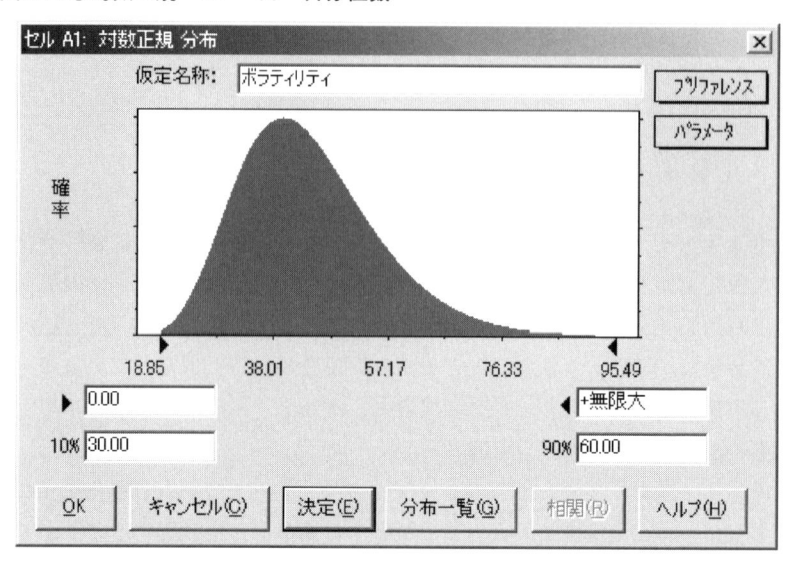

図7A-2◎対数正規分布の平均値と標準偏差

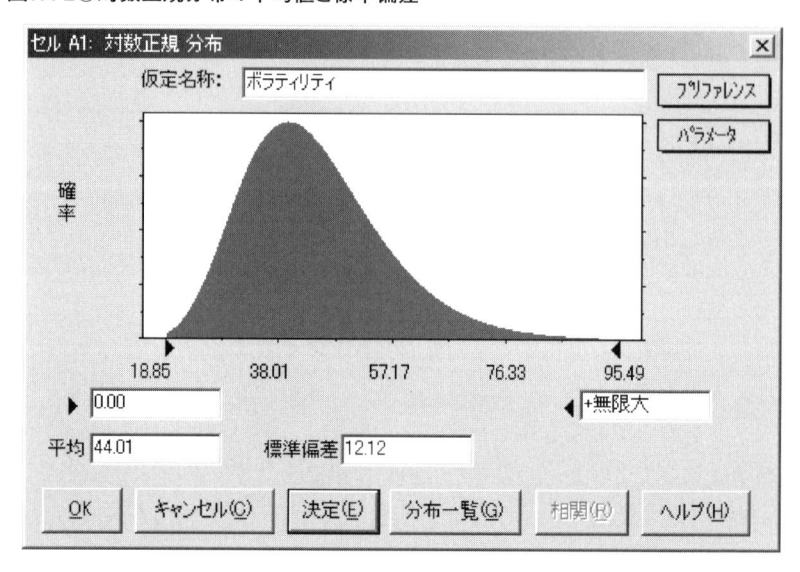

ているプロジェクトの固有のリスクと同一であると仮定していることである。一方、企業の株価というものは、投資家の過剰反応や、市場の心理的側面、およびその他の外生変数に左右されるものであるし、これらは、プロジェクトのリスクの推定とは無関係なのである。また、大手上場企業に対する市場の評価は、その企業が進めている複数の異なるプロジェクトに依存し、それらのプロジェクトは相互に作用し合っている場合がほとんどである。また、企業は借入金に依存するものだが、個々のプロジェクトは借入金に依存しないのが普通である。したがって、リアルオプション分析で使用するボラティリティ（σ_{RO}）は、下の式に示すように、株価のボラティリティ（σ_{EQUITY}）を（1＋D／E）で割ることにより、レバレッジの効果を割り引いて調整する必要がある。

$$\sigma_{RO} = \frac{\sigma_{EQUITY}}{1 + \frac{D}{E}}$$

なお、D／Eは、比較の対象となる企業の株主資本負債比率（Debt‐to‐Equity ratio）である。

ボラティリティの年換算

使用するアプローチがどれであっても、リアルオプション分析で使うボラティリティの推定値は、年率で表したものでなければならない。未処理のキャッシュフロー・データや株価データが持つ周期性に基づいて、計算したボラティリティを、$\sqrt[0]{T}$（Tは1年間の期間数）を使って、年率化した値に変換しなければならないのである。例えば、毎月のキャッシュフロー・データを使って計算したボラティリティが10％であったならば、年換算したボラティリティは $10\%\sqrt{12} = 35\%$ となる。リアルオプション分析で使うのは、この35％という値である。なお、Tの値は、元のデータが日ごとの場合は365、四半期の場合は4、半期の場合は2、そして年度の場合は1となる。

281

付録　7B
ブラック－ショールズの仕組み

　この付録7Bでは、ブラック－ショールズ・モデルの基本を、その理論的根拠や展開を含めて説明する。ブラック－ショールズ・モデルは、全体として見ると必ずしも良いアプローチとは言えない面があるが、大まかな近似法として、あるいは一つのベンチマークとしては役に立つことが多い。したがって、ブラック－ショールズ・モデルの基本を理解することは重要である。

ブラック－ショールズ・モデルの検討

　ブラック－ショールズ・モデルは、以下に示すような形で要約することができる。

$$Call = S_t \Phi(d_1) - Xe^{-rf(T)} \Phi(d_2)$$

$$ここで、d_1 = \frac{\ln\left(\frac{S_0}{X}\right) + \left(rf + \frac{1}{2}\sigma^2\right)(T)}{\sigma\sqrt{T}}$$

$$および、d_2 = d_1 - \sigma\sqrt{T}$$

上の方程式で、個々の変数は、次のように定義されている：

Φは、　累積標準正規分布関数；
Sは、　原資産価値；
Xは、　行使価格もしくは実行費用；
rfは、　名目リスクフリーレート；

σは、ボラティリティの測定値；
Tは、期限が切れるまでの時間、または戦略的オプションの経済的寿命。

　このモデルを完全に理解して使いこなすためには、モデルが構築される際に使われる仮定を理解する必要がある。モデルの仮定は、いずれも、リアルオプションを使って資産を評価しようとするときに注意しなければならない事項ばかりである。もちろん、最も重要なのは、原資産の価格構成は、静的なドリフトとボラティリティパラメータを持つ幾何ブラウン運動に従うものであり、幾何ブラウン運動は、マルコフ－ウィナー確率過程に従うものであるという仮定である。マルコフ－ウィナー過程の一般的な展開形は、$dS=\mu Sdt+\sigma SdZ$である。ここで、$dZ=\varepsilon\sqrt{dt}$であり、dZはウィナー過程を、μはドリフト率を、σはボラティリティの測定値をそれぞれ表している。これ以外の仮定は、無リスク裁定のない公平、効率的、かつタイムリーな市場の存在や、取引費用や税金がかからないといった、比較的スタンダードなものばかりである。また、価格は常に変化しており、変化は瞬時に発生するということも仮定されている。

　ブラック－ショールズ・モデルの変数がコールの価値にもたらす結果は次のようなものである（ヨーロピアン・コールの場合）。
- ■原資産価値＋
- ■実行費用－
- ■期限切れまでの時間＋
- ■ボラティリティ＋
- ■リスクフリーレート＋

付録　7C
市場複製ポートフォリオ

　リアルオプションの問題を解くためのもう一つの方法として、二項格子の構造に市場複製ポートフォリオを組み合わせて使う方法がある。市場複製ポートフォリオを正しく評価するためには、特定のリスクの高い有価証券と、無リスクの資産から、現金等価の複製ポートフォリオを作成しなければならない。この現金等価複製ポートフォリオは、プロジェクトの個々の段階とまったく同じペイオフ形状を持つため、現金等価複製ポートフォリオの価格は、プロジェクトそのものの価値と同一になる。これは、マルチンゲール法に基づいて測定した、事実上リスク調整が済んでいる（すなわちリスク中立の）パラメータであるqを導入するからである。したがって、将来起こり得るあらゆる状態について確率を推定する必要はなくなる。リスク調整割引率は計算されないので、リスクに対する企業の許容度は分からないが、必要なすべての情報は、無リスク資産と高リスク資産の価格の中に暗黙のうちに含まれていると見なすのである。要するに、価格が真に均衡している限り、市場情報が知りたいことのすべてを伝えてくれるものと仮定しているわけである。もう一つの仮定は、このポートフォリオには裁定がないものとしていることで、このため、裁定価格理論がいつの時点においても有効になる。ただし、裁定価格理論では、実際のポートフォリオを観察することは求められていないし、ポートフォリオのセットが時点間で静止している必要もない。

　この、市場複製ポートフォリオを使った複雑な方法と、はるかにシンプルなリスク中立確率のアプローチを比較していただきたい。理論的には、両方とも、同じ結果をもたらすことになるが、後者のほうがはるかに容易に応用できることは明らかである。したがって、この本では、リスク中立確率のア

プローチを集中的に使って、リアルオプションの例題を解いていくのであるが、すべての側面をカバーする意味で、以下の各項では、市場複製アプローチを使ってリアルオプションの問題を解く場合のシンプルな例をいくつか紹介しよう。

二項格子の一般的な構造

実行期間を 3 、実行費用を＄100と仮定して、以下のフリーキャッシュフロー（S）を分析する（図 7 C - 1 を参照）。

図7C-1◎二項格子の一般的な構造

```
                        160
                    140
                120     120
            100     100
                 80      80
                    60
                        40
```

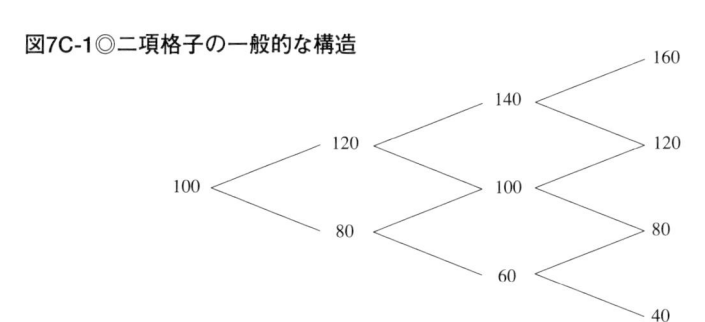

例を簡略化するためには、格子の各部に記号を振っている（図 7 C - 2 を参照）。

図7C-2◎格子各部の任意命名方針

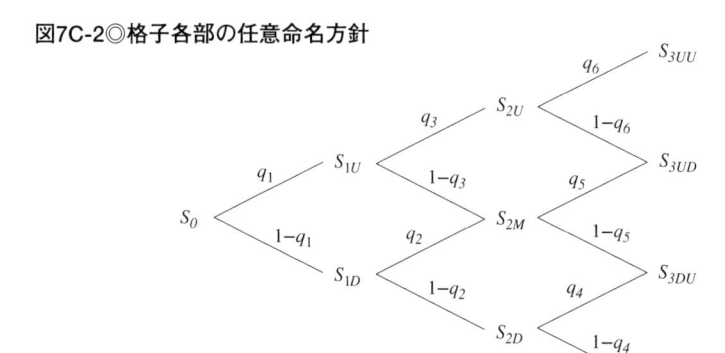

格子の各ノードは以下のように命名される：S_0, S_{1U}, S_{1D}, S_{2U}, S_{2M}, S_{2D}, S_{3UU}, S_{3UD}, S_{3DU}, S_{3DD}、枝の確率は $q_1, 1-q_1, q_2, 1-q_2, q_3, 1-q_3, q_4, 1-q_4, q_5, 1-q_5, q_6, 1-q_6$ である。

使用する一般的な計算式には次のようなものが含まれる（i はそれぞれの期間ステップである）。

- ヘッジ率 (h)：$h_{i-1} = \frac{C_{up} - C_{down}}{S_{up} - S_{down}}$
- 債務負担 (D)：$D_{i-1} = S_i(h_{i-1}) - C_i$
- 格子点 i におけるコール価値 (C)：$C_i = S_i h_i - D_i e^{-p(\delta t)}$
- リスク調整確率 (q)：$q_i = \frac{S_{i-1} - S_{down}}{S_{up} - S_{down}}$

$S_{i-1} = q_i S_{up} + (1-q_i) S_{down}$ と仮定することにより得られる。

これは、$S_{i-1} = q_i S_{up} + S_{down} - q_i S_{down}$ であり、

$q_i [S_{up} - S_{down}] = S_{i-1} - S_{down}$ であることを意味している。

したがって、$q_i = \frac{S_{i-1} - S_{down}}{S_{up} - S_{down}}$ となる。

簡略化のために、この例では割引率がゼロで（$P = 0$）、i の範囲は 0 と 3 の間であると仮定する。

1．ステップⅠ：最終格子点におけるコール価値を求める。

最終格子点における行使価格を100と仮定すると、次の値が得られる（単位はすべて＄）。

$$C_{3UU} = \max[160 - 100, 0] = 60$$
$$C_{3UD} = \max[120 - 100, 0] = 20$$
$$C_{3DU} = \max[80 - 100, 0] = 0$$
$$C_{3DD} = \max[40 - 100, 0] = 0$$

2．ステップⅡ：最終枝のヘッジ率を求める。

$$h_{2U} = \frac{60 - 20}{160 - 120} = 1.0$$
$$h_{2M} = \frac{20 - 0}{120 - 80} = 0.5$$
$$h_{2D} = \frac{0 - 0}{80 - 40} = 0.0$$

3．ステップⅢ：最終枝の債務負担を求める。

$$D_{2U} = S_{3UU}\,(h_{2u}) - C_{3UU} = 160\,(1.0) - 60 = 100$$
$$D_{2M} = S_{3UD}\,(h_{2M}) - C_{3UD} = 120\,(0.5) - 20 = 40$$
$$D_{2L} = S_{3DU}\,(h_{2D}) - C_{3DU} = 80\,(0.0) - 0 = 0$$

4．ステップⅣ：一つ前（t＝2）の格子点のコール価値を求める。

$$C_{2U} = S_{2U}\,(h_{2U}) - D_{2U}\,e^{-p\,(\delta t)} = 140\,(1.0) - 100 e^{-0\,(1)} = 40$$
$$C_{2M} = S_{2M}\,(h_{2M}) - D_{2M}\,e^{-p\,(\delta t)} = 100\,(0.5) - 40 e^{-0\,(1)} = 10$$
$$C_{2D} = S_{2D}\,(h_{2D}) - D_{2D}\,e^{-p\,(\delta t)} = 60\,(0.0) - 0 e^{-0\,(1)} = 0$$

5．ステップⅤ：一つ前（t＝1）の枝のヘッジ率を求める。

$$h_{1U} = \frac{40 - 10}{140 - 100} = 0.75$$
$$h_{1D} = \frac{10 - 0}{100 - 60} = 0.25$$

6．ステップⅥ：一つ前（t＝1）の枝の債務負担を求める。

$$D_{1U} = S_{2U}\,(h_{1U}) - C_{2U} = 140\,(0.75) - 40 = 65$$
$$D_{1D} = S_{2D}\,(h_{1D}) - C_{2D} = 100\,(0.25) - 10 = 15$$

7．ステップⅦ：一つ前の格子点のコール価値を求める。

$$C_{1U} = S_{1U}\,(h_{1U}) - D_{1U}\,e^{-p\,(\delta t)} = 120\,(0.75) - 65 e^{-0\,(1)} = 25$$
$$C_{1D} = S_{1D}\,(h_{1D}) - D_{1D}\,e^{-p\,(\delta t)} = 80\,(0.25) - 15 e^{-0\,(1)} = 5$$

8．ステップⅧ：二つ前（t＝0）の枝のヘッジ率を求める。

$$h_0 = \frac{25 - 5}{120 - 80} = 0.5$$

9．ステップⅨ：二つ前（t＝0）の枝の債務負担を求める。

$$D_0 = S_1\,(h_0) - C_{1U} = 120\,(0.5) - 25 = 35$$

10．ステップⅩ：t＝0におけるコール価値を求める。
これがこの分析のオプション価値である。

$$C_0 = S_0(h_0) - D_0 e^{-p(\delta t)} = 100(0.5) - 35e^{-0(1)} = 15$$

11. ステップⅩⅠ：すべてのリスク調整確率を求める―簡略化のために、すべての場合において結果が50％になるように確率を設定してある。

$$q_i = \frac{S_{i-1} - S_{down}}{S_{up} - S_{down}}$$

$$q_6 = \frac{140 - 120}{160 - 120} = 0.5$$

$$q_5 = \frac{100 - 80}{120 - 80} = 0.5$$

$$q_4 = \frac{60 - 40}{80 - 40} = 0.5$$

$$q_3 = \frac{120 - 100}{140 - 100} = 0.5$$

$$q_2 = \frac{80 - 60}{100 - 60} = 0.5$$

$$q_1 = \frac{100 - 80}{120 - 80} = 0.5$$

分析結果は図7Ｃ−3に示している。すべての格子点に、コール価値とリスク調整確率が記載されている。

図7C-3◎分析結果

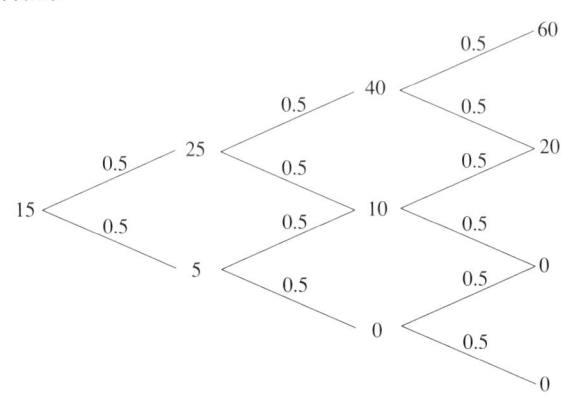

付録 7D
単一状態における静的な二項法の例

　リアルオプションの問題を解くためのもう一つの方法として、付録7Cに続いて、この付録では、基本的な微分方程式を使った方法を紹介する。

　まず、一つの例を考えてみよう。死体をミイラ化する際の防腐処理用薬液を製造している某企業が、これまでの旧弊化した製造技術（D：Dull and Old）から、液体窒素を使う最新かつ革新的な極低温貯蔵法（C：Cryogenic）に変更するオプションを持っているとする。このオプションを実行に移すためには、およそ9000ドルの事業再編費用をかけて、既存の設備を冷凍庫に改造するとともに、さらに1000ドルの費用をかけて、古い機器類を解体しなければならない。したがって、実行費用総額は1万ドルということになる。簡略化のために、現在または将来のいつの時点で実行してもこの1万ドルという金額は変わらないと仮定する。新しい極低温貯蔵技術の利得は、ミイラ化のための費用を、1体当たり500ドルに固定できるということで、経営陣から見れば、増分原価が固定されていることを意味する。これは、費用削減戦略の支援になるし、将来の収益性予測を容易にするので、非常にありがたい。

　旧弊化した製造技術（D）を使う現在の方法では、限界費用が平均2000ドルになるが、これは市場の需要によって変動する。例えば、市場が好調（G：Good）で、ミイラ化に対する需要が増えれば、臨時の従業員を雇い入れたり、社員に超過勤務をさせたりすることになり、限界費用は1体平均3000ドルになる。逆に市場が低調（B：Bad）で、需要が大幅に減れば、相当数のレイオフを実行し、主要な従業員だけを残してシフト制で勤務させることによって、オーバーヘッド・コストをかなり切り詰めることができる。

そして、結果として限界費用を400ドルにまで下げることができる。そこで問題であるが、ミイラ作製の市場が好調になる可能性が50%で、資本コスト（r）が10%だとして、新しい極低温貯蔵技術の導入は採算に合うだろうか？もしも合う場合、すぐに導入するべきか、または後に導入するべきか？　検討のためのコスト構成は、図7D−1に示している（単位はすべて＄）。

この企業が行動を起こし、0期からスタートした場合、費用節減から得られる利益または利得は次のように計算される。

図7D-1◎コスト構成

再編費用 = \$9,000（RC：Restructure Cost）
解体費用 = \$1,000（SC：Scrapping Cost）
総費用 = $RC + SC$ = \$10,000（TC：Total Cost）

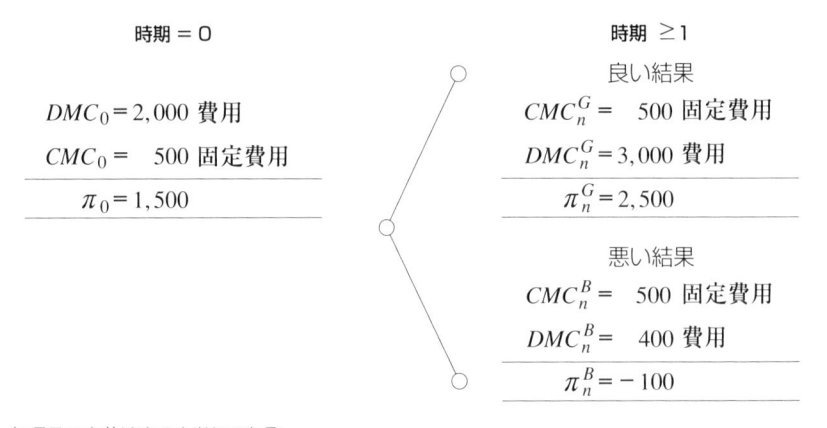

時期 = 0

$DMC_0 = 2,000$　費用
$CMC_0 = \ \ \ 500$　固定費用
$\pi_0 = 1,500$

時期 ≥ 1

良い結果
$CMC_n^G = \ \ \ 500$　固定費用
$DMC_n^G = 3,000$　費用
$\pi_n^G = 2,500$

悪い結果
$CMC_n^B = \ \ \ 500$　固定費用
$DMC_n^B = \ \ \ 400$　費用
$\pi_n^B = -100$

各項目の定義は次のとおりである:
- DMC_0 　旧弊化した方法の時期0における限界費用
- CMC_0 　極低温法の時期0における限界費用
- π_0 　　節減から得られる時期0における利益
- CMC_n^G 　極低温法の時期nにおける限界費用 − 市場条件が良い場合
- DMC_n^G 　旧弊化した方法の時期nにおける限界費用 − 市場条件が良い場合
- π_n^G 　　節減から得られる時期nにおける限界費用 − 市場条件が良い場合
- CMC_n^B 　極低温法の時期nにおける限界費用 − 市場条件が悪い場合
- DMC_n^B 　旧弊化した方法の時期nにおける限界費用 − 市場条件が悪い場合
- π_n^B 　　節減から得られる時期nにおける利益 − 市場条件が悪い場合

$$\pi_0 = DMC_0 - CMC_0 = \$2,000 - \$500 = \$1,500$$

　これは、現在の期間（0期）における費用節減のみを考慮した場合である。すでに新技術の導入が始まっているので、将来の期間も費用節減を生み出す。すなわち、n≧1で、市場条件が良い場合は次のようになる。

$$\pi_n^G = DMC_n^G - CMC_n^G = \$3,000 - \$500 = \$2,500$$

　一方、市場条件が悪い場合は次のようになる。

$$\pi_n^B = DMC_n^B - CMC_n^B = \$400 - \$500 = -\$100$$

　過去のデータと経験から、市場条件が良くなる可能性と悪くなる可能性が共に50％であることが分かっていると仮定すると、これらの2つの市場条件のおける利益の期待価値 $u(\pi)$ または費用節減は次のように計算できる。

$$E(\pi_1) = p\pi_1^G + (1-p)\pi_1^B = 0.5(\$2,500) + (0.5)(-\$100) = \$1,200$$

　この、\$1,200という期待価値は、固定・ゼロ成長で、今後毎期発生するので、将来のキャッシュフローも、永久に発生し続けることになる。そこで、新技術を今導入することの現在価値 $E(\pi_0)$ は次のように計算することができる。

$$E(\pi_0) = \sum_{n=0}^{\infty} E(\pi_n)/(1+r)^n \cong \pi_0 + E(\pi_1)/r = \$1,500 + \frac{\$1,200}{0.1} = \$13,500$$

　したがって、プロジェクトの正味現在価値は、極低温貯蔵技術の導入がもたらす費用節減から、実行費用を差し引いたものになる。

$$NPV = \pi_0 - TC_0 = \$13,500 - \$10,000 = \$3,500$$

　一方、この企業が、将来市場条件が好転（Good：w_G）し、$k \geq 1$ となった時点で新技術に切り替えると決めた場合は次のようになる。

$$\prod\nolimits_{k}^{G} = \sum_{n=k}^{\infty} E(\pi_{n}^{G}/\omega_{G})(1+r)^{k-n} \cong \sum_{n=k}^{\infty} \pi_{1}^{G}(1+r)^{k-n} \cong \pi_{1}^{G}\left[\frac{r+1}{r}\right]$$

$$\prod\nolimits_{k}^{G} = \$2,500\left[\frac{1.1}{0.1}\right] = \$27,500$$

同様に、市場条件が悪化（Unfavorable：w_U）、$k \geq 1$ となった時点で新技術に切り替えた場合は次のようになる。

$$\prod\nolimits_{k}^{B} = \sum_{n=k}^{\infty} E(\pi_{n}^{B}/\omega)_{u}(1+r)^{k-n} \cong \pi_{1}^{B}\left[\frac{r+1}{r}\right]$$

$$\prod\nolimits_{k}^{B} = -\$100\left[\frac{1.1}{0.1}\right] = -\$1,100$$

例えば、$k = 1$ とすると次のようになる。

$$\prod\nolimits_{0} = \pi_0 + \left[p^G(\pi_1^G) + (1-p^G)(\pi_1^B)\right]/(1+r)$$
$$\prod\nolimits_{0} = \$1,500 + \left[0.5(\$27,500) + (1-0.5)(-\$1,100)\right]/(1+0.1)$$
$$= \$13,500$$
$$NPV = \prod\nolimits_{0} - TC_0 = \$13,500 - \$10,000 = \$3,500$$

しかし、この結果は正しいものではない。なぜなら、分析は、戦略的オプションの観点から行なわなければならないからである。企業は機会を持っている。すなわち、オプションを行使する権利を持つが、義務はないのである。したがって、採算が合う場合、すなわち市場の条件がよい場合はオプションを行使するが、合わない場合、すなわち市場の条件が悪い場合は行使しなくともよいのである。以上を踏まえて、実際の正味現在価値は次のように計算されなければならない。

$$\frac{\prod\nolimits_{k}^{B} p_B}{(1+r)} + \frac{\prod\nolimits_{k}^{G} p_G}{(1+r)} = 0 + 0.5\left[\frac{\$27,500 - \$10,000}{1.1}\right] = \$7,954$$

ここから、オプション評価のための一般的な評価枠組みを作ることができ

る。ただ、レベルが一段複雑になるが、市場リスク（Π_G）と私的リスク（TC）を分けて考えるためには、総費用をリスクフリーレート（rf）で割り引く必要がある。これは、次のように表すことができる。

$$\prod_{CALL} = \max\left\{\left[\prod_0 - TC\right], \frac{p^G(\prod_1^G)}{1+r} - \frac{TC}{1+rf}\right\}$$

$$= \max\left\{\left[\pi_0 + \frac{E(\pi_1)}{r} - TC\right]^+, \left[\frac{p^G \pi_1^G(\frac{r+1}{r})}{1+r} - \frac{TC}{1+rf}\right]^+\right\}$$

これは、今スタートする場合

$$\left[\prod_0 - TC\right]$$

と、後にスタートする場合

$$\frac{p^G(\pi_1^G)}{1+r} - \frac{TC}{1+rf}$$

のいずれかの最大価値の計算を表している。

将来の開始点が、単一の静的な状態に折りたたまれているため、将来のどの時点についても、単一の期間の評価によって近似値を得ることができる。

最適なトリガー値

前項に関連する分析に、最適なトリガー値の分析がある。コール評価の価格構成を公式化するための過程を見ると、総費用、すなわち初期投資額が変化すると、ある興味深い現象が起こることが分かる。今スタートする場合の総費用は、投資がただちに発生するため、割り引かれない。しかし、投資が将来に発生すれば、総費用はリスクフリーレートで割り引かなければならな

くなる。したがって、たとえ将来スタートするとしても、初期投資額が大きければ大きいほど、割引効果により、今日のドル金額で表した実効費用が減ることになる。そこで、待機して費用発生時期を遅らせるほうがより効率的になるのである。一方、もしも費用が低く、企業の営業体制がより効率的である場合は、今スタートする価値のほうが待機する価値よりも高くなるので、すぐにスタートしたほうが有利になる。総費用の損益分岐点は、前項に示した総費用によるコール評価の式を使って次のように計算できる。

$$TC^* = \left[1 - \frac{1}{(1+rf)^n}\right]^{-1} \left[\pi_0 + \frac{E[\pi_1]}{r} - \frac{P^G n_1^G \left(\frac{r+1}{r}\right)}{(1+r)^n}\right]$$

もしも実行のための総費用が上記のTC^*を超える場合は、待機するのが最良策であり、総費用がTC^*を超えない場合は、今オプションを行使するほうが有利である。ただし、最適なトリガー値は企業の営業効率にも依存することを忘れてはならない。上記は、最適なトリガー値は極低温貯蔵技術への切り替えの実行によって達成できる節約の額に依存するという仮定に基づく、動的な方程式だからである。

●**不確実性が利益または費用節減（π）に及ぼす効果**

次に、第1のモーメントをそのままにして第2のモーメントを変えた場合を考えてみよう。すなわち、展開を変えることによって、期待ペイオフを同一に保ちながら利益や費用節減のリスクまたは不確実性を変えるのである。この場合は、待機するほうが賢明だという結論になるのだが、なぜそうなるのかを説明すると次のようになる。

まず、元のケースでは、$\pi_n^G = \$2{,}500$、$\pi_n^B = -\$100$ で、発生の可能性は共に50％となっていた。したがって、期待価値は、0.5（$\$2{,}500 - \$100$）＝$\$1{,}200$となる。ここで、値を$\pi_n^{G*} = \$3{,}000$、$\pi_n^{B*} = -\$600$ に変更し、発生の可能性を50％のままにして期待価値を計算し直してみると、0.5（$\$3{,}000 - \$600$）＝$\$1{,}200$となり、元のケースと同じ結果になる。しかし、2番目のケースでは、ペイオフのボラティリティが高くなるとともにリスクも高くなっていることに注目していただきたい。そこで、次のようにオプシ

ョン価値を計算し直すことができる。

$$\prod\nolimits_{k}^{G} = \pi_{1}^{G}\left[\frac{1+r}{r}\right] = \$3,000\left[\frac{1.1}{0.1}\right] = \$33,000$$

　この価値は、*k≥1* の時期のすべてに当てはまるものであり、元の＄27,500 よりも高い値である。
　こうして、不確実性が高いほど、待機することの価値も高くなるという結論が出る。この企業は、市場の需要の変動に関する情報を持っていない。市場のボラティリティが高ければ高いほど、企業としては、市場の不確実性が解消されるまで待機し、需要動向についての感触が得られてから、初期投資を行なうほうが得策なのである。

295

付録 7E

デルタ、ガンマ、ロー、テータ、ヴェガ、およびクシーによる感度分析

　オプション理論から引き出される分析の結果、すなわち、デルタ (Delta)、ガンマ (Gamma)、ロー (Rho)、テータ (Theta)、ヴェガ (Vega)、およびクシー (Xi) は、感度分析として使うことができる。一般に、感度分析またはストレス・テストは、1個の原資産変数が変化した場合のオプション価格の変化に注目するものである。しかし、ここでは、感度を、特定の変数が単位変化した（他の条件は一定とした）場合のオプション価値の瞬時変化の反映として捉えている。つまり、デルタ、ガンマ、ロー、テータ、ヴェガ、およびクシーの対応値を見るだけで、感度表を作ることができるのである。デルタは、原資産のキャッシュフローの現在価値が単位変化した場合のオプション価値の変化を示す。同様に、ローは利率、テータは時間、ヴェガはボラティリティ、そしてクシーは費用について、単位変化があった場合のオプション価値の変化をそれぞれ示している。このように、さまざまな変数の変化がオプション価値を変化させる様子を包括的に展望することによって、オプション価値の感度を検定することができる。そうすれば、最悪なケース、ベースケース、および最良のケースのシナリオを作ることができるのである。感度表は、分析結果がどれだけ堅固なものであるのかを確かめる上で役に立つだけでなく、企業の価値を高める要因がどのようなものであるのかということについての貴重な洞察も提供する。すなわち、企業の収益に最も大きなインパクトを持つ変数を特定することが可能になるのである。

　以下は、無配当のヨーロピアン・オプションの感度測定の展開を示したものである。なお、感度を得るための別のアプローチとしては、トルネード・グラフがある。

● コール・デルタ (DELTA)

$$C = S_t N(d_1) - Xe^{-rT} N(d_2)$$ から始める。ここで、

$$d_1 = \frac{\ln\left(\frac{S_t}{X}\right) + \left(r + \frac{1}{2}\sigma^2\right)(T)}{\sigma\sqrt{T}} \text{ および } d_2 = d_1 - \sigma\sqrt{T}$$

である。コール・デルタは、原資産価値の変化に対するコール価値の変化、すなわち瞬間的な時期 t における偏微分である、

$$\frac{\partial C_t}{\partial S_t}$$

これを微分すると、次のようになる。

$$Delta = \Delta = \frac{\partial C_t}{\partial S_t} = N(d_1) + S_t \frac{\partial N(d_1)}{\partial S_t} - Xe^{-rT} \frac{\partial N(d_2)}{\partial S_t}$$

$$\frac{\partial C_t}{\partial S_t} = N(d_1) + S_t \frac{e^{-\frac{1}{2}d_1^2}}{\sqrt{2\pi}} \frac{\partial d_1}{\partial S_t} - Xe^{-rT} \frac{e^{-\frac{1}{2}d_2^2}}{\sqrt{2\pi}} \frac{\partial d_2}{\partial S_t}$$

$$\frac{\partial C_t}{\partial S_t} = N(d_1) + S_t \frac{e^{-\frac{1}{2}d_1^2}}{\sqrt{2\pi}} \frac{1/S_t}{\sigma\sqrt{T}} - Xe^{-rT} \frac{e^{-\frac{1}{2}(d_1 - \sigma\sqrt{T})^2}}{\sqrt{2\pi}} \frac{1/S_t}{\sigma\sqrt{T}}$$

$$\frac{\partial C_t}{\partial S_t} = N(d_1) + \frac{e^{-\frac{1}{2}d_1^2}}{\sigma\sqrt{2\pi T}} \left[1 - Xe^{-rT} \frac{e^{-\frac{1}{2}\sigma^2 T + d_1 \sigma\sqrt{T}}}{S_t}\right]$$

$$\frac{\partial C_t}{\partial S_t} = N(d_1) + \frac{e^{-\frac{1}{2}d_1^2}}{\sigma\sqrt{2\pi T}} \left[1 - \frac{Xe^{-rT}}{S_t} e^{-\frac{1}{2}\sigma^2 T} e^{\ln(S_t/X) + (r + \sigma^2/2)T}\right]$$

$$\frac{\partial C_t}{\partial S_t} = N(d_1) + \frac{e^{-\frac{1}{2}d_1^2}}{\sigma\sqrt{2\pi T}} \left[1 - \frac{Xe^{-rT}}{S_t} e^{-\frac{1}{2}\sigma^2 T} \frac{S_t}{X} e^{rT} e^{\frac{1}{2}\sigma^2 T}\right]$$

$$Delta = \Delta = \frac{\partial C_t}{\partial S_t} = N(d_1)$$

● コール・ガンマ (GAMMA)

$$Gamma = \Gamma = \frac{\partial \Delta}{\partial S_t}$$

$$\frac{\partial \Delta}{\partial S_t} = \frac{1}{\sqrt{2\pi}} e^{-\frac{1}{2}d_1^2} \frac{\partial d_1}{\partial S_t}$$

$$\frac{\partial \Delta}{\partial S_t} = \frac{1}{\sqrt{2\pi}} e^{-\frac{1}{2}d_1^2} \frac{1}{S_t \sigma \sqrt{T}}$$

$$Gamma = \Gamma = \frac{\partial \Delta}{\partial S_t} = \frac{e^{-\frac{d_1^2}{2}}}{S_t \sigma \sqrt{2\pi T}}$$

● コール・ロー（RHO）

$$Rho = P = \frac{\partial C_t}{\partial r} = S_t \frac{\partial N(d_1)}{\partial r} + XTe^{-rT} N(d_2) - Xe^{-rT} \frac{\partial N(d_2)}{\partial r}$$

$$\frac{\partial C_t}{\partial r} = S_t \frac{e^{-\frac{1}{2}d_1^2}}{\sqrt{2\pi}} \frac{\partial d_1}{\partial r} + XTe^{-rT} N(d_2) - Xe^{-rT} \frac{e^{-\frac{1}{2}d_2^2}}{\sqrt{2\pi}} \frac{\partial d_2}{\partial r}$$

$$\frac{\partial C_t}{\partial r} = \frac{e^{-\frac{1}{2}d_1^2}}{\sqrt{2\pi}} \left[S_t \frac{\partial d_1}{\partial r} - Xe^{-rT} e^{\frac{1}{2}(d_1^2 - d_2^2)} \frac{\partial d_1}{\partial r} \right] + XTe^{-rT} N(d_2)$$

$$\frac{\partial C_t}{\partial r} = \frac{e^{-\frac{1}{2}d_1^2}}{\sqrt{2\pi}} \frac{\partial d_1}{\partial r} \left[S_t - Xe^{-rT} e^{-\frac{1}{2}\sigma^2 T} e^{\ln(S/X) + (r+\sigma^2/2) T} \right] + XTe^{-rT} N(d_2)$$

$$\frac{\partial C_t}{\partial r} = \frac{e^{-\frac{1}{2}d_1^2}}{\sqrt{2\pi}} \frac{\partial d_1}{\partial r} \left[S_t - \frac{XS_t}{X} \right] + XTe^{-rT} N(d_2)$$

$$Rho = P = \frac{\partial C_t}{\partial r} = XTe^{-rT} N(d_2)$$

● コール・テータ（THETA）

$$\frac{\partial C_t}{\partial T} = S_t \frac{\partial N(d_1)}{\partial T} - X \frac{\partial}{\partial T} \left[e^{-rT} N(d_2) \right] \text{から始める。}$$

$$\frac{\partial C_t}{\partial T} = S_t \frac{1}{\sqrt{2\pi}} e^{-\frac{1}{2}d_1^2} \frac{\partial d_1}{\partial T} + rXe^{-rT} N(d_2) - Xe^{-rT} \frac{1}{\sqrt{2\pi}} e^{-\frac{1}{2}d_2^2} \frac{\partial d_2}{\partial T}$$

$$As \frac{\partial d_1}{\partial T} = \frac{-\ln \frac{S_t}{X}}{2\sigma T^{3/2}} + \frac{1}{2\sigma \sqrt{T}} \left[r + \frac{\sigma^2}{2} \right] we\ have\ \frac{\partial d_2}{\partial T} = \frac{\partial d_1}{\partial T} - \frac{\sigma}{2\sqrt{T}}\ and$$

$$\frac{\partial C_t}{\partial T} = S_t \frac{1}{\sqrt{2\pi}} e^{-\frac{1}{2}d_1^2} \frac{\partial d_1}{\partial T} + rXe^{-rT} N(d_2) - Xe^{-rT} \frac{1}{\sqrt{2\pi}} e^{-\frac{1}{2}d_2^2} \left[\frac{\partial d_1}{\partial T} - \frac{\sigma}{2\sqrt{T}} \right]$$

$$\frac{\partial C_t}{\partial T} = \frac{e^{-\frac{1}{2}d_1^2}}{\sqrt{2\pi}} \left[S_t \frac{\partial d_1}{\partial T} - Xe^{-rT} e^{-\frac{1}{2}(d_1^2 - d_2^2)} \left(\frac{\partial d_1}{\partial T} - \frac{\sigma}{2\sqrt{T}} \right) \right] + rXe^{-rT} N(d_2)$$

$$\frac{\partial C_t}{\partial T} = \frac{e^{-\frac{1}{2}d_1^2}}{\sqrt{2\pi}} \left[S_t \frac{\partial d_1}{\partial T} - Xe^{-rT} e^{-\frac{1}{2}(\sigma^2 T)} e^{\sigma d_1 \sqrt{T}} \left(\frac{\partial d_1}{\partial T} - \frac{\sigma}{2\sqrt{T}} \right) \right] + rXe^{-rT} N(d_2)$$

$$\frac{\partial C_t}{\partial T} = \frac{e^{-\frac{1}{2}d_1^2}}{\sqrt{2\pi}} \left[S_t \frac{\partial d_1}{\partial T} - Xe^{-rT} e^{-\frac{1}{2}(\sigma^2 T) + \ln(S/X) + (r+\sigma^2/2)T} \left(\frac{\partial d_1}{\partial T} - \frac{\sigma}{2\sqrt{T}} \right) \right] + rXe^{-rT} N(d_2)$$

$$\frac{\partial C_t}{\partial T} = \frac{e^{-\frac{1}{2}d_1^2}}{\sqrt{2\pi}} \left[S_t \frac{\partial d_1}{\partial T} - S_t \frac{\partial d_1}{\partial T} + \frac{S_t \sigma}{2\sqrt{T}} \right] + rXe^{-rT} N(d_2)$$

$$Theta = \Theta = \frac{-\partial C_t}{\partial T} = \frac{-S\sigma e^{-\frac{d_1^2}{2}}}{2\sqrt{2\pi T}} - rXe^{-rT} N(d_2)$$

● コール・ヴェガ（VEGA）

$$Vega = V = \frac{\partial C_t}{\partial \sigma} = \frac{\partial}{\partial \sigma}\left[S_t N(d_1) - Xe^{-rT} N(d_2) \right]$$

$$\frac{\partial C_t}{\partial \sigma} = \frac{S_t}{\sqrt{2\pi}} e^{-\frac{1}{2}d_1^2} \frac{\partial d_1}{\partial \sigma} - Xe^{-rT} e^{-\frac{1}{2}d_2^2} \frac{\partial d_2}{\partial \sigma}$$

$$\frac{\partial C_t}{\partial \sigma} = \frac{1}{\sqrt{2\pi}} e^{-\frac{1}{2}d_1^2} \left[S_t \frac{\partial d_1}{\partial \sigma} - Xe^{-rT} e^{-(d_1^2 - d_2^2)} \frac{\partial d_2}{\partial \sigma} \right]$$

$$\frac{\partial C_t}{\partial \sigma} = \frac{1}{\sqrt{2\pi}} e^{-\frac{1}{2}d_1^2} \left[S_t \frac{\partial d_1}{\partial \sigma} - Xe^{-rT} e^{-\frac{1}{2}\sigma^2 T + d_1 \sigma \sqrt{T}} \frac{\partial d_2}{\partial \sigma} \right]$$

$$\frac{\partial C_t}{\partial \sigma} = \frac{1}{\sqrt{2\pi}} e^{-\frac{1}{2}d_1^2} \left[S_t \frac{\partial d_1}{\partial \sigma} - Xe^{-rT} e^{-\frac{1}{2}\sigma^2} e^{\ln(S/X) + (r+\sigma^2/2)T} \frac{\partial d_2}{\partial \sigma} \right]$$

$$\frac{\partial C_t}{\partial \sigma} = \frac{1}{\sqrt{2\pi}} e^{-\frac{1}{2}d_1^2} \left[S_t \frac{\partial d_1}{\partial \sigma} - S_t \frac{\partial d_2}{\partial \sigma} \right]$$

$$\frac{\partial C_t}{\partial \sigma} = \frac{1}{\sqrt{2\pi}} e^{-\frac{1}{2}d_1^2} S_t \left[\frac{\partial d_1}{\partial \sigma} - \frac{\partial d_1}{\partial \sigma} + \sqrt{T} \right]$$

$$Vega = V = \frac{\partial C_t}{\partial \sigma} = \frac{S_t \sqrt{T} e^{-\frac{d_1^2}{2}}}{\sqrt{2\pi}}$$

● コール・クシー（Xi）

$$Xi = \Xi = \frac{\partial C_t}{\partial X} = -N(d_2) e^{-rT} + S_t \frac{\partial N(d_1)}{\partial X} - Xe^{-rT} \frac{\partial N(d_2)}{\partial X}$$

$$\frac{\partial C_t}{\partial X_t} = -N(d_2)e^{-rT} + S_t \frac{e^{-\frac{1}{2}d_1^2}}{\sqrt{2\pi}} \frac{\partial d_1}{\partial X} - Xe^{-rT} \frac{e^{-\frac{1}{2}d_2^2}}{\sqrt{2\pi}} \frac{\partial d_2}{\partial X}$$

$$\frac{\partial C_t}{\partial X_t} = -N(d_2)e^{-rT} + S_t \frac{e^{-\frac{1}{2}d_1^2}}{\sqrt{2\pi}} \frac{1/S_t}{\sigma\sqrt{T}} - Xe^{-rT} \frac{e^{-\frac{1}{2}(d_1-\sigma\sqrt{T})^2}}{\sqrt{2\pi}} \frac{1/S_t}{\sigma\sqrt{T}}$$

$$\frac{\partial C_t}{\partial X_t} = -N(d_2)e^{-rT} + \frac{e^{-\frac{1}{2}d_1^2}}{\sigma\sqrt{2\pi T}} \left[1 - Xe^{-rT} \frac{e^{-\frac{1}{2}\sigma^2 T + d_1\sigma\sqrt{T}}}{S_t} \right]$$

$$\frac{\partial C_t}{\partial X_t} = -N(d_2)e^{-rT} + \frac{e^{-\frac{1}{2}d_1^2}}{\sigma\sqrt{2\pi T}} \left[1 - \frac{Xe^{-rT}}{S_t} e^{-\frac{1}{2}\sigma^2 T} e^{\ln(S_t/X) + (r + \sigma^2/2)T} \right]$$

$$\frac{\partial C_t}{\partial X_t} = -N(d_2)e^{-rT} + \frac{e^{-\frac{1}{2}d_1^2}}{\sigma\sqrt{2\pi T}} \left[1 - \frac{Xe^{-rT}}{S_t} e^{-\frac{1}{2}\sigma^2 T} \frac{S_t}{X} e^{rT} e^{\frac{1}{2}\sigma^2 T} \right]$$

$$Xi = \Xi = \frac{\partial C_t}{\partial X_t} = -N(d_2)e^{-rT}$$

付録　7F
現実性のチェック

オプションの理論的範囲

　リアルオプション分析の計算結果が正当なものかどうかを検証するための方法の一つとして、金融オプションの価格理論に立ち返って検討するという方法がある。コール・オプションは、行使されないまま期限が切れるに任せた場合、その価値がゼロを下回らない構造になっている。すなわち、コール・オプションの価値は、$C \geq max[S-Xe^{-rT}, 0]$であり、原資産価値$S$を超えることがない（$C \leq S$）。したがって、もしも計算結果がこの範囲から外れた場合は、予測キャッシュフローを作成する際の仮定に無理があったために、分析そのものを誤ったのだと判断してよいのである。しかし、計算結果が問題なく範囲内に納まったとしても、それだけでは完全に正しいと言うことはできない。分析に問題がなく、入力変数も妥当なものだったということにある程度の確信が持てるだけである。オプションの理論的範囲の幅を使う最大の理由は、幅が狭ければ狭いほど、結果の信頼度が高くなるということである。なお、感度分析は、入力変数と仮定を変えて、幅にどの程度の変化が出る（すなわち広くなったり移動したりする）かどうかを見ることによっても行なうことができる。

SMIRRとSNPVの一貫性

　整合性を検査するためのもう一つの方法として、逐次修正内部収益率

(SMIRR：Sequential Modified Internal Rate of Return) 法と逐次正味現在価値 (SNPV：Sequential Net Present Value) 法を使う方法がある。フリー・キャッシュフローの予測に問題がなく、割引キャッシュフロー分析が正しく行なわれれば、キャッシュフローのMIRR（修正内部収益率）[1]とNPVは理論的に整合するはずである。すなわち、キャッシュフロー列の全体が、キャッシュフローから初年度のフリー・キャッシュフローを除いたときのものと同様のMIRRとNPVを持つべきなのである。なお、初年度のフリー・キャッシュフローを除外するのは、元の正味現在価値を削減して、初年度のキャッシュフローをゼロにするためである。この方法は、その後のすべての年度において繰り返し適用される。MIRRとNPVを計算するためには、再投資率と割引率を異なるレベルに設定するとよい。この「繰り返し法（ジャックナイフ法）」を使うことにより、長期にわたる予測キャッシュフローの一貫性と整合性を検討することができる。ただし、これは手間がかかるアプローチなので、使われるのは極めて稀である。

ミニマックス（MINIMAX）アプローチ

分析に使う、長期にわたる特定のキャッシュフローの動向についての確率が、企業の経営陣によって提供されたものである場合は、「後悔分析」（regret analysis）を行なって、インタンジブル（無形資産）の価値を計算することができる。後悔分析は、決定科学におけるベイズ確率理論（Bayesian probability theory）のミニマックス・アプローチを応用して行なう。このアプローチでは、適切な確率に基づいて将来に向けたキャッシュフローの成果を測定し、シナリオの期待金銭価値を計算して、最大量の後悔を最小化できるようなシナリオを見出す。「ミニマックス」という名前が付けられているのはこのためである。しかし、仮に必要な確率が提供されたとしても、それらをそのまま使うべきではない。なぜなら、これらの確率も結局は予測値でしかないため、分析に不確実な要因を付加するからである。また、確固として信頼できる経済予測の提供を企業の経営陣に求めるというのは、土台無理な話であるし、ましてや個々の予測結果に的確に関連する確率に至

ってはなおさらである。なお、後悔分析は、ゲーム理論の枠組みと組み合わせて行なうこともできる。この場合は、必ず、ナッシュ均衡（Nash equilibrium）の下での最適戦略に従うことになる。ただし、ゲーム理論の詳細は、この本の主旨を超えるテーマなので、これ以上は言及しないこととする。

インプライド・ボラティリティテスト

　リアルオプションの高度なモデルとアプローチを使えば、ボラティリティの測定値を計算のための従属変数として設定することができる。これが「インプライド・ボラティリティ」で、企業のキャッシュフロー状況の過去のボラティリティとの比較や、リスク、業務内容、および製品が類似している比較対象企業のキャッシュフローのボラティリティとのベンチマークに使うことができる。また、インプライド・ボラティリティは、パラメトリックt検定法や、ウィルコクソン・サインランク検定法（Wilcoxon sign－rank test）[2]を使って、比較対象企業の一連のボラティリティの平均値・中央値と統計的に同一であるか否かを検定することができる。また、これら2つの方法の代わりに、ニュートン－ラフソン法の検索基準を使って一連の推測を行ない、その中からインプライド・ボラティリティの測定値を見出す方法もある。

$$\sigma_1^* = \sqrt{\left|\ln\left[\frac{S}{X}\right] + rT\right|\left(\frac{2}{T}\right)}$$

$$\sigma_2^* = \sigma_1^* - \frac{\left[C\left(\sigma_1^*\right) - C(\sigma)\right]e^{\frac{d_1^2}{2}}2\sqrt{\pi}}{2\sqrt{T}}$$

ここで、Cはコール価値を示している。

$$\sigma_3^* = \sigma_2^* - \frac{\left[C\left(\sigma_2^*\right) - C(\sigma)\right]e^{\frac{d_1^2}{2}}2\sqrt{\pi}}{2\sqrt{T}}$$

$$\sigma_{i+1}^* = \sigma_i^* - \frac{\left[C\left(\sigma_i^*\right) - C(\sigma)\right]e^{\frac{d_1^2}{2}}2\sqrt{\pi}}{2\sqrt{T}}$$

付録　7G

モンテカルロ・シミュレーションを使って
リアルオプションの問題を解く

　モンテカルロ・シミュレーションをリアルオプションの理論的枠組みに適応させることは容易である。実際、モンテカルロ・シミュレーションの用途は広く、リアルオプション・モデルに入力するためのボラティリティの推定値を求める場合、割引キャッシュフロー分析において可能な結果の範囲を求める場合、および不確実性の高い入力パラメータのシミュレーションを行なう場合など、さまざまな場合に使うことができる。この付録では、モンテカルロ・シミュレーションの2つの特別な応用例について説明する。すなわち、リアルオプションの問題を解く場合と、リアルオプションの価値の範囲を求める場合である。説明においては、これらのアプローチを別々に取り上げるが、両者を一緒に使って分析することも可能である。

モンテカルロ・シミュレーションを使ってリアルオプションの結果を得る

　リアルオプションの問題は、モンテカルロ・シミュレーションを使っても解くことができる。すなわち、オプションの結果を得ることができるのである。リアルオプションの問題を解くための主流のアプローチが、二項ツリー、解析型モデル、偏微分方程式、およびシミュレーションであることはすでに述べた。シミュレーションのアプローチでは、一連の予測資産値が幾何ブラウン運動過程によって生成され、シリーズの終点で最大化の計算が行なわれ、リスクフリーレートによって時期0まで割引が行なわれる。すなわち、原資産の初期シード値から始めて、幾何ブラウン運動過程 ($\delta S_t = S_{t-1}(rf(\delta t) + \sigma \varepsilon \sqrt{\delta t})$) によって将来の経路が複数シミュレートされ

るのである。時期tにおける資産価値の変化δtは、前の期間の資産価値S_{t-1}にブラウン運動$(rf(\delta t)+\sigma\varepsilon\sqrt{\delta t})$を掛けた値になる。なお、$rf$はリスクフリーレート、$\delta t$は時間ステップ、$\sigma$はボラティリティ、そして$\varepsilon$は平均値0と分散1を持つ標準正規分布のシミュレートされた値をそれぞれ表している。

図7G－1は、ヨーロピアン・オプションを解く際に使われるシミュレートされた経路の例を示している。ここで注意すべきことは、ヨーロピアン・タイプのオプションを解くためにシミュレーションを使うことは容易だが、アメリカン・タイプのオプションを解くためにシミュレーションを使うことはかなり難しいということである。[1] この例の場合、1年満期のヨーロピアン・オプションの価値を、5つの期間からなる二項格子のアプローチを使って計算すると＄20.75という結果が出ているのに対して、同じオプションを連続ブラック－ショールズ方程式を使って計算すると＄19.91、10のステップのモンテカルロ・シミュレーションを1000回行なって計算すると＄19.99という結果が出ている。理論的には、二項格子の期間の数が十分に多ければ、計算結果は解析型のブラック－ショールズ・モデルから得た結果に接近することになる。同様に、シミュレーションの試行回数が十分に多く、シミュレーションのステップ数を増やせば、モンテカルロ・シミュレーションから得られる結果はブラック－ショールズ・モデルから得た値に接近することになる。この現象を示したExcelのワークシートの例は、Real Options Analysis Toolkitソフトウエアのメニューで、例（Examples）のフォルダの中に納められている（図7G－1を参照）。

モンテカルロ・シミュレーションにおける最初のステップは、シミュレートするステップの数を決めることである。この例では、簡略化のために10のステップ数が選択されている。原資産価値＄100（S_0）から始めて、この初期価値から第1期までの価値の変化は、$\delta S_1 = S_0(rf(\delta t)+\sigma\varepsilon\sqrt{\delta t})$で表される。したがって、最初の時間ステップにおける資産価値は、$S_2 = S_1+\delta S_2 = S_1+S_1(rf(\delta t)+\sigma\varepsilon\sqrt{\delta t})$と同一になる。同様に、2番目のステップにおける資産価値は、$S_2 = S_1+\delta S_2 = S_1+S_1(rf(\delta t)+\sigma\varepsilon\sqrt{\delta t})$となり、このプロセスが、最後の10番目の時間ステップまで繰り返されるのである。ここで、εが個々のシミュレーション試行ごとに変化するため、個々のシミ

図7G-1 ◎ リアルオプションを解くための経路依存型シミュレーション・アプローチ

入力パラメータ	
期限切れまでの年数	1.00
ボラティリティ	45.00%
資産の現在価値	$100
リスクフリーレート	5.00%
配当率	0.00%
行使価格	$100

シミュレーション計算	
シミュレート値	0.00
ペイオフ関数	4.76

中間の計算	
ステップの数	5
ステップ・サイズ (dt)	0.2000
アップのジャンプ・サイズ (u)	1.2229
ダウンのジャンプ・サイズ (d)	0.8177
リスク中立確率 (p)	47.47%

結果	
二項のアプローチ	$20.7492
ブラック=ショールズ・モデル	$19.9118
経路依存型シミュレーション	$19.9929
経路独立型シミュレーション	$18.2891

時期	シミュレート	ステップ	価値
1	0.0	0.50	100.00
2	0.0	0.50	100.50
3	0.0	0.50	101.00
4	0.0	0.50	101.50
5	0.0	0.50	102.00
6	0.0	0.50	102.50
7	0.0	0.50	103.00
8	0.0	0.50	103.50
9	0.0	0.50	104.00
10	0.0	0.50	104.50
			105.00
			4.76

これは、モンテカルロ・シミュレーションを使ってリアルオプションのモデルを解くためのアプローチである。このモデルは、第7章の付録「モンテカルロ・シミュレーションを使ってリアルオプションの問題を解く」に記載された例をベースとしている。仮定と予測値は、このワークシート内に明示してある。分析を実行するためには、シミュレーション結果を得るには Crystal Ball がインストール済みでなければならない。シミュレーション結果を得るには Crystal Ball の「実行」アイコンをクリックする。($0.0000) のセルがシミュレーションされ、計算結果に置き換えられる。

ステップ0	ステップ1	ステップ2	ステップ3	ステップ4	ステップ5	
100.00	122.29	149.55	182.89	223.67	273.53	
	81.77	100.00	122.29	149.55	182.89	継続
		66.87	81.77	100.00	122.29	継続 継続 行使
			54.68	66.87	81.77	継続 継続 継続 行使
				44.71	54.68	継続 継続 継続 継続 行使
					36.56	継続 継続 継続 継続 継続 終了
						継続 継続 継続 継続 継続 終了
						継続 継続 継続 継続 継続 終了
20.75	34.35	55.07	84.87	124.66	173.53	
	8.86	16.28	29.20	50.55	82.89	
		2.31	4.92	10.48	22.29	
			0.00	0.00	0.00	
				0.00	0.00	
					0.00	

306

ュレーション試行はそれぞれまったく異なる資産展開経路を生み出すことに注目していただきたい。10番目の期間が終わると、価値最大化のプロセスが適用される。すなわち、実行費用が＄100であるシンプルなヨーロピアン・オプションの場合、関数は、$C_{10,i} = \text{Max}\,[S_{10,i} - X, 0]$ となるわけである。これは、i番目のシミュレーション試行での時期10におけるコール価値$C_{10,i}$を表している。この価値を、リスクフリーレートで割り引くと、時期0におけるコール価値を得ることができる。すなわち、$C_{0,i} = C_{10,i}\,e^{-rf(T)}$ となるのである。これは、単一のシミュレーション経路に対する単一の推定価値である。

図7G－1を見ると、モンテカルロ・シミュレーションによる試行を1000回実行し、平均値を求めて、＄19.99という結果を得ている。これを、経路依存型のシミュレーション・アプローチと呼ぶ。この方法には、一つの近道がある。多少正確さを犠牲にするが、$S_T = S_0 + \delta S_T = S_0 + S_0(rf(T) + \sigma\varepsilon\sqrt{T})$ を使って、10の期間を単一の期間に折りたたむのである。この場合、時期Tは、1年の満期になる。期間を折りたたんだら、$C_{0,i} = MAX\,[(S_{T,i} - X)e^{-rf(T)}, 0]$ を使ってコール・オプションの価値を推定する。結果を1000回シミュレートすると、＄18.29という推定オプション価値が得られる。当然のことながら、シミュレーション試行の数と、シミュレーションの中のステップの数が多くなればなるほど、結果の正確度は高くなる。

図7G－2は、1000回のシミュレーション試行から得られた結果を示している。この本に添付されているReal Options Analysis Toolkitには、モンテカルロ・シミュレーション使ってヨーロピアン・オプションの価値を推定するスプレッドシートの例が入っている。[2] 特にペイオフ関数の対数正規分布に注目されたい。

モンテカルロ・シミュレーションを使ってリアルオプション価値の範囲を得る

以上説明したアプローチに代わって、モンテカルロ・シミュレーションを使ってリアルオプション価値の範囲を得るアプローチもある。このアプローチでは、図7G－3に示すように、リスクフリーレートとボラティリティの

図7G-2 ◎ 経路依存型シミュレーションの予測結果

入力パラメータ

期限切れまでの年数	1.00
ボラティリティ	45.00%
資産の現在価値	$100
リスクフリーレート	5.00%
配当率	0.00%
行使価格	$100

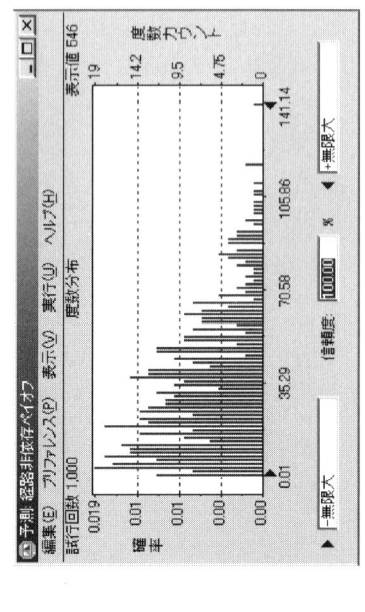

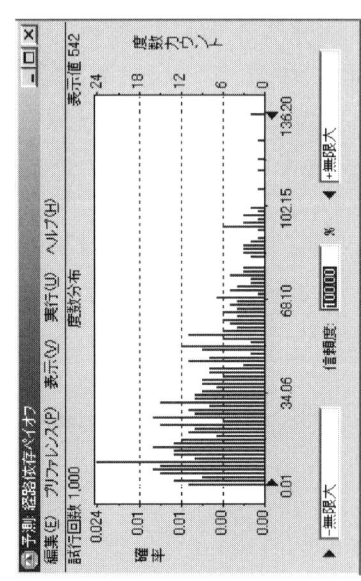

シミュレーション計算

シミュレート値	0.00
ペイオフ関数	4.76

中間の計算

ステップの数	5
ステップの大きさ (dt)	0.2000
アップのジャンプ・サイズ (u)	1.2229
ダウンのジャンプ・サイズ (d)	0.8177
リスク中立確率 (p)	47.47%

結果

二項のアプローチ	$20.7492
ブラック・ショールズ・モデル	$19.9118
経路依存型シミュレーション	$19.9929
経路独立型シミュレーション	$18.2891

時期	シミュレート	ステップ	価値
0			100.00
1	0.0	0.50	100.50
2	0.0	0.50	101.00
3	0.0	0.50	101.50
4	0.0	0.50	102.00
5	0.0	0.50	102.50
6	0.0	0.50	103.00
7	0.0	0.50	103.50
8	0.0	0.50	104.00
9	0.0	0.50	104.50
10	0.0	0.50	105.00

図7G-3 ◎オプション範囲のシミュレーション

入力パラメータ

期限切れまでの年数	1.00
ボラティリティ	45.00%
資産の現在価値	$100
リスクフリーレート	5.00%
配当率	0.00%
行使価格	$100

中間のパラメータ

ステップの数	5
ステップの大きさ (dt)	0.2000
アップのジャンプ・サイズ (u)	1.2229
ダウンのジャンプ・サイズ (d)	0.8177
リスク中立確率 (p)	47.4%

結果

二項のアプローチ	$20.7492
ブラック-ショールズ・モデル	$19.9118

	ステップ0	ステップ1	ステップ2	ステップ3	ステップ4	ステップ5
	100.00	122.29	149.55	182.89	223.67	273.53
		81.77	100.00	122.29	149.55	182.89
			66.87	81.77	100.00	122.29
				54.68	66.87	81.77
					44.71	54.68
						36.56

20.75	34.35	55.07	84.87	124.66	173.53
	8.86	16.28	29.20	50.55	82.89	22.29
		2.31	4.92	10.48	0.00	0.00
			0.00	0.00	0.00	0.00
				0.00	0.00	
					0.00	

継続	継続	継続	継続	継続	行使
	継続	継続	継続	継続	行使
		継続	継続	継続	行使
			継続	継続	終了
				終了	終了
					終了

これは、モンテカルロ・シミュレーションを使ってリアルオプションのモデルを解くためのアプローチである。このモデルは、第7章の付録「モンテカルロ・シミュレーションを使ってリアルオプションの問題を解く」に記載された例をベースとしている。仮定と予測値は、このワークシート内に明示してある。分析を実行するためには、Crystal Ballがインストール済みでなければならない。シミュレーション結果を得るには、Crystal Ballの「実行」アイコンをクリックする。

2つの変数を例として選択し、シミュレーションを行なう。この2つの変数に対しては、分布に関する仮定が割り当てられ、ブラック－ショールズと二項格子を使って得られたオプション価値が、予測セルとして選択される。

　シミュレーションの結果は、図7G－4に示すように、リアルオプション価値の分布として表される。[3]　ここで、リアルオプション価値の範囲が、二項格子とブラック－ショールズ・モデルの両方で一貫している点に注目されたい。また、ここでは、リアルオプション・モデルへの入力を変えることによって結果の範囲を得るためにシミュレーションを行なうのであって、リアルオプションそのものをモデル化したり計算したりするためにシミュレーションを行なうのではないことにも注意が必要である。シミュレーションは、入力をシミュレートしてリアルオプションの結果の範囲を得る場合と、パス依存型モデリングによりリアルオプション・モデルを解く場合の両方に応用することができることは、すでに見たとおりである。しかし、ここで一つ警告しておかなければならない。リアルオプション分析においては、ボラティリティは、時間の経過に伴う資産価値の可変性を捕捉するための一つの入力パラメータであるということと、二項格子が離散型のシミュレーション技法であり、解析型のソリューションが連続型のシミュレーション・モデルから得られるものであることを忘れてはならない。リアルオプションの入力をシミュレートすることは、リアルオプションの真の可変性を二重に数えてしまう恐れがあるのである（図7G－4を参照）。

　最終価値の分布は、その性格上、対数正規になっている。負の値は一つもない。ここで、もう一つ重要な警告がある。ブラウン運動過程のアプローチを使わずに、ただ最終価値だけをシミュレートしようとすると、確実に誤った回答が出てしまう。値としては似通ったものになるかもしれないが、決して確固とした結果は得られない。最終価値だけをシミュレートして、それを評価することは、完全な誤りなのである。

図7G-4 ◎ オプション範囲の予測結果のシミュレーション

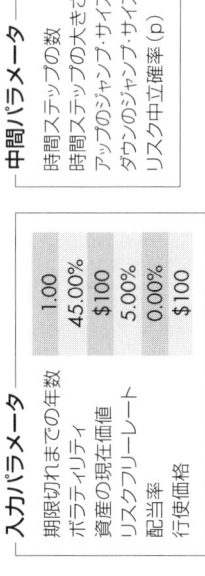

入力パラメータ

期限切れまでの年数	1.00
ボラティリティ	45.00%
資産の現在価値	$100
リスクフリーレート	5.00%
配当率	0.00%
行使価格	$100

中間パラメータ

時間ステップの数	5
時間ステップの大きさ (dt)	0.2000
アップのジャンプ・サイズ (u)	1.2229
ダウンのジャンプ・サイズ (d)	0.8177
リスク中立確率 (p)	47.47%

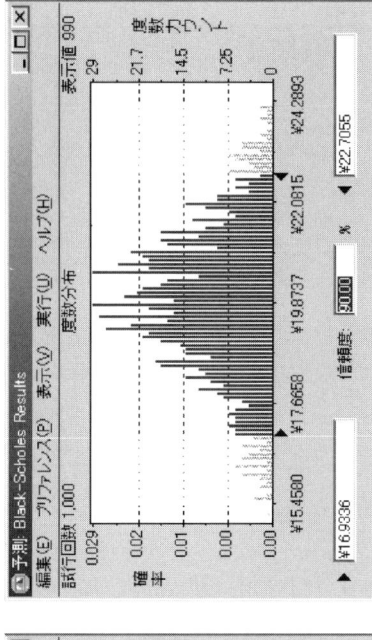

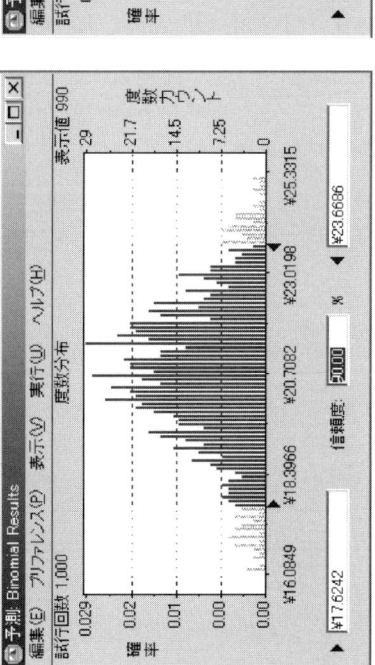

結果

二項のアプローチ	$20.7492
ブラック・ショールズ・モデル	$19.9118

付録 7H
三項格子

　下に示すのは、三項格子の例である（図7H-1を参照）。すべてのトピックをカバーするために概説する。三項格子の組み立て方と解法は、二項格子のそれと同様で、上昇／下落のジャンプやリスク中立確率を使用する点も同じである。ただし、図7H-1に示すような再結合型の三項ツリーを組み立てるのは、二項の場合よりも複雑な作業である。三項ツリーから派生する結果は、二項ツリーから派生する結果と限界点においては同じになるが、三項または多項ツリーの組み立て作業は、はるかに複雑になる。そこで、これまでこの本で挙げた例では、簡潔性と応用性を兼ね備えた二項格子に焦点を合わせてきたわけである。図7H-1に示すような、期間が3つしかない三項ツリーを組み立てるだけでも大変であるのに、この後さらに展開を続ければ、ツリーは巨大なものになる。そのようなツリーで、格子点と分岐の数や、どの枝とどの枝が再結合するのかを押さえていく作業がどのようなものであるか、想像していただきたい！

$$u = e^{\sigma\sqrt{3\delta t}} \text{ および } d = e^{-\sigma\sqrt{3\delta t}}$$

$$P_L = \frac{1}{6} - \sqrt{\frac{\delta t}{12\sigma^2}}\left[r - q - \frac{\sigma^2}{2}\right]$$

$$P_M = \frac{2}{3}$$

$$P_H = \frac{1}{6} + \sqrt{\frac{\delta t}{12\sigma^2}}\left[r - q - \frac{\sigma^2}{2}\right]$$

図7H-1◎三項格子

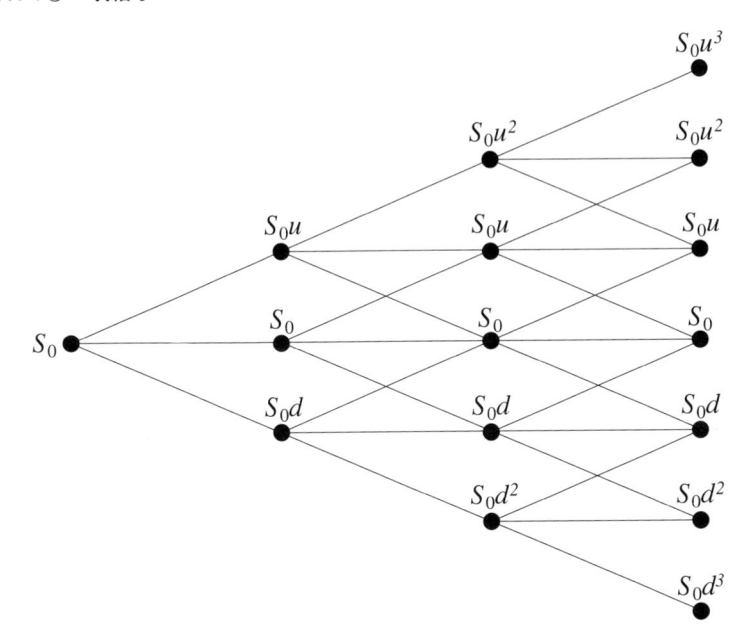

付録 7I
非再結合格子

　図7I-1は、アメリカン・コール・オプションを解くための、5つのステップからなる非再結合格子を示している。一つ一つの格子点が2つの経路に分岐しているが、これらの経路が他の枝に接することはない（つまり再結合しない）。図に示したのは、最初に作られる原資産格子である。

　図7I-2は、アメリカン・コール・オプションの評価格子を示している。この格子は、バックワード・インダクション法を使い、リスク中立確率分析を行なって得たものである。

　図7I-3と図7I-4は、再結合格子を使ってこの例題を解いた場合を示している。非再結合格子と再結合格子を見比べると、同様の値が並んでいることに気づくだろう。再結合格子では、特定の期間内の同一の値は、折りたたまれてユニークな格子点として要約されるため、演算作業が大幅に削減される。

　再結合格子と非再結合格子のいずれのアプローチを使っても、得られる結果は同様である。しかし、2つの格子を比較する際には、注意しなければならない点がある。例えば、再結合格子の6つの最終格子点は、非再結合格子の32の最終格子点の要約によって発生したユニークな事象である。したがって、738、332、149、67、30、および13の各値の発生確率を6分の1と推定することは誤りである（図7I-5を参照）。

　現実には、最終格子点に示される結果の発生確率は、図7I-6に示すようにそれぞれ異なっており、全体としては正規分布に似た分布を持つことになる。そして、入力パラメータがどのようなものであるかによって、最終格子点の分布は若干変わってくる（ボラティリティが高ければ、極端な数値の

発生頻度は高くなる）。

　再結合格子は計算が容易で、非再結合格子と同じ結果に到達するものではあるが、分析上、非再結合格子を使わなければならない場合もある。例えば、図７Ｉ－７に示すように、不確実性の要因が複数ある場合や、時間の経過とともにボラティリティが変わる場合は、非再結合格子が必要になる。

　図７Ｉ－８は、ボラティリティが変わるアメリカン・コール・オプションを、リスク中立確率を使って評価する場合の格子を示している。

　ボラティリティが変化するオプションを解くためには、非再結合格子のほうが適しているが、再結合格子も、修正を加えれば使うことができる。この場合、分析に要する時間と労力はかなり削減できる。得られる結果は、どちらのアプローチを使っても同じである。図７Ｉ－９は、修正を加えた再結合格子の例を示している。この場合、満期に至るまでの５年間に、ボラティリティが３回変わっているが、新しいボラティリティに変わるまでの期間は一定のボラティリティが継続している。例えば、時期０から時期２までの期間

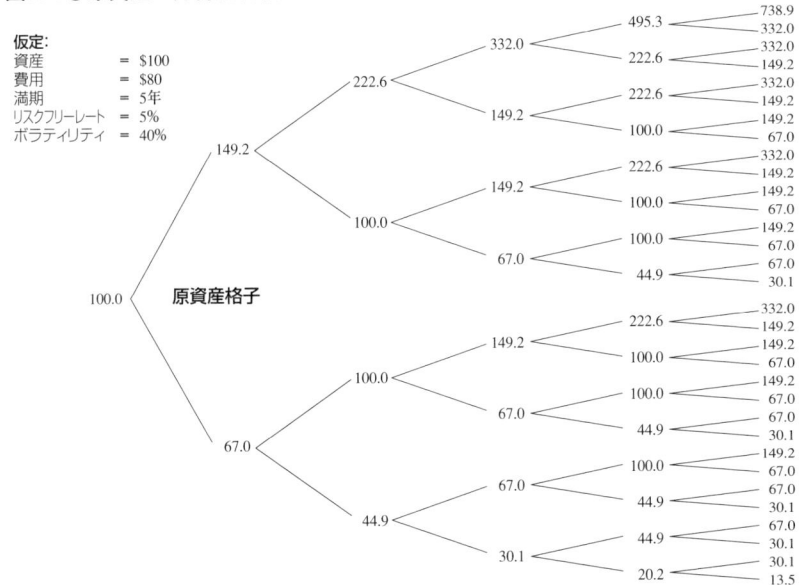

図7I-1◎原資産の非再結合格子

仮定：
資産　　　　　　＝ $100
費用　　　　　　＝ $80
満期　　　　　　＝ 5年
リスクフリーレート ＝ 5%
ボラティリティ　 ＝ 40%

は40％、時期2から時期4までの期間は45％といった具合に、一定のボラティリティが続くわけで、これが、格子の分岐が再結合する結果につながるのである。図7Ⅰ-9では、格子全体を3つの段階からなる再結合格子に分けて分析している。一定ボラティリティ期間が終了すると同時に、個々の結果格子点を開始点とする新しい再結合格子が始まっている。

図7Ⅰ-10は、ボラティリティが変わるオプションのための修正再結合評価格子を示している。結果として得られる＄53.2という値が、非再結合格子を使って得た結果と同一であることに注目していただきたい。

図7I-2◎非再結合評価格子

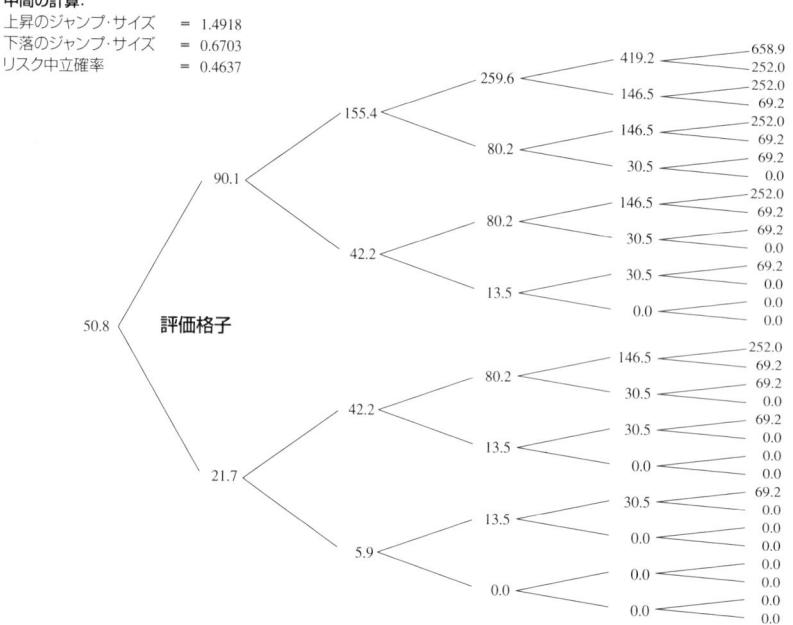

中間の計算：
上昇のジャンプ・サイズ ＝ 1.4918
下落のジャンプ・サイズ ＝ 0.6703
リスク中立確率 ＝ 0.4637

図7I-3◎原資産の再結合格子

原資産格子

仮定：
資産　　　　　　＝ $100
費用　　　　　　＝ $80
満期　　　　　　＝ 5年
リスクフリーレート ＝ 5%
ボラティリティ　＝ 40%

```
                                                            738.9
                                                495.3
                                      332.0              332.0
                            222.6              222.6
                  149.2            149.2              149.2
        100.0            100.0            100.0
                  67.0             67.0              67.0
                            44.9              44.9
                                      30.1              30.1
                                                20.2
                                                            13.5
```

図7I-4◎再結合評価格子

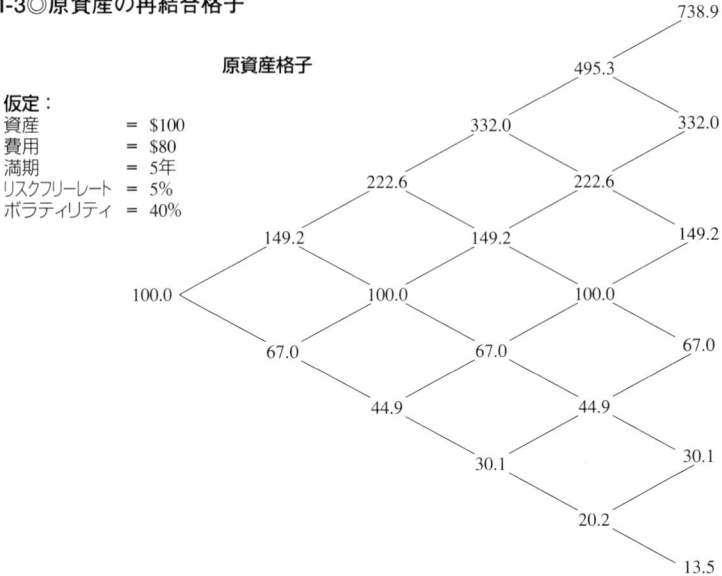

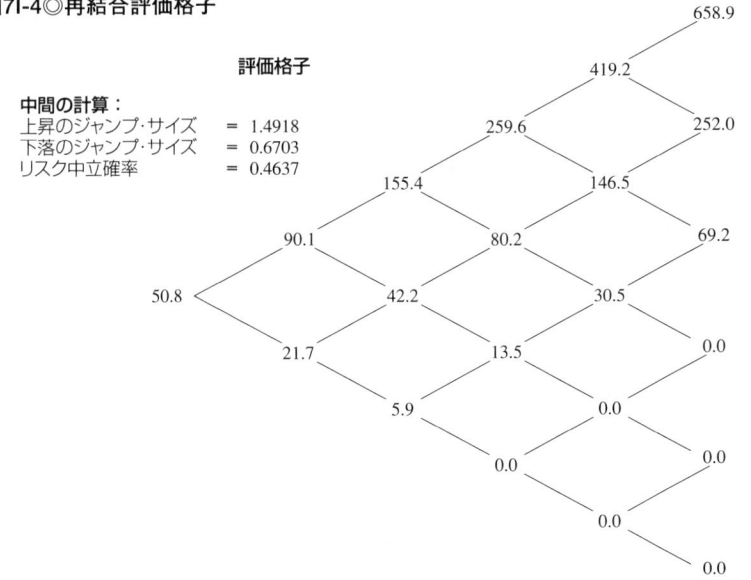

評価格子

中間の計算：
上昇のジャンプ・サイズ　＝ 1.4918
下落のジャンプ・サイズ　＝ 0.6703
リスク中立確率　　　　　＝ 0.4637

```
                                                            658.9
                                                419.2
                                      259.6              252.0
                            155.4              146.5
                  90.1             80.2              69.2
        50.8             42.2            30.5
                  21.7             13.5              0.0
                            5.9              0.0
                                      0.0              0.0
                                                0.0
                                                            0.0
```

図7I-5◎再結合格子における発生頻度

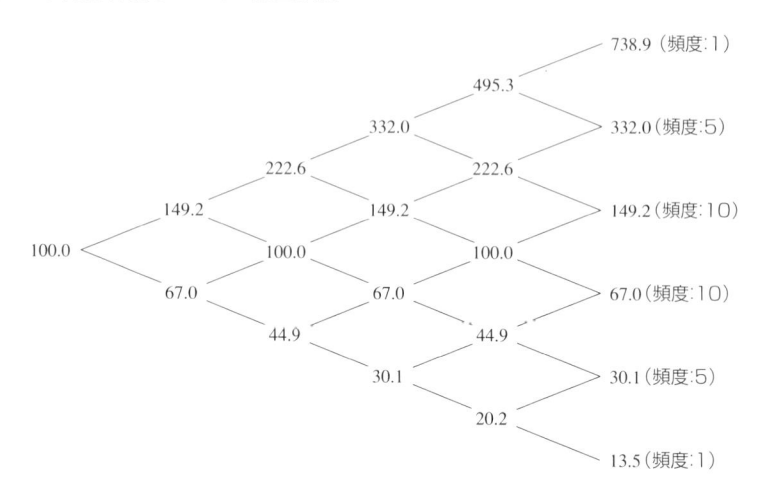

```
                                                        ┌─ 738.9（頻度:1）
                                              495.3 ────┤
                                    332.0 ────┤         └─ 332.0（頻度:5）
                          222.6 ────┤         │
                149.2 ────┤         149.2 ────┤
      100.0 ────┤         100.0 ────┤         222.6 ──── 149.2（頻度:10）
                │         │         │         │
                67.0 ─────┤         67.0 ─────┤
                          44.9 ────┤         100.0 ──── 67.0（頻度:10）
                                    30.1 ────┤
                                              44.9 ──── 30.1（頻度:5）
                                              20.2 ──── 13.5（頻度:1）
```

図7I-6◎再結合格子の最終格子点の確率分布

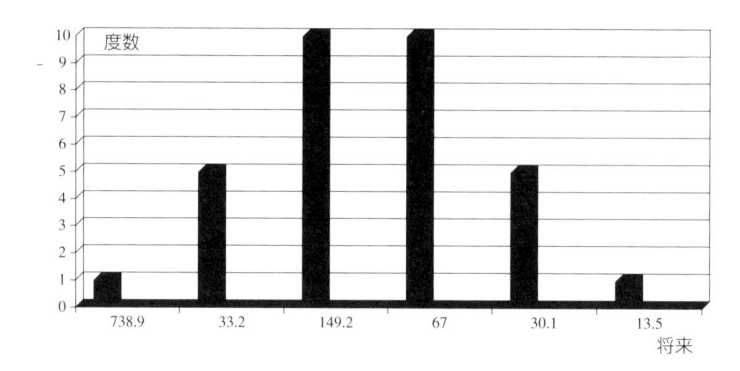

度数

(横軸: 738.9, 33.2, 149.2, 67, 30.1, 13.5 　将来)

棒グラフ: 738.9 → 1, 33.2 → 5, 149.2 → 10, 67 → 10, 30.1 → 5, 13.5 → 1

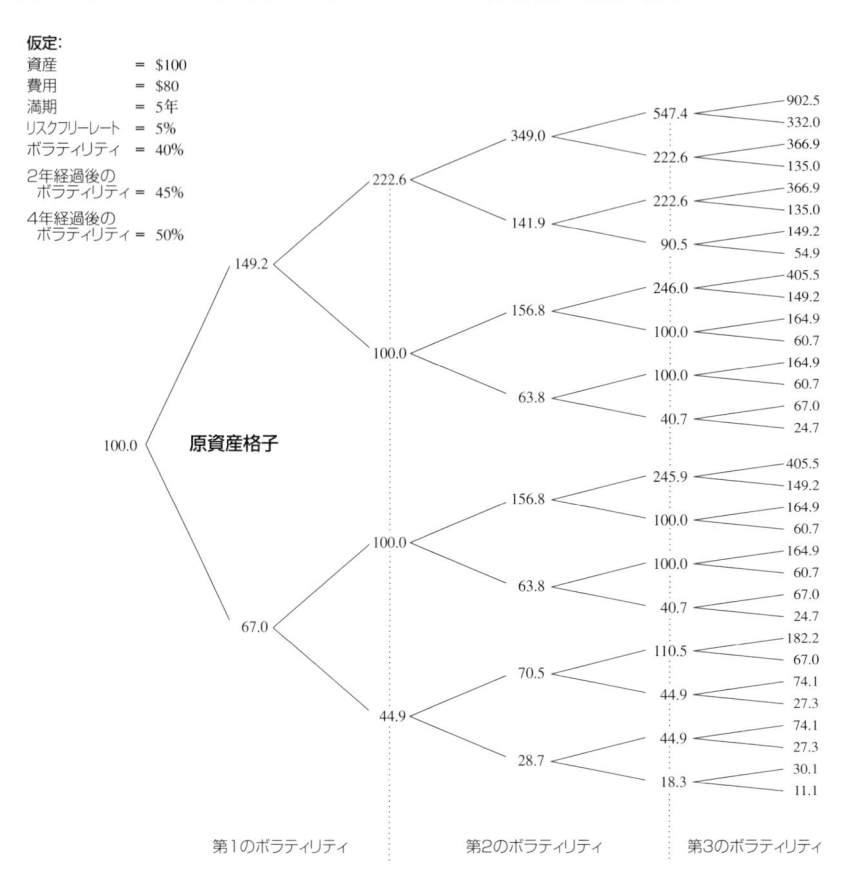

図7I-7 ◎ ボラティリティが変わるオプションのための非再結合原資産格子

仮定:
資産 = $100
費用 = $80
満期 = 5年
リスクフリーレート = 5%
ボラティリティ = 40%
2年経過後の
　ボラティリティ = 45%
4年経過後の
　ボラティリティ = 50%

原資産格子

```
                                                                                    902.5
                                                             547.4 ──────────┤
                                                  ┌──────────┤                    332.0
                                                  │          │                    366.9
                                       349.0 ─────┤          222.6 ──────────┤
                                       │          │                                135.0
                            222.6 ─────┤          │                                366.9
                            │          │          222.6 ──────────┤
                            │          141.9 ─────┤                                135.0
                            │                     │                                149.2
                 149.2 ─────┤                     90.5 ──────────┤
                 │          │                                                      54.9
                 │          │                                                      405.5
                 │          │                     246.0 ──────────┤
                 │          │          156.8 ─────┤                                149.2
                 │          │          │          │                                164.9
                 │          │          │          100.0 ──────────┤
                 │          100.0 ─────┤                                           60.7
                 │                     │                                           164.9
                 │                     │          100.0 ──────────┤
                 │                     63.8 ─────┤                                 60.7
                 │                                │                                67.0
                 │                                40.7 ──────────┤
     100.0 ──────┤                                                                 24.7
                 │                                                                 405.5
                 │                                245.9 ──────────┤
                 │                     156.8 ─────┤                                149.2
                 │                     │          │                                164.9
                 │                     │          100.0 ──────────┤
                 │          100.0 ─────┤                                           60.7
                 │          │          │                                           164.9
                 │          │          │          100.0 ──────────┤
                 │          │          63.8 ─────┤                                 60.7
                 │          │                     │                                67.0
                 │          │                     40.7 ──────────┤
                 67.0 ──────┤                                                      24.7
                            │                                                      182.2
                            │                     110.5 ──────────┤
                            │          70.5 ─────┤                                 67.0
                            │          │          │                                74.1
                            │          │          44.9 ──────────┤
                            44.9 ─────┤                                            27.3
                                       │                                           74.1
                                       │          44.9 ──────────┤
                                       28.7 ─────┤                                 27.3
                                                  │                                30.1
                                                  18.3 ──────────┤
                                                                                   11.1
```

第1のボラティリティ　　第2のボラティリティ　　第3のボラティリティ

図7I-8 ◎ ボラティリティが変わるオプションのための非再結合原資産格子

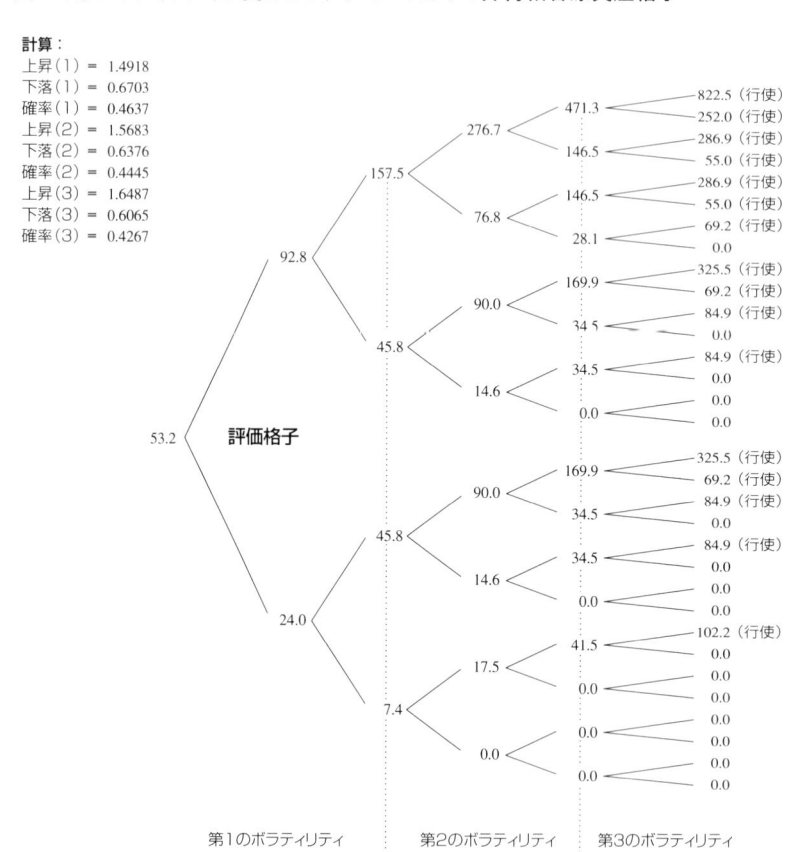

計算：
上昇（1）＝ 1.4918
下落（1）＝ 0.6703
確率（1）＝ 0.4637
上昇（2）＝ 1.5683
下落（2）＝ 0.6376
確率（2）＝ 0.4445
上昇（3）＝ 1.6487
下落（3）＝ 0.6065
確率（3）＝ 0.4267

```
                                                                    822.5（行使）
                                                    471.3
                                                                    252.0（行使）
                                    276.7
                                                                    286.9（行使）
                                                    146.5
                                                                     55.0（行使）
                    157.5
                                                                    286.9（行使）
                                                    146.5
                                                                     55.0（行使）
                                     76.8
                                                                     69.2（行使）
                                                     28.1
                                                                      0.0
     92.8
                                                                    325.5（行使）
                                                    169.9
                                                                     69.2（行使）
                                     90.0
                                                                     84.9（行使）
                                                     34.5
                                                                      0.0
                     45.8
                                                                     84.9（行使）
                                                     34.5
                                                                      0.0
                                     14.6
                                                                      0.0
                                                      0.0
                                                                      0.0
53.2    評価格子
                                                                    325.5（行使）
                                                    169.9
                                                                     69.2（行使）
                                     90.0
                                                                     84.9（行使）
                                                     34.5
                                                                      0.0
                     45.8
                                                                     84.9（行使）
                                                     34.5
                                                                      0.0
                                     14.6
                                                                      0.0
                                                      0.0
                                                                      0.0
     24.0
                                                                    102.2（行使）
                                                     41.5
                                                                      0.0
                                     17.5
                                                                      0.0
                                                      0.0
                                                                      0.0
                      7.4
                                                                      0.0
                                                      0.0
                                                                      0.0
                                      0.0
                                                                      0.0
                                                      0.0
                                                                      0.0

    第1のボラティリティ    第2のボラティリティ    第3のボラティリティ
```

第2部 ■ リアルオプション分析　応用編

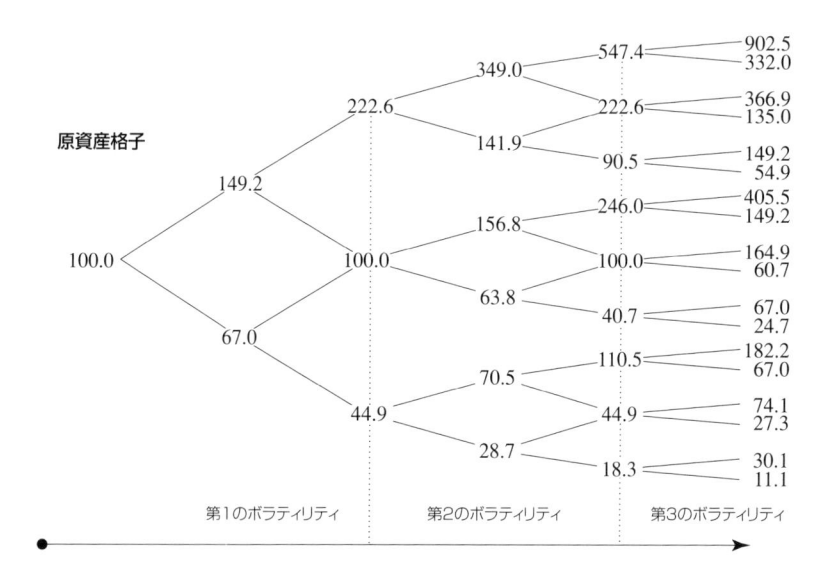

図7I-9 ◎ 多重再結合格子を使って原資産格子を解く

仮定:
- 資産 = $100
- 費用 = $80
- 満期 = 5年
- リスクフリーレート = 5%
- ボラティリティ = 40%
- 2年経過後のボラティリティ = 45%
- 4年経過後のボラティリティ = 50%

原資産格子

```
100.0
├─ 149.2
│   ├─ 222.6
│   │   ├─ 349.0
│   │   │   ├─ 547.4
│   │   │   │   ├─ 902.5
│   │   │   │   └─ 332.0
│   │   │   └─ 222.6
│   │   │       ├─ 366.9
│   │   │       └─ 135.0
│   │   └─ 141.9
│   │       ├─ 222.6 (共有)
│   │       └─ 90.5
│   │           ├─ 149.2
│   │           └─ 54.9
│   └─ 100.0
│       ├─ 156.8
│       │   ├─ 246.0
│       │   │   ├─ 405.5
│       │   │   └─ 149.2
│       │   └─ 100.0
│       │       ├─ 164.9
│       │       └─ 60.7
│       └─ 63.8
│           ├─ 100.0 (共有)
│           └─ 40.7
│               ├─ 67.0
│               └─ 24.7
└─ 67.0
    ├─ 100.0 (共有)
    └─ 44.9
        ├─ 70.5
        │   ├─ 110.5
        │   │   ├─ 182.2
        │   │   └─ 67.0
        │   └─ 44.9
        │       ├─ 74.1
        │       └─ 27.3
        └─ 28.7
            ├─ 44.9 (共有)
            └─ 18.3
                ├─ 30.1
                └─ 11.1
```

第1のボラティリティ　｜　第2のボラティリティ　｜　第3のボラティリティ

図7I-10◎多重再結合格子を使って評価格子を解く

計算:
上昇(1) = 1.4918
下落(1) = 0.6703
確率(1) = 0.4637
上昇(2) = 1.5683
下落(2) = 0.6376
確率(2) = 0.4445
上昇(3) = 1.6487
下落(3) = 0.6065
確率(3) = 0.4267

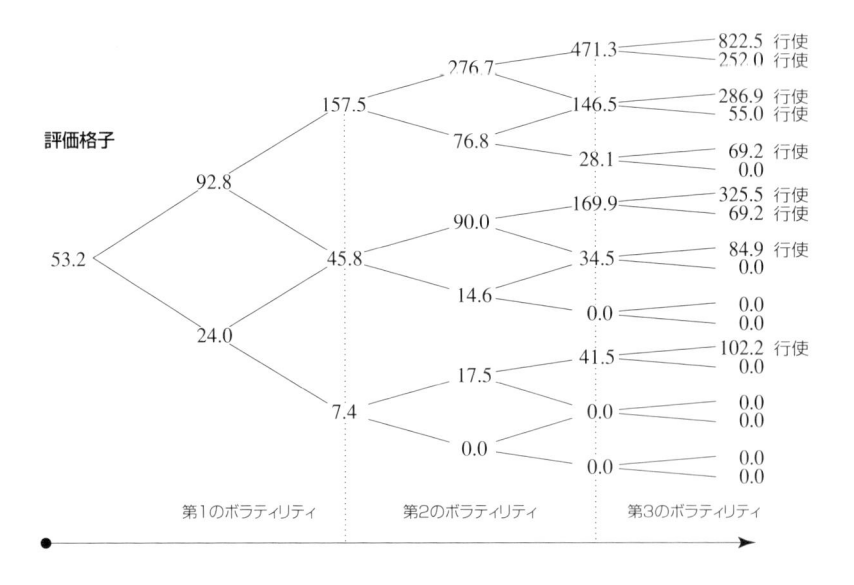

評価格子

- 53.2
  - 92.8
    - 157.5
      - 276.7
        - 471.3
          - 822.5 行使
          - 252.0 行使
        - 146.5
          - 286.9 行使
          - 55.0 行使
      - 76.8
        - 28.1
          - 69.2 行使
          - 0.0
    - 45.8
      - 90.0
        - 169.9
          - 325.5 行使
          - 69.2 行使
        - 34.5
          - 84.9 行使
          - 0.0
      - 14.6
        - 0.0
          - 0.0
          - 0.0
  - 24.0
    - 7.4
      - 17.5
        - 41.5
          - 102.2 行使
          - 0.0
        - 0.0
          - 0.0
          - 0.0
      - 0.0
        - 0.0
          - 0.0
          - 0.0

第1のボラティリティ | 第2のボラティリティ | 第3のボラティリティ

第8章
リアルオプションのより高度な問題

　この章では、リアルオプションに関するより高度な問題を検討する。これらの問題には、バリア型の終了および撤退オプション、複合オプション、待機オプションとその最適化、および切替オプションが含まれる。さらに、リアルオプション分析にディシジョンツリーを応用する方法についても、ディシジョンツリーだけでリアルオプションの問題を解こうとすることが好ましくない理由を含めて詳しく説明する。章の最後の技術的な付録では、確率過程、最適化と微分方程式、エキゾチック・オプションについて詳しく説明する。

1 高度な問題

　リアルオプションの主要な用途の一つとして、図8－1に示すような、プロジェクトのランク付けと選択がある。例えば、ある企業の経営陣が、正味現在価値を選択基準とする伝統的な手法により、A－D－B－Cの順に優先順位を付けたとする。しかし、リアルオプション分析を行ない、個々のプロジェクトに対する戦略的経営の柔軟性を考慮し、定量化して評価し直すと、順番はA－D－C－Bとなるかもしれない。リアルオプションの価値を考慮しない選択基準を使うと、誤ったプロジェクトが選択され、誤った結論が引き出される恐れがある。

　例えば、プロジェクトBは、あるモデルの自動車を開発するプロジェクトであり、プロジェクトCは、モデルとしてはBに似ているが、任意にガソリンと電気を併用できるハイブリッド型に変更できるオプションを備えた自動車を開発するプロジェクトであるとしよう。そこで、両者の費用を比較すれば、Cの費用のほうがBよりも高くつくのは明らかである。したがって、プ

図8-1 ◎ プロジェクトの選択と優先順位付け

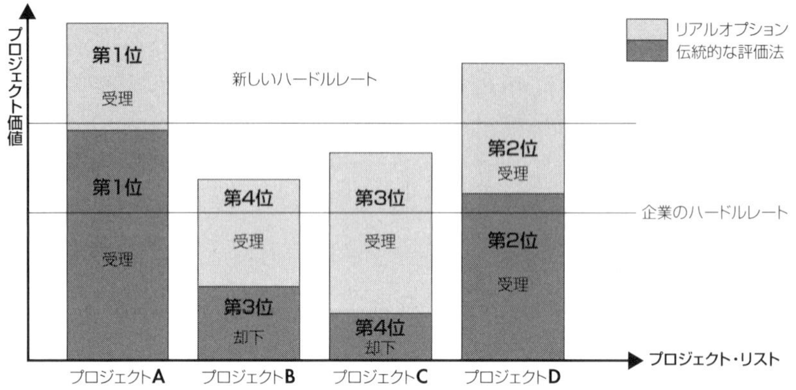

オプション価値をきちんと捉え、プロジェクトの優先順位を変える（A・D・B・CからA・D・C・Bへ）ことにより、誤ったプロジェクトの選択を回避することができる。また最適なトリガー値や、実行の最適時期がわかれば、市場での価格やシェアについて有利に展開することができるであろう。負のNPVを持ち、受理と却下の境目にあるようなプロジェクトは、現実には重要なオプション価値を持っている可能性がある。シミュレーションを行なうことにより、結果の信頼度を一層高めることができる。

ロジェクトCのNPVは、プロジェクトBのNPVよりも小さくなる。しかし、ここで、今の時点でNPVが高いという理由だけでプロジェクトBを選択するというのはどうだろうか。オプションの価値を考慮に入れれば、プロジェクトCを選択するほうが、より良い決定である。なぜなら、今日の不確実な技術環境に照らしあわせて考えると、ハイブリッド・カーのほうにこそ極めて高い将来価値が秘められているからである。

2 ディシジョンツリー

図8 − 2は、ディシジョンツリーの例を示したものである。リアルオプションについてアナリストが陥りがちな大きな誤解の一つに、「ディシジョンツリーだけでリアルオプションの問題を解くことができる」というものがある。もちろん、これは間違っている。確かに、ディシジョンツリーは、企業が取り得る戦略的経路を分かりやすく表現し、経営陣の長期にわたる戦略的

図8-2◎ディシジョンツリー分析

二項決定ツリー：戦略的決定ロードマップ

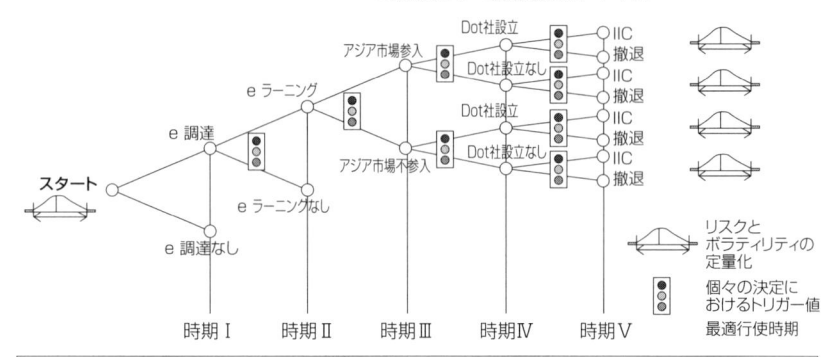

（図：スタート → e調達 / e調達なし → eラーニング / eラーニングなし → アジア市場参入 / アジア市場不参入 → Dot社設立 / Dot社設立なし → IIC / 撤退。時期Ⅰ〜時期Ⅴ。凡例：リスクとボラティリティの定量化、個々の決定におけるトリガー値、最適行使時期）

ステップ：将来の戦略的機会の発見、過去のデータと経営陣による仮定の収集、経路依存型戦略的ロードマップの作成、個々の経路の収益・費用の推定、異なるパスに沿ったすべての戦略の評価、最適経路の発見、推奨戦略の提供。
一つ一つのノードにおいて最適トリガー値を計算し、交通信号のように、実行が最適となる条件を明示する。最適実行時期も、一つ一つのノードにおいて計算することができる。そして、特定の分岐におけるキャッシュフローと戦略的オプションの不確実性も、シミュレーションによって定量化することができる。

　プロジェクトや機会を、一つの「意思決定ロードマップ」として視覚的に示すための極めて優れた方法である。しかし、リアルオプションの「問題を解く」ためには、ディシジョンツリー分析だけでなく、ディシジョンツリー分析とリアルオプション分析を結びつけて使わなければならないのである。

　ディシジョンツリーの問題を解くために使われるモデルには、単純な期待価値から、もっと高度なベイズ法による確率更新のアプローチまで、さまざまなものがある。しかし、いずれも、リアルオプションの問題を解くための役には立たない。ディシジョンツリーは、リアルオプションの問題を解くためのスタンドアローンの最適な方法にはなり得ないのである。これは、ディシジョンツリーにおいては、そのノードの一つ一つで、主観的に推定した確率と割引率を使わなければならないからである。割引率と発生確率の予測は困難であり、エラーが発生しやすい。このエラーがディシジョンツリーに乗ると、時間の経過とともに増幅されていき、誤った計算結果が導き出されてしまう可能性が大きいのである。加えて、第7章で説明したように、リアル

オプションの問題を解く方法としては、二項格子のほうがはるかに優れているのである。また、二項格子は、究極的にはディシジョンツリーに収斂させることができるので、この意味でも、リアルオプションのためのスタンドアローンの手法としてディシジョンツリーを使うよりはるかに優れている。とは言うものの、ディシジョンツリーとリアルオプション分析の間に、共通の基盤があることは事実である。

　図8－2には、一つのディシジョンツリーが示されている。見てのとおり、評価は一切行なわれておらず、ツリー上の一つ一つのノードには、特定のプロジェクトが添付されている。これらのノードの価値は、二項格子や解析型解法をはじめとする、リアルオプションの問題を解くためのさまざまな方法を使って別個に推定することになる。

　図8－2に示した、ある架空のeビジネス戦略では、e調達から始めて、最終的には国際的なインターネット連携（IIC：International Internet Coalition）に至るまで、グローバルな展開が計画されている。ディシジョンツリーは、ただ、IICに到達するまでの複数の経路を示しているだけである。しかし、中間の状態の一つ一つに、経路依存性があることは明らかである。例えば、この企業がアジア市場に参入するためには、まずeラーニング（e学習）とe調達の体制を設定するための適切なインフラストラクチャーを確立する必要がある。すなわち、前者の成功は後者の成功に依存している。これは、段階複合オプション以外の何者でもない。また、中間ノードの一つ一つにおいて、撤退オプションも存在している。加えて、リアルオプションの枠組みにおいて、決定ノードの一つ一つに対して、シミュレーション分析、トリガー値の計算、および実行時期の最適化などを応用して、定量化することが可能である。しかし、ディシジョンツリー分析だけでは、このような定量化は不可能である。ただし、戦略をディシジョンツリーの形で示すことにより、どのプロジェクトをどのような条件下で実行すべきかということに対する重要な洞察を経営陣に提供することはできる。

　アナリストが犯すかもしれないエラーの中には、致命的なものもある。その一つが、ディシジョンツリーを作ってから、第7章で検討したリスク中立確率に「似たもの」を使って期待価値を計算した場合である。本当のリスク

中立確率は、ボラティリティが一定であるという仮定に基づいて計算されるものである。これに対して、ディシジョンツリーの中の各ノード（例えば、eラーニングとDot社設立戦略）は、互いに大きく異なるリスクとボラティリティを持っている。さらに、リスク中立確率を計算するためには、マルチンゲール仮定が必要である。二項格子においては、一つ一つの格子点が、上昇と下落の2つの分岐を持っている。再結合格子の場合、上昇と下落のジャンプ・サイズは同一であるが、計算したリスク中立確率が有効なものになるためには、まずこの条件が満たされなければならない。これに対して、ディシジョンツリー上の異なる事象のリターンの大きさには明らかにばらつきがあり、リスク中立確率の計算を事実上不可能にしている。リスク中立確率が使えないとなると、キャッシュフローの割引にリスクフリーレートを使うことも不可能になる。さらに、一つ一つの戦略ノードのリスクが異なるため、WACCのような、市場リスク調整割引率も個々のノードごとに変わってくる。たった一つの割引率でも、正しく計算することは厄介なのだから、複雑なツリーの中で多数の割引率を計算することがどれほど大変な作業であるかは、お分かりいただけるだろう。加えて、エラーが発生すれば、時間の経過とともに増幅していくのであるから、最後の、戦略の正味現在価値を計算する時点では、はなはだしく誤った結果が出てくることになる。

　普通、ディシジョンツリー分析では、特定の事象が特定の確率で発生する場合を示す「チャンス・ノード」（確率ノード）が付け加えられる。例えば、好景気になるチャンスが30％、中程度の景気になるチャンスが45％、不景気になるチャンスが25％といった形で表されるのがチャンス・ノードである。チャンス・ノードでは、事象とペイオフの両方がこれらのチャンスと関連している。これらのノードを、リスク中立確率を使ってバックワード・インダクション法によって計算することは誤りである。なぜなら、これらはあくまでも「確率的なノード」であり、「戦略的オプション」ではないからである。一方、上の3つのチャンス・ノードは、相互補完的な関係にある。すなわち、3つのノードの確率の総和は100％になり、3つのうちのどれかが必ず発生しなければならない。また、十分な数の試行が行なわれた場合は、3つの事象すべてがいずれかの時点で発生しなければならない。リアルオプション分

析では、将来何が起こるかは誰にも分からないが、特定の事象が発生した場合にどのような戦略的選択肢があるのかを知ることはできるということが前提条件になっている。分析にチャンス・ノードを加えなければならない場合は、割引キャッシュフロー・モデルを使って期待価値を計算した後、確率と分布の仮定をベースとしたシミュレーションを行なえばよい。シミュレーションによって得た値は、リアルオプションのモデリング環境で使用することができる。分析結果は、前章で見たように、ディシジョンツリーに似た事象ツリー上で表現される。一方で、戦略的決定の経路はディシジョンツリーの環境において明示されるべきである。そして、個々の戦略ノード、あるいは複数の戦略ノードの組み合わせを、この本の全体を通じて説明しているリアルオプション分析の枠組みで評価するのである。評価の結果は、ディシジョンツリーの中で示すことができる。

　要約すると、ディシジョンツリーもリアルオプション分析も、複雑な状況を分析するためのスタンドアローンのアプローチとしては不完全であるということになる。これら2つの方法は、同じ問題に対して、それぞれ異なる視点から取り組むためのものである。ただし、両者を共に用いることによってより高度な分析が可能である。両方のアプローチの長所を引き出し、それらを併合して一つの総合的な評価戦略として組み立てれば、問題の枠組みを明確にするためにはディシジョンツリー、戦略的なオプションを評価するためにはリアルオプション分析（ディシジョンツリーを剪定していくつかのサブ・ツリーに分けるか、戦略ツリー全体を一挙に解くかのいずれかの方法を用いる）といった使い分けが可能になる。そして、得られた結果を、ディシジョンツリー上で示すのである。

3 終了と撤退のオプション

　プロジェクトを解体した後、回収したリソースを他に移転するといったことが頻繁に行なわれる現実のビジネスの世界においては、終了オプションの例はいくらでもある。しかし、プロジェクトの中には、「プロジェクトの粘着性」やビジネス心理、あるいは、経営陣が個人的にプロジェクトを捨てる

ことを嫌がっているといった理由から、簡単には撤退できないものがある。

　図8－3は、ダウン・アンド・アウト・バリア・撤退オプションを示している。このタイプのオプションでは、プロジェクトが収益性を失った場合、すぐには終了せず、経営陣は、撤退バリアを設定し、収益性のレベルがそのバリアのレベルを下回った時点で撤退することになる。このバリアは、プロジェクトの定着性を含めたさまざまな営業上の問題を考慮に入れた上で設定される。実際の計算は、この本に添付されたCD-ROMに入っているReal Options Analysis Toolkitのソフトウエアを使って行なうことができる。また、基本的なバリア・オプションの問題なら、Excelの標準機能であるMAXに、IF／AND／ORの関数を付け加えれば、二項格子でも解くことができる。すなわち、もし（if）原資産価値がバリアを突破したら、特定のノードにおけるオプションの価値は、「イントゥ・ザ・マネー」（into‐the‐money：オプション実行が可能な状態）になるのである。

図8-3◎バリア付き終了オプション

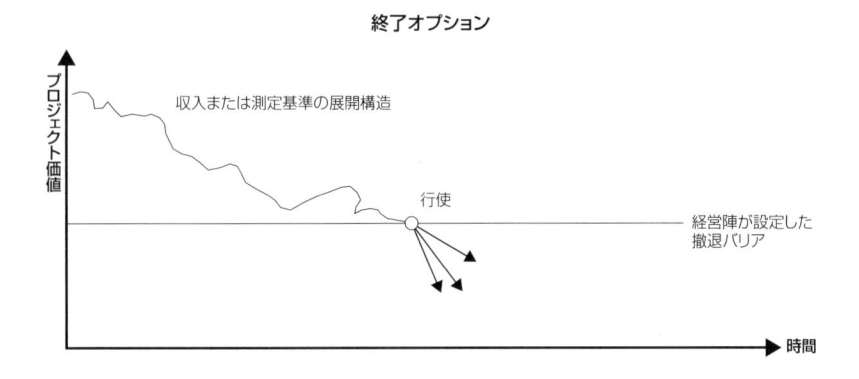

終了オプション

（図：プロジェクト価値を縦軸、時間を横軸とし、収入または測定基準の展開構造が下降していき、経営陣が設定した撤退バリアに達した時点で行使されることを示すグラフ）

> 経営陣は、プロジェクトのどの段階においても、撤退と終了のオプションを持っている。回収されたリソースは、他のプロジェクトに移転させることができる。すべてのリソースが、時間の経過とともに多角的に展開されていく中で、終了オプションは、長期にわたるプロジェクトのリスクをヘッジすることにより、経営陣に大きな内在的価値を提供する。

4 複合オプション

 ときには、一つのプロジェクトの実行が後続の機会をもたらす、複雑な複合オプションが存在している場合もある。例えば、図8－4では、一番左に示されたインフラストラクチャーが、3つの段階からなる複合オプションを生み出す形になっているが、第1段階が完了しない限り第2段階に進むことはできないし、第2段階が完了しない限り第3段階に進むことはできないことに注目してもらいたい。ところが、ときとして、これらの段階自体が、それぞれタイプが異なるオプションである場合もある。例えば、第2段階のオプションは第1段階のプロジェクトを拡張したものであるし、第3段階のプロジェクトは第2段階で設定されたバリアを超えることができたときだけ実行されるようになっている。この本に添付されたCD-ROMに入っているReal Options Analysis Toolkitには、10の段階からなる段階複合オプションの例

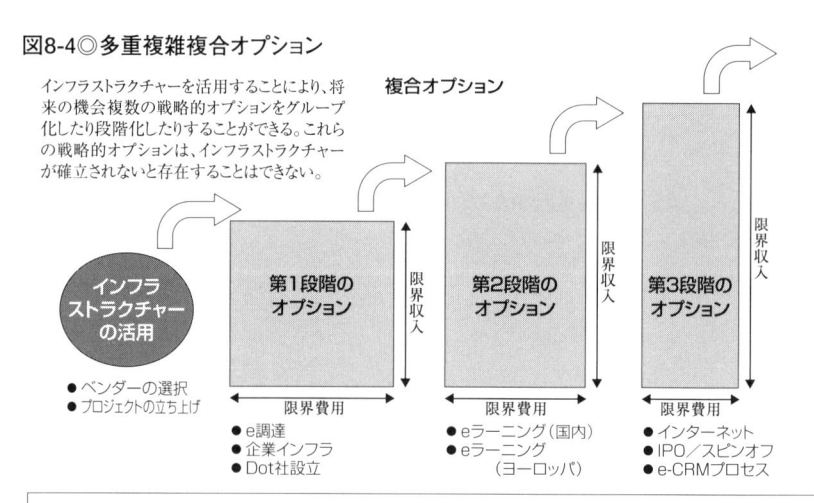

図8-4◎多重複雑複合オプション

インフラストラクチャーを活用することにより、将来の機会複数の戦略的オプションをグループ化したり段階化したりすることができる。これらの戦略的オプションは、インフラストラクチャーが確立されないと存在することはできない。

複合オプション

インフラストラクチャーの活用
- ベンダーの選択
- プロジェクトの立ち上げ

第1段階のオプション（限界収入／限界費用）
- e調達
- 企業インフラ
- Dot社設立

第2段階のオプション（限界収入／限界費用）
- eラーニング（国内）
- eラーニング（ヨーロッパ）

第3段階のオプション（限界収入／限界費用）
- インターネット
- IPO／スピンオフ
- e-CRMプロセス

初期の段階のオプションの行使が、後に続くオプションを生み出す。この、段階的な経路依存型のオプション・シリーズは、複合オプションを使って評価することができる。一つの段階を実行することの価値は、その段階が生み出す正味収入には限定されない。将来、戦略的・段階的な機会が発生することも大きな価値である。

が含まれている。また、個々の段階が、異なる費用を持つ拡張、縮小、および撤退のオプションになっている多段階オプションの例も含まれている。

5 待機オプション

図8－5は、一つのオプションのペイオフ・プロファイルを示している。この図で、傾斜した直線は、原資産変数（ここでは、キャッシュフローにボラティリティがないものと仮定した場合にプロジェクトが生み出す収入）に対する戦略的オプションの価値を示している。これは、事実上、終了の時点におけるプロジェクトのNPVとして捉えることができる。この静的なペイオフラインの上にある曲線は、リスクがあり、キャッシュフローが変動する場合の戦略的オプションの価値を示している。両者を比較すると、不確実性がある場合には、キャッシュフローは期待より大きくなり、期限切れ以前の時点においては、プロジェクトの価値はNPVが示唆する金額よりも高いことが

図8-5◎待機オプション

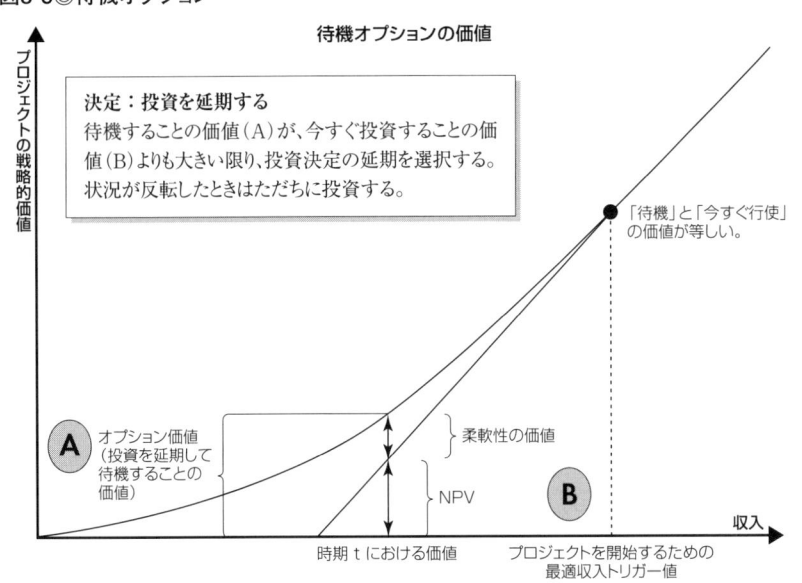

待機オプションの価値

決定：投資を延期する
待機することの価値（A）が、今すぐ投資することの価値（B）よりも大きい限り、投資決定の延期を選択する。状況が反転したときはただちに投資する。

A オプション価値（投資を延期して待機することの価値）

柔軟性の価値

NPV

B

「待機」と「今すぐ行使」の価値が等しい。

プロジェクトの戦略的価値

時期 t における価値

プロジェクトを開始するための最適収入トリガー値

収入

分かる。

　待機オプションは、オプションの保持者に、あまり制約を受けずに投資の決定を延期する自由を与える。これは、プロジェクトの価値が、競争や市場の効果（シェアの低下、市場への一番乗り、戦略的ポジショニング、等々）からほとんど影響を受けないという仮定に基づいている。これが正しければ、将来の実行に向けてプロジェクトを移動させるか否かは、2つの要因、すなわち、時間の経過に伴う資産価値の成長率と、割引率または貨幣の時間的価値の低下率のみによって判断することになる。

6 待機オプションの最適化

　オプション実行の時期を最適化することは、かなり厄介な作業である。なぜなら、プロジェクトのリスクと不確実性がともに高ければ、ただちに実行するよりも待機することのほうが好ましい場合もあるからである。しかし、プロジェクトの中には、経済的寿命が無限であるものも存在する。そして、プロジェクトの経済的寿命が無限であれば、そこに存在するリアルオプションの経済的寿命も無限になる。そこで問題となるのは、リアルオプションの経済的寿命が無限で、ボラティリティが高い場合は、決して実行せずに永久に待ち続けるのかということである。さらに、リアルオプションの最適トリガー値と最適実行時期を分析する際には、図8－6に示すように、他の数多くの要因が影響してくる。場合によっては、ダイナミックなプレイヤー（競争相手）の存在を前提としたゲーム理論を分析に取り入れることが必要になるかもしれない。

　待機オプションの問題を解くには、まず、原資産の過程 $X = (X_t)$ が、幾何ブラウン運動 $dX_t = \alpha X_t dt + \sigma X_t dZ_t$ に従うものと仮定することから始める。次に、コール・オプションの価値を、$\Phi(X) = E_{\max}\left[(X_T - I)e^{-\rho T}, 0\right]$ と定義する。ここで、I は初期投資額、X_T は最終時期 T における原資産の時間価値、および ρ は割引率をそれぞれ表している。

　最適な投資戦略は、原資産の確率論的投資過程 X に基づいて、時期 T における価値を最大化することである。つまり、$\Phi^*(X) = \max_T E_{\max}\left[(X_T - I)e^{-\rho T}, 0\right]$

を発見することである。

そこで、まず、ボラティリティがゼロに近い、不確実性が事実上存在しない場合を考える。そして、ドリフト率αを求めるが、普通、これは、原資産価値の成長率として測定される。続いて、$\rho>\alpha$と仮定する。すなわち、原資産価値のドリフト率または成長率が割引率を超えることはないと仮定するのである。こう仮定しないと、過程は、割引が不可能なほど急激に増加し続け、資産の最終価値は無限になり、オプション行使が最適になることは絶対になくなる。なお、αは原資産の投資過程の成長率として定義しているので、決定論的なケースにおいても同様に成長率となる。

このように簡略化すると問題は、$\Phi^*(X)=\max_T \max\left[(X_0 e^{\alpha T}-I)e^{-\rho T}, 0\right]$ となる。すなわち、時期0における原資産X_0が成長率αで成長すると、連続複利により資産価値は時期Tにおいて$X_0 e^{\alpha T}$となる。さらに、貨幣の時間的価値を考えると、正味現在価値は、$e^{-\rho T}$の率で連続的に割り引かれなければならない。ここに至って、オプションの実行を延期すると、長期にわたる資産価

図8-6◎実行時期の最適化

実行時期の最適化：待機 対 実行

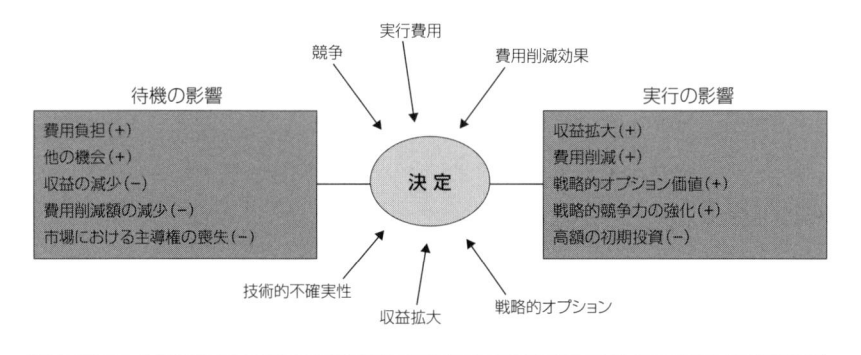

```
           競争  実行費用  費用削減効果
              ↘   ↓   ↙
待機の影響                        実行の影響
┌─────────────┐      ┌──────┐      ┌─────────────┐
│費用負担(＋)    │      │      │      │収益拡大(＋)    │
│他の機会(＋)    │      │ 決 定 │      │費用削減(＋)    │
│収益の減少(－)  │──────│      │──────│戦略的オプション価値(＋)│
│費用削減額の減少(－)│  │      │      │戦略的競争力の強化(＋)│
│市場における主導権の喪失(－)│└──────┘│高額の初期投資(－)│
└─────────────┘              ↗  ↑  ↖      └─────────────┘
           技術的不確実性  収益拡大  戦略的オプション
```

「待機」と「実行」の2つの圧力が対峙している状況の下で実行時期を最適化しなければならないときの最適なアプローチは、実行のための最適なトリガー値を計算し、さまざまな不確実性を仮定してモデル化することである。この分析を行なうことにより、最適なトリガー値（財務的および非財務的測定基準）と、個々のノードにおける最適な決定時期を求めることができる。これにより、経営陣が戦略的オプションを実行するための最適な時期と条件が明らかになる。

値の複利成長により限界利得が生じることと、貨幣の時間的価値により限界費用が生じることが見えてくる。そこで、最適時期を計算して、正味現在価値が最大になるような均衡実行時期を見出すことが可能になる。

オプションの最適値は、正味現在価値の時間に関する微分方程式を使えば簡単に計算することができる。まず、$\Phi(X) = \max_T \max\left[(X_0 e^{\alpha T} - I)e^{-\rho T}, 0\right]$ から計算を始める。

$$\frac{d\Phi(X)}{dT} = (\alpha - \rho)X_0 e^{(\alpha - \rho)T} + \rho I e^{-\rho T} = 0$$

このとき価値は最大となる。さらに計算を進めると、

$$(\rho - \alpha)X_0 e^{(\alpha - \rho)T} = \rho I e^{-\rho T}$$

$$(\rho - \alpha)X_0 \frac{e^{\alpha T}}{e^{\rho T}} = \frac{\rho I}{e^{\rho T}}$$

$$\alpha T + \ln(\rho - \alpha)X_0 = \ln(\rho I)$$

となり、オプション実行の最適時期は、次のようになる。

$$T = \frac{1}{\alpha} \ln\left[\frac{\rho I}{(\rho - \alpha)X_0}\right]$$

表8-1は、上記の計算の例を示したものである。この例では、時期0における原資産価値が実行費用＄100と同じであるものと仮定し、割引率は25％、対応するリスクフリーレートは5.5％と仮定している。オプション行使の最適時期は、4.52年となっているが、これは、次のように計算したものである。

$$T = \frac{1}{0.55} \ln\left[\frac{(.25)\ (\$100)}{(.25 - .055)\ (\$100)}\right] = 4.52 年$$

表8-1で、4.52年でNPVが最大になっていることに注目していただきたい。つまり、この、＄9.12という最大NPVが、待機オプションの価値なのである。これに対して、今すぐプロジェクトを実行した場合のNPVは、＄100 - ＄100 = ＄0である。

表8-1◎オプションの最適値

仮定:
時期0における原資産価値（X_0）	$100
固定実行費用 I	$100
割引率	25%
原資産の成長率	5.5%
最適行使時期	4.52

時期	NPV	
1.00	$4.40	
2.00	$7.05	
3.00	$8.47	
4.00	$9.05	
4.52	**$9.12**	最大NPV
5.00	$9.07	
6.00	$8.72	
7.00	$8.16	
8.00	$7.48	

　最後に、最適時期が負の値になったり、不明瞭な値になったりしないように、次のように最適時期を定義し直す。

$$T^* = Max\left[\frac{1}{\alpha}\ln\left(\frac{\rho I}{(\rho-\alpha)X_0}\right); 0\right]$$

　ここから、

$$T = \frac{1}{\alpha}\ln\left[\frac{\rho I}{(\rho-\alpha)X_0}\right]$$

　という最適時期値が得られるが、これを使うと、極めて興味深い結果が出る。まず、この方程式の配列を置き換えると、

$$e^{\alpha t} = \frac{\rho I}{(\rho-\alpha)X_0}$$

が得られ、さらに、次の結果が得られる。

$$\frac{X_0 e^{\alpha t}}{I} = \frac{\rho}{(\rho - \alpha)}$$

これは、プロジェクトの最適トリガー値である。左側の方程式は、収益性指標と呼ばれるもので、原資産の将来価値を実行費用で割ったものである。収益性指標が1.0を超える場合は、NPVが正の値であることを意味している。なぜなら、資産価値が実効費用を上回っているからである。反対に、収益性指標が1.0より小さい場合は、NPVは負の値になる（表8－2を参照）。収益性指標を使う方法は、NPV分析を使って決定を下す方法に似ている。

表8－3は、オプションの最適実行時期を、それぞれの成長率と割引率とともに示したものである。ここで、成長率を変えずに、割引率だけを上げて行くと、オプションの実行を早めたほうがよくなる。これは、貨幣の時間的価値と機会費用としての収入の減少率が、長期的には資産価値の成長率を超

表8-2◎異なる成長率と割引率に対する収益性指標

		成長率				
		1.00%	2.00%	3.00%	4.00%	5.00%
割引率	10%	1.111	1.250	1.429	1.667	2.000
	15%	1.071	1.154	1.250	1.364	1.500
	20%	1.053	1.111	1.176	1.250	1.333
	25%	1.042	1.087	1.136	1.190	1.250
	30%	1.034	1.071	1.111	1.154	1.200
	35%	1.029	1.061	1.094	1.129	1.167
	40%	1.026	1.053	1.081	1.111	1.143

表8-3◎異なる成長率と割引率に対する最適実行時期

		成長率				
		1.00%	2.00%	3.00%	4.00%	5.00%
割引率	10%	10.54	11.16	11.89	12.77	13.86
	15%	6.90	7.16	7.44	7.75	8.11
	20%	5.13	5.27	5.42	5.58	5.75
	25%	4.08	4.17	4.26	4.36	4.46
	30%	3.39	3.45	3.51	3.58	3.65
	35%	2.90	2.94	2.99	3.03	3.08
	40%	2.53	2.56	2.60	2.63	2.67
	投資費用		$100			
	資産価値		$100			

えてしまうからである。これに対して、割引率を変えずに、成長率だけを上げていくと、今すぐオプションを行使するよりも待機したほうが有利になる。これは、資産価値評価の成長率が、機会費用としての収入の減少を表す割引率を大きく超えるからである。逆に、例えば、割引率が10％で成長率が1％だと仮定して、プロジェクトの資産価値が実行費用を1.111の比率で超えた場合、あるいは、正味現在価値が実行費用を11.1％上回った場合は、ただちにプロジェクトを実行したほうが有利になる。これ以外の場合は待機したほうがよい。

　表8－2と表8－3では、不確実性は事実上ないものと仮定している。しかし、不確実な確率論的なケースでは、原資産価値の成長率は定かではない。すなわち、αはσ（ボラティリティ）によって変動するわけである。こうなると、最適時期を確認することはもはや不可能なため、シミュレーションを用いた確率論的な最適化を行なったほうが良い。ただ、最適トリガー値のほうは、まだ確認が可能である。[1]

　最適トリガー値は、下に示すように、収益性指標値として計算される。

$$\frac{X_0 e^{\alpha T}}{I} = \frac{\left[\frac{2\rho}{\sigma^2} + \left(\frac{\alpha}{\sigma^2} - 0.5\right)^2\right]^{0.5} + 0.5 - \frac{\alpha}{\sigma^2}}{\left[\frac{2\rho}{\sigma^2} + \left(\frac{\alpha}{\sigma^2} - 0.5\right)^2\right]^{0.5} - 0.5 - \frac{\alpha}{\sigma^2} - \frac{\alpha}{\sigma^2}}$$

　表8－4は、確率論的に10％のボラティリティで変動する場合の、成長率に対する最適トリガー値を示したものである。ここで、表8－4に示されたトリガー値（収益性指標）と、表8－2に示されたトリガー値を比較してもらいたい。確率論的な成長率を使った表8－4のトリガー値のほうが、決定論的な成長率を使った表8－2のトリガー値よりも高いことが分かるだろう。この理由は極めて直感的に理解できる。将来の原資産価値の不確実性のレベルが高ければ高いほど、すぐにオプションを実行することなく待機したほうが有利になるのである。

表8-4◎異なる成長率と割引率に対する収益性指標

		成長率				
		1.00%	2.00%	3.00%	4.00%	5.00%
割引率	10%	1.333	1.451	1.616	1.848	2.184
	15%	1.250	1.315	1.397	1.500	1.629
	20%	1.206	1.250	1.303	1.367	1.442
	25%	1.179	1.211	1.250	1.295	1.347
	30%	1.160	1.186	1.216	1.250	1.289
	35%	1.145	1.167	1.191	1.219	1.250
	40%	1.134	1.152	1.173	1.196	1.222
ボラティリティ			10%			

7 切替オプション

技術1から技術2へ切り替えることのできるオプションの価値は、次のように計算される。

$$S_2 \Phi \left[\frac{\ln\left(\frac{S_2}{(1+X)S_1}\right) + \frac{T\sigma_2}{2}}{\sigma\sqrt{T}} \right] - S_1 \Phi \left[\frac{\ln\left(\frac{S_2}{(1+X)S_1}\right) - \frac{T\sigma_2}{2}}{\sigma\sqrt{T}} \right]$$

$$- S_1 X \Phi \left[\frac{\ln\left(\frac{S_2}{(1+X)S_1}\right) - \frac{T\sigma_2}{2}}{\sigma\sqrt{T}} \right]$$

ここで、Xは、現行の技術1の資産価値S_1に対する、切替費用の割合を表している。したがって、新技術の資産価値S_2が、現行の技術1の資産価値S_1に、新技術への切り替えに関連する費用S_1Xを加算した値を上回る場合は、切り替えを行なうことが一番の得策となる。

切替オプションが複数ある場合には、問題が複雑化することは言うまでもない。第7章で、選択オプションの例を説明した際、オプションの価値は、

拡張、縮小、および撤退の各オプションの価値の単純な総和にはならないことを指摘した。これらのオプションは、相互排他的で経路依存型の特質を持っており、企業は、同じノードで拡張と撤退を同時に実行したり、拡張と縮小を同時に実行したりすることはできない。これらのオプションを別個に評価した上で結果を合計することは、個々のオプションは他のオプションから独立して実行されており、2つのオプションは同一の場で実行され得るということであり、これは明らかに誤っている。正しい結果を得るためには、同一の場で2つのオプションが相互作用する、すべての交差現象を考慮しなければならないのである。以上は選択オプションの場合であるが、これと同様の法則が、切替オプションにも当てはまる。技術1から技術2、および技術1から技術3への切り替えを許すオプションが存在するときには、そのオプションの総価値は、ただ単に1から2への切り替えオプションの価値と1から3への切替オプションの価値を合計したものにはならないのである。

表8-5から表8-9では、古い技術から新しい技術へ切り替えるオプションの価値と、それに対応する入力パラメータの間の関係を示している。例えば、表8-5の中で、新旧両技術の現在価値が同一であり、ボラティリティが0％に極めて近いところでは、不確実性が事実上存在しない状況になる。このような場合、オプションの価値は、静的な正味現在価値と同様、＄0に近くなる。両方の技術の価値が同じであるときに、敢えて切り替えを行なう

表8-5◎新技術のボラティリティが高い場合には技術切替の価値は高くなる

PV 第一の資産	100.00	100.00	100.00	100.00	100.00	100.00
PV 第二の資産	100.00	100.00	100.00	100.00	100.00	100.00
第一の資産の ボラティリティ	0%	1%	1%	1%	1%	1%
第二の資産の ボラティリティ	0％	1％	2％	3％	4％	5％
資産間の相関	0.00	0.00	0.00	0.00	0.00	0.00
費用乗数	0.00	0.00	0.00	0.00	0.00	0.00
オプションの行使期間	1.00	1.00	1.00	1.00	1.00	1.00
リスクフリーレート	0%	0%	0%	0%	0%	0%
ポートフォリオのボラティリティ	0.00	0.01	0.02	0.03	0.04	0.05
切替オプションの価値	0.01	0.56	0.89	1.26	1.64	2.03
静的なNPV	0.00	0.00	0.00	0.00	0.00	0.00

表8-6◎元の技術の価値が高い場合には技術切替の価値は低くなる

PV　第一の資産	100.00	110.00	120.00	130.00	140.00	150.00
PV　第二の資産	100.00	100.00	100.00	100.00	100.00	100.00
第一の資産の ボラティリティ	10%	10%	10%	10%	10%	10%
第二の資産の ボラティリティ	10%	10%	10%	10%	10%	10%
資産間の相関	0.00	0.00	0.00	0.00	0.00	0.00
費用乗数	0.00	0.00	0.00	0.00	0.00	0.00
オプションの行使期間	1.00	1.00	1.00	1.00	1.00	1.00
リスクフリーレート	0%	0%	0%	0%	0%	0%
ポートフォリオのボラティリティ	0.14	0.14	0.14	0.14	0.14	0.14
切替オプションの価値	5.64	2.21	0.72	0.20	0.05	0.01
静的なNPV	0.00	−10.00	−20.00	−30.00	−40.00	−50.00

表8-7◎新技術の価値が高い場合には技術切替の価値は高くなる

PV　第一の資産	100.00	100.00	100.00	100.00	100.00	100.00
PV　第二の資産	100.00	110.00	120.00	130.00	140.00	150.00
第一の資産の ボラティリティ	10%	10%	10%	10%	10%	10%
第二の資産の ボラティリティ	10%	10%	10%	10%	10%	10%
資産間の相関	0.00	0.00	0.00	0.00	0.00	0.00
費用乗数	0.00	0.00	0.00	0.00	0.00	0.00
オプションの行使期間	1.00	1.00	1.00	1.00	1.00	1.00
リスクフリーレート	0%	0%	0%	0%	0%	0%
ポートフォリオのボラティリティ	0.14	0.14	0.14	0.14	0.14	0.14
切替オプションの価値	5.64	12.21	20.72	30.20	40.05	50.01
静的なNPV	0.00	10.00	20.00	30.00	40.00	50.00

表8-8◎切替費用が高い場合には技術切替の価値は低くなる

PV 第一の資産	100.00	100.00	100.00	100.00	100.00	100.00
PV 第二の資産	100.00	100.00	100.00	100.00	100.00	100.00
第一の資産のボラティリティ	10%	10%	10%	10%	10%	10%
第二の資産のボラティリティ	10%	10%	10%	10%	10%	10%
資産間の相関	0.00	0.00	0.00	0.00	0.00	0.00
費用乗数	0.00	0.10	0.20	0.30	0.40	0.50
オプションの行使期間	1.00	1.00	1.00	1.00	1.00	1.00
リスクフリーレート	0%	0%	0%	0%	0%	0%
ポートフォリオのボラティリティ	0.14	0.14	0.14	0.14	0.14	0.14
切替オプションの価値	5.64	2.21	0.72	0.20	0.05	0.01
静的なNPV	0.00	−10.00	−20.00	−30.00	−40.00	−50.00

表8-9◎オプションの行使期間が長い場合には技術切替の価値は高くなる

PV 第一の資産	100.00	100.00	100.00	100.00	100.00	100.00
PV 第二の資産	100.00	100.00	100.00	100.00	100.00	100.00
第一の資産のボラティリティ	10%	10%	10%	10%	10%	10%
第二の資産のボラティリティ	10%	10%	10%	10%	10%	10%
資産間の相関	0.00	0.00	0.00	0.00	0.00	0.00
費用乗数	0.00	0.00	0.00	0.00	0.00	0.00
オプションの行使期間	1.00	2.00	3.00	4.00	5.00	6.00
リスクフリーレート	0%	0%	0%	0%	0%	0%
ポートフォリオのボラティリティ	0.14	0.14	0.14	0.14	0.14	0.14
切替オプションの価値	5.64	7.97	9.75	11.25	12.56	13.75
静的なNPV	0.00	0.00	0.00	0.00	0.00	0.00

ことには何の意味もないからである。これに対して、2番目の技術のボラティリティがごくわずかでも増加すれば、切り替えを行なうことの価値も確実に増加していくことが分かるだろう。図8－6以降の各例は、特に説明しなくとも理解できるだろう。

■ 第8章の要約 ■

　状況によっては、高度な技法を用いなければ解くことができないリアルオプションのモデルを使用しなければならない場合がある。これらのモデルには、最適化を応用するものや、エキゾチック・オプションなどが含まれる。また、この章で検討したように、ディシジョンツリーだけでリアルオプションの問題を解くことには無理がある。なぜなら、個々のノードにおいて、主観的な確率と、異なる割引率を使わなければならないからである。割引率と発生確率を適切に予測することは本来困難な作業である。それが時間の経過とともに増幅された結果得られる値は、誤ったものになる場合が多い。しかし、ディシジョンツリーそのものは、長期にわたる経営陣の戦略的可能性と機会を浮き彫りにする、優れた能力を持っている。したがって、問題が複雑化する場合には、リアルオプションとディシジョンツリーを組み合わせて使うべきである。

第8章に関連する設問

1. ディシジョンツリーは、リアルオプションの問題を解くための技法としては不適切であると考えられる。それはなぜか？

2. リスク中立確率を有効なものにするために必要な仮定とは何か？

3. 確率論的な最適化とはどのようなものか？

4. 割引率が25％、成長率が5.5％、および原資産の現在価値と投資費用が共に＄100であると仮定して、これらの変数の一つ一つを1単位ずつ変更せよ。すなわち、すべての入力を一定に保った上で、割引率だけを25％から26％に変更するといった具合である。その上で、最適実行時期に何が起こるかを説明せよ。これと同じ作業を、成長率、投資費用、および原資産価値に対しても実行し、結果を説明せよ。

付録　8A
確率過程

　この本の全体を通して、シミュレーション構造の確立、収益と費用のリスク中立化、そして価値構造の変化を得るための手段として、確率過程を用いて説明している。確率過程は、長期にわたる一連の結果を生成するために数学的に定義された式である。ただし、確率過程による一連の結果は、決定論的な性格を持つものではない。つまり、この式は、「価格はXパーセントの割合で毎年上昇する」とか、「収益はX＋Y％で毎年増加する」といった、単純かつ直裁な法則には決して従わないのである。確率過程は、その定義からして非決定論的である。実際、確率過程の方程式に何らかの数値を投入して得られる結果は毎回異なっている。例えば、株価が決まるまでの経路には確率論的な性格があり、これを確実に予測して信頼できる結果を得ることは誰にもできない。一方で、長期にわたる価格の変化は、いくつもの価格を生成する過程の中にすべて包み込まれている。しかも、この過程は、あらかじめ定められた方針に基づいて決められている。決まっていないのは結果だけなのである。そこで、我々は、確率論的シミュレーションによっていくつもの価格経路を生成し、シミュレーションから得られた統計的サンプルに基づいて、実際の価格がとり得る経路を推論するのである。そしてその経路は、その時系列的変化の生成に用いられた確率過程の性質とパラメータによって決まってくる。

　この付録8Aでは、4つの基本的な確率過程について検討する。この中には、そのシンプルさと広範な応用性から、最も広く頻繁に使われている幾何ブラウン運動が含まれている。残る3つは、平均回帰過程、バリア過程、およびジャンプ拡散過程である。

幾何ブラウン運動過程

幾何ブラウン運動に従う過程Xがあるとすると、Xは次の式で表される。
$$dX = \alpha X d_t + \sigma X dZ$$
ここでXは時間tの連続的な関数$X = [X_t : t \geq 0]$ であり、X_0から開始される。またαはドリフト・パラメータ、σはボラティリティ、$dZ = \varepsilon t \sqrt{\Delta dt}$である。$\varepsilon$は平均0で分散が1の正規分布$N(0,1)$を示しており、時間が経つにつれて変動幅が大きくなることが分かる。

また計算を行なうと、
$$\ln\left[\frac{dX}{X}\right] \in N(\mu, \sigma)$$
となり、これはXがある時間において対数正規分布に従うことを意味している。加えて、Xの時間tにおける期待値は、$E[X(t)] = X_0 e^{\alpha t}$であり、過程$X$の時期$t$における分散は$V[X(t)] = X_0^2 e^{2\alpha t}(e^{\alpha^2 t} - 1)$となる。ドリフト・パラメータ$\alpha$が存在する連続的なケースにおける期待値は次のようになる。

$$E\left[\int_0^\infty X(t) e^{-rt} dt\right] = \int_0^\infty X_0 e^{-(r-\alpha)t} dt = \frac{X_0}{(r-\alpha)}$$

平均回帰過程

確率論的過程が、長期的な生産費用や長期的に安定した物価の値動きなど、長期間継続するアトラクター（attractor）を持っている場合は、その過程は平均回帰過程である可能性が高い。平均回帰過程は、その名のとおり、長期的には平均に回帰し、

期待値は$E[X_t] = \bar{X} + (X_0 - \bar{X})e^{-\eta t}$、

分散は$V[X_t - \bar{X}] = \dfrac{\sigma^2}{2\eta(1 - e^{-2\eta t})}$ で表される。

平均回帰過程は、$X_t - X_{t-1} = \overline{X}(1 - e^{-\eta}) + X_{t-1}(e^{-\eta} - 1) + \varepsilon_t$ の特別なケース（すなわち $dt \to 0$ の極限のケース）であり、上式は、一階の自己回帰過程と呼ばれるものである。

バリア過程

この過程は、価格に、最低値や最高値などの自然発生的なバリアがある場合や、製造工場の最大能力などの物理的な制約がある場合に使われる。ここで、$\overline{X}$ を上限、$\underline{X}$ を下限とすると、この過程の長期的な確率密度関数は、次のように表わされる。

$$\phi(X) = \frac{2\alpha}{\sigma^2} \frac{e^{\frac{2\alpha X}{\sigma^2}}}{e^{\frac{2\alpha \overline{X}}{\sigma^2}} - e^{\frac{2\alpha \underline{X}}{\sigma^2}}}$$

ジャンプ拡散過程

普通、操業を開始したばかりのベンチャー企業や、研究開発プロジェクトは、ジャンプ拡散過程をたどる。すなわち、数カ月または数年の間、いわゆる「現状維持」的な営業活動が続いた後、特定の製品やプロジェクトが成功して波に乗るといった過程であり、その教科書的な例が株の新規公開である。ジャンプの確率がポアソン分布に従うものと仮定すると、$dX = f(X, t)dt + g(X, t)dq$ という確率過程が得られる。ここで関数 f と g は既知であるものとして、dp は次のように表される。

$$dp = \begin{cases} 0 & (\text{確率}: 1 - \lambda dt) \\ \mu & (\text{確率}: \lambda dt) \end{cases}$$

付録 8B
決定論的なケースのための微分方程式

　リアルオプションの問題を解くための数多くのアプローチの一つに、確率論的最適化を用いるものがある。最適化のプロセス自体は、シミュレーションを繰り返し実行するか、偏微分方程式を使ってユニークな解析解を得るかのいずれかによって行なうことができる。以下では、制約条件が付いた最適化の問題の例を、極めて簡単に検討し、偏微分方程式の枠組みとともに述べる。また、付録9Cでは、確率論的最適化として知られる、より複雑な最適化技法を検討するが、これは、入力変数が確率論的であり、モンテカルロ・シミュレーションを使わなければ解くことができない、ポートフォリオの最適化や資本リソースの再配分に応用されるものである。

最適化

　図8B-1は、シンプルな最適化のプロセスを示している。このような、シンプルな最適化の問題は、Excelのスプレッドシート上に設定することができる。加えて、最適化の問題は、以下のシンプルなステップに示すように、数学的に解くこともできる。
- 目的関数を生成する：$f(x, y) = 3xy$
- 制約条件を設定する：$c(x, y) = 200 - 5x - 15y$
- ラグランジュ乗数を設定する：$\lambda(x, y, \lambda) = f(x, y) + \lambda c(x, y) = 3xy + \lambda(200 - 5x - 15y)$
- 偏微分によって最適化する：
  - □ $\dfrac{\partial l}{\partial \lambda} = 200 - 5x - 15y$

- $\dfrac{\partial l}{\partial x} = 3y - 5\lambda$

- $\dfrac{\partial l}{\partial y} = 3x - 15\lambda$

- 以上から、$x = 20$、$y = 6.67$、$\lambda = 4$ が得られ、
- 最適結果 $f^*(x, y) = 3(20)(6.67) = 400$ となる。
- λ は、制約緩和率で、制約条件の値が 1 単位増加すると最適アウトプットが $\lambda = 4$ 増加することを意味している。
- これらの最適化の手法を使えば、もっと複雑な最適化過程も考えることができる。

図8B-1 ◎ 線形計画法
線形計画法 － 図を用いた方法

製品XとYが製造されているとする。製品Xは$20の利益をもたらし、製品Yは$15の利益をもたらす。
製品Xを製造するには3時間を要し、製品Yを製造するには2時間を要する。製造機器は、いずれの製品でも製造できる機能を持っているが、最大製造能力は週300時間に限定されている。さらに、経営陣としては、市場の需要に鑑みて、製品Xは週80個、製品Yは週100個以上は売れないと判断しており、売れ残りの在庫を抱えることを望んでいない。そこで、この需要レベルをもって、製品XとYの最大製造量とすることにした。そこで問題であるが、週間利益が最大になるような製品XとYの製造量の最適なレベルはどのようなものになるであろうか？

上記の状況に基づいて、次のように線形最適化ルーチンを作ることができる:

目的関数:　　　Max 20X+15Y
制約条件:　　　3X+2Y≤300
　　　　　　　　X≤80
　　　　　　　　Y≤100

上記3つの制約条件を別個にプロットすれば容易に視覚化することができる:

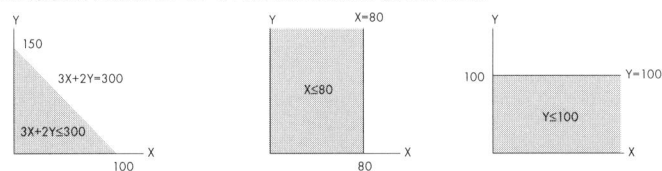

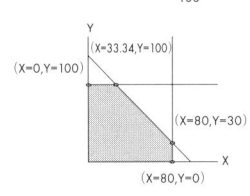

左のグラフは、3つの制約条件を合わせて表示したもので、影になっているところが、すべての制約条件が同時に満たされるエリアである。したがって、最適値はこの影になっている部分の中に納まらなければならない。制約条件の交点は簡単に計算することができる。例えば、Y=100と3X+2Y=300の交点は、2つの方程式を同時に解くことによって得ることができる。すなわち、3X+2(100)=300の場合、X=33.34で、Y=100となる。
同様に、X=80と3X+2Y=300の交点は、2つの方程式を同時に解いて、3(80)+2Y=300となり、Y=30で、X=80となる。
残る2つは、2本の軸との交点となる。すなわち、X=80とY=0、Y=100とX=0である。

線形計画法理論により、これら4つの交点の一つ、または境界が最適解になるが、それを求める一つの方法は、一つ一つの終点を目的関数に入れて計算し、どの解のセットが最も高い利益を生むか見ることである:

利益 = 20X + 15Yの目的関数を使って計算すると:

X = 0でY = 100の場合:　　利益 = $20(0) + $15(100) = $1,500
X = 33.34でY = 100の場合:　利益 = $20(33.34) + $15(100) = $2,167
X = 80でY = 30の場合:　　利益 = $20(80) + $15(30) = $2,050
X = 80でY = 0の場合:　　　利益 = $20(80) + $15(0) = $1,600

以上から、X = 33.34、Y = 100のときに利益関数が最大になることが分かる。この結果は、すべての制約条件が同時に満たされる（影になっている）エリアの中にあるXとYの組み合わせを任意に選ぶことによって検証することができる。例えば、X = 10とY = 10の組み合わせの場合、利益は、$20(10) + $15(10) = $350でしかない。こうしたXとYの組み合わせを無限に計算しても、最適の組み合わせは常に境界の点となる。

どの点が最適解のセットになるかは、目的関数を線として表現することで簡単に確認することができる。次のように目的関数を設定し、観察する:

20X + 15Y = 300の場合:　X = 15, Y = 20
20X + 15Y = 1200の場合:　X = 60, Y = 80

利益関数を右上のほうに移動していくと、境界の点と交わっていく。最も高い目的関数が得られる点が、最適解のセットである。
この例の場合、B点が最適解である。これは、上に
計算したものと同じで、X = 33.34、Y = 100である。

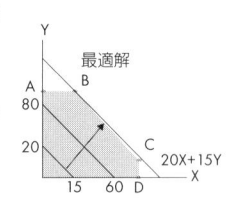

付録　8C
エキゾチック・オプションの公式

ブラック−ショールズ・オプション・モデル〜ヨーロピアン型

　以下に示すのは、ノーベル賞を受賞した、有名なブラック−ショールズ無配当モデルである。ここに示すのはヨーロピアン型で、オプションは、満期の時点においてのみ行使でき、それ以前の時点においては行使できない。このモデルは、いたって簡単に使用できるものだが、入力変数の推定には注意を要する。特にボラティリティは、元々推定が困難なものであり、注意が必要である。しかし、ブラック−ショールズ・モデルは、リアルオプションの価値、特に一般的なタイプのコールとプットの価値を概算的に推定する際には非常に役に立つものである。ただし、もっと複雑なリアルオプション分析には、異なるタイプのエキゾチック・オプションが必要となる。

● 変数の定義

S　将来のキャッシュフローの現在価値（＄）

X　実行費用（＄）

r　リスクフリーレート（％）

T　有効期限（年）

σ　ボラティリティ（％）

Φ　累積標準正規分布

●計算

$$Call = S\Phi\left(\frac{\ln(S/X) + (r + \sigma^2/2)T}{\sigma\sqrt{T}}\right) - Xe^{-rT}\Phi\left(\frac{\ln(S/X) + (r - \sigma^2/2)T}{\sigma\sqrt{T}}\right)$$

$$Put = Xe^{-rT}\Phi\left(-\left[\frac{\ln(S/X) + (r - \sigma^2/2)T}{\sigma\sqrt{T}}\right]\right) - S\Phi\left(-\left[\frac{\ln(S/X) + (r + \sigma^2/2)T}{\sigma\sqrt{T}}\right]\right)$$

ドリフト（配当）を伴うブラック−ショールズ・モデル〜ヨーロピアン型

以下に示すのは、ブラック−ショールズ・モデルを改良して、q％の固定配当があるという仮定を付け加えたものである。これは、原資産を保持することから派生する機会費用としてではなく、オプションを保持することから派生する機会費用として解釈することができる。

●変数の定義

S　将来のキャッシュフローの現在価値（＄）
X　実行費用（＄）
r　リスクフリーレート（％）
T　有効期限（年）
σ　ボラティリティ（％）
Φ　累積標準正規分布
q　配当の継続的支払い、または機会費用（％）

●計算

$$Call = Se^{-qT}\Phi\left(\frac{\ln(S/X) + (r - q + \sigma^2/2)T}{\sigma\sqrt{T}}\right)$$
$$- Xe^{-rT}\Phi\left(\frac{\ln(S/X) + (r - q - \sigma^2/2)T}{\sigma\sqrt{T}}\right)$$

$$Put = Xe^{-rT}\Phi\left(-\left[\frac{\ln(S/X)+(r-q-\sigma^2/2)T}{\sigma\sqrt{T}}\right]\right)$$
$$-Se^{-qT}\Phi\left(-\left[\frac{\ln(S/X)+(r-q+\sigma^2/2)T}{\sigma\sqrt{T}}\right]\right)$$

将来の支払いを伴うブラック-ショールズ・モデル～ヨーロピアン型

　ここでは、キャッシュフローの動向が長期的に見て一定していないため、将来のすべての時期に対して異なる割引率を使えるようにして（リスクフリーレートを使うべきである）、将来に向けてリスクフリーの利回り曲線の柔軟性を持たせられるようにする場合を示している。

●変数の定義
- S 　将来のキャッシュフローの現在価値（＄）
- X 　実行費用（＄）
- r 　リスクフリーレート（％）
- T 　有効期限（年）
- σ 　ボラティリティ（％）
- Φ 　累積標準正規分布
- q 　配当の継続的支払い、または機会費用（％）
- CF^i 　i 期におけるキャッシュフロー

●計算
$$S^* = S - CF_1 e^{-rt_1} - CF_2 e^{-rt_2} - \ldots - CF_n e^{-rt_n} = S - \sum_{i=1}^{n} CF_i e^{-rt_i}$$

$$Call = S^* e^{-qT}\Phi\left(\frac{\ln(S^*/X)+(r-q+\sigma^2/2)T}{\sigma\sqrt{T}}\right)$$

$$-Xe^{-rT}\Phi\left(\frac{\ln(S*/X)+(r-q-\sigma^2/2)T}{\sigma\sqrt{T}}\right)$$

$$Put = Xe^{-rT}\Phi\left(-\left[\frac{\ln(S*/X)+(r-q-\sigma^2/2)T}{\sigma\sqrt{T}}\right]\right)$$

$$-S*e^{-qT}\Phi\left(-\left[\frac{\ln(S*/X)+(r-q-\sigma^2/2)T}{\sigma\sqrt{T}}\right]\right)$$

基本選択オプション

これは、$t_1 < T_2$である場合(これ以外の場合は無効!)のシンプルな選択オプションのペイオフである。オプションの保持者は、時期t_1において、行使価格が同じで有効期限T_2も同じであるコールかプットのいずれかを選択できる権利を持っていると仮定する。異なる時期での異なる行使価格の場合は、複雑選択オプションが必要となる。

●変数の定義

- S 将来のキャッシュフローの現在価値($)
- X 実行費用($)
- r リスクフリーレート(%)
- t_1 コールまたはプットを選択する時期(年)
- T_2 有効期限(年)
- σ ボラティリティ(%)
- Φ 累積標準正規分布
- q 配当の継続的支払

●計算

$$\begin{aligned}\text{Option Value} = &Se^{-qT_2}\Phi\left[\frac{\ln(S/X)+(r-q+\sigma^2/2)T_2}{\sigma\sqrt{T_2}}\right]\\&-Se^{-qT_2}\Phi\left[\frac{-\ln(S/X)+(q-r)T_2-t_1\sigma^2/2}{\sigma\sqrt{t_1}}\right]\\&-Xe^{-rT_2}\Phi\left[\frac{\ln(S/X)+(r-q+\sigma^2/2)T_2}{\sigma\sqrt{T_2}}-\sigma\sqrt{T_2}\right]\\&+Xe^{-rT_2}\Phi\left[\frac{-\ln(S/X)+(q-r)T_2-t_1\sigma^2/2}{\sigma\sqrt{t_1}}+\sigma\sqrt{t_1}\right]\end{aligned}$$

複雑選択オプション

このオプションの保持者は、異なる時期（T_cとT_p）において異なる行使価格レベル（X_cとX_p）でコールとプットのいずれかを選択できる権利を持っている。これらの方程式の中には、Excelのスプレッドシートでは簡単には解けないものがある。これは、二変数分布やクリティカルバリューの問題を解くために再帰計算が用いられているためで、そのような場合にはプログラミングによってスクリプトを組む必要がある。

●変数の定義

S　将来のキャッシュフローの現在価値（＄）
X　実行費用（＄）
r　リスクフリーレート（％）
T　有効期限（年）、コールの場合T_c、プットの場合T_p
σ　ボラティリティ（％）
Φ　累積標準正規分布
Ω　累積二変数正規分布

q　連続配当支払（％）
I　再帰計算によって得られるクリティカルバリュー
Z　中間変数（Z_1 と Z_2）

●計算
まず、次の式の再帰計算により、クリティカルバリュー I を求める。

$$0 = Ie^{-q(T_c-t)}\Phi\left[\frac{\ln(I/X_c)+(r-q+\sigma^2/2)(T_c-t)}{\sigma\sqrt{T_c-t}}\right]$$

$$-X_c e^{-r(T_c-t)}\Phi\left[\frac{\ln(I/X_c)+(r-q+\sigma^2/2)(T_c-t)}{\sigma\sqrt{T_c-t}}-\sigma\sqrt{T_c-t}\right]$$

$$+Ie^{-q(T_p-t)}\Phi\left[\frac{-\ln(I/X_p)+(q-r-\sigma^2/2)(T_p-t)}{\sigma\sqrt{T_p-t}}\right]$$

$$-X_p e^{-r(T_p-t)}\Phi\left[\frac{-\ln(I/X_p)+(q-r-\sigma^2/2)(T_p-t)}{\sigma\sqrt{T_p-t}}+\sigma\sqrt{T_p-t}\right]$$

次に計算された I を用いて次の計算を行う。

$$d_1 = \frac{\ln(S/I)+(r-q+\sigma^2/2)t}{\sigma\sqrt{t}} \text{ and } d_2 = d_1 - \sigma\sqrt{t}$$

$$y_1 = \frac{\ln(S/X_c)+(r-q+\sigma^2/2)T_c}{\sigma\sqrt{T_c}} \text{ and}$$

$$y_2 = \frac{\ln(S/X_p)+(r-q+\sigma^2/2)T_p}{\sigma\sqrt{T_p}}$$

$\rho_1 = \sqrt{t/T_c}$ and $\rho_2 = \sqrt{t/T_p}$

Option Value $= Se^{-qT_c}\Omega(d_1;y_1;\rho_1) - X_c e^{-rT_c}\Omega(d_2;y_1-\sigma\sqrt{T_c};\rho_1)$
$\qquad - Se^{-qT_p}\Omega(-d_1;-y_2;\rho_2) + X_p e^{-rT_p}\Omega(-d_2;-y_2+\sigma\sqrt{T_p};\rho_2)$

オプションの複合オプション

これは、一つの複合オプションの価値がもう一つのオプションの価値に基づいている場合である。すなわち、複合オプションの原資産変数がもう一つのオプションなのである。このモデルを解く場合も、プログラミングが必要になる。

●変数の定義

S　将来のキャッシュフローの現在価値（＄）
r　リスクフリーレート（％）
σ　ボラティリティ（％）
Φ　累積標準正規分布
q　連続配当支払（％）
I　クリティカルバリュー
Ω　累積二変数正規分布
X_1　原資産の行使価格（＄）
X_2　複合オプションのオプションの行使価格（＄）
t_1　複合オプションのオプションの有効期限（年）
T_2　原資産オプションの有効期限（年）

●計算

まず、次の式で I を求める。

$$X_2 = Ie^{-q(T_2-t_1)}\Phi\left(\frac{\ln(I/X_1)+(r-q+\sigma^2/2)(T_2-t_1)}{\sigma\sqrt{(T_2-t_1)}}\right)$$
$$-X_1e^{-r(T_2-t_1)}\Phi\left(\frac{\ln(I/X_1)+(r-q+\sigma^2/2)(T_2-t_1)}{\sigma\sqrt{(T_2-t_1)}}\right)$$

計算された I を用いて次の計算を行う。

$$Call\,on\,call = Se^{-qT_2}\Omega\left[\begin{array}{c}\dfrac{\ln(S/X_1)+(r-q+\sigma^2/2)T_2}{\sigma\sqrt{T_2}};\\ \dfrac{\ln(S/I)+(r-q+\sigma^2/2)t_1}{\sigma\sqrt{t_1}};\sqrt{t_1/T_2}\end{array}\right]$$

$$-X_1e^{-rT_2}\Omega\left[\begin{array}{c}\dfrac{\ln(S/X_1)+(r-q+\sigma^2/2)T_2}{\sigma\sqrt{T_2}}-\sigma\sqrt{T_2};\\ \dfrac{\ln(S/I)+(r-q+\sigma^2/2)t_1}{\sigma\sqrt{t_1}}-\sigma\sqrt{t_1};\sqrt{t_1/T_2}\end{array}\right]$$

$$-X_2e^{-rt_1}\Phi\left[\dfrac{\ln(S/I)+(r-q+\sigma^2/2)t_1}{\sigma\sqrt{t_1}}-\sigma\sqrt{t_1}\right]$$

資産交換オプション

資産交換オプションは、M&Aにおいて、企業が、もう一つの企業に対する支払いの手段としてお互いの株式を交換するような状況で用いられるオプションである。

●変数の定義

S　資産1（S_1）と資産2（S_2）の将来のキャッシュフローの現在価値
X　実行費用（＄）
Q　交換される資産1の数量と資産2の数量
r　リスクフリーレート（％）
T　コールの有効期限（T_C）とプットの有効期限（T_P）（年）
σ　資産1のボラティリティ（σ_1）と資産2のボラティリティ（σ_2）（％）
σ^*　資産の相関ρを計算に入れた後のポートフォリオのボラティリティ
Φ　累積標準正規分布
q_1　資産1の連続配当支払（％）
q_2　資産2の連続配当支払（％）

●計算

$$\text{オプション} = Q_1 S_1 e^{-q_1 T} \Phi \left[\frac{\ln(Q_1 S_1 / Q_2 S_2) + (q_2 - q_1 + (\sigma_1^2 + \sigma_2^2 - 2\rho\sigma_1\sigma_2)/2)T}{\sqrt{T(\sigma_1^2 + \sigma_2^2 - 2\rho\sigma_1\sigma_2)}} \right]$$

$$- Q_2 S_2 e^{-q_2 T} \Phi \left[\frac{\ln(Q_1 S_1 / Q_2 S_2) + (q_2 - q_1 + (\sigma_1^2 + \sigma_2^2 - 2\rho\sigma_1\sigma_2)/2)T}{\sqrt{T(\sigma_1^2 + \sigma_2^2 - 2\rho\sigma_1\sigma_2)}} - \sqrt{T(\sigma_1^2 + \sigma_2^2 - 2\rho\sigma_1\sigma_2)} \right]$$

固定行使価格ルックバック・オプション

これは、行使価格があらかじめ固定されており、満期の時点で、コール・オプションが、オプションの行使期間中に観測された最高価格と行使価格の差額および0の最大額の利得がもたらされる場合、すなわち、$Call = Max[S_{MAX} - X, 0]$ である場合を示している。プット・オプションの場合は、満期の時点で、固定行使価格Xと、最低価格の差額および0の最大額の利得がもたらされ、$Put = Max[X - S_{MIN}, 0]$ と表すことができる。

●変数の定義

S 将来のキャッシュフローの現在価値（＄）
X 実行費用（＄）
r リスクフリーレート（％）
T 有効期限（年）
σ ボラティリティ（％）
Φ 累積標準正規分布
q 連続配当支払（％）

●計算

固定行使価格ルックバック・オプションで、$X > S_{MAX}$である場合、コー

ル・オプションの価値は次のように計算される。

$$Cal = Se^{-qT}\Phi\left[\frac{\ln(S/X)+(r-q+\sigma^2/2)T}{\sigma\sqrt{T}}\right]$$

$$-Xe^{-rT}\Phi\left[\frac{\ln(S/X)+(r-q+\sigma^2/2)T}{\sigma\sqrt{T}}-\sigma\sqrt{T}\right]$$

$$+Se^{-rT}\frac{\sigma^2}{2(r-q)}\left[-\left(\frac{S}{X}\right)^{\frac{-2(r-q)}{\sigma^2}}\Phi\left(\begin{array}{c}\frac{\ln(S/X)+(r-q+\sigma^2/2)T}{\sigma\sqrt{T}}\\-\frac{2(r-q)}{\sigma}\sqrt{T}\end{array}\right)\\+e^{(r-q)T}\Phi\left[\frac{\ln(S/X)+(r-q+\sigma^2/2)T}{\sigma\sqrt{T}}\right]\right]$$

一方、$X \leq S_{MAX}$ である場合は、次のようになる。

$$Call = e^{-rT}\left(S_{MAX}-X\right)+Se^{-qT}\Phi\left[\frac{\ln(S/S_{MAX})+(r-q+\sigma^2/2)T}{\sigma\sqrt{T}}\right]$$

$$-S_{MAX}e^{-rT}\Phi\left[\frac{\ln(S/S_{MAX})+(r-q+\sigma^2/2)T}{\sigma\sqrt{T}}-\sigma\sqrt{T}\right]$$

$$+Se^{-rT}\frac{\sigma^2}{2(r-q)}\left[-\left(\frac{S}{S_{MAX}}\right)^{\frac{-2(r-q)}{\sigma^2}}\Phi\left(\begin{array}{c}\frac{\ln(S/S_{MAX})+(r-q+\sigma^2/2)T}{\sigma\sqrt{T}}\\-\frac{2(r-q)}{\sigma}\sqrt{T}\end{array}\right)\\+e^{(r-q)T}\Phi\left[\frac{\ln(S/S_{MAX})+(r-q+\sigma^2/2)T}{\sigma\sqrt{T}}\right]\right]$$

変動行使価格ルックバック・オプション

変動行使価格ルックバック・オプションは、コール・オプションの保持者に、原証券を最低観測価格で購入するオプションを与え、プット・オプションの保持者には、最高観測価格で売却するオプションを与える。すなわち、$Call = Max(S - S_{MIN}, 0)$ と $Put = Max(S_{MAX} - S, 0)$ が得られるわけである。

●変数の定義

- S　　将来のキャッシュフローの現在価値（$）
- X　　実行費用（$）
- r　　リスクフリーレート（%）
- T　　有効期限（年）
- σ　　ボラティリティ（%）
- Φ　　累積標準正規分布
- q　　連続配当支払（%）

●計算

$$\begin{aligned}
Call = &\, Se^{-qT}\Phi\left[\frac{\ln(S/S_{MIN}) + (r - q + \sigma^2/2)T}{\sigma\sqrt{T}}\right] \\
&- S_{MIN}\, e^{-rT}\Phi\left[\frac{\ln(S/S_{MIN}) + (r - q + \sigma^2/2)T}{\sigma\sqrt{T}} - \sigma\sqrt{T}\right] \\
&+ Se^{-rT}\frac{\sigma^2}{2(r-q)}\left[\left(\frac{S}{S_{MIN}}\right)^{\frac{-2(r-q)}{\sigma^2}}\Phi\left(\begin{array}{c}\frac{-\ln(S/S_{MIN}) - (r - q + \sigma^2/2)T}{\sigma\sqrt{T}} \\ + \frac{2(r-q)}{\sigma}\sqrt{T}\end{array}\right)\right. \\
&\left. - e^{(r-q)T}\Phi\left[\frac{-\ln(S/S_{MIN}) - (r - q + \sigma^2/2)T}{\sigma\sqrt{T}}\right]\right]
\end{aligned}$$

$$Put = S_{MAX}e^{-rT}\Phi\left[\frac{-\ln(S/S_{MAX}) - (r - q + \sigma^2/2)T}{\sigma\sqrt{T}} + \sigma\sqrt{T}\right]$$

$$- Se^{-qT}\Phi\left[\frac{-\ln(S/S_{MAX}) - (r - q + \sigma^2/2)T}{\sigma\sqrt{T}}\right]$$

$$+ Se^{-rT}\frac{\sigma^2}{2(r-q)}\left[-\left(\frac{S}{S_{MAX}}\right)^{\frac{-2(r-q)}{\sigma^2}}\Phi\left(\frac{\ln(S/S_{MAX}) + (r - q + \sigma^2/2)T}{\sigma\sqrt{T}} - \frac{2(r-q)}{\sigma}\sqrt{T}\right)\right.$$
$$\left. + e^{(r-q)T}\Phi\left[\frac{\ln(S/S_{MAX}) + (r - q + \sigma^2/2)T}{\sigma\sqrt{T}}\right]\right]$$

フォワード・オプション

●変数の定義

- S　将来のキャッシュフローの現在価値（＄）
- X　実行費用（＄）
- r　リスクフリーレート（％）
- t_1　コールまたはプットを選択する時期（年）
- T_2　有効期限（年）
- σ　ボラティリティ（％）
- Φ　累積標準正規分布
- q　連続配当支払（％）

●計算

$$Call = Se^{-qt_1}e^{-q(T_2 - t_1)}\Phi\left[\frac{\ln(1/\alpha) + (r - q + \sigma^2/2)(T_2 - t_1)}{\sigma\sqrt{T_2 - t_1}}\right]$$

$$- Se^{-qt_1}\alpha e^{(-r)(T_2 - t_1)}\Phi\left[\frac{\ln(1/\alpha) + (r - q + \sigma^2/2)(T_2 - t_1)}{\sigma\sqrt{T_2 - t_1}} - \sigma\sqrt{T_2 - t_1}\right]$$

$$Put = Se^{-qt_1}\alpha e^{(-r)(T_2-t_1)}\Phi\left[\frac{-\ln(1/\alpha)-(r-q+\sigma^2/2)(T_2-t_1)}{\sigma\sqrt{T_2-t_1}}+\sigma\sqrt{T_2-t_1}\right]$$

$$-Se^{-qt_1}e^{-q(T_2-t_1)}\Phi\left[\frac{-\ln(1/\alpha)-(r-q+\sigma^2/2)(T_2-t_1)}{\sigma\sqrt{T_2-t_1}}\right]$$

ここで、αは行使価格比率を示す定数である。

注:オプションがX%のアウト・オブ・ザ・マネーでスタートする場合、αは($1+X$)になる。また、アット・ザ・マネーの場合は1.0、イン・ザ・マネーの場合は($1-X$)になる。

一般ブラック-ショールズ・モデル

●変数の定義

- S　将来のキャッシュフローの現在価値（＄）
- X　実行費用（＄）
- r　リスクフリーレート（％）
- T　有効期限（年）
- σ　ボラティリティ（％）
- Φ　累積標準正規分布
- b　持ち越し費用（％）
- q　連続配当支払（％）

●計算

$$Call = Se^{(b-r)T}\Phi\left(\frac{\ln(S/X)+(b+\sigma^2/2)T}{\sigma\sqrt{T}}\right)$$

$$-Xe^{-rT}\Phi\left(\frac{\ln(S/X)+(b-\sigma^2/2)T}{\sigma\sqrt{T}}\right)$$

$$Put = Xe^{-rT}\Phi\left(-\left[\frac{\ln(S/X)+(b-\sigma^2/2)T}{\sigma\sqrt{T}}\right]\right)$$

$$-Se^{(b-r)T}\Phi\left(-\left[\frac{\ln(S/X)+(b+\sigma^2/2)T}{\sigma\sqrt{T}}\right]\right)$$

注：

$b=0$	先物オプション・モデル
$b=r-q$	配当支払を伴うブラック－ショールズ・モデル
$b=r$	シンプルなブラック－ショールズの公式
$b=r-r^*$	外貨オプション・モデル

先物オプション

　原証券は、当初価格がFの先物売買契約である。つまり、Fの価値は先物売買契約の当初価格であり、先物オプションでは、SをFに置き換え、現在価値を計算する。

●変数の定義

- X　実行費用（＄）
- F　先物の推定キャッシュフロー（＄）
- r　リスクフリーレート（％）
- T　有効期限（年）
- σ　ボラティリティ（％）
- Φ　累積標準正規分布
- q　連続配当支払（％）

●計算

$$Call = Fe^{-rT}\Phi\left(\frac{\ln(F/X)+(\sigma^2/2)T}{\sigma\sqrt{T}}\right) - Xe^{-rT}\Phi\left(\frac{\ln(F/X)-(\sigma^2/2)T}{\sigma\sqrt{T}}\right)$$

$$Put = Xe^{-rT}\Phi\left(-\left[\frac{\ln(F/X)-(\sigma^2/2)T}{\sigma\sqrt{T}}\right]\right) - Fe^{-rT}\Phi\left(-\left[\frac{\ln(F/X)+(\sigma^2/2)T}{\sigma\sqrt{T}}\right]\right)$$

スプレッド・オプション

スプレッド・オプションのペイオフは、2つの先物契約の間の差から実行費用を差し引いたものである。

●変数の定義

X　実行費用（＄）
r　リスクフリーレート（％）
T　有効期限（年）
σ　ボラティリティ（％）
Φ　累積標準正規分布
F_1　先物契約1の価格
F_2　先物契約2の価格
p　2つの先物契約の間の相関

●計算

まず、ポートフォリオのボラティリティを計算する：

$$\sigma = \sqrt{\sigma_1^2 + \left[\sigma_2\frac{F_2}{F_2+X}\right]^2 - 2\rho\sigma_1\sigma_2\frac{F_2}{F_2+X}}$$

次に、コールとプットのオプションの価値を求める：

$$Call = (F_2+X)\left[e^{-rT}\left\{\frac{F_1}{F_2+X}\Phi\left[\frac{\ln\left[\frac{F_1}{F_2+X}\right]+(\sigma^2/2)T}{\sigma\sqrt{T}}\right]\right.\right.$$
$$\left.\left.-\Phi\left[\frac{\ln\left[\frac{F_1}{F_2+X}\right]+(\sigma^2/2)T}{\sigma\sqrt{T}}-\sigma\sqrt{T}\right]\right\}\right]$$

$$put = (F_2+X)\left[e^{-rT}\left\{\Phi\left[\frac{-\ln\left[\frac{F_1}{F_2+X}\right]-(\sigma^2/2)T}{\sigma\sqrt{T}}+\sigma\sqrt{T}\right]\right.\right.$$
$$\left.\left.-\frac{F_1}{F_2+X}\Phi\left[\frac{-\ln\left[\frac{F_1}{F_2+X}\right]-(\sigma^2/2)T}{\sigma\sqrt{T}}\right]\right\}\right]$$

離散型時間切替オプション

　離散型時間切替オプションの保持者は、時間区間Δtにおいて資産価格が行使価格Xを超えた分、満期Tにおいて$A\Delta t$分の金額を受け取る。プット・オプションの場合は、行使価格を下回るたびに同様のペイオフがある。

●変数の定義
S　　将来のキャッシュフローの現在価値（＄）
X　　実行費用（＄）
r　　リスクフリーレート（％）
T　　有効期限（年）
σ　　ボラティリティ（％）
Φ　　累積標準正規分布
b　　持ち越し費用（％）普通は、リスクフリーレートから連続配当支払率

を引いたものである。

●計算

$$Call = Ae^{-rT} \sum_{i=1}^{n} \Phi\left(\frac{\ln(S/X) + (b - \sigma^2/2)i\Delta t}{\sigma\sqrt{i\Delta t}}\right)\Delta t$$

$$Put = Ae^{-rT} \sum_{i=1}^{n} \Phi\left(\frac{-\ln(S/X) - (b - \sigma^2/2)i\Delta t}{\sigma\sqrt{i\Delta t}}\right)\Delta t$$

二資産相関オプション

このオプションのペイオフは、相関関係にあるもう一つのオプションがイン・ザ・マネーであるか否かにかかっている。これは、相関4項モデルに連続的に対応したものである。

●変数の定義

S　将来のキャッシュフローの現在価値（＄）
X　実行費用（＄）
r　リスクフリーレート（％）
T　有効期限（年）
σ　ボラティリティ（％）
Ω　累積二変数正規分布関数
ρ　2つの資産の間の相関（％）
q_1　最初の資産の連続配当支払（％）
q_2　2番目の資産の連続配当支払（％）

●計算

$$Call = S_2 e^{-q_2 T} \Omega \left[\frac{\ln(S_2/X_2)+(r-q_2-\sigma_2^2/2)T}{\sigma_2 \sqrt{T}} + \sigma_2 \sqrt{T};\ \frac{\ln(S_1/X_1)+(r-q_1-\sigma_1^2/2)T}{\sigma_1 \sqrt{T}} + \rho\sigma_2 \sqrt{T};\rho \right]$$

$$Call = S_2 e^{-q_2 T} \Omega \left[\frac{\ln(S_2/X_2)+(r-q_2-\sigma_2^2/2)T}{\sigma_2 \sqrt{T}} + \sigma_2 \sqrt{T};\ \frac{\ln(S_1/X_1)+(r-q_1-\sigma_1^2/2)T}{\sigma_1 \sqrt{T}} + \rho\sigma_2 \sqrt{T};\rho \right]$$

$$- X_2 e^{-rT} \Omega \left[\frac{\ln(S_2/X_2)+(r-q_2-\sigma_2^2/2)T}{\sigma_2 \sqrt{T}};\ \frac{\ln(S_1/X_1)+(r-q_1-\sigma_1^2/2)T}{\sigma_1 \sqrt{T}};\rho \right]$$

$$Put = X_2 e^{-rT} \Omega \left[\frac{-\ln(S_2/X_2)-(r-q_2-\sigma_2^2/2)T}{\sigma_2 \sqrt{T}};\ \frac{-\ln(S_1/X_1)-(r-q_1-\sigma_1^2/2)T}{\sigma_1 \sqrt{T}};\rho \right]$$

$$- S_2 e^{-q_2 T} \Omega \left[\frac{-\ln(S_2/X_2)-(r-q_2-\sigma_2^2/2)T}{\sigma_2 \sqrt{T}} - \sigma_2 \sqrt{T};\ \frac{-\ln(S_1/X_1)-(r-q_1-\sigma_1^2/2)T}{\sigma_1 \sqrt{T}} - \rho\sigma_2 \sqrt{T};\rho \right]$$

第9章
Real Options Analysis Toolkit
（リアルオプション分析ツールキット）(CD‒ROM)

　前章までの検討で、読者は、リアルオプションの応用性についての自信を持てたことと思う。また、リアルオプションの背後にある、複雑な数学についても、ある程度理解できただろう。そこで、この章では、一歩前に進んで、この本に添付されたCD-ROMに入っている、リアルオプションのモデリング・ソフトウエアを実際に使ってみる。この前の2つの章で概観したように、リアルオプションを実際に応用することは容易な作業ではない。しかし、ソフトウエア・ベースのモデルを使えば、アナリストは、十分にテストされた複製可能なモデル群を応用することができる。また、計算エラーも削減されるので、ユーザは、複雑で数学的に処理し難くなる可能性があるモデルの構築に苦労することなく、目前のプロセスと問題に集中することができるようになる。なお、添付CD-ROMのReal Options Analysis Toolkitには、Excelベースの69のモデル関数も用意されており、そのリストは、この章の付録9Aに記載されている。

1 │ Real Options Analysis Toolkitへの手引き

　添付のCD-ROMには、リアルオプション分析ソフトウエアReal Options Analysis Toolkitとモンテカルロ・シミュレーション・ソフトウエアCrystal Ballを含む、いくつかのソフトウエア・プログラムのデモ、および例題と解答が入っている。付録9Aは、Real Options Analysis Toolkitで使われるExcelベースの関数のリストを、付録9Bは、Crystal Ballのモンテカルロ・シミュレーション・パッケージの使用の手引きを、それぞれ提供している。この章の残りの部分は、リアルオプションの短い例題と、Real Options Analysis Toolkitを使った解法の説明に専念している。ソフトウエアをイン

ストールするには、CD-ROM中のReal Options Analysis Toolkitインストール.batファイルを実行すればよい。さらに、Real Options Analysis Toolkit日本語化.batファイルを実行すると、ソフトウエアの日本語化が完了する。

　Real Options Analysis Toolkitのインストールが成功したら、「スタート」をクリックし、「Crystal Ball」→「Real Options Analysis Toolkit」を選択し、さらに「Toolkit」を選択する。画面上にプロンプトが現れたら、「マクロを有効にする」を選択することを忘れないように。試用版のための登録番号フィールドには何も入力せず、「ＯＫ」を選択して継続する。すると、図９－１のようなスクリーンが現れ、このソフトウエアで使用できるさまざまなリアルオプションのリストが表示される。モデルは、「二項格子モデル」、「偏微分モデル（解析解）」、および「戦略オプションモデル」の３つのカテゴリーにまとめられている。

　第１のカテゴリーに含まれるモデルは、この本の第６章と第７章で検討した二項モデルのアプローチを、付録８Ｃで検討した解析型モデルと組み合わせて使用している。２つのアプローチを一緒に使うのは、分析結果を確認するためである。第２のカテゴリーに含まれるモデルは、複数のアプローチを組み合わせることなく、解析型モデルもしくは二項格子モデルを単独で使用している。第３のカテゴリーに含まれるモデルは、戦略的なモデリングの技法に焦点を合わせている。なお、この試用版は、使用期間が７日間に限定されている。製品版を入手するには、realoptions@kke.co.jp宛にメールで問い合わせていただきたい。

　では、早速シンプルな例題を見てみよう。Real Options Analysis Toolkitのメイン画面で、「撤退オプション」のボタンをクリックする。図９－２に示すような、アメリカン撤退オプションの画面が現れる。ソフトウエアに入っているほとんどのモデルは、この画面と同様の外観を持っている。すなわち、タイトルバー、入力パラメータ・ボックス、中間パラメータ・ボックス、結果ボックス、メイン・ボタンとヘルプ・ボタン、オプション・ペイオフ・グラフ、価格格子と評価格子、および決定格子から構成されているのである。図９－２をよく見て、このモデリング環境に親しんでいただきたい。特に、ヘルプ・ボタンをクリックすれば、今使用しているモデルについてのさらに

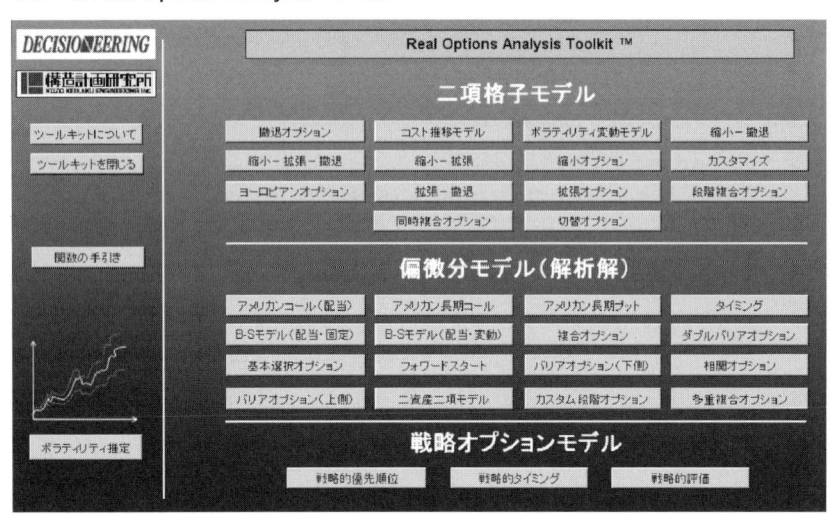

図9-1◎Real Options Analysis Toolkit

詳しい情報が得られる。

ここで、第7章の図7-1と図7-2で最初に紹介した撤退オプションについてもう一度考えてみよう。この例は、シンプルな撤退オプションで、有効期限5年、ボラティリティ30％、将来のキャッシュフローの現在価値1億5000万ドル、リスクフリーレート5％、無配当、および残存価値1億ドルというものであった。図9-2は、色の付いた入力ボックスに、これらの入力パラメータが入力された状態を示している。中間パラメータ・ボックスは、ステップ（δt）、上昇率（u）、下落率（d）、およびリスク中立確率（p）を二項法で計算した結果を示している。これらの結果を図7-1と比較していただきたい。

分析では、2つの格子を見ることができるようになっている。第1の格子は、価格格子で、1億5000万ドルという値は、uとdに比例して、上昇か下落をすることを示している。第2の格子は、オプション評価格子で、リアルオプションの価値（NPVとオプション価値）は、1億5664万ドルと計算されている。この値は、図7-2と同じである。決定格子は、評価格子上の個々の決定結果を示している。すなわち、決定格子は、プロジェクトを撤退すべき

なのはいつで、オープンのまま温存すべきなのはいつなのかを示している。時によっては、オプションをすぐに実行せずに、オープンのまま温存することが得策である場合もある。なぜなら、まだ時間が残されており、後で実行することによってより大きな利得が得られる可能性があるからである。結果のボックスに、2つの結果が示されていることに注目されたい。第1の結果は、シンプルな5ステップの二項格子分析から得たもので、第2の結果は、超格子分析から得たもので、5ステップの二項格子分析を1000ステップまで拡張して計算している。ユーザは、超格子の結果の横にあるドロップ・ダウン・ボックスを使って、ステップの数（5から5000まで）を自分で設定することができる。ここで「5」を選べば、結果は二項法によって得たものとまったく同じになる。第6章で見たように、ステップの数が多ければ多いほど、二項格子の粒度が高くなり、結果の精度も増す。ユーザは、ステップの数を次第に増やしていくことにより、この現象を手早く検証することができる。結果が一つの数値に収斂していくことが分かるだろう。なお、ソフトウエアのリアルオプション関数を用いると、ユーザは、Excelを使って、自分のスプレッドシート上で同じ結果を得ることができる。例えば、次のようなセル

図9-2◎撤退オプション

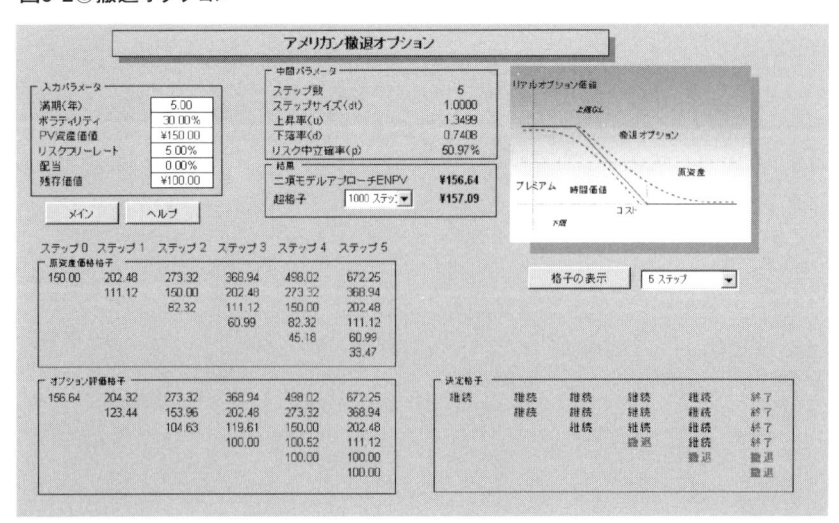

式をExcelに入力するのである。[1]
＝ROBinomialAmericanAbandon
（残存価値、原資産価値、有効期限、リスクフリーレート、
ボラティリティ、配当、ステップ数）

（　）内の変数名を適切な入力値に置き換える。すなわち、結果的には次のようなセル式がExcelのスプレッドシートに入力されるのである。

＝ROBinomialAmericanAbandon（100，150，5，0.05，0.30，0，5）

計算結果は、＄156.6412となるはずである。次に、次のような入力値を入力してみよう。

＝ROBinomialAmericanAbandon（100，150，5，0.05，0.30，0，1000）

この場合、計算結果は、＄157.0878となるはずである。これは、超格子分析でステップの数を1000にした場合と同じである。撤退オプションのモデルを終了するには、「メイン」をクリックして、モデルの一覧に戻ればよい。次に、メインの一覧で、「縮小－拡張－撤退」をクリックして、アメリカン選択オプションを立ち上げる。すなわち、満期に至るまでのどの時期においても縮小、拡張、または撤退できるオプションのモデルを立ち上げるのである。

　図9－3は、シンプルな選択オプションの計算の例を示している。これは、第7章の図7－7と図7－8で検討した例題と同様のものである。この例で、超格子分析のステップ数として5が選ばれており、得られた結果が二項法によって得た結果と同一になっている。この例では、さらに2つのモデルで計算を行ない、比較のためのベンチマークとしている。一つはアメリカン・オプションの解析型近似法であり、今ひとつはブラック－ショールズ・モデルである。ここに示されているように、選択オプションに正確に対応する解析型方程式は存在しないので、これらの2つのモデルは、概算結果のベンチマ

図9-3◎選択オプション

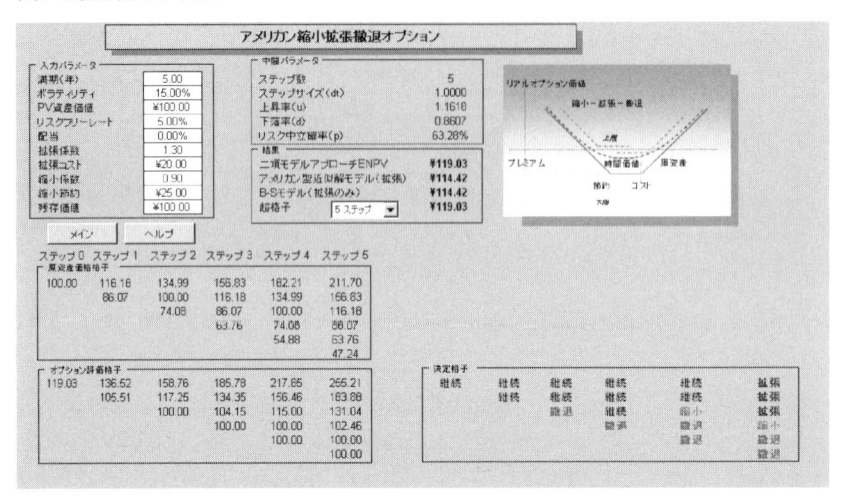

ークとしてのみ使われている。言わば、結果の健全度をチェックしているわけである。また、結果は、次のように、Excelの関数を使って求めることもできる。

$$= ROBinomialAmericanConExpAban$$
（残存価値、縮小係数、縮小による節約、拡張係数、原資産価値、拡張費用、満期年数、リスクフリーレート、ボラティリティ、配当、ステップ数）

ここに適切な入力仮定を入力すると、次のようになる。

$$= ROBinomialAmericanConExpAban$$
（100, 0.90, 25, 1.30, 100, 20, 5, 0.05, 0.15, 0, 5）

結果は、＄119.0291となる。

2 ソフトウエアによるカスタム・オプションの作成と解決

　メインの一覧から、「カスタマイズ」を選択して、カスタム・オプション分析を立ち上げる。続いて、「ステップ1：シートのリセット」をクリックして、カスタム・オプション・モデルを作成する前にスプレッドシートをリセットする。これは、以前に入力したパラメータをメモリから消去するためであり、重要である。次に、「ステップ2：開始資産価値の入力」をクリックすると、図9-4に示すようなダイアログ・ボックスが現れる。
「OK」をクリックし、価格格子のための開始価値を入力する。これは、将来のキャッシュフローの現在価値であるので、「100」と入力し、「Enter」キーを打つと、図9-5に示すような画面が現れる。
　そこで、「ステップ3：価格格子の作成」をクリックすると、図9-6に示すようなダイアログ・ボックスが現れ、追加情報の入力を求められる。すでに入力した100の値を含むセルの参照番号（例えばD22）を入力し、さらに、ボラティリティの％値、満期年数、リスクフリーレートの％値、配当の％値、およびステップ数など、求められた追加のパラメータを入力する。すべての入力が終わったら、「作成」をクリックする。すると、図9-7に示すような画面が現れ、作成された格子と入力パラメータが表示される。
　次に、「ステップ4：最終式および中間式の入力」をクリックする。図9-8に示すようなダイアログ・ボックスが現れ、追加情報が表示される。

図9-4◎シンプルな指示を表示したカスタム・リアルオプションのダイアログ・ボックス

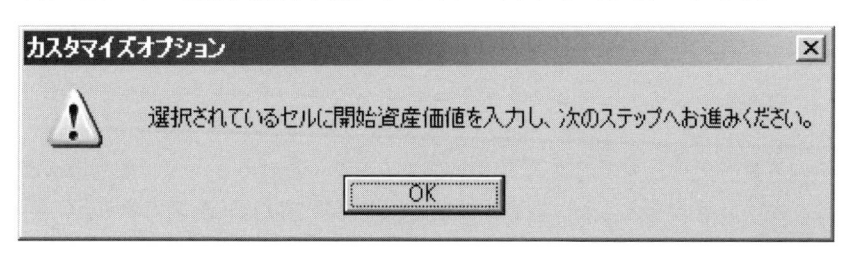

図9-5◎カスタム・オプション

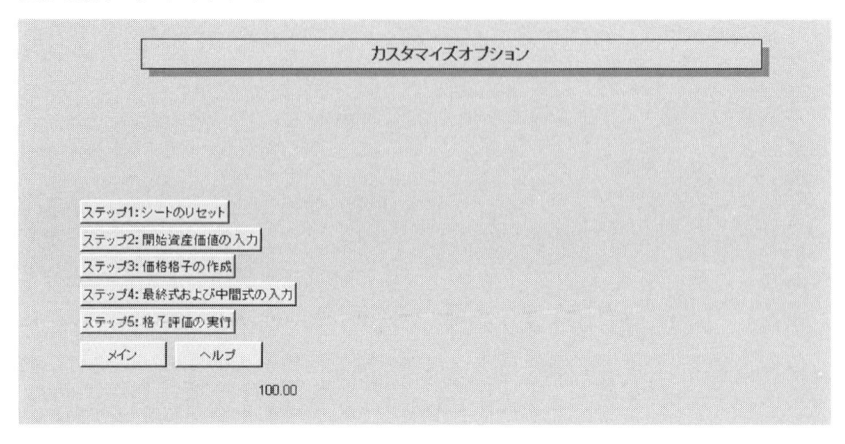

図9-6◎価格格子のダイアログ・ボックス

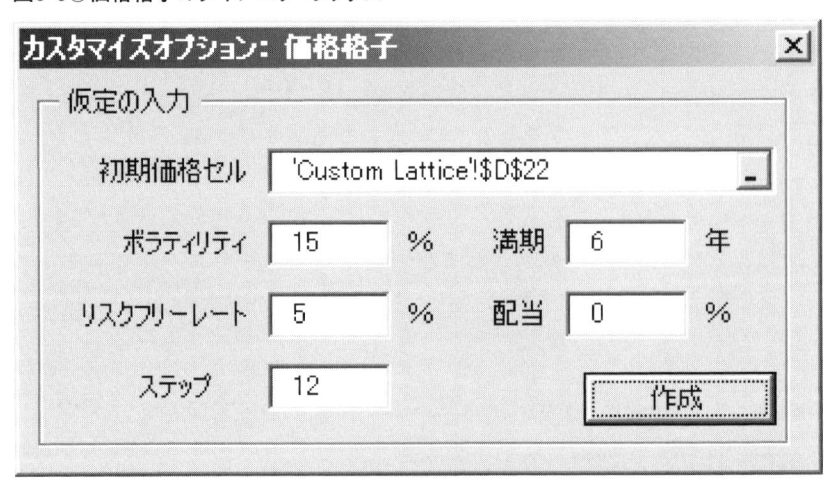

このステップは、カスタム評価格子の計算式の入力である。まず最終格子点のための計算式を入力し、次に中間格子点のための計算式を入力する。

図9-9は、そのステップを示している。セルP36に、最終期間の計算式

図9-7◎価格格子

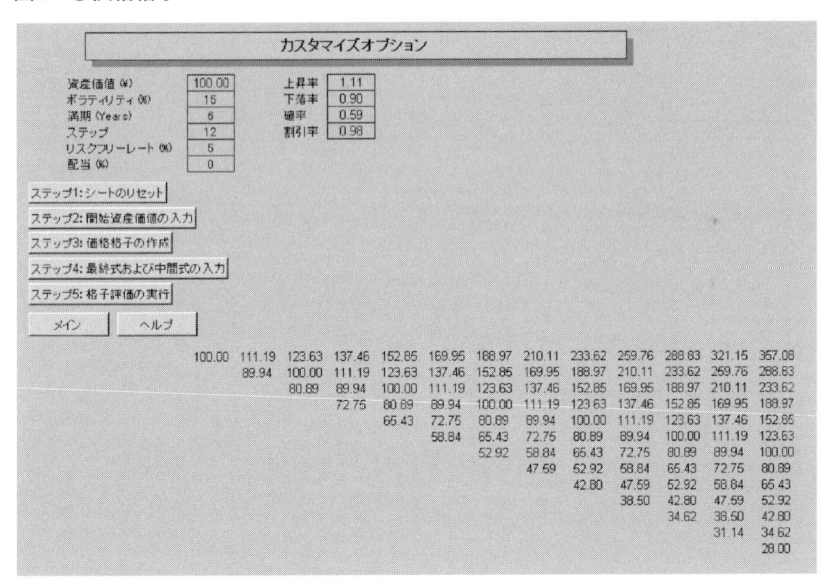

[価格格子の図:カスタマイズオプション画面。資産価値 100.00、ボラティリティ(%) 15、満期(Years) 6、ステップ 12、リスクフリーレート(%) 5、配当(%) 0、上昇率 1.11、下落率 0.90、確率 0.59、割引率 0.98。ステップ1:シートのリセット、ステップ2:開始資産価値の入力、ステップ3:価格格子の作成、ステップ4:最終式および中間式の入力、ステップ5:格子評価の実行。メイン、ヘルプ。

価格格子の数値:
100.00 111.19 123.63 137.46 152.85 169.95 188.97 210.11 233.62 259.76 288.83 321.15 357.08
         89.94 100.00 111.19 123.63 137.46 152.85 169.95 188.97 210.11 233.62 259.76 288.83
                 80.89   89.94 100.00 111.19 123.63 137.46 152.85 169.95 188.97 210.11 233.62
                         72.75   80.89   89.94 100.00 111.19 123.63 137.46 152.85 169.95 188.97
                                 65.43   72.75   80.89   89.94 100.00 111.19 123.63 137.46 152.85
                                         58.84   65.43   72.75   80.89   89.94 100.00 111.19 123.63
                                                 52.92   58.84   65.43   72.75   80.89   89.94 100.00
                                                         47.59   52.92   58.84   65.43   72.75   80.89
                                                                 42.80   47.59   52.92   58.84   65.43
                                                                         38.50   42.80   47.59   52.92
                                                                                 34.62   38.50   42.80
                                                                                         31.14   34.62
                                                                                                 28.00]

を次のように入力する。

$$= \mathrm{MAX}(\mathrm{P}22 - 100, \ 0)$$

ここで、P22は、図9-9の価格格子の対応する格子点の位置を表しており、100は、このオプションの実行費用である。続いて、セルO36に、中間計算式を次のように入力する。

$$= \mathrm{MAX}((\mathrm{Prob} * \mathrm{P}36 + (1 - \mathrm{Prob})) * \mathrm{P}37) * \mathrm{Discount}, \ \mathrm{O}22 - 100)$$

ここで、Probは、すでに入力したパラメータに基づくリスク中立確率であり、Discountは、割引率、または$e^{-rf(\delta t)}$値であるので、適切なリスク中立確率の値と割引率の値に置き換える必要がある。

次に、「ステップ5:格子評価の実行」をクリックすると、図9-10に示すようなダイアログ・ボックスが現れる。

図9-8◎詳細な説明を表示したカスタム・リアルオプションのダイアログ・ボックス

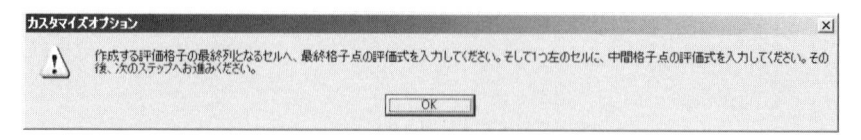

図9-9◎評価方程式

	C	D	E	F	G	H	I	J	K	L	M	N	O	P
21														
22			100.00	111.19	123.63	137.46	152.85	169.95	188.97	210.11	233.62	259.76	288.83	321.15	357.08
23				89.94	100.00	111.19	123.63	137.46	152.85	169.95	188.97	210.11	233.62	259.76	288.83
24					80.89	89.94	100.00	111.19	123.63	137.46	152.85	169.95	188.97	210.11	233.62
25						72.75	80.89	89.94	100.00	111.19	123.63	137.46	152.85	169.95	188.97
26							65.43	72.75	80.89	89.94	100.00	111.19	123.63	137.46	152.85
27								58.84	65.43	72.75	80.89	89.94	100.00	111.19	123.63
28									52.92	58.84	65.43	72.75	80.89	89.94	100.00
29										47.59	52.92	58.84	65.43	72.75	80.89
30											42.80	47.59	52.92	58.84	65.43
31												38.50	42.80	47.59	52.92
32													34.62	38.50	42.80
33														31.14	34.62
34															28.00
35															
36														221.15	257.08

　価格格子を作成したときに入力したものと同じステップ数を入力し、最終計算式を入力したセルを選択（例えばP36）し、続いて中間計算式を入力したセルを選択（例えばO36）する。最後に、「評価」をクリックして、図9－11に示すような評価格子を作成する。このシンプルなオプションの価値は、＄29.27である。

　これと同じ方法で、ユーザは、複雑なタイプのカスタムオプションを、いくつでも容易かつ効果的に作成することができる。要するに、評価格子の一つ一つに対して、適正な最終格子点と中間格子点の計算式を入力するだけでよいのである。

図9-10◎評価格子ダイアログ・ボックス

カスタマイズオプション: 評価格子

評価の仮定
- 最終式: 'Custom Lattice'!$P$36
- 中間式: 'Custom Lattice'!$O$36
- ステップ数: 12

[評価]

図9-11◎評価格子

	C	D	E	F	G	H	I	J	K	L	M	N	O	P
21														
22		100.00	111.19	123.63	137.46	152.85	169.95	188.97	210.11	233.62	259.76	288.83	321.15	357.08
23			89.94	100.00	111.19	123.63	137.46	152.85	169.95	188.97	210.11	233.62	259.76	288.83
24				80.89	89.94	100.00	111.19	123.63	137.46	152.85	169.95	188.97	210.11	233.62
25					72.75	80.89	89.94	100.00	111.19	123.63	137.46	152.85	169.95	188.97
26						65.43	72.75	80.89	89.94	100.00	111.19	123.63	137.46	152.85
27							58.84	65.43	72.75	80.89	89.94	100.00	111.19	123.63
28								52.92	58.84	65.43	72.75	80.89	89.94	100.00
29									47.59	52.92	58.84	65.43	72.75	80.89
30										42.80	47.59	52.92	58.84	65.43
31											38.50	42.80	47.59	52.92
32												34.62	38.50	42.80
33													31.14	34.62
34														28.00
35														
36		29.27	37.27	46.84	58.10	71.13	86.03	102.90	121.86	143.14	166.99	193.70	223.62	257.08
37			19.45	25.66	33.37	42.74	53.88	66.85	81.70	98.48	117.34	138.50	162.23	188.83
38				11.61	16.04	21.82	29.20	38.35	49.40	62.36	77.17	93.84	112.58	133.62
39					5.89	8.62	12.45	17.69	24.66	33.62	44.69	57.72	72.42	88.97
40						2.28	3.59	5.60	8.65	13.15	19.61	28.51	39.93	52.85
41							0.51	0.88	1.52	2.64	4.56	7.89	13.66	23.63
42								0.00	0.00	0.00	0.00	0.00	0.00	0.00
43									0.00	0.00	0.00	0.00	0.00	0.00
44										0.00	0.00	0.00	0.00	0.00
45											0.00	0.00	0.00	0.00
46												0.00	0.00	0.00
47													0.00	0.00
48														0.00

3 ソフトウエアに搭載されている高度なリアルオプション・モデル

　次の数ページに記載されているソフトウエアのサンプル画面は、Real Options Analysis Toolkitに搭載されている高度なモデルのいくつかを示したものである。図9－12は、付録9Aで説明している、対数キャッシュフロー収益率アプローチを使って、ボラティリティを推定するモジュールを示したものである。

　図9－13は、長期コール・オプションのためのアメリカン解析型近似モデルを示したものである。このオプションには、一定の％の連続配当支払が付いている。このモデルは、満期に至るまでのいつの時点でも行使できるアメリカン・オプションを、二項または超格子を使う代わりに解析法を使って解いたものである。また、このモデルには、アップサイドとダウンサイドの感度のセットが付いている。すなわち、すべての変数を一定に保った上で、一つ一つの変数の感度レベル（％）を変えた場合のオプション価値の変化が示されているのである。

　図9－14は、ダブルバリア・ヨーロピアン・オプションを示している。このオプションについては、4つのモデルが提供されている。

①アップ・アンド・イン－ダウン・アンド・イン－コール（資産のレベルが上限を上回るか、下限を下回った場合にコール・オプションが発効してイントゥ・ザ・マネーになる場合）、

②アップ・アンド・イン－ダウン・アンド・イン－プット（資産のレベルが上限を上回るか、下限を下回った場合にプット・オプションが発効してイントゥ・ザ・マネーになる場合）、

③アップ・アンド・アウト－ダウン・アンド・アウト－コール（資産のレベルが上限を上回るか、下限を下回った場合にコール・オプションがアウト・オブ・ザ・マネーになり、無価値になる場合）、

④アップ・アンド・アウト－ダウン・アンド・アウト－プット（資産のレベルが上限を上回るか、下限を下回った場合にプット・オプションがアウト・オブ・ザ・マネーになり、無価値になる場合）。

図9-12◎ボラティリティ推定モデル

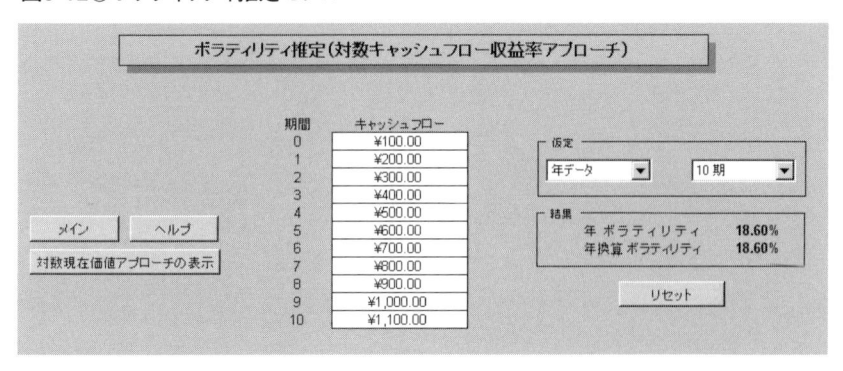

図9-13◎アメリカン・コール・オプション

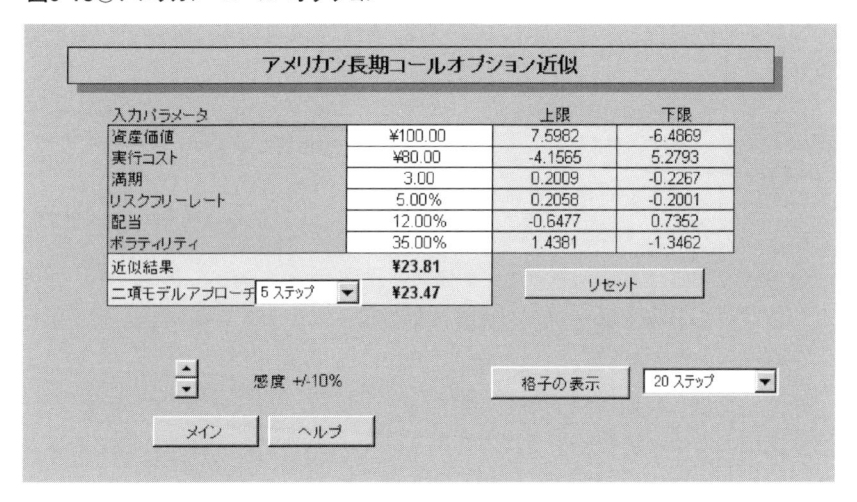

　図9-15は、戦略的タイミングオプションの計算を示している。この機能は、限界収益、限界営業経費、および限界資本支出を使って、最適な投資を行なうための条件と時期を計算するものである。これは、プロジェクトが適切に実行できる予測時期と、時期を遅らせて実行した場合の潜在的価値を考慮に入れている。時期を遅らせて実行する場合は、限界資本支出だけを負担

図9-14◎バリア・オプション

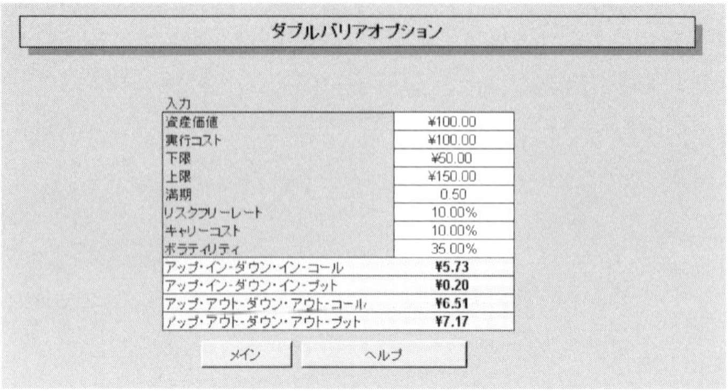

```
                ダブルバリアオプション
   入力
   資産価値                    ¥100.00
   実行コスト                   ¥100.00
   下限                         ¥50.00
   上限                        ¥150.00
   満期                           0.50
   リスクフリーレート             10.00%
   キャリーコスト                10.00%
   ボラティリティ                35.00%
   アップ・イン・ダウン・イン・コール    ¥5.73
   アップ・イン・ダウン・イン・プット    ¥0.20
   アップ・アウト・ダウン・アウト・コール  ¥6.51
   アップ・アウト・ダウン・アウト・プット  ¥7.17
           メイン      ヘルプ
```

すればよく、貨幣の時間価値のおかげで、実行の延期そのものが費用削減になり、プロジェクトの収益性を高める。しかしその一方で、実行を延期すれば、企業は、潜在的な限界収益や、スケジュールどおりにプロジェクトを実行することによる資産価値の成長を犠牲にすることになる。したがって、両者の間のバランスを見出さなければならないが、戦略的タイミングオプションは、このバランスを計算するのである。計算の結果は、最適実行時期と、最適トリガー値の形で示される。投資がもたらすキャッシュフローが、このトリガー値を上回る場合、その投資は最適であり、すぐに開始したほうが良いということになる。

図9－16は、戦略的優先順位付け機能を示している。この機能を使うと、ユーザは、5つの異なる投資機会の選択肢を入力して、それらの戦略的オプションとしての価値を計算し、優先順位付けを行なうことができる。

この機能には、正味現在価値分析、収益指標、およびボラティリティ指標も含まれている。まず、ハイライトがかかったボックスに、仮定を入力する。原資産価値は、将来のフリー・キャッシュフロー列の正味現在価値である。これらのキャッシュフローは、予測収益から予測直接費用と間接費用（販売した製品に関連する費用、営業費、減価償却、および税金）を差し引いたものに、減価償却支出、資本支出、運転資本、等々を税引き後に足し戻したも

のである。資本支出は、この戦略を実行するために必要な資本支出の総額である。タイミングは、プロジェクトの予定開始時期である。ボラティリティは、原資産の標準偏差である。リスクフリーレートは、無リスク資産の投資期間に対応する利率である。

戦略的オプション価値は、通常の正味現在価値の枠組みの中に含まれるも

図9-15◎戦略的タイミング

戦略	A	B	C
プロジェクト総限界収益	¥120.00	¥111.00	¥111.00
プロジェクト総限界営業経費	¥0.00	¥0.00	¥0.00
プロジェクト総限界資本支出	¥100.00	¥100.00	¥100.00
予定実行時期(年)	0.00	0.00	0.00
成長率	5.00%	5.00%	9.00%
割引率	10.00%	10.00%	10.00%
戦略的オプション価値	¥16.00	¥19.80	¥67.25
オプション有無	オプション価値あり	オプション価値あり	オプション価値あり
最適トリガー値	¥200.00	¥200.00	¥1,000.00
最適実行時期	10.22 年	11.78 年	24.42 年
最適決定(実行/待機)	実行待機	実行待機	実行待機
正味現在価値	¥20.00	¥11.00	¥11.00
フリーキャッシュフロー現在価値	¥120.00	¥111.00	¥111.00

図9-16◎戦略的優先順位付け

戦略的優先順位モデル

戦略	A	B	C	D	E
原資産価値	¥324.00	¥324.00	¥120.00	¥107.90	¥100.00
設備投資	¥100.00	¥113.00	¥100.00	¥140.00	¥103.00
タイミング(年)	1.00	1.00	3.00	1.00	1.00
ボラティリティ(年平均)	40.00%	40.00%	35.00%	30.00%	40.00%
リスクフリーレート(年平均)	5.74%	5.74%	5.74%	5.74%	5.74%
戦略的オプション価値	¥229.60	¥217.36	¥46.10	¥5.29	¥17.04
戦略の意思決定	第1選択	第2選択	第3選択	第5選択	第4選択
収益指標	3.43	3.03	1.42	0.81	1.03
ボラティリティ指標	0.40	0.40	0.61	0.30	0.40
正味現在価値(従来)	¥229.43	¥217.13	¥35.42	(¥24.50)	¥2.59

のを超える、プロジェクトの本質的な価値を示している。開始当初には、キャッシュレスで、負の正味現在価値しかないように見えるプロジェクトでも、実際に実行することによって何らかの本質的かつ戦略的な価値を生み出す可能性を持っている。この、戦略的・本質的な価値は、プロジェクトの開始時期を延期し、新情報が得られて不確実性が解消するまで待てる能力と、初期投資費用を負担できるようになる能力から派生する。また、プロジェクトの実行延期は、貨幣の時間価値の効果により、費用削減と同じ意味を持つことになり、プロジェクトの収益性を高めるのである。しかしその一方で、延期することにより、プロジェクトが実行されない間の潜在的な収入については放棄することになる。

　収益指標は、リスクフリーレートで割り引いた資本支出に対する、ハードルレートで割り引いた予測キャッシュフローの比率である。ボラティリティ指標は、ボラティリティ測定値を時間調整したもの、正味現在価値は、長期にわたって2つの異なる割引率が使われる場合の伝統的な割引キャッシュフロー分析の結果値である。収益指標は、ボラティリティ指標と一緒に使わなければならない。収益指標が1より大きい場合、そのプロジェクトには収益性があり、1より小さい場合は収益性がないものと判断できる。しかし、利益指標が1より小さいような、静的で収益性がないように見えるプロジェクトでも、ボラティリティ指標が十分に高ければ最適なものになる可能性がある。長期的に見れば、ボラティリティが高く、資本支出が固定されている限り、現時点では予測できない何らかの一連の事象が発生して、不確実な収益のフローがプロジェクトを正当化するに十分なほど高くなる可能性がある。

　図9-17に示す戦略的評価モデルでは、将来の時間tに開始される、無限の寿命を持つオプションを仮定している。このモデルでは、適切なパラメータのセットを前提とした偏微分モデルを使って、オプションの最適トリガー値と最適行使時期を推定している。

　図9-18に示す多重複合オプションのモデルは、満期に至るまでのいつの時点でも行使することができるモデルである。オプションの価値は、他のオプションの順次の成功に依存している。すなわち、2番目のオプションは最初のオプションに、最初のオプションは原資産にといった具合に、最大10ま

での段階オプションが相互に作用し合うわけで、各オプションの価値も、こうした順番に従って決まるのである。なお、ここで、2番目のオプションの期間が最初のオプションよりも短く、第3のオプションの期間は第2のオプションよりも短いという具合に、段階が進むに従って期間が短くなっている点に注目されたい。そうでなければ、このオプションは、同時複合オプションになる。ボラティリティは、ベース・ケースのキャッシュフロー列（キャッシュフロー・リターンの自然対数）に基づいて計算される。PV資産価値は、ベース・ケースの将来の正味キャッシュフローの現在価値であるが、オプションの実行費用は含まれていない。リスクフリーレートは、原資産オプションと同じ満期を持つ無リスク資産の利率である。配当は、オプションを実行せずに温存した場合の機会費用の流出を％値で表したものである。第1費用は、最初のオプションの実行費用、第2費用は2番目のオプションの実行費用といったように、この後も10番目のオプションまで同様に続く。

図9-17◎戦略的評価

	開始時期	年換算割引率	将来キャッシュフローの割引値	投資費用の割引値	DCF値	利率(月指)	営業経費
戦略的オプション							
オプション A	12.00	12.00%	¥11,271,992.68	¥5,803,913.25	¥5,308,079.44	0.95%	0.86%
オプション B	13.00	12.00%	¥6,011,555.76	¥4,707,130.60	¥1,304,425.16	0.95%	0.86%
オプション C	19.00	12.00%	¥4,519,909.07	¥4,587,782.81	¥(67,873.74)	0.95%	0.86%
オプション D	19.00	12.00%	¥4,999,741.91	¥4,118,739.27	¥881,002.64	0.95%	0.86%

	標準偏差(月換算)	割引投資費用価値の最適トリガー値	tでのオプション価値	t=0でのオプション価値	年換算キャッシュフロー標準偏差	柔軟性パラメータ	投資決定
戦略的オプション							
オプション A	2.50%	¥7,489,763.97	¥10,807,506.04	¥9,649,558.96	34.50%	1.2729	投資実行
オプション B	2.50%	¥5,991,811.17	¥1,304,544.71	¥1,153,023.67	34.50%	1.2729	投資実行
オプション C	2.50%	¥7,232,824.67	¥171,048.60	¥142,951.74	34.50%	1.2716	投資待ち
オプション D	2.50%	¥5,237,562.69	¥900,087.92	¥752,239.96	34.50%	1.2716	投資待ち
t=0での総オプション価値				¥11,698,574.33			

各単位実化に対する感度

	時期	年換算割引率	割引将来CF	割引投資費用	営業経費	標準偏差
オプション A	¥180,551.47	¥4,680,027.60	¥3,993.38	¥600.80	¥556,082.99	¥1,256,105.77
オプション B	¥21,589.02	¥123,118.05	¥895.46	¥89.81	¥1,124.82	¥3,073.03
オプション C	¥2,874.75	¥231,335.10	¥140.12	¥0.26	¥9,806.32	¥26,694.79
オプション D	¥14,075.05	¥145,314.74	¥704.59	¥67.23	¥4,356.62	¥15,405.74
ポートフォリオ計	¥218,890.29	¥4,080,289.95	¥5,741.55	¥767.17	¥544,045.87	¥1,211,132.21
変化量	2	4%	¥1,000.00	¥100.00	0.01%	5%

図9-18◎多重複合

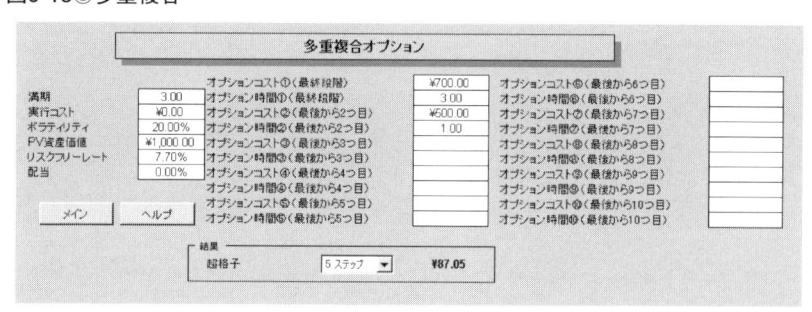

多重複合オプション

満期	3.00	オプションコスト①(最終段階)	¥700.00	オプションコスト⑥(最後から6つ目)
実行コスト	¥0.00	オプション時間①(最終段階)	3.00	オプション時間⑥(最後から6つ目)
ボラティリティ	20.00%	オプションコスト②(最後から2つ目)	¥500.00	オプションコスト⑦(最後から7つ目)
PV資産価値	¥1,000.00	オプション時間②(最後から2つ目)	1.00	オプション時間⑦(最後から7つ目)
リスクフリーレート	7.70%	オプションコスト③(最後から3つ目)		オプションコスト⑧(最後から8つ目)
配当	0.00%	オプション時間③(最後から3つ目)		オプション時間⑧(最後から8つ目)
		オプションコスト④(最後から4つ目)		オプションコスト⑨(最後から9つ目)
		オプション時間④(最後から4つ目)		オプション時間⑨(最後から9つ目)
		オプションコスト⑤(最後から5つ目)		オプションコスト⑩(最後から10つ目)
		オプション時間⑤(最後から5つ目)		オプション時間⑩(最後から10つ目)

結果
殻格子　5ステップ　¥87.05

■ 第9章の要約 ■

　リアルオプション分析を実行できるモデリング・ソフトウエアを持つことは、プロジェクトや戦略を正確に評価したい企業にとって極めて貴重なことである。高度なモデルを自分で作ったり、複雑に絡み合ったスプレッドシートの整理に忙殺されることなく、直面する問題の正しい枠組み設定に専念できるからである。これは、スプレッドシート環境では容易に作り出せない、複雑なオプション数学を必要とする高度な問題の場合には、特に重要な利点である。柔軟なモデリング機能が組み込まれたソフトウエア・パッケージを手にすることで、ユーザは、いつでも複製が可能で、一貫した、信頼できる結果を生み出すことができるのである。

第9章に関連する設問

1. Real Options Analysis Toolkitを開いて、第7章に挙げた拡張オプションの例題を再実行せよ。

2. Real Options Analysis Toolkitを開いて、第7章に挙げた撤退オプションの例題を再実行せよ。

3. Real Options Analysis Toolkitを開いて、第7章に挙げた縮小オプションの例題を再実行せよ。

4. Real Options Analysis Toolkitを開いて、第7章に挙げた選択オプションの例題を再実行せよ。

5. Real Options Analysis Toolkitに入っているカスタマイズオプションを使って、拡張オプションの例を再現せよ。

付録　9A
Real Options Analysis Toolkitで使用するExcel用の関数

　以下は、Real Options Analysis Toolkitにおいて使用可能な関数のリストである。インストールが完了したら、「スタート」をクリックし、「プログラム」、「Crystal Ball」、「Real Options Analysis Toolkit」の順に選択する。次に、「Function」を選択すると、プログラムがExcelにロードされる。その後は、Excelのスプレッドシート上に直接タイプ入力するか、「関数の挿入」をクリックして「財務」もしくは「すべて」のカテゴリーを選択するかのいずれかの方法で、すべてのモデルに直接アクセスすることができる。後は、「RO」セクションにスクロールダウンすれば、すべてのモデルの一覧を見ることができる。

1．2つの行使価格を持つアメリカン3Ｄ2資産2項コール・オプション

　これは、満期日及びそれ以前のいつの時点でも行使できるアメリカン・オプションである。オプションの価値は、異なる実行費用を持つ2つの相関資産に依存しており、複数の二項格子を使って計算する。

　関数：RO3DBinomialAmericanCallDualStrike（第1資産、第2資産、第1数量、第2数量、第1費用、第2費用、満期、リスクフリーレート、第1キャリーコスト、第2キャリーコスト、第1ボラティリティ、第2ボラティリティ、相関、ステップ数）

2．最大値におけるアメリカン3Ｄ2資産2項コール・オプション

　これは、満期日及びそれ以前のいつの時点でも行使できるアメリカン・オプションである。オプションの価値は、2つの相関原資産の価値の最大値

依存しており、複数の二項格子を組み合わせて計算する。
関数：RO 3 DBinomialAmericanCallMax（第1資産、第2資産、第1数量、第2数量、第1費用、第2費用、満期、リスクフリーレート、第1キャリーコスト、第2キャリーコスト、第1ボラティリティ、第2ボラティリティ、相関、ステップ数）

3．最小値におけるアメリカン3Ｄ2資産2項コール・オプション

これは、満期日及びそれ以前のいつの時点でも行使できるアメリカン・オプションである。オプションの価値は、2つの相関原資産の価値の最小値に依存しており、複数の二項格子を組み合わせて計算する。
関数：RO 3 DBinomialAmericanCallMin（第1資産、第2資産、第1数量、第2数量、第1費用、第2費用、満期、リスクフリーレート、第1キャリーコスト、第2キャリーコスト、第1ボラティリティ、第2ボラティリティ、相関、ステップ数）

4．アメリカン3Ｄ2資産2項ポートフォリオ・コール・オプション

これは、満期日及びそれ以前のいつの時点でも行使できるアメリカン・オプションである。オプションの価値は、2つの相関原資産のポートフォリオ効果に依存しており、複数の二項格子を組み合わせて計算する。
関数：RO 3 DBinomialAmericanCallPortfolio（第1資産、第2資産、第1数量、第2数量、第1費用、第2費用、満期、リスクフリーレート、第1キャリーコスト、第2キャリーコスト、第1ボラティリティ、第2ボラティリティ、相関、ステップ数）

5．配当支払を伴うアメリカン・コール・オプション近似法

このアメリカン・コール・オプションは、満期日およびそれ以前のいつの時点でも行使可能で、満期日以前に配当が一括払いされるコール・オプションを解析型近似法によって解く場合に基づいている。
関数：ROAmericanDividendCall（資産、費用、配当時期、満期日、リスクフリーレート、ボラティリティ、配当）

6．配当支払を伴うアメリカン長期コール・オプション近似法

　このアメリカン・コール・オプションは、満期日およびそれ以前のいつの時点でも行使可能で、一定の％の配当支払があるコール・オプションを解析型近似法によって解く場合に基づいている。

関数：ROAmericanLongTermCall（資産、費用、時期、リスクフリーレート、キャリーコスト、ボラティリティ）

7．配当支払を伴うアメリカン長期プット・オプション近似法

　このアメリカン・コール・オプションは、満期日およびそれ以前のいつの時点でも行使可能で、一定の％の配当支払があるコール・オプションを解析型近似法によって解く場合に基づいている。

関数：ROAmericanLongTermPut（資産、費用、時期、リスクフリーレート、キャリーコスト、ボラティリティ）

8．バリア・オプション：ダウン・アンド・イン・コール

　このヨーロピアン下限コール・オプションは、満期日においてのみ行使可能なオプションである。このコール・オプションは、資産価値が下限を下回ったときにのみ発効する。

関数：ROBarrierCallDownIn（資産、費用、バリア、現金割引、時期、リスクフリーレート、キャリーコスト、ボラティリティ）

9．バリア・オプション：ダウン・アンド・アウト・コール

　このヨーロピアン下限コール・オプションは、満期日においてのみ行使可能なオプションである。このコール・オプションは、資産価値が下限を下回らない場合にのみ発効する。

関数：ROBarrierCallDownOut（資産、費用、バリア、現金割引、時期、リスクフリーレート、キャリーコスト、ボラティリティ）

10．バリア・オプション：アップ・アンド・イン・コール

　このヨーロピアン上限コール・オプションは、満期日においてのみ行使可

能なオプションである。このコール・オプションは、資産価値が上限を上回ったときにのみ発効する。

関数：ROBarrierCallUpIn（資産、費用、バリア、現金割引、時期、リスクフリーレート、キャリーコスト、ボラティリティ）

11. バリア・オプション：アップ・アンド・アウト・コール

このヨーロピアン上限コール・オプションは、満期日においてのみ行使可能なオプションである。このコール・オプションは、資産価値が上限を上回らない場合にのみ発効する。

関数：ROBarrierCallUpOut（資産、費用、バリア、現金割引、時期、リスクフリーレート、キャリーコスト、ボラティリティ）

12. バリア・オプション：ダウン・アンド・イン・プット

このヨーロピアン下限プット・オプションは、満期日においてのみ行使可能なオプションである。このプット・オプションは、資産価値が下限を下回ったときにのみ発効する。

関数：ROBarrierPutDownIn（資産、費用、バリア、現金割引、時期、リスクフリーレート、キャリーコスト、ボラティリティ）

13. バリア・オプション：ダウン・アンド・アウト・プット

このヨーロピアン下限プット・オプションは、満期日においてのみ行使可能なオプションである。このプット・オプションは、資産価値が下限を下回らない場合にのみ発効する。

関数：ROBarrierPutDownOut（資産、費用、バリア、現金割引、時期、リスクフリーレート、キャリーコスト、ボラティリティ）

14. バリア・オプション：アップ・アンド・イン・プット

このヨーロピアン上限プット・オプションは、満期日においてのみ行使可能なオプションである。このプット・オプションは、資産価値が上限を上回ったときにのみイン・ザ・マネーになる。

関数：ROBarrierPutUpIn（資産、費用、バリア、現金割引、時期、リスクフリーレート、キャリーコスト、ボラティリティ）

15. バリア・オプション：アップ・アンド・アウト・プット

このヨーロピアン上限プット・オプションは、満期日においてのみ行使可能なオプションである。このプット・オプションは、資産価値が上限を上回らない場合にのみ発効する。

関数：ROBarrierPutUpOut（資産、費用、バリア、現金割引、時期、リスクフリーレート、キャリーコスト、ボラティリティ）

16. 基本選択オプション

このオプションの保持者は、同一の満期日と行使価格を持つ、コールとプットのいずれかを選択する権利を持つ。いずれのオプションも、満期日以前のいつの時点でも行使可能である。

関数：ROBasicChooser（資産、費用、選択時期、満期、リスクフリーレート、キャリーコスト、ボラティリティ）

17. 二項（超格子）法によるアメリカン・コール・オプション

このアメリカン・オプションの保持者は、特定の期間内のいつの時点においても既存の事業を遂行する権利を持つ。

関数：ROBinomialAmerican（資産、費用、時期、リスクフリーレート、ボラティリティ、配当、ステップ数）

18. 二項（超格子）法によるアメリカン撤退オプション

このアメリカン・オプションの保持者は、特定の期間内のいつの時点においても既存の事業から撤退し、処分価値を受け取る権利を持つ。

関数：ROBinomialAmericanAbandon（残存価値、資産、時期、リスクフリーレート、ボラティリティ、配当、ステップ数）

19. 二項（超格子）法によるアメリカン・コール・オプション

このアメリカン・コール・オプションの保持者は、特定の期間内のいつの時点においても、配当支払を考慮して二項法によって計算した一定の実行費用でプロジェクトを実行する権利を持つ。

関数：ROBinomialAmericanCall（資産、費用、時期、リスクフリーレート、ボラティリティ、配当、ステップ数）

20. 二項法によるアメリカン縮小および撤退オプション

このアメリカン・オプションの保持者は、特定の期間内のいつの時点においても、特定の縮小因数で既存の事業を縮小して節減を図るか、既存の事業から完全に撤退するかのいずれかを実行する権利を持つ。

関数：ROBinomialAmericanConAban（残存価値、縮小、節減、資産、時期、リスクフリーレート、ボラティリティ、配当、ステップ数）

21. 二項（超格子）法によるアメリカン縮小および拡張オプション

このアメリカン・オプションの保持者は、特定の期間内のいつの時点においても、市場が不調のときには特定の縮小因数で既存の事業を縮小して節減を図り、市場が好調のときには適正な実効費用を負担して、特定の拡張因数で既存の事業を拡張する権利を持つ。

関数：ROBinomialAmericanConExp（縮小、節減、拡張、資産、費用、時期、リスクフリーレート、ボラティリティ、配当、ステップ数）

22. 二項（超格子）法によるアメリカン縮小、拡張、および撤退オプション

このアメリカン・オプションの保持者は、特定の期間内のいつの時点においても、特定の縮小因数で既存の事業を縮小して節減を図ること、適正な実効費用を負担して、特定の拡張因数で既存の事業を拡張すること、あるいは既存の事業から完全に撤退して残存価値を受け取ることのいずれかを選択する権利を持つ。

関数：ROBinomialAmericanConExp（残存価値、縮小、節減、拡張、資産、費用、時期、リスクフリーレート、ボラティリティ、配当、ステップ数）

23. 二項（超格子）法によるアメリカン縮小オプション

このアメリカン・オプションの保持者は、特定の期間内のいつの時点においても、特定の縮小因数で既存の事業を縮小して節減を図る権利を持つ。

関数：ROBinomialAmericanContract（縮小、資産、節減、時期、リスクフリーレート、ボラティリティ、配当、ステップ数）

24. 二項（超格子）法によるアメリカン拡張、および撤退オプション

このアメリカン・オプションの保持者は、特定の期間内のいつの時点においても、適正な実効費用を負担して、特定の拡張因数で既存の事業を拡張するか、既存の事業から完全に撤退して残存価値を受け取るかのいずれかを選択する権利を持つ。

関数：ROBinomialAmericanExpAban（残存価値、拡張、資産、費用、時期、リスクフリーレート、ボラティリティ、配当、ステップ数）

25. 二項（超格子）法によるアメリカン拡張オプション

このアメリカン・オプションの保持者は、特定の期間内のいつの時点においても、適正な実効費用を負担して、特定の拡張因数で既存の事業を拡張する権利を持つ。

関数：ROBinomialAmericanExpansion（拡張、資産、費用、時期、リスクフリーレート、ボラティリティ、配当、ステップ数）

26. 二項（超格子）法によるアメリカン・プット・オプション

この、配当を伴うアメリカン・プット・オプションは、特定の期間内のいつの時点でも行使可能である。このオプションの価値は、配当支払を考慮した上で、二項法によって計算する。

関数：ROBinomialAmericanPut（資産、費用、時期、リスクフリーレート、ボラティリティ、配当、ステップ数）

27. 二項（超格子）法によるアメリカン段階複合オプション

このアメリカン・オプションは、順を追って発生する2つのオプション段

階の価値で、特定の期間内のいつの時点においても行使可能である。第2のオプションを行使するか否かは、第1のオプションの実行が成功するか否かにかかっている。

関数：ROBinomialAmericanSeqCompound（資産、原資産費用1、オプション費用2、原資産時期1、オプション時期2、リスクフリーレート、ボラティリティ、配当、ステップ数）

28. 二項（超格子）法によるアメリカン同時複合オプション

　このアメリカン・オプションは、同時に発生する2つのオプション段階の価値で、特定の期間内のいつの時点においても行使可能である。第2のオプションを行使するか否かは、第1のオプションの実行が成功するか否かにかかっている。

関数：ROBinomialAmericanSimCompound（資産、原資産費用1、オプション費用2、満期、リスクフリーレート、ボラティリティ、配当、ステップ数）

29. 二項（超格子）法によるコスト推移オプション

　これは、異なる時期に対して異なる実行費用を持つアメリカン・オプションの価値である。このオプションは、満期日以前のいつの時点においても行使可能である。

関数：ROBinomialCost（資産、費用1、費用2、費用3、費用4、費用5、時期1、時期2、時期3、時期4、時期5、ボラティリティ、リスクフリーレート、配当、ステップ数）

30. 二項格子の下落率

　これは、二項格子のダウンのジャンプ・ステップ・サイズを計算するための関数である。

関数：ROBinomialDown（ボラティリティ、時期、ステップ数）

31. 二項（超格子）法によるヨーロピアン・コール・オプション

これは二項法を使って計算されるヨーロピアン・コールで、満期日においてのみ行使可能である。
関数：ROBinomialEuropeanCall（資産、費用、時期、リスクフリーレート、ボラティリティ、配当、ステップ数）

32. 二項（超格子）法によるヨーロピアン・プット・オプション

これは二項法を使って計算されるヨーロピアン・プットで、満期日においてのみ行使可能である。
関数：ROBinomialEuropeanPut（資産、費用、時期、リスクフリーレート、ボラティリティ、配当、ステップ数）

33. 二項格子リスク中立確率

これは、二項格子のリスク中立確率を計算するための関数である。
関数：ROBinomialProb（ボラティリティ、時期、ステップ数、リスクフリーレート、配当）

34. 二項格子の上昇率

これは、二項格子の上昇率を計算するための関数である。
関数：ROBinomialUp（ボラティリティ、時期、ステップ数）

35. 無配当のブラック−ショールズ・コール・オプション

これは、ブラック−ショールズ・モデルを使って計算される、無配当のヨーロピアン・コールで、満期日においてのみ行使可能である。
関数：ROBlackScholesCall（資産、費用、時期、リスクフリーレート、ボラティリティ）

36. キャリーコストを伴うブラック−ショールズ・コール・オプション

これは、一般ブラック−ショールズ・モデルを使って、キャリーコストの調整を含めて計算されるヨーロピアン・コールで、満期日においてのみ行使可能である。キャリーコストの調整は、共に％で表されたリスクフリーレー

トと配当支払の差で行なう。

　関数：ROBlackScholesCarryingCall（資産、費用、時期、リスクフリーレート、ボラティリティ、キャリーコスト）

37. キャリーコストを伴うブラック－ショールズ・プット・オプション

　これは、一般ブラック－ショールズ・モデルを使って、キャリーコストの調整を含めて計算されるヨーロピアン・プットで、満期日においてのみ行使可能である。キャリーコストの調整は、共に％で表されたリスクフリーレートと配当支払の差で行なう。

関数：ROBlackScholesCarryingPut（資産、費用、時期、リスクフリーレート、ボラティリティ、キャリーコスト）

38. 配当を伴うブラック－ショールズ・コール・オプション

　これは、一般ブラック－ショールズ・モデルを使って計算される、％で表される配当支払を伴うヨーロピアン・コールで、満期日においてのみ行使可能である。

関数：ROBlackScholesDividendCall（資産、費用、時期、リスクフリーレート、ボラティリティ、配当）

39. 配当を伴うブラック－ショールズ・プット・オプション

　これは、一般ブラック－ショールズ・モデルを使って計算される、％で表される配当動向を伴うヨーロピアン・プットで、満期日においてのみ行使可能である。

関数：ROBlackScholesDividendPut（資産、費用、時期、リスクフリーレート、ボラティリティ、配当）

40. 無配当のブラック－ショールズ・プット・オプション

　これは、ブラック－ショールズ・モデルを使って計算される、無配当のヨーロピアン・プットで、満期日においてのみ行使可能である。

関数：ROBlackScholesPut（資産、費用、時期、リスクフリーレート、ボラ

ティリティ）

41. 複雑選択オプション

これは、満期日においてのみ行使可能なヨーロピアン複雑選択オプションである。このオプションの保持者は、異なる時期に対して異なる行使価格を持ち、満期日が同一であるコールかプットのいずれかを選択できる権利を持つ。

関数：ROComplexChooser（資産、コール費用、プット費用、選択時期、コール満期、プット満期、リスクフリーレート、キャリーコスト、ボラティリティ）

42. 複合コール・オン・コール・オプション

これは、満期日においてのみ行使可能なヨーロピアン複合オプションで、オプションの価値がもう一つの原資産オプションに依存しているものである。このオプションは、二項段階複合オプションと連続的に対をなしている。

関数：ROCompoundCallonCall（資産、原資産費用、オプション費用、オプション時期、原資産時期、リスクフリーレート、キャリーコスト、ボラティリティ）

43. 複合プット・オン・コール・オプション

これは、満期日においてのみ行使可能なヨーロピアン複合オプションで、オプションの価値がもう一つの原資産オプションに依存しているものである。このオプションは、二項段階複合オプションと連続的に対をなしている。

関数：ROCompoundPutonCall（資産、原資産費用、オプション費用、オプション時期、原資産時期、リスクフリーレート、キャリーコスト、ボラティリティ）

44. 二項（超格子）法による単純段階複合オプション

これは、満期日以前のいつの時点でも行使可能なアメリカン複合オプションで、オプションの価値が、順を追って発生する最大10までの他のオプショ

ンのシリーズに依存するものである。これらのオプション段階は、それぞれ、異なる時期に発生する独自の実行費用を持っている。
関数：ROCorrSeqCompound（資産、費用1……費用11、時期1……時期11、リスクフリーレート、ボラティリティ、配当、ステップ数）

45. 二項（超格子）法によるカスタム複雑段階複合オプション

　これは、カスタム化されたアメリカン段階複合オプションである。このオプションの価値は、最高4つまでの順を追って発生する他のオプション段階に依存している。これらのオプション段階は、それぞれ独自の資産価値、ボラティリティ、実行費用と、異なる実行時期を持っている。さらに、どの段階においても、拡張、撤退、または縮小できるオプションが設定されている。Excelの機能的な限界から、方程式ウィザードからこの関数にアクセスすることはできないので注意されたい。しかし、直接Excelに関数と関連数値を入力すれば使用することができる。
関数：ROCustomLattice（資産、費用1……費用4、時期1……時期4、リスクフリーレート、ボラティリティ、配当、ステップ数、拡張1、拡張2、拡張3、拡張4、撤退1、撤退2、撤退3、撤退4、縮小1、縮小2、縮小3、縮小4、節減1、節減2、節減3、節減4）

46. ダブルバリア・オプション：アップ・アンド・イン―ダウン・アンド・イン―コール・オプション

　これは、満期日のみに行使可能なヨーロピアンダブルバリアー・コール・オプションで、資産価値が上限または下限を超えたときに発効してイン・ザ・マネーになる。
関数：RODoubleBarrierUIDICall（資産、費用、下限、上限、時期、リスクフリーレート、キャリーコスト、ボラティリティ）

47. ダブルバリア・オプション：アップ・アンド・イン―ダウン・アンド・イン―プット・オプション

　これは、満期日にのみ行使可能なヨーロピアンダブルバリア・プット・オ

プションで、資産価値が上限または下限を超えたときに発効してイン・ザ・マネーになる。

関数：RODoubleBarrierUIDIPut（資産、費用、下限、上限、時期、リスクフリーレート、キャリーコスト、ボラティリティ）

48．ダブルバリア・オプション：アップ・アンド・アウト―ダウン・アンド・アウト―コール・オプション

　これは、満期日にのみ行使可能なヨーロピアンダブルバリア・コール・オプションで、資産価値が上限または下限を超えない場合に発効してイン・ザ・マネーになる。

関数：RODoubleBarrierUODOCall（資産、費用、下限、上限、時期、リスクフリーレート、キャリーコスト、ボラティリティ）

49．ダブルバリア・オプション：アップ・アンド・アウト―ダウン・アンド・アウト―プット・オプション

　これは、満期日にのみ行使可能なヨーロピアンダブルバリア・プット・オプションで、資産価値が上限または下限を超えない場合に発効してイン・ザ・マネーになる。

関数：RODoubleBarrierUODOPut（資産、費用、下限、上限、時期、リスクフリーレート、キャリーコスト、ボラティリティ）

50．フォワードスタート・コール・オプション

　これは、将来のある時点でしかスタートすることのないヨーロピアン・コール・オプションで、満期日にのみ行使可能である。

関数：ROForwardStartCall（資産、アルファ、T1、時期、リスクフリーレート、キャリーコスト、ボラティリティ）

51．フォワードスタート・プット・オプション

　これは、将来のある時点でしかスタートすることのないヨーロピアン・プット・オプションで、満期日にのみ行使可能である。

関数：ROForwardStartPut（資産、アルファ、T１、時期、リスクフリーレート、キャリーコスト、ボラティリティ）

52. 先物コール・オプション

これは、先物契約に似た原資産に依存するヨーロピアン・コール・オプションで、満期日においてのみ行使可能である。
関数：ROFuturesCall（先物、費用、時期、リスクフリーレート、ボラティリティ）

53. 先物プット・オプション

これは、先物契約に似た原資産に依存するヨーロピアン・プット・オプションで、満期日においてのみ行使可能である。
関数：ROFuturesPut（先物、費用、時期、リスクフリーレート、ボラティリティ）

54. 標準正規累積分布

これは、平均値０、分散１の正規分布に基づいたＺ値の標準正規累積分布である。
関数：ROPhiDist（Z）

55. 多重ボラティリティ・オプション分析

これは、異なる時期に異なるボラティリティを適用するアメリカン・オプションである。
関数：ROMultiVolatility（資産、費用、時期、リスクフリーレート、ボラティリティ、配当、ステップ数、ボラティリティ２、時間ステップ２、ボラティリティ３、時間ステップ３、ボラティリティ４、時間ステップ４、ボラティリティ５、時間ステップ５）

56. 標準二変数正規累積分布

これは２つの相関変数の標準二変数正規累積分布である。

関数：ROOmegaDist（変数1、変数2、相関）

57．戦略的オプション柔軟性パラメータ

これは、確率論的方法を使って計算される柔軟性パラメータで、このパラメータにオプションの実行費用を掛けることによって最適行使価格を求める。

関数：ROStochasticFlexibility（利率、機会費用、ボラティリティ）

58．戦略的オプション価値

これは、資産価値、実効費用、ボラティリティ、利率、および機会費用に基づく確率論的なオプション評価である。

関数：ROStochasticOptionValue（利率、機会費用、ボラティリティ、実行費用、資産価値）

59．切替オプション

これは、互換性がある2つの資産を評価するヨーロピアンスウィッチングオプションである。2つの資産は、それぞれ独自のリスク構成やボラティリティを持ちながら、互いに相関している可能性がある。切り替えには費用がかかるが、これは、第1の資産価値に費用乗数をかけた額になる。

関数：ROSwitching（資産1、資産2、ボラティリティ1、ボラティリティ2、相関、費用乗数、時期、リスクフリーレート）

60．戦略的タイミングオプション——オプション価値

これは、最適行使時期にオプションの行使が適合すると仮定して計算するタイミングオプション価値である。

関数：ROTimingOption（収益、営業費、実行費用、時期、成長率、割引率）

61．戦略的タイミングオプション——最適時期

このモデルは、一定の成長率と割引率を前提としてオプションを行使するための最適時期を計算するためのものである。

関数：ROTimingTime（収益、営業費、実行費用、成長率、割引率）

62. 戦略的タイミングオプション——トリガー値

　これは、時期オプションの最適トリガー値である。資産の正味価値がこのトリガー値を超えた場合は、ただちにオプションを行使することが最良の行動となる。

関数：ROTimingTrigger（実行費用、成長率、割引率）

63. 二資産相関コール・オプション

　これは、オプションの価値が２つの相関する原資産に依存する、満期日にのみ行使可能なヨーロピアン・コール・オプションである。

関数：ROTwoAssetCorrelationCall（資産１、資産２、費用１、費用２、時期、配当１、配当２、リスクフリーレート、ボラティリティ１、ボラティリティ２、相関）

64. 二資産相関プット・オプション

　これは、オプションの価値が２つの相関する原資産に依存する、満期日にのみ行使可能なヨーロピアン・プット・オプションである。

関数：ROTwoAssetCorrelationPut（資産１、資産２、費用１、費用２、時期、配当１、配当２、リスクフリーレート、ボラティリティ１、ボラティリティ２、相関）

65. 資産に関するコール感度

　これは、資産価値に関する瞬間的感度、すなわち、資産価値に単位変化があった場合のオプション価値の変化である。

関数：ROSensitivityAsset（資産、費用、時期、リスクフリーレート、配当、ボラティリティ）

66. 費用に関するコール感度

　これは、費用に関する瞬間的感度、すなわち、費用に単位変化があった場

合のオプション価値の変化である。
関数：ROSensitivityCost（資産、費用、時期、リスクフリーレート、配当、ボラティリティ）

67．リスクフリーレートに関するコール感度

これは、リスクフリーレートに関する瞬間的感度、すなわち、リスクフリーレートに単位変化があった場合のオプション価値の変化である。
関数：ROSensitivityRiskfree（資産、費用、時期、リスクフリーレート、配当、ボラティリティ）

68．期間に関するコール感度

これは、時期に関する瞬間的感度、すなわち、時期に単位変化があった場合のオプション価値の変化である。
関数：ROSensitivityTime（資産、費用、時期、リスクフリーレート、配当、ボラティリティ）

69．ボラティリティに関するコール感度

これは、ボラティリティに関する瞬間的感度、すなわち、ボラティリティに単位変化があった場合のオプション価値の変化である。
関数：ROSensitivityVolatility（資産、費用、時期、リスクフリーレート、配当、ボラティリティ）

付録 9B
Crystal Ballモンテカルロ・シミュレーション 使用の手引き

　この付録9Bは、この本に添付されているCD ROMに入っている、Crystal Ballのモンテカルロ・シミュレーション・ソフトウエアを使用するための手引きとして提供するものである。サンプル・シミュレーション・ソフトウエアの使用を開始するには、まず、CD-ROMの中のCrystal Ballインストール.batファイルを実行する。すると、画面にインストール・ガイドが表示されるので、それに従ってインストールする。インストールが完了したら、スタートメニューのプログラムに追加されたCrystal Ballを開くと、一瞬Crystal Ballのロゴ画面が現れて消え、Excel上に図9B－1に示すようなアイコン・バーが表示される。

　これでシンプルなシミュレーションを実行する準備が整ったわけだが、ここで扱うのは3つの機能だけである。すなわち、「仮定の定義」「予測の定義」および「シミュレーションの実行」である。モンテカルロ・シミュレーション分析では、最低限、これら3つのコマンドのセットが必要になる。なお、もしもこのツールバーが表示されない場合は、「ツール」をクリックし、「アドイン」を選択する。そして、Crystal Ballの横のチェック・ボックスが選択になっていることを確認して、「OK」をクリックする。

　「仮定の定義」は、Excelの中でシンプルな数値が入力されたセルを選択し、適切な確率分布を割り当てることを意味している。「予測の定義」は、計算式が入ったセルを選択し、Crystal Ballに出力結果を要求することを意味している。「シミュレーションの実行」は、プログラムがモンテカルロ・シミュレーションを立ち上げ、定義された確率分布からランダムに数値を選択して、それらの乱数を選択された仮定セルに入力しながら、数千回の試行を実

図9B-1◎Crystal Ballのアイコン・バー

仮定の定義　予測の定義　シミュレーションの実行

行することを意味している。その後、予測セルの中の計算結果を、ソフトウエアが捕捉するのである。

　ここで、一つシンプルな例を挙げてみよう。「スタート」メニューから「Crystal Ball」、「Real Options Analysis Toolkit」の「Examples」の「Simulation」のファイルを開く。このファイルはExcelのファイルで、図9B－2に示すようなものである。

　開いたExcelファイルは、シンプルな割引キャッシュフロー・モデルで、正味現在価値の一点推定を提供している。そこで、キャッシュフローの割引率と各年の売上をシミュレーションしてみたい。これらは不確実で、確率的に考えられるものである。モデルをシミュレートするに、まず割引率のセルD9を選択する。そこで、「仮定の定義」のアイコンをクリックすると、図9B－3に示すようなダイアログ・ボックスが現れる。
「分布一覧」というタイトルが付いたこのダイアログ・ボックスには、さまざまな分布のセットが表示されている。正しい分布を選ぶためにヘルプが必要なときには、ソフトウエアのオンラインヘルプを使うか、この本の付録5Bをもう一度参照して異なる分布の仮定についての詳細な説明を読み直していただきたい。ここでは、例として、「正規分布」を選択する。すると、図9B－4に示すようなダイアログ・ボックスが現れる。

　ここで、ユーザは、分布のための適切なパラメータを入力することになる。この場合は、正規分布の平均と標準偏差である。ここで、ユーザが、これらのパラメータの適切な値を持っていない場合には、分布の適合機能を実行することもできる。この「分布の適合」機能は、図9B－3に示した分布一覧

図9B-2◎DCFのサンプル・シミュレーション：着色なし

	A	B	C	D	E	F	G	H
2-3					シミュレーション			
8		入力変数				結果		
9		割引率（キャッシュフロー）		15.00%		現在価値（キャッシュフロー）		¥328.24
10		割引率（実行費用）		5.00%		現在価値（実行費用）		¥189.58
11		税率		10.00%		正味現在価値		¥138.67
17				2002	2003	2004	2005	2006
18		売上		¥100.00	¥200.00	¥300.00	¥400.00	¥500.00
22		売上原価		¥40.00	¥80.00	¥120.00	¥160.00	¥200.00
26		粗利益		¥60.00	¥120.00	¥180.00	¥240.00	¥300.00
27		営業経費		¥22.00	¥44.00	¥66.00	¥88.00	¥110.00
31		減価償却費		¥5.00	¥5.00	¥5.00	¥5.00	¥5.00
35		支払利息		¥3.00	¥3.00	¥3.00	¥3.00	¥3.00
39		税引前利益		¥30.00	¥68.00	¥106.00	¥144.00	¥182.00
40		税		¥3.00	¥6.80	¥10.60	¥14.40	¥18.20
41		税引後利益		¥27.00	¥61.20	¥95.40	¥129.60	¥163.80
42		非現金支出		¥12.00	¥12.00	¥12.00	¥12.00	¥12.00
46		キャッシュフロー		¥39.00	¥73.20	¥107.40	¥141.60	¥175.80
48		実行コスト		¥25.00	¥25.00	¥50.00	¥50.00	¥75.00

の中にある。適合機能を使用しない場合は、とりあえず、平均に15％、標準偏差に5.17％という値を入力してみる。なお、ユーザは、「パラメータ」ボタンを押して「代替パラメータ」（図9B-5を参照）の入力ボックスを開いてそこから選択してもよい。例えば、ここでは、「5％，95％-タイル」を選択する。

この機能は、入力のための代替パラメータを呼び出すものである。図9B-6を参照していただきたい。この場合、5％タイルと95％タイルが必要な入力となる。この場合、経営陣が、実際の割引率が90％の確率で納まるべき範囲を決定しなければならない。この例の場合、90％の信頼区間は、6.5％から23.5％の間であるとしている。そこで、「ＯＫ」をクリックして続行する。

次に、2002年度の売上の値のセルＤ18を選択してから、「仮定の定義」のアイコンをクリックする。ここでは、「分布一覧」の中から「一様分布」を選択する。最小値に90、最大値に110を入力してから、「ＯＫ」をクリックし

図9B-3◎分布一覧

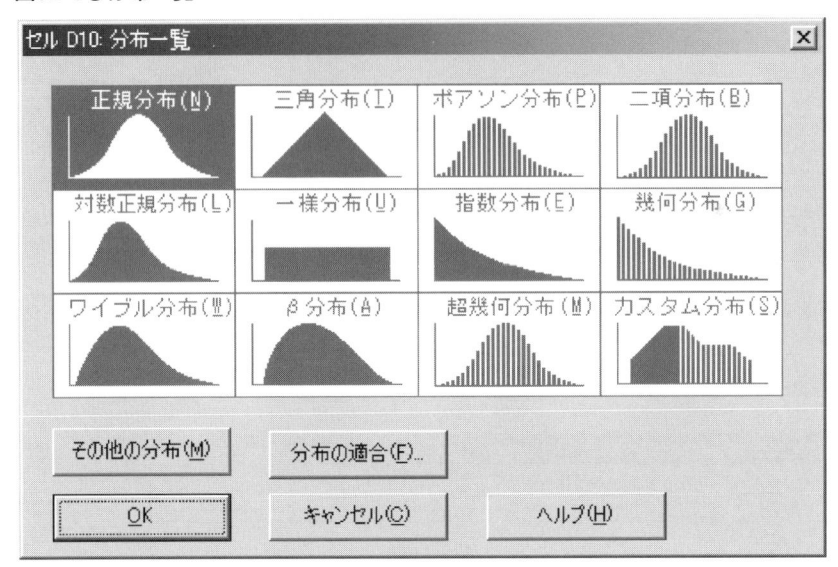

図9B-4◎平均と標準偏差で割引率を定義する

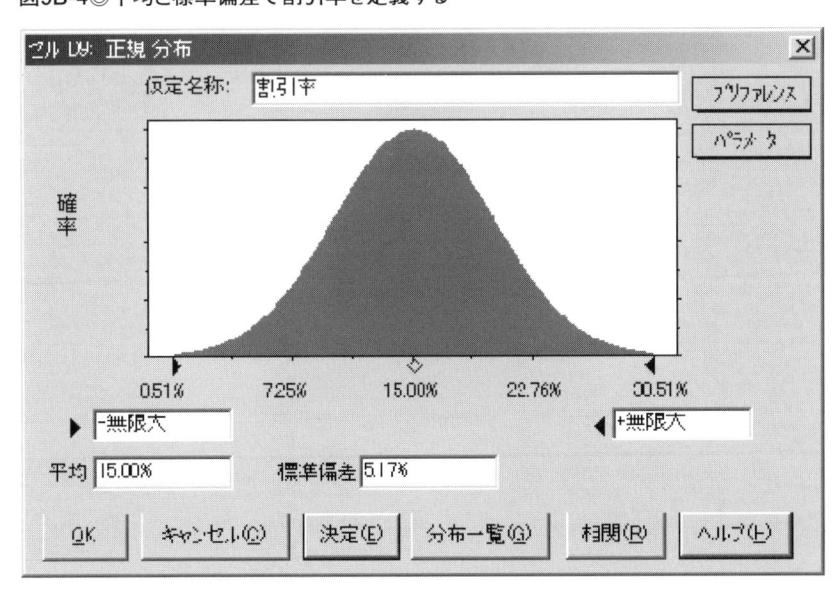

図9B-5◎パラメータ・ドロップダウン・ボックス

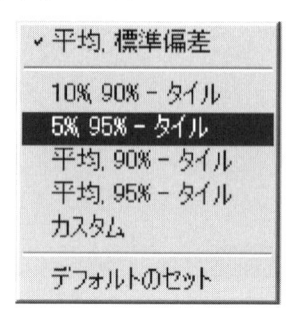

図9B-6◎5%と95%で割引率を定義する

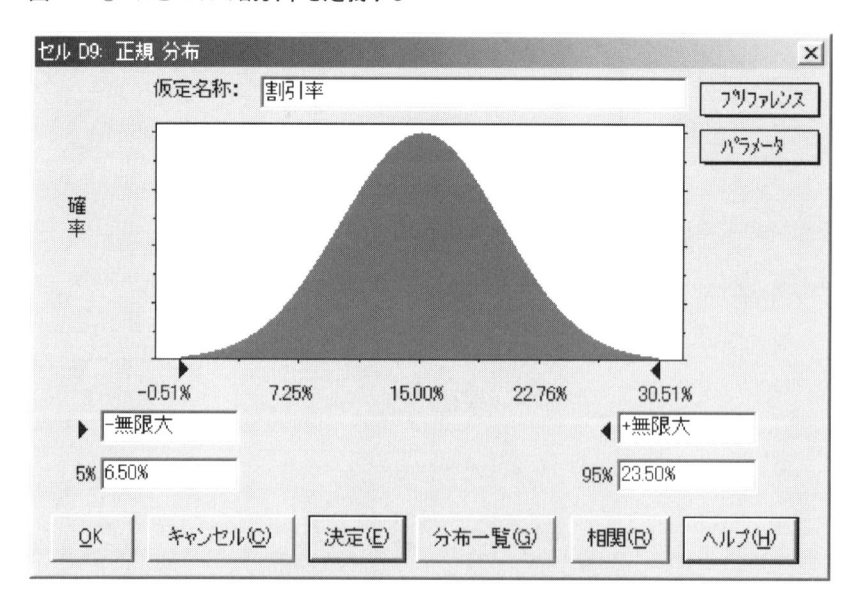

て続行する。
　これは、2002年度の売上が、¥90と¥110の間で、同じ確率でランダムに変動することを意味している。同じ作業を、以下の売上値を使って繰り返す。

2003年度		最小値	=	180	最大値	=	220
2004年度		最小値	=	270	最大値	=	330
2005年度		最小値	=	360	最大値	=	440
2006年度		最小値	=	450	最大値	=	550

　以上ですべての仮定が定義されたら、次に正味現在価値をシミュレートするためにセルH11を選択する。このセルには、正味現在価値を計算するためのセル式が入っており、ここに予測を設定する。「予測定義」のアイコンをクリックし、「OK」をクリックして続行する。すると、図9B-7に示すようなExcelのシートとなる。
　ここで、コンピュータの画面上で、仮定のセルが緑色になり、予測のセルが青色になったことがわかる。これは、作業を視覚的に確認するためである。これで、シミュレーションを実行するための準備が完了した。Crystal Ballのデフォルト状態では、試行回数は自動的に1000に設定されている。試行回

図9B-7◎DCFのサンプル・シミュレーション：着色あり

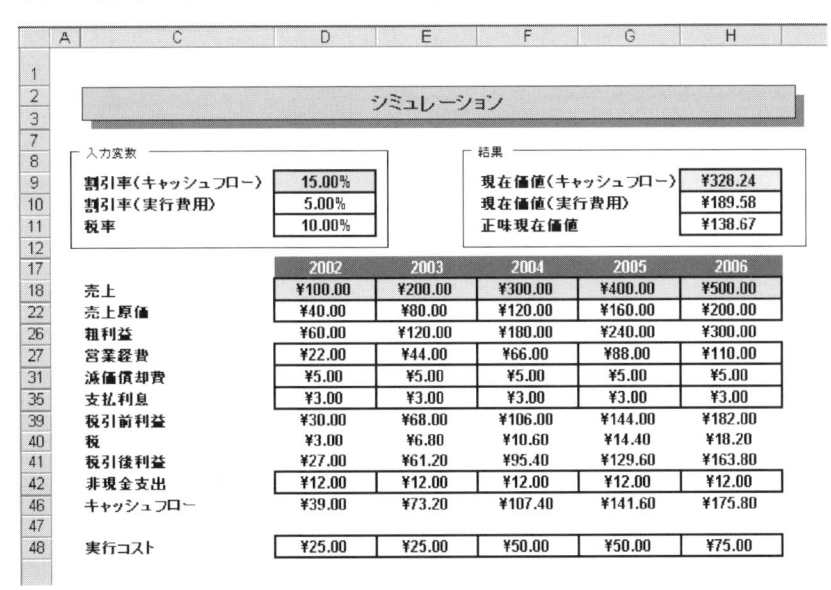

	入力変数			結果		
	割引率（キャッシュフロー）	15.00%		現在価値（キャッシュフロー）	¥328.24	
	割引率（実行費用）	5.00%		現在価値（実行費用）	¥189.58	
	税率	10.00%		正味現在価値	¥138.67	

	2002	2003	2004	2005	2006
売上	¥100.00	¥200.00	¥300.00	¥400.00	¥500.00
売上原価	¥40.00	¥80.00	¥120.00	¥160.00	¥200.00
粗利益	¥60.00	¥120.00	¥180.00	¥240.00	¥300.00
営業経費	¥22.00	¥44.00	¥66.00	¥88.00	¥110.00
減価償却費	¥5.00	¥5.00	¥5.00	¥5.00	¥5.00
支払利息	¥3.00	¥3.00	¥3.00	¥3.00	¥3.00
税引前利益	¥30.00	¥68.00	¥106.00	¥144.00	¥182.00
税	¥3.00	¥6.80	¥10.60	¥14.40	¥18.20
税引後利益	¥27.00	¥61.20	¥95.40	¥129.60	¥163.80
非現金支出	¥12.00	¥12.00	¥12.00	¥12.00	¥12.00
キャッシュフロー	¥39.00	¥73.20	¥107.40	¥141.60	¥175.80
実行コスト	¥25.00	¥25.00	¥50.00	¥50.00	¥75.00

数は、「実行」のメニューをクリックし、「実行プリファレンス」を選択し、数値を変更することによって変更することができるが、今は、練習であるので、1000試行のままとする。ツールバーの「実行」アイコンをクリックすると、モンテカルロ・シミュレーションのルーチンが開始する。これでExcelシートが動き始めて、画面上の数字が変わる。

　シミュレーションが実行し終わると、図9B-8に示すような予測ウィンドウが現れる。これが、モデルを1000回シミュレートした結果に基づいて計算された正味現在価値である。正味現在価値の90％の信頼区間は、¥57.85と¥248.56の間である。すなわち、すべての入力仮定に基づけば、実際の正味現在価値がこれらの値の間に納まる確率は90％だということである。さらに、5％の最悪のシナリオは¥57.85であると解釈することもできる。ユーザは、特定の信頼値をタイプ入力し、「Enter」キーを打てば、別の信頼区間を求めることができる。また、X軸に配置されている2つの黒い三角をドラッグして移動すると、任意の正味現在価値に対応する発生確率を見ることもできる。

図9B-8◎予測正味現在価値度数グラフ

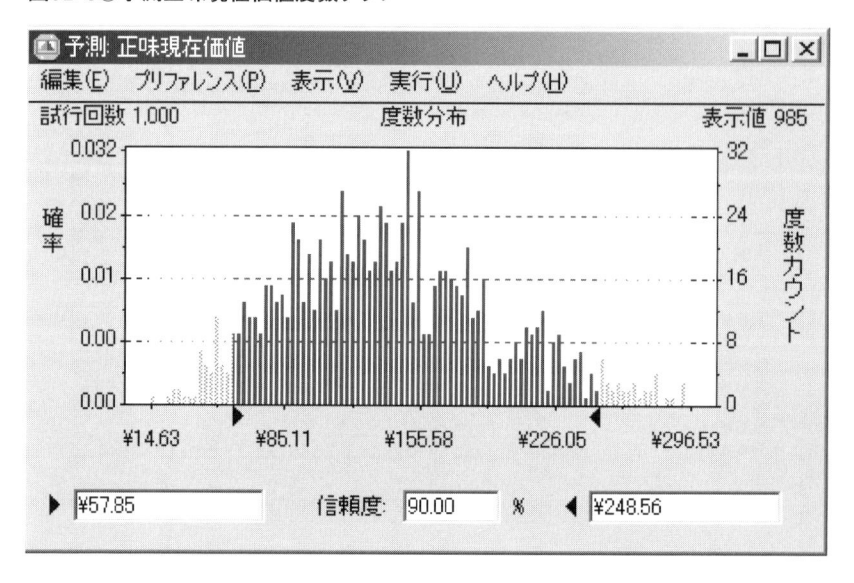

ユーザにとって興味深いと思われるもう一つの機能に、予測統計量画面がある。この画面にアクセスするには、スペースバーを一回押すだけでよい。この画面は、図9B-9に示すように、予測正味現在価値に関する基本的な統計量を表示するためのものである。

　以上は、Crystal Ballのモンテカルロ・シミュレーション・ソフトウエアを使い始めるに当たってのシンプルな手引きである。モンテカルロ・シミュレーションの実行についてのより詳細な情報については、Windowsの「スタート」ボタンをクリックし、Crystal Ballを選択する。ここに、ヘルプ・ファイルと、Excelのシミュレーション・モデルが入っているので、活用されたい。なお、このシミュレーション・ソフトウエアは、7日間期間限定の試用版である。また、以前のバージョンのCrystal Ballでは実行することはできない。さらに詳細な技術情報については、Crystal BallのWebサイト（英語版www.decisioneering.com　日本語版www2.kke.co.jp／cb）を参照していただきたい。

図9B-9◎予測正味現在価値

統計量	値
試行回数	1,000
平均値	¥141.90
中央値	¥135.87
最頻値	---
標準偏差	¥58.67
分散	¥3,442.66
歪度	0.73
尖度	3.76
変動係数	0.41
範囲 下限	¥14.63
範囲 上限	¥372.15
範囲	¥357.52
平均標準誤差	¥1.86

付録　9C

Crystal BallのOptQuestソフトウエアを使ったリソースの最適化

　図9C-1は、4つのプロジェクトのリソース・ポートフォリオの最適化のシンプルなモデルを示している。一つ一つのプロジェクトについて、予測キャッシュフローのセットを求めて、シミュレーションを行なっている。ハイライトされたセル（初年度の収益と収益成長率）は、モンテカルロ・シミュレーションが行なわれるセルである。分析結果には、正味現在価値（NPV）や内部収益率（IRR）を含む財務評価基準が含まれている。

　各プロジェクトは、同一の評価基準のセットを持っている。また、ポートフォリオの仮定は、図の一番下のほうに示されている。ポートフォリオのNPVの総計＄286は、次のように、ポートフォリオのリターンの加重平均を使って計算している：$R_P = \omega_A R_A + \omega_B R_B + \omega_C R_C + \omega_D R_D$。ここで、$R_P$はポートフォリオのリターン、$R_{A,B,C,D}$は個々のプロジェクトのリターンをそれぞれ表しており、$W_{A,B,C,D}$は、個々のプロジェクトのウェイト、または資本配分を表している。さらに、938という値は、ポートフォリオ・レベルでのリスク係数（σ_P）で、次のように定義される。

$$\sigma_P = \sqrt{\sum_{i=1}^{i} \omega_i^2 \sigma_i^2 + \sum_{i=1}^{n} \sum_{j=1}^{m} 2\omega_i \omega_j \rho_{i,j} \sigma_i \sigma_j}$$

　ここで、$\rho_{A,B,C,D}$は、それぞれのプロジェクトの相互相関を表している。したがって、もしも相互相関が負であるなら、リスクの分散効果が出ているわけで、ポートフォリオのリスクは減少する。

　最適化を実行する前に、シミュレーションの仮定、意思決定変数、および予測変数を定義しなければならない。シミュレーションの仮定と予測変数は、

図9C-1◎最適化の例

プロジェクトA

		2001	2002	2003	2004	2005		
収益		$1,200	$1,320	$1,465	$1,644	$1,869	ENPV	$585
対収益営業経費率		0.10	0.15	0.20	0.22	0.25	IRR	48.04%
営業経費		$120	$198	$293	$362	$467	リスク調整割引率	12.00%
EBITDA		$1,080	$1,122	$1,172	$1,282	$1,402	成長率	3.00%
対EBITDAフリーキャッシュフロー比率		0.19	0.20	0.23	0.25	0.30	最終価値 (Terminal Value)	$4,814
フリーキャッシュフロー	($450)	$205	$224	$270	$321	$421	最終価値リスク調整割引率	30.00%
初期投資額	($450)						割引最終価値	$1,296
収益成長率		10.00%	11.00%	12.21%	13.70%	15.58%	対NPV最終価値比率	2.21
							投資回収期間	2.08
							リスク	

プロジェクトB

		2001	2002	2003	2004	2005		
収益		$1,200	$1,350	$1,700	$1,900	$2,050	ENPV	$502
対収益営業経費率		0.10	0.15	0.20	0.22	0.25	IRR	59.16%
営業経費		$120	$203	$340	$418	$513	リスク調整割引率	19.00%
EBITDA		$1,080	$1,148	$1,360	$1,482	$1,538	成長率	3.75%
対EBITDAフリーキャッシュフロー比率		0.19	0.20	0.23	0.25	0.30	最終価値 (Terminal Value)	$3,138
フリーキャッシュフロー	($400)	$205	$230	$313	$371	$461	最終価値リスク調整割引率	30.00%
初期投資額	($400)						割引最終価値	$845
収益成長率		17.00%	19.89%	23.85%	29.53%	38.25%	対NPV最終価値比率	1.68
							投資回収期間	1.85
							リスク	

プロジェクトC

		2001	2002	2003	2004	2005		
収益		$1,200	$1,350	$1,700	$1,900	$2,050	ENPV	$260
対収益営業経費率		0.10	0.15	0.20	0.22	0.25	IRR	26.34%
営業経費		$120	$203	$340	$418	$513	リスク調整割引率	15.00%
EBITDA		$1,080	$1,148	$1,360	$1,482	$1,538	成長率	5.50%
対EBITDAフリーキャッシュフロー比率		0.19	0.20	0.23	0.25	0.30	最終価値 (Terminal Value)	$5,122
フリーキャッシュフロー	($750)	$205	$230	$313	$371	$461	最終価値リスク調整割引率	30.00%
初期投資額	($750)						割引最終価値	$1,380
収益成長率		12.50%	14.06%	16.04%	18.61%	22.08%	対NPV最終価値比率	5.31
							投資回収期間	3.01
							リスク	

プロジェクトD

		2001	2002	2003	2004	2005		
収益		$1,200	$1,350	$1,700	$1,900	$2,050	ENPV	$25
対収益営業経費率		0.10	0.15	0.20	0.22	0.25	IRR	21.17%
営業経費		$120	$203	$340	$418	$513	リスク調整割引率	20.00%
EBITDA		$1,080	$1,148	$1,360	$1,482	$1,538	成長率	1.50%
対EBITDAフリーキャッシュフロー比率		0.19	0.20	0.23	0.25	0.30	最終価値 (Terminal Value)	$2,531
フリーキャッシュフロー	($850)	$205	$230	$313	$371	$461	最終価値リスク調整割引率	30.00%
初期投資額	($850)						割引最終価値	$682
収益成長率		10.67%	11.80%	13.20%	14.94%	17.17%	対NPV最終価値比率	26.80
							投資回収期間	3.28
							リスク	

	実行費用	正味現在価値	ウェイト	プロジェクト費用	プロジェクトNPV	リスク
プロジェクトA	$450	$488	25.00%	$300	$122	65.4227%
プロジェクトB	$400	$419	25.00%	$0	$105	11.6459%
プロジェクトC	$750	$216	25.00%	$30	$54	38.1816%
プロジェクトD	$850	$21	25.00%	$270	$5	123.7306%
合計	$2,450	$1,144	100.00%	$600	$286	30.4866%
						938.14361

相関マトリクス

	A	B	C
A	0.2	0.4	−0.4
B		0.56	0.12
C			−0.2

　付録9Bで説明したものと同じ方法で定義する。添付のCD-ROMには、あらかじめ定義済みのスプレッドシートが入っているので、これを使ってこの例題をフォローすることができる。[1]　この例題にアクセスするには、「スタート」をクリックし、「Crystal Ball」を選択し、そこから「Real Options Analysis Toolkit」、「Examples」、「Resource Optinization」の順に選択する。

　ここで、一つ一つのプロジェクトに割り当てられたウェイトを意思決定変数とする。すなわち、あるプロジェクトのウェイトを選択し、Crystal Ballの「意思決定変数の定義」のアイコンをクリックするのである。「意思決定

「変数の定義」のアイコンは、「仮定の定義」のアイコンと「予測の定義」のアイコンの間にある。すると、図９Ｃ－２に示すようなダイアログ・ボックスが現れるので、適切な意思決定変数名と、そのウェイトの最小値または最大値の制約条件を入力する（例えば、いずれのプロジェクトもポートフォリオ全体の50％を超えてはならないなど）。

なお、この最適化では、連続的な配分を仮定している。すなわち、与えられた予算上の制約条件に基づいて、各プロジェクトの配分額が、全体予算の％として割り当てられるのである。これに対して、プロジェクト選択の分析では、離散的な変数を仮定することができる。すなわち、一つ一つのプロジェクトは、「実行する」か「実行しない」のいずれかであると仮定できるのである（図９Ｃ－３を参照）。さらに詳しく説明すると、制約条件に基づいて利益を最大化しリスクを最小化できるような最適なポートフォリオ・プロジェクト選択は、Ａのみ；Ｂのみ；Ｃのみ；Ｄのみ；ＡとＢ；ＡとＣ；ＡとＤ；ＢとＣ；Ａ、Ｂ、Ｃのみ；……といった具合になるのである。しかし、今は、連続的な配分の場合に限定して例題の検討を進める。

次に、Excelで、「ＣＢツール」をクリックし、次いで「OptQuest」を選択し、さらに「新規」のアイコンをクリックする。すると、図９Ｃ－４に示すような画面が現れる。

ここで、必要であれば上限値と下限値を変更することができる。それから、「次へ」をクリックして続行する。次に現れる画面は図９Ｃ－５に示しているが、ここで「全変数を合計」をクリックし、これが１となるように式を入力する。これにより、ウェイトの配分の合計が100％になるように制約を課すことができる。

次のステップでは、目的関数「シャープレシオ」の「最終値」の「最大化」を選択する（図９Ｃ－６を参照）。シャープレシオは、ポートフォリオのNPVとポートフォリオのリスクの比率である。

プロジェクトの選択は、ただ単にリターンが最大であるとか、リスクが最小であるといった理由だけで行なうべきではなく、ポートフォリオの最適化においては、シャープレシオを使ってプロジェクト・ポートフォリオの効率的な配分を図ることが多い。つまり、制約条件を踏まえながら、できるだけ

図9C-2◎連続最適化ステップを使った意思決定変数の定義

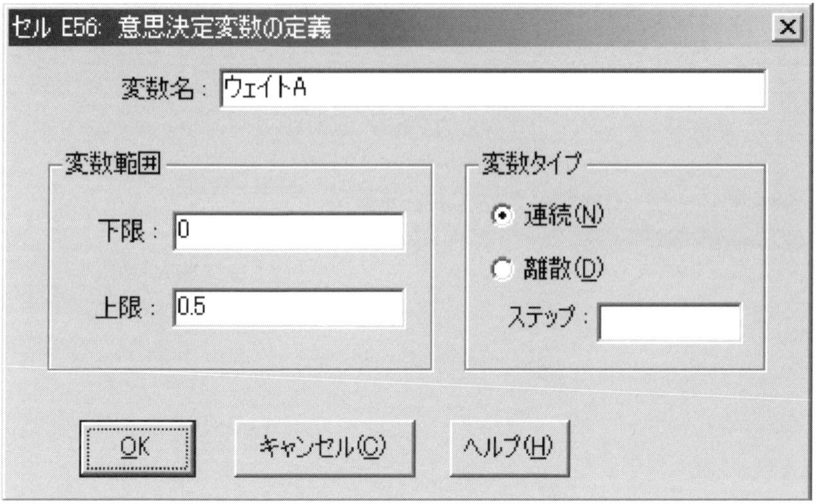

図9C-3◎離散最適化ステップを使った意思決定変数の定義

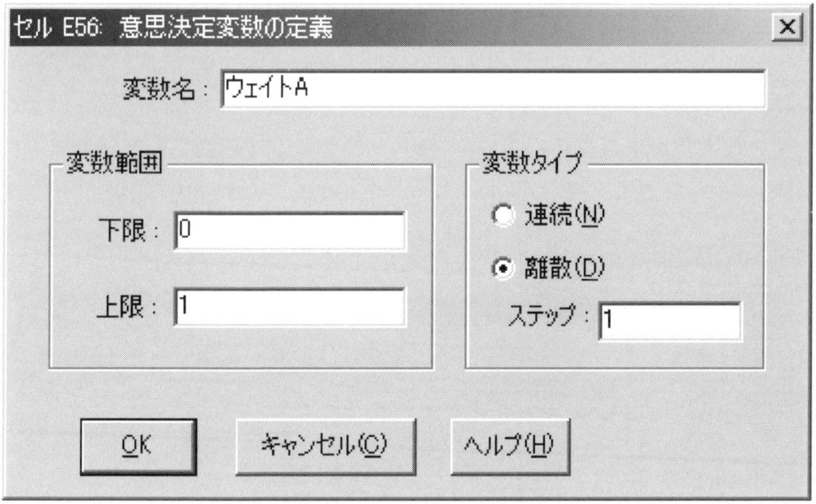

図9C-4◎最適化における決定変数

選択	変数名	下限	初期値	上限	タイプ	ワークブック	ワークシート	セル
✓	ウェイトA	0	.25	.5	連続型	Resource Optimization.xls	Resource Optimization	E56
✓	ウェイトB	0	.25	.5	連続型	Resource Optimization.xls	Resource Optimization	E57
✓	ウェイトC	0	.25	.5	連続型	Resource Optimization.xls	Resource Optimization	E58
✓	ウェイトD	0	.25	.5	連続型	Resource Optimization.xls	Resource Optimization	E59

図9C-5◎「ウエイトの合計は1と等しい」という制約条件

制約条件：ウェイトA + ウェイトB + ウェイトC + ウェイトD = 1

変数
全変数の合計
ウェイトA
ウェイトB
ウェイトC
ウェイトD

　大きいリターンとできるだけ小さいリスクの「組み合わせ」を見出そうとしているのである。また、ここで使われているリターンとリスクは、すべてポートフォリオ・レベルのもので、リスクについては、選択した個々のプロジェクトの間のリスク分散効果も計算に入れる。ポートフォリオ・リスクを計算するために使われる個々のプロジェクトのリスクは、個々のプロジェクトの推定NPVの標準偏差から推定したものである。

　当然だが、使用できる基準は上記以外にも存在する。例えば、予算の制約を含めることもできる。それには、目的関数の画面で、ただ単にシャープレシオの最大化を求める代わりに、「総計」の変数に「必要条件」を追加すればよい。すなわち、シミュレーションを実行した後の総費用の平均は

図9C-6◎目的関数の最大化

選択	予測名	予測統計量	下限	上限
なし	NPV-プロジェクトA	平均値		
なし	NPV-プロジェクトB	平均値		
なし	NPV-プロジェクトC	平均値		
なし	NPV-プロジェクトD	平均値		
なし	ポートフォリオ NPV	平均値		
最大化	シャープレシオ	最終値		
必要条件	総計	平均値		3250

図9C-7◎最適化の結果

シミュレーション	最大化シャープレシオ最終値	ウェイトA	ウェイトB	ウェイトC	ウェイトD
52	2394.54	0.144993	0.500000	0.326418	2.8589E-02
194	2399.21	0.126633	0.500000	0.350331	2.3037E-02
204	2403.84	0.139323	0.498473	0.332031	3.0173E-02
207	2412.09	0.133653	0.496946	0.337645	3.1756E-02
218	2458.98	9.0408E-02	0.500000	0.378538	3.1054E-02
322	2465.18	8.0680E-02	0.500000	0.386697	3.2623E-02
330	2465.88	9.4032E-02	0.500000	0.372218	3.3749E-02
344	2469.28	8.1557E-02	0.500000	0.384362	3.4081E-02
Best: 364	2577.04	0.140338	0.499535	0.326434	3.3693E-02

　＄3,250を超えてはならないという、予算上の制約条件を付加するのである。すべての設定が終われば、「次へ」をクリックして、最適化のプロセスを開始する。

　最適化のプロセスが完了すると、結果は、図9Ｃ‐7に示すような形で表示される。

　何千回ものシミュレーションを実行して得られる最適の結果は、「総予算の配分を、プロジェクトAに対して14％、プロジェクトBに対して50％、プロジェクトCに対して32.6％、およびプロジェクトDに対して3.4％とすべきである」というものになるだろう。この資本配分なら、予算上の制約条件を満たしながら、最小のリスクで最大のリターンを得ることができる。

第 10 章
結果の解釈とプレゼンテーション

　前章までで、読者は、リアルオプション分析について、理解を深めることができたことと思う。しかし、まだ、難しい課題が残っている。経営陣に対する分析結果の説明である。正しい結果を得ただけでは、戦いはまだ半分しか終わっていない。十分な説得力がある説明を行ない、経営陣からの支持を取り付けることは、それ自体が、分析とはまた異なる大仕事なのである。この章では、リアルオプション分析の結果を、明快で説得力に富んだ方法で説明するための斬新なアプローチをいくつか紹介する。つまり、難解な「ブラックボックス」的な分析を、論理的な分析過程からなる一連の「透明」なステップに変換するのである。この章は、アナリストが、結果を解釈し、提示し、なおかつその正当性を防衛するための一連のキーポイントから構成されている。一つ一つのキーポイントを詳細に検討すると共に、特定のポイントについての議論を切り出すための方法も紹介する。これには、グラフィックス、図、表、および注釈を強力なものにするための方法が含まれている。

1 プレゼンテーションの際の問題点

　ここでいうキーポイントとは、プレゼンテーションの際に経営陣が指摘すると思われる問題点や疑問点のことであるが、具体的には、

- リアルオプション分析は、伝統的な分析とどこかどう違うのか？　リアルオプション分析の重要な特質は何か？　実際のところ、リアルオプション分析には、伝統的な分析と異なるところなど一つもない。ただ、結果の不確実性とプロジェクトのリスクを考慮することによって、これまでは求められなかったような一層深い洞察と高い精度が得られることが重要なので

421

ある。これを経営陣に納得させるためには、どのような簡潔な表現を使えばよいのだろうか？
- リアルオプション分析はどのようなステップから成り立っているのか？ プロセスの流れはどうなっているのか？ 論理的に筋が通っているか？ 伝統的なアプローチを破棄して、リアルオプションに置き換えているのか？ 伝統的なアプローチが終わり、新しい分析手法が発動するのはどこからか？
- エグゼクティブ・サマリー（経営陣に対する概要説明）のレベルで、アナリストは、新しい分析手法によって得た結果を、伝統的な分析手法によって得られる結果から差別化できるか？ 両者の関係はどのようなものなのか？ また、両者を比較した場合、どちらが優れているのか？
- 複数のプロジェクトの相互比較をどのように行なっているのか？ 大きなプロジェクトと小さなプロジェクトをどのようにして比較するのか？ プロジェクト固有のリスクはどのように扱っているのか？
- プロジェクトの評価に当たり、リスクとリターンの両方のプロファイルを検討しているのか？ 投資効果が最も高いプロジェクトをどう見極めるのか？
- 会社の収益性にどのようなインパクトがあるのか？
- 決定を左右する主な重要成功要因は何か？
- 結果の根底に潜むリスクにはどのようなものがあるのか？ また、リスクを適正に把握したという自信があるのか？
- プロジェクトに投入した投資はいつ回収できるのか？ 損益分岐点はどこにあるのか？ 投資回収が発生するまでにどれほどの時間がかかるのか？
- プロジェクトを評価するための適切な割引率をどこから引き出したのか？ 引き出す際、どのような仮定を使ったのか？
- あなたのリアルオプション分析の根底にある仮定はどのようなものなのか？ また、それらの仮定はどこから来たものなのか？
- どのようにしてリアルオプション分析を実行したのか？ 分析を通じて得た主要な洞察は何か？
- リアルオプション分析から得た結果に対して、どれだけの自信を持ってい

るのか？

　この章では、これらの疑問について、順を追って検討を加えていく。検討に際しては、例を挙げて、経営陣に対する適切な話題の切り出し方と議論の展開の仕方を説明していこうと思う。

2 リアルオプション分析と伝統的な財務分析の比較

　まず、リアルオプションの過程と伝統的な財務分析の比較から始めよう。企業の経営トップは、新しい手法を取り入れることに対しては、いつも懸念を示すものである。なぜなら、これまで使ってきた分析手法が十分役に立っていると考えているからだ。この、経営陣の懸念を緩和するためにはリアルオプションの方法論が、伝統的な財務分析から、少なくとも原則面においては、さほどかけ離れたものではないことを示すことである。実際、伝統的な割引キャッシュフロー分析は、リアルオプションにおいて、不確実性が事実上存在しない場合の特殊なケースとして捉えることができる。すなわち、原資産のボラティリティがゼロに接近すると、プロジェクトの価値は、割引キャッシュフローによって決められたものと全く同じになるのである。プロジェクトがオプション価値を持つのは、不確実性が現に存在し、経営陣が時間の経過とともに不確実性が解消されるまで舵取り修正を遅らせる柔軟性を持っている場合のみである。

　チェンジ・マネジメントの専門家達の研究結果によると、思考のパラダイム・シフトが企業内で受け容れられるためには、まずいくつかの基準がクリアされなければならないことが分かっている。例えば、経営陣がある斬新な分析手法を受け容れるためには、モデルと過程が、今直面している問題に対してただちに適用できるものでなければならない。単なる学術的実験では受け容れることはできないのである。すでに見てきたように、リアルオプションは、実践にただちに応用できるものである。事実、大規模な多国籍企業はリアルオプションの概念を積極的に取り入れており、それが単なる流行ではなく、今後も永く定着するものであることを認識している。リアルオプショ

ンは、単なる学術的実験でもなければ、現れては消えるような新奇で一過的な流行でもないのである。なお、応用性に加えて、プロセスと方法論の一貫性、正確さ、および複製可能性も重要なポイントである。すなわち科学的な過程としての正当性が必要なのである。仮定、過去のデータ、および主張が類似しているときには、誰もが必ず、しかも容易に同じ結果を引き出せるものでなければならない。この基準は、適切なソフトウエア・プログラムを使うことによってクリアすることができる。この本に添付したCD-ROMに入っているプログラムは、その好例である。

　もう一つの基準として、新しい方法の導入が付加価値をもたらすことが、誰にも否定できないほど明らかでなければならないということがある。これがクリアされなければ、何らの成果もないままただ時間だけが浪費される結果になる。投入された時間、リソース、および努力は、新しい方法がもたらす付加価値によって報いられなければならないし、できればそれ以上の効果を上げることが望ましいのである。これは、企業の将来、または一つの事業部全体の将来がかかっているような大規模な資本投資プロジェクトの場合、特に重要である。

　さらに、新しい方法は、競合企業に対する優位をユーザに提供できるものでなければならない。リアルオプション分析は、経営陣によるオプションの確認、評価、優先順位付け、および戦略的選択肢の選択を支援するための貴重な洞察を提供することによってこの基準をクリアする。リアルオプションを使わなければ、こうした洞察を得ることはできないのである。

　新しい方法を導入することは、考え方そのものを変えることを意味している。そこで、最後の基準として挙げられるのは、新しい方法論、過程、またはモデルは、説明と理解が容易なものでなければならないということである。さらに、新しい方法は、これまで受け容れられてきた過程との間に明確なリンクを持つものでなければならない。これは、新しい方法が古い方法の延長である場合にも、明快な優越性のために古い方法にとって換わる場合にも当てはまることである。ここで、アナリストにとって最も厄介なのは、実はこのリンクの問題である。これに比べれば、他の基準は、直裁であり、定義もしやすいものと言えるだろう。しかし、これはあくまでも「比較」の問題で

あって、新しい方法を受け容れてもらうことは、本質的に困難な挑戦である。リアルオプションの複雑な仕組みを経営陣に説明し、このアプローチが画期的な出来事であることを分かってもらうにはどうすればよいのか？　リアルオプションは、経営陣が慣れ親しんできた割引キャッシュフロー・モデルを殺すことなく、どのようにして新しい世界を開くのだろうか？　著者は、これまで、数々のクライアントを相手に、これらの挑戦を克服するための効果的な方法の開発に取り組んできた。その経験から、最もシンプルないくつかのポイントに煮詰めることができた。図10-1は、これらのポイントを示したものである。

　伝統的な財務分析では、アナリストは、普通、正味現在価値（NPV）を計算する。これは、簡単に言うと利得から費用を差し引いたもの（図10-1の第1の方程式）である。利得は、将来の税引き後のキャッシュフローを何らかの市場リスク調整資本コストで割り引いたものの現在価値と等しく、費用は、投資費用をリスクフリーレートで割り引いたものの現在価値に等しいという見方の上に成り立っている。経営陣は、普通、NPVと、その計算方法についてよく知っているものである。これまでの通念としては、利得が費用を上回るなら、すなわち、NPVが正の値なら、プロジェクトを承認してもよいということになっていた。これはシンプルであるし、直感的に理解できる見方である。一方、オプション理論に目を向けてみると、コールオプションは、

図10-1◎リスク軽減による利益拡大

$$NPV = 利得 - 費用$$
$$オプション = 利得\,\Phi(d_1) - 費用\,\Phi(d_2)$$
$$eNPV = NPV + オプション価値$$

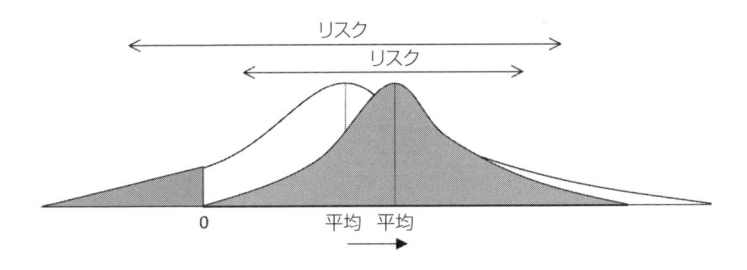

「利得 − 費用」に若干の修正を加えたもの（図10 − 1 の第 2 の方程式）に過ぎないことが分かる。異なる点といえば、利得と費用の後に $\phi(d)$ という乗数が付くだけなのである。この乗数が、発生確率に過ぎないことは言うまでもない。

したがって、リアルオプションの理論におけるオプションの価値も、伝統的な正味現在価値の場合と同様、「利得 − 費用」と定義して差し支えないのである。ただ、そこに、リスク、すなわち個々の変数の発生確率が付加されるだけなのである。これだけでも、オプション価値のほうがNPV分析よりも優れていることは容易に理解できる。なぜなら、利得と費用の見方に、確率的な可変性の要素が付加されているからである。将来の利得と費用がどのようなものかが確実に（決定論的なレベルで）分かるなどということは、現実のビジネス条件が毎日変わる事実の前では、傲慢以外の何者でもない。さらに、図10 − 1 の第 3 の方程式である、拡張正味現在価値（eNPV）は、ベース・ケースの決定論的なNPVと、戦略的な柔軟性のオプションの価値の総和である。このオプション価値には、柔軟性の価値が取り入れられている。すなわち、戦略的オプションを実行する権利はあるが義務はないというオプションが設定されているわけで、eNPVは、ベース・ケースの分析と経営の柔軟性がもたらす付加価値の両方を計算に入れているのである。もし、不確実性が事実上存在しない場合は、ボラティリティがゼロに接近し、確率乗数は 1 に接近する（結果が確実になる）のである。そして、オプションの方程式は、NPVの方程式に回帰し、それによって、NPV分析が、不確実性が存在しない場合のオプション分析の特別なケースであることが明らかになる。

最後に、図10 − 1 に示されている 2 つのグラフは、リアルオプションが意思決定分析に重要な洞察を付加する理由を浮き彫りにしていることを指摘したい。背後にある第 1 のグラフは、ベース・ケースのNPV分析を表している。

第 1 のモーメント、すなわちグラフの平均値、中央値、および最頻値は、プロジェクト価値の発生確率が高い中心付近に位置することを示している。アナリストの中には、これを、プロジェクトの期待値と呼ぶ者もいる。第 2 のモーメント、すなわち標準偏差、幅、分散、および分布の範囲は、プロジェクトのリスクを示している。分布の幅が広ければ広いほど、リスクが高く

くなるのである。なぜなら、プロジェクトの価値が実際に納まり得る範囲が広まるからである。一方、前面にある第2のグラフは、第1のグラフよりもはるかにリスク構成が小さい反面、平均リターンは大きくなっている。これまで、いくつもの例を通じて見てきたように、リアルオプション戦略（例えば、積極的・受動的待機オプションなど）を導入することにより、今すぐ投入できる資本の全額を賭けてプロジェクトを開始する代わりに、長期的な観点から、不確実性の実態が明らかになるまで待つことが可能になる。そして、それによってリスクがヘッジされ、より高い価値が生み出される。不確実性が解消された時点で、適切な行動をとることができるのである。プロジェクトの実行を延期するということは、損失をヘッジするということであり、結果として分布の幅が切り詰められ、グラフ全体が右に移動することになる。なぜなら、不良な結果が出ることが分かっているときに、その戦略を敢えて実行する経営陣などどこにもいないはずだからである。こうして、分布全体が右に移動し、幅が狭められて、リスクが減少する。このように、リアルオプションは、金融オプションと同様、プロジェクトのリスクをヘッジし（第2のモーメントが低くなる）、財務的なリターンのレベレッジを増加させる（第1のモーメントが高くなる）ことができるように、オプションの保持者を支援するのである。

3 結果に至るまでの評価の過程

　リアルオプション分析に関して、アナリストが経営陣と共に検討するべきもう一つの問題は、どのようなステップを踏んで結果を得るかということである。すなわち、プロセスの流れはどのようになるのか、論理的な正当性をどのように持たせるのか、そして、伝統的な分析が限界に達し、新しい分析手法が始まるのはどこからか、という問題を検討しなければならないのである。プロセスの流れが十分に理解できれば、経営陣としても、自信を持って分析結果を受け容れることができるだろう。間違いなくクビになる可能性が極めて高いやり方は、経営陣を前にして複雑な確率微分方程式の講義を行ない、際限なく数字を並べ立てた上で、CEOにこれに会社の命運を賭けてくだ

さいと進言することである。アナリスト自身でさえプロセスの流れを適切に説明できないような分析を支持する経営陣がどこにいるだろうか？　図10－2は、こうした危険なやり方を避け、リアルオプションの流れを視覚的に再現するための方法を示している。

　最初のステップは、認知されたプロジェクト、すなわち、経営陣による定性的な選定を通過したプロジェクトのリストを提示することである。これらのプロジェクトは、会社としての戦略的展望や目標に基づいてあらかじめ定められた基準に合致しているものであるため、いずれも分析する必要がある。もちろん、これらのプロジェクトは、それぞれ異なる行動予定、進め方、または戦略を伴っている。そこで、これらの戦略またはプロジェクトの一つ一つについて、ベース・ケースNPV分析を行なうのが、第2のステップである。これは、第3のステップで見られるような、割引キャッシュフローモデルのようなものを用いて、市場、収益、コストのアプローチの見地からなされる。また、場合によっては、その前に、将来の収益と費用の動向を予測するための時系列予測やシミュレーションなどの中間的な計算を実行する場合もある。この計算は、入手可能な過去のデータの性質に応じて、計量経済学的、予測、回帰、時系列、クロスセクション、または確率論など、さまざまなモデルを構築して実行することができる。

　以上3つのステップの中には、伝統的なアプローチがそっくり取り込まれている。収益と費用の枠組みを使い、伝統的な会計手順と組み合わせながら、プロジェクトや戦略の正味現在価値を計算するのである。時として、内部収益率（IRR）や投資収益率（ROI）など、他の財務測定基準を使うこともあるが、ほとんどの場合は、これら3つの決定論的な結果に基づいて決定が下される。

　もっと高度な財務分析のうち、特にリアルオプションで推奨するステップは、モンテカルロ・シミュレーションの応用である。感度分析を行なえば、第3のステップで構築した割引キャッシュフロー・モデルの入力変数の中には、リスクと、突然の外生的・系統的なショックに対して脆弱と思われるものが出てくる。そこで、アナリストは、過去のデータを使って、時系列またはクロスセクションデータを引き出し、それをいくつもの異なる分布に当て

第2部 ■ リアルオプション分析　応用編

第10章 ◎ 結果の解釈とプレゼンテーション

図10-2 ◎ リアルオプションの過程の要約

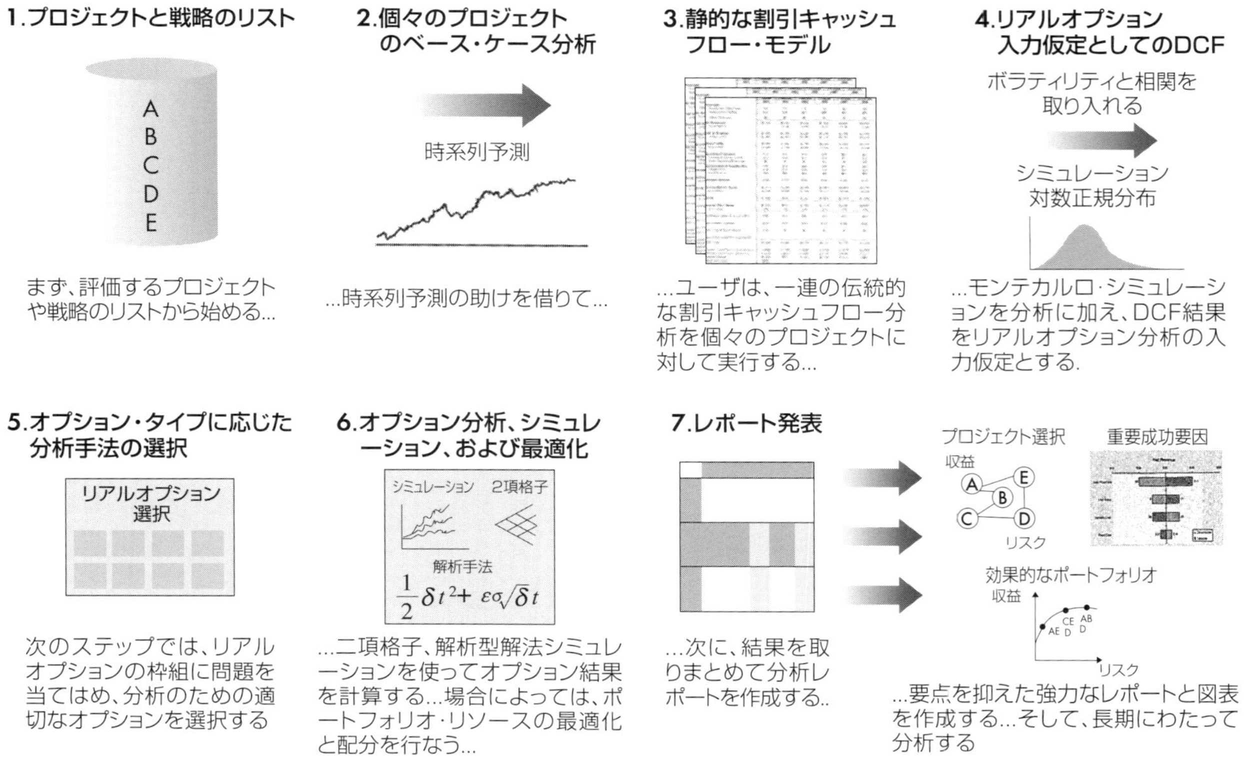

1. プロジェクトと戦略のリスト

A
B
C
D
E

まず評価するプロジェクトや戦略のリストから始める…

2. 個々のプロジェクトのベース・ケース分析

時系列予測

…時系列予測の助けを借りて…

3. 静的な割引キャッシュフロー・モデル

…ユーザは、一連の伝統的な割引キャッシュフロー分析を個々のプロジェクトに対して実行する…

4. リアルオプション入力仮定としてのDCF

ボラティリティと相関を取り入れる

シミュレーション対数正規分布

…モンテカルロ・シミュレーションを分析に加え、DCF結果をリアルオプション分析の入力仮定とする。

5. オプション・タイプに応じた分析手法の選択

リアルオプション選択

次のステップでは、リアルオプションの枠組に問題に当てはめ、分析のための適切なオプションを選択する

6. オプション分析、シミュレーション、および最適化

シミュレーション　二項格子

解析手法　2項格子

$$\frac{1}{2}\delta t^2 + \varepsilon\sigma\sqrt{\delta t}$$

…二項格子、解析型解法シミュレーションを使ってオプション結果を計算する。場合によっては、ポートフォリオ・リソースの最適化と配分を行なう…

7. レポート発表

…次に、結果を取りまとめて分析しレポートを作成する。

プロジェクト選択
収益

A B
C D
E

リスク

効果的なポートフォリオ
収益

CE AB
D
AE

リスク

重要成功要因

…要点を抑えた強力なレポートと図表を作成する。そして、長期にわたって分析する。

429

はめてみる。また、アナリストは、経営陣による仮定、直感、経験、あるいは変数の経済的作用を使って分布形を決めることもある。そして、割引キャッシュフロー・モデルをシミュレートするのである。そこで得られる結果は、関心対象である変数、例えば正味現在価値の分布になる。こうして、アナリストは、一点推定値の代わりに、発生確率の分布を手にして、特定の結果が発生する可能性はどのようなものかを知ることができるのである。この、モンテカルロ・シミュレーションの結果に基づいて、リアルオプション分析の鍵となる、特定の重要な変数が計算され、取り入れられる。シミュレーションの過程から派生する、これらの重要な変数には、ボラティリティ（普通は将来のキャッシュフローの対数収益率）、複数の原資産プロジェクトの間に存在する可能性がある相互相関、およびキャッシュフローの期待現在価値などがある。

　第5と第6のステップでは、リアルオプションのパラダイムの中での問題の位置付けを行なう。すなわち、プロジェクトや戦略のオプション性を確認した上で、アナリストは、分析対象として適切なオプションを選択するのである。そして、選択されたモデルのタイプに基づいて、二項格子、解析型解法、パス依存型シミュレーションなどの方法により計算が行なわれていく。

　第7の最後のステップでは、分析結果の提示が行なわれる。レポートには、感度グラフ、収益へのインパクトや異なるリスクに対する異なるリターンを示すグラフなどを含む財務分析表、およびポートフォリオにおけるプロジェクトの組み合わせなどが含まれる。分析のタイプによっては、ポートフォリオの最適化を行なって、効率的なリソース配分を図る場合もある。ポートフォリオの最適化では、ポートフォリオが展開する過程で、複数のプロジェクトや戦略の間の相互関係が分析に取り入れられる。普通、企業が行なうプロジェクトには、スタンドアローンのものはない。複数のプロジェクトが相互作用しながら進行する。したがって、経営陣としては、これらのプロジェクトを実行する際にどのように作用し合うのかということに最も関心を持つことになる。すなわち、オプション、プロジェクト、および戦略のポートフォリオとして、全体的な視点で捉えることを望んでいるのである。さらに、経営陣は、予算、リソース、あるいは時間の制約を考慮に入れた上での最適な

プロジェクトの混成がどのようなものになるべきかを知りたがるものである。そして、通常、分析の結果は、効率的フロンティア上にプロットされた最適なポートフォリオ構成となる。効率的フロンティア上の各点は、リスクとリターンに対する最も効率的なプロジェクトの組み合わせとなっており、そこからさらに、経営陣のリスクとリターンに対する選考から、最適なポートフォリオ構成が選ばれる。かくして、経営陣に対する、分析を実行するための過程とステップの説明が完了し、リアルオプション分析の実行可能性と重要性についての支持が取り付けられれば、次は、結果のプレゼンテーションに進むことになる。

4 エグゼクティブ・サマリー

　図10－3は、プロジェクトや戦略を素早く簡単に理解してもらうためのエグゼクティブ・サマリーの例を示したものである。このようなエグゼクティブ・サマリーを見れば、経営陣も、伝統的なアプローチがもたらす結果と、リアルオプション分析がもたらす結果の違いを理解することができるだろう。また、ここでは、複数のプロジェクトの間の関係と、リスク、リターン、および時間の各観点から見た個々のプロジェクトの比較も示されている。

　まず、図の右側を見ると、伝統的な評価の結果（フェーズⅠとⅡからなるNPV）と、リアルオプションの結果が組み合わされて示され、両者が合体して拡張正味現在価値（eNPV）のパイチャートが形成されている。一方、左側には、複数のプロジェクトまたは戦略の要約が、リスクを垂直軸に、時間を水平軸に、そして、リターン（eNPV）を球の大きさに表したグラフの形で示されている。これなら、経営陣もすべてのプロジェクトを迅速かつ容易に概観でき、それらに関連するリスク、リターン、および時期を把握することができるだろう。

図10-3◎プロジェクトの比較（リスクとリターンの観点から）

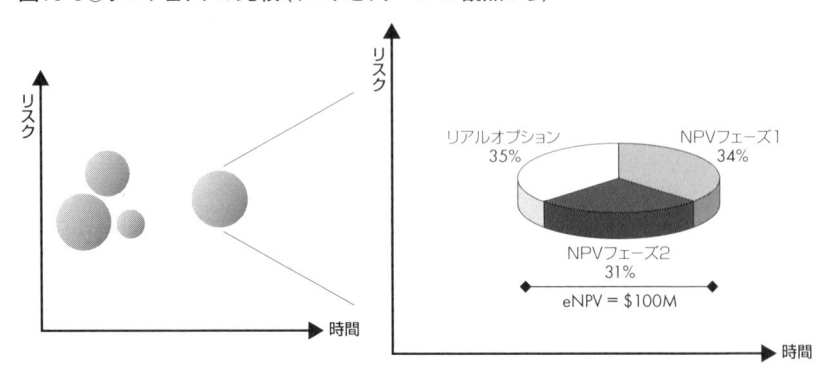

> このレポートは、個々のプロジェクトのリターンの大きさを相対的に示している。左のチャートは、戦略的オプションのリスク（フリーキャッシュフローのボラティリティで測定したもの）と時間軸から見たプロジェクトまたは戦略の相対的な位置付けを示している。また、球の大きさは、個々のプロジェクトまたは戦略の拡張NPV（eNPV）の金額を相対的に示している。一方、右のチャートでは、拡張NPV（eNPV）の大きさをパイチャートの直径で示している。この拡張NPVは、戦略を構成する全てのプロジェクトと、それらのリアルオプション価値から計算されるものである。なお、このパイチャートは、リスクと時間の両軸が構成する2次元平面上に表示されている。

5 規模が異なる複数のプロジェクトの比較

　ここで検討を要する問題は、規模が劇的に異なる複数のプロジェクトをどのように比較すればよいのかということである。だいたい、1000万ドルの規模を持ち2000万ドルのリターンをもたらす投資を、10億ドルの規模を持ち1億ドルのリターンをもたらす投資と比較するなどということができるものだろうか？　投資収益率だけを見れば、前者は200％、後者は10％である。これをもって、前者を選ぶべきだろうか？　それとも、額面価値だけを比較して、より高い1億ドルのリターンをもたらす後者を選ぶべきだろうか？　しかし、個々のプロジェクトが内包するリスクはどう見ればよいのだろうか？
　ここで、視点を変えて考えてみよう。同じ1000万ドルの規模を持つ100のプロジェクトからなる10億ドルの投資を構成して、1億ドルではなく20億ドルのリターンをもたらすことは可能だろうか？　この問いに対する答えが簡

単なものでないことは明らかである。まず、企業が10億ドルの予算を持っていないことには話にならない。また、投資対象となり得るプロジェクトが100件揃っていなければならない。しかも、それらのプロジェクトは、内容、市場、リスク、等々がすべて同様でなければならないのである。それに、異なるプロジェクトにまたがる分散効果はどうなるのだろうか？　このように考えると、課題があまりにも複雑過ぎるように思えるかもしれない。ところが、図10-3に示したように、我々は、複数のプロジェクトにまたがって、収益、リスク、そして時期を絶対的に表現することができるのである。

図10-4は、プロジェクトの相対比較を示したものである。すなわち、規模を共通化するような何らかの比率を使えば、複数の異なるプロジェクトや戦略の比較が可能になるのである。

図10-4◎プロジェクトの比較（規模の共通化）

カテゴリー		プロジェクトA	プロジェクトB	プロジェクトC
成長	純売上高	15%	10%	25%
	純利益	30%	25%	17%
	総資産	15%	15%	15%
収益性	粗利益	75%	80%	91%
	EBITDA利益	70%	69%	82%
	EBIT利益	65%	60%	80%
	EBT利益	65%	58%	73%
	純利益	10%	15%	17%
	有効税率	40%	40%	40%
デュポン方式	純利益／税引き前利益	40%	39%	52%
	税引き前利益／EBIT	43%	50%	55%
	EBIT／売上	45%	55%	50%
	売上／資産	3%	3%	4%
	資産／株式	2%	2%	2%
	ROE	12%	15%	
流動性	運転資本	22%	15%	23%

摘要

このレポートは、個々のプロジェクトの規模を共通化する比率の使い方をかなり詳細に示している。これを見れば、共通のベース上で、個々のプロジェクトの優劣を比較することができる。これらの比率は、様々な財務諸表の比較分析への道を拓いてくれるものである。

なお、ここに示したカテゴリーには、成長、収益性、デュポン方式、および流動性の各比率が含まれている。

6 複数のプロジェクトのリスクとリターンの比較

　成長率、収益率、およびその他の会計的な比率を使ってプロジェクトの規模を共通化するだけでなく、図10-5に示すように、個々のプロジェクトのリスクに対するリターンの比較も行なう必要がある。つまり、「帳尻に合うかどうか」を見なければならないのである。

　この、リスク・リターン比率の概念は重要である。これがなければ、経営陣の戦略的目標とリスクに対する許容度だけで不良なプロジェクトが選択される可能性があるからである。例えば、前項の例に従って、ここに、1000万ドルの投資に対して2000万ドルのリターンがあるプロジェクトXと、10億ドルの投資に対して1億ドルのリターンがあるプロジェクトYがあるとする。ここで、プロジェクトXが1000万ドルの標準偏差を持っており（ここでは標準偏差をリスクの物差しとして使う）、プロジェクトYは1億ドルの標準偏

図10-5◎プロジェクトの比較（リスク−リターンのプロファイル）

カテゴリー		プロジェクトA	プロジェクトB	プロジェクトC
リターン	キャッシュフローの現在価値	$125M	$137M	$250
	正味現在価値（NPV）	$75M	$73M	$100
	拡張NPV（eNPV）	$200M	$210M	$350
	内部収益率（IRR）	70%	80%	103%
リスク	キャッシュフローのボラティリティ	20%	34%	44%
	5%の推定バリューアットリスク（VaR）	$12M	$14M	$34M
	1%の推定バリューアットリスク（VaR）	$2M	$2M	$10M
リスク・リターン比	NPV／ボラティリティ	60%	42%	61%
	eNPV／ボラティリティ	76%	52%	77%
	VaR／eNPV	34%	23%	34%

摘要
このレポートは、個々のプロジェクトのリスクとリターンを示している。リスクは、キャッシュフローのボラティリティと推定VaRとして測定されている。リターンは、NPV、eNPV（拡張NPV）、IRRとして測定されている。VaR（Value at Risk）とは、ある確率（5%など）で起こりうる最悪のシナリオとして定義されている。eNPV、すなわち拡張NPVはプロジェクトのNPV＋オプション価値として定義される。

差を持っていると仮定しよう。緊縮予算を抱えている経営者の場合には、選択余地がないため、プロジェクトXを選択することになるだろう。一方、リソースの制約がなく、リターン重視の経営者の場合は、リターンが大きいプロジェクトYを選択することになるだろう。また、リスクを嫌う経営者なら、比較的リスクのレベルが低いという理由で、プロジェクトXを選択するだろう。しかし、ここにいくつかのプロジェクトを追加したら……。まるで謎解き同然の状況が発生することは間違いない。

そこで、リスク・リターン比率のような、標準化された比率を計算するのが最良の得策となる。[1]

すなわち、プロジェクトXのリスク・リターン比率は2.0で、プロジェクトYのリスク・リターン比率は1.0なのだから、プロジェクトXのほうが「帳尻に合う」ことは明らかである。さらに言うなら、リスク1単位につき、プロジェクトXは2単位のリターン、プロジェクトYは1単位のリターンを提供するということになる。また逆に、1単位のリターンを得るのに、プロジェクトXは0.5単位のリスクを負担するだけでよいのに対して、プロジェクトYは1単位のリスクを負担しなければならないということでもある。このように考えれば、頭の良い経営者は、利益の最大化とリスクの最小化に徹して、1億ドルのリターンをもたらすプロジェクトXと同等のプロジェクト5つからなるポートフォリオを構成して5000万ドルを投資することによって、リスク負担を5000万ドルに留めるかもしれない。この戦略を、単一のプロジェクトYに10億ドル投資して、1億ドルのリターンを得るために、1億ドルのリスクを抱え込む戦略と比較してみるとよい！ このように、リスクとリターンを「対」で考えることにより、たとえリターンが同じであっても、コストとリスクを軽減することが可能になるのである。ただ単にリターンが大きいというだけでプロジェクトYを選択したリターン一辺倒の経営者が、潜在的にどれほど危険な決定を下していることになるか、想像していただきたい。

7 収益に対するインパクト

　経営陣から発せられる主要な質問の一つは、特定のプロジェクトが会社の収益性にもたらすインパクトはどのようなものなのかということである。この質問に対する答えは、割引キャッシュフロー・モデルで収益と費用を予測することによって明快に示すことができる。もちろん、経営陣が、税引き前の営業利益を見たがるか、税引き後の純利益を見たがるか、あるいは税引き後のフリーキャッシュフローを見たがるかによって計算が変わってくる。しかし、それでも、割引キャッシュフロー・モデルで十分よい答えを出すことができる。図10−6は、サンプルの割引キャッシュフロー・モデルの要約を示したものである。ただし、こうした明示的な価値は、戦略的オプションの価値とは別物であるので、この点は経営陣に対してはっきりと指摘しておく必要がある。

図10-6◎収益に対するインパクト

割引キャッシュフロー

勘定項目	2000	2001	2002	2003	2004	2005	2006	2007
売上	300	310	360	380	432	500	550	650
売上原価費用	150	150	150	130	160	150	150	60
総利益	150	160	210	250	272	350	400	590
営業費	200	160	155	129	137	90	100	160
減価償却費	60	60	40	60	30	40	30	60
支払利子	5	7	10	5	8	5	5	5
税引き前利益	-115	-67	5	56	97	215	265	365
税金	-40.25	-23.45	1.75	19.6	33.95	75.25	92.75	127.75
税引き後利益	-74.75	-43.55	3.25	36.4	63.05	139.75	172.25	237.25
非現金支出	10	11	12	13	14	15	16	17
キャッシュフロー	-84.75	-54.55	-8.75	23.4	49.05	124.75	156.25	220.25

摘要
このレポートは、割引キャッシュフロー（DCF）モデルを示したものである。DCFでは、収支報告の主要な勘定項目を使って、特定の予測年度におけるフリーキャッシュフローを計算する。

主要な仮定
フリーキャッシュフローを計算するための主要な仮定には次のようなものがある：
割引率＝20％
税率＝35％
減価償却方式＝定額

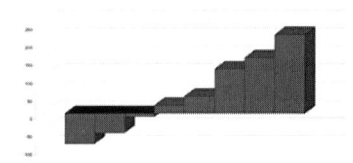

摘要
キャッシュフローの現在価値の合計＝$145M（実行費用を含めない）
正味現在価値（NPV）＝$100M（実行費用を含める）
内部収益率（IRR）＝75.50％（実行費用を含める）

割引キャッシュフローは、収益と費用の予測が正しく、収益性へのインパクトはこのモデルで計算したキャッシュフローに等しいと仮定した上で、プロジェクトの明示的な価値を示すものである。しかし、戦略的なオプションの価値は、そのオプションが実行されるか否かによって、存在するか否かが決まる。戦略的オプションが実行されないまま期限が切れるに任された場合は、このオプション固有の戦略的柔軟性から価値が引き出されることはないのである。

8　重要成功要因と感度分析

　図10-7に示すような感度分析は、経営陣にビジネス上の決定を動かす要因が何なのかを理解させる上で、極めて重要である。すなわち、プロジェクトの成否を左右する重要な要因は何なのかということである。感度分析は、いくつかの方法で行なうことができるが、最も知られている方法は、関心対

図10-7◎重要成功要因

摘要
このレポートは、割引キャッシュフロー・モデルの感度分析を示している。トルネード・グラフには、一つ一つの変数と、それらの最小・最大予測値の範囲が、最も大きいものから順に上下に示されている。

トルネード・グラフは、フリーキャッシュフローの大きさを決定する変数の感度を測定したいときに便利なものであり、分析結果に影響を与える変数を素早く選定することを可能にする。また、この分析は、プロジェクトまたは戦略の重要成功要因についての洞察も提供するし、モンテカルロ・シミュレーションの分析対象の確認にも役立つ。

結果
DCFモデルの分析結果を左右する変数に10％の変更を加えた結果を踏まえて、勘定項目を、フリーキャッシュフローに与える影響が大きいものから小さいものへ順に列記する。

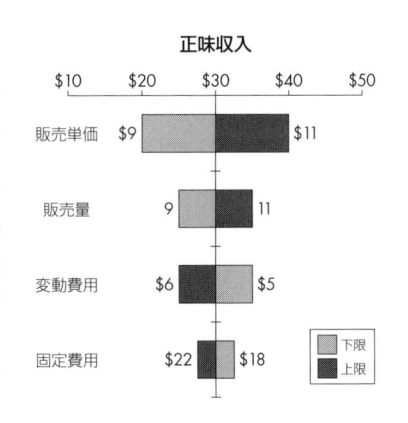

	NPV			入力		
変　数	下限	上限	範　囲	下限	上限	範　囲
収益	183.00	334.78	151.78	1.80	2.20	2.00
税率	183.29	334.46	151.17	37.80	46.20	42.00
営業費	183.29	334.46	151.17	1,350.00	1,650.00	1,500.00
割引率	227.25	292.93	65.67	11.00	9.00	10.00
減価償却	225.53	288.03	62.50	9.00	11.00	10.00

正味収入

販売単価　$9　$11
販売量　9　11
変動費用　$6　$5
固定費用　$22　$18

下限／上限

象である変数、例えば正味現在価値を選択して、それに関連するすべての変数を洗い出すことである。これらの変数には、収益、費用、税金、等々が含まれ、いずれも、最終的な正味現在価値を引き出すために必要なものである。変数がすべて列挙できたら、それらを不変のまま一定の値に保ったままで（ceteris paribus）、一つだけ選択して、その値をあらかじめ定めた範囲内で変更し、その結果、正味現在価値に何が起こるかを測定する。

　分析結果は、図10−7に示すように、一覧表にした上で、トルネード・グラフとしてプロットすることができる。いずれの場合も、感度が高い変数から低い変数へ上から下へ配列する。この分析は、モンテカルロ・シミュレーションの対象となる変数がどれかを見極める上で、重要なものである。どの変数が最も感度が高いかが分かれば、アナリストは、そのうちのどれが最も可変性（リスク）が高いかを見極め、モンテカルロ・シミュレーションの第一候補とすることができるのである。

9 NPVのリスク分析とシミュレーション

　以上、さまざまな分析を次々に行なったが、アナリストとして、それらの結果にどれほど自信を持てるだろうか？　また、使用した仮定やデータは正しかったと言えるだろうか？　ほとんどのビジネス・ケースが、何らかのリスクと不確実性を持っている以上、過誤が発生する余地は常に残されている。これまでの各章で見たように、特に注意しなければならないのは、単点的な推定値を使うことから発生する過誤である。例えば、第5章（図5−4）の、「平均値の欠陥」で説明したように、分析結果を経営陣に報告するときには、残されているリスクがどのようなものであるかについても説明することが極めて重要である。普通、リスク分析の結果は、図10−8に示すように、モンテカルロ・シミュレーションによる予測結果という形で提示される。なお、この図のグラフは、Crystal Ballのシミュレーション・パッケージを使って作成したものである。

図10-8◎プロジェクト・ベースのリスク分析

摘要
このレポートは、割引キャッシュフロー分析のリスクのレベルを示すものである。この確率分布では、個々の値を全体の一部分として示している。

結果
このグラフは、DCFにおける入力変数のモンテカルロ・シミュレーションに基づいて、可能な結果のすべてを示したものである。度数グラフを見ると、$250から$6850までの値の発生確率は90%である。

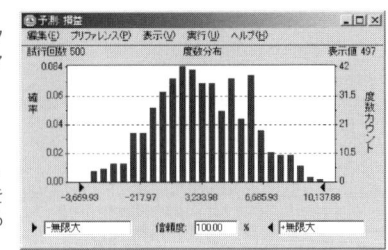

パーセンタイル（摘要）：
10% = $20　20% = $50　30% = $250　40% = $650
50% = $2300　60% = $2950　70% = $4200　80% = $5820
90% = $6520　100% = $7000

10 損益分岐点分析と投資回収期間

　プロジェクト評価に関する厄介な質問の一つは、投資回収期間、または損益分岐点に関するものである。つまり、このプロジェクトの投資はいつ回収できるのか？　という質問である。優秀なアナリストなら誰でも知っているとおり、回収期間分析には問題が充満している。プロジェクト回収後の期間について考慮されていなかったり、割り引かれていないキャッシュフローをベースとして回収期間が推定されて、それが誤った決定につながったりする。例えば、ここにA、B 2つのプロジェクトがあるとする。実行費用は両方とも100ドルだが、Aは50ドルのキャッシュフローを2年間だけ生み出すのに対して、Bは49ドルのキャッシュフローを10年間生み出す。すなわち、Aの回収期間は2年であるのに対して、Bの回収期間は2.04年である。したがって、厳密に数字だけを見れば、回収期間が短いプロジェクトAのほうを実行するべきだということになる。しかし、Bは、回収期間が若干長いとはいえ、10年の経済的寿命を持っている。この、正味現在価値分析なら当然考慮する事実を、回収分析はまったく考慮しない。それでもなお、経営陣は、プロジェクトの回収期間を知りたがる。それどころか、回収期間を物差しとして、プロジェクトの全体的な価値を推し量ろうとするのである。

図10-9◎シミュレーションによる投資

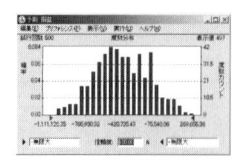

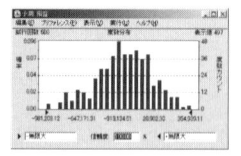

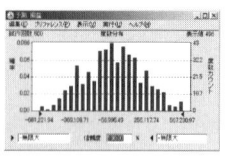

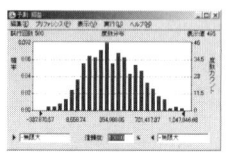

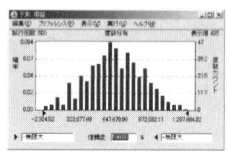

摘要

このレポートは、プロジェクトが異なる時期において損益分岐点に達する確率を示している。この分析では、実行費用を5.5％で割り引いて現在価値化した値$45Mを使っている。回収期間の確率を計算するために使ったフリーキャッシュフローは、20.0％の割引率を使ったNPVモデルから引き出されている。

> 第1年度で損益分岐点に達する確率は5.0％
> 第2年度で損益分岐点に達する確率は15.5％
> 第3年度で損益分岐点に達する確率は45.5％
> 第4年度で損益分岐点に達する確率は92.5％
> 第5年度で損益分岐点に達する確率は99.5％

　図10－9に示すように、回収期間分析を改良する方法はいくつもある。単点的な推定値に依存する代わりに——例えば、「このプロジェクトは、費用回収に4.0年かかる」などと言う代わりに——ほんの少しだけ改良を加えるのである。例えば、割引キャッシュフローを現在価値にして使えば、「このプロジェクトが初年度で損益分岐点に達する確率は5％、第2年度は15.5％、第3年度は45.5％、第4年度は92.5％、それ以降の年度の場合はすべて99.5％である」と言うことができる。つまり、ただ損益分岐が発生する時点を示すだけではなく、現在価値をベースとした損益分岐の発生確率を示すことができるのである。

11 割引率の分析

　リアルオプションのベースとなる割引キャッシュフロー分析の重要な仮定の一つに、割引率の計算がある（図10－10を参照）。

割引率は、分析全体に対して重要な意味を持つので、経営陣としては信頼できる仮定を使う必要がある。割引率を計算する方法はいくつもあるので、選択に際しては常に最大の注意が必要である。たとえ、CAPM（資本資産価格モデル）やWACC（加重平均資本コスト）などの、広く用いられている割引率を使用し説明する場合でも、最大の注意と警戒が必要である。特に、リアルオプションにおいては、これらの推定値が純粋に原資産変数をベースとなることと、それらが取引可能な資産ではないことに注意していただきたい。取引可能で、極めて流動性が高い企業レベルでの金融資産価格を、プロジェクトや戦略のレベルでのリスク調整のための近似値として使用してはならないのである。例えば、特定の企業の取引株のベータは、プロジェクト・レベルで特定のリスクを計算するために使用するベータ・リスクの最適近似値にはなり得ない。原資産変数の変動に関する過去のデータが十分でない場合には、比較可能な企業に関するデータを使用するべきなのである。すなわち、事業内容、市場、およびリスクが同様である企業を注意深く選択し、そ

図10-10◎割引率の分析

摘要
このレポートは、分析で使用する割引率と、それに対応する仮定および結果を示している。ここで使われた計算方法は、加重平均資本コスト法である。この方法で計算された割引率を使って、将来のキャッシュフローの現在価値化が行なわれている。

仮定:
リスクフリーレート	= 8%
市場収益率	= 6%
株式リスク・プレミアム	= 7%
ベータ	= 1.1
中企業プレミアム	= 5%
小企業プレミアム	= 10%
税率	= 35%
未払い債務	= 10
債務払い戻し	= 8%
流通株式	= 1,458,990
現行株価	= $4.68

結果
CAPM	= 14.6%
負債	= 30%
株式	= 15%
株式資本	= 14%
総資本	= 12%
WACC	= 11.8%

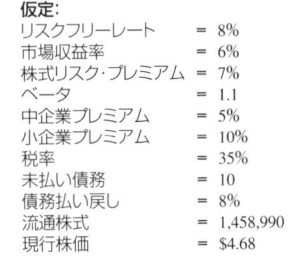

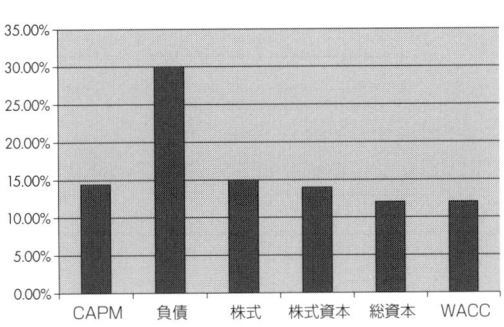

れらの企業の財務データを「消毒」して、異常な突発事象や財務的な粉飾現象が取り込まれることがないようにしなければならない。

　過去のデータが十分な場合、アナリストは、それに基づいて企業のリスク構造を見極め、適切なリスク調整割引率を計算することができる。この場合の手順については、付録２Ｂの割引率についての説明を読み返すだけで十分だろう。いずれにしても、ここで説明したような割引率の分析については、経営陣を納得させ、信頼を得ることが重要である。個々のプロジェクトについて、適正かつ単一の割引率を見出すことは、とてつもなく困難な作業である。しかし、モンテカルロ・シミュレーションを実行できる能力があれば、アナリストは、適切な割引率が90％の信頼度で２つの特定値の間に収まる、といった経営陣の仮定を使って割引率をシミュレーションすることができるだろう。この結果は、経営陣にとっても理解しやすいものだろう。

12　リアルオプション分析の仮定

　ここでは、リアルプション分析について考えてみよう。どのような仮定があり、またどこから導き出されているのかという質問にどう答えるかである。答えは、明快かつ簡潔なものでなければならない。一つの方法は、図10－11のような図を経営陣に見せることである。リアルオプションの問題を解くのに、解析型モデルを使ったか確率微分方程式を使ったのかはさほど重要ではない。結果を提示する方法が簡潔かつ正確であることが重要なのである。例えば、二項格子のステップ数が十分大きく、個々のノードの間の時間間隔がゼロに近づく極限においては、解析型解法を使って得た結果に接近することは分かっている。一方、シンプルな二項格子を見せるほうが、複雑な確率偏微分方程式を見せるよりも簡単であることは明らかである。つまり、プレゼンテーションのためには、二項格子のほうがはるかに好ましいのである。ただし、アナリストとしては、図10－11の場合のように５つのステップからなる格子は、単に近似値を示すものであり、もっとステップの数を増やして結果の精度を高める必要がある。また、解析型解法から得た結果を提示するのはそれからである。

図10-11 ◎ リアルオプション分析の仮定

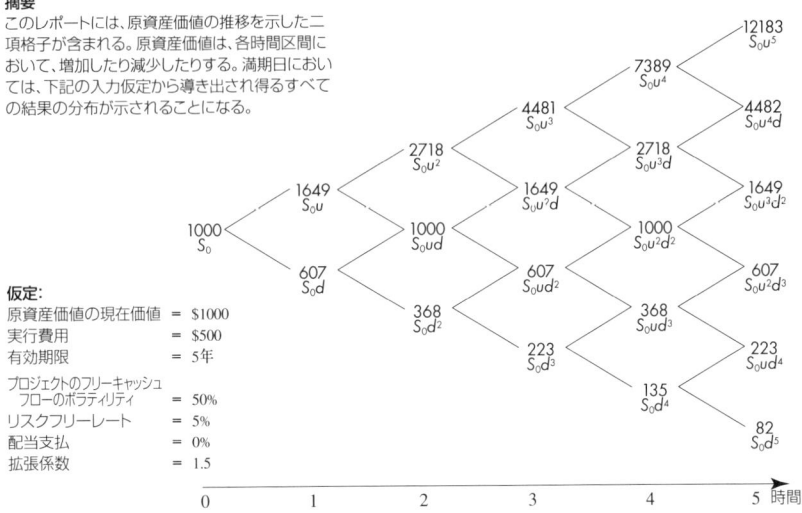

摘要
このレポートには、原資産価値の推移を示した二項格子が含まれる。原資産価値は、各時間区間において、増加したり減少したりする。満期日においては、下記の入力仮定から導き出され得るすべての結果の分布が示されることになる。

仮定:

原資産価値の現在価値	=	\$1000
実行費用	=	\$500
有効期限	=	5年
プロジェクトのフリーキャッシュフローのボラティリティ	=	50%
リスクフリーレート	=	5%
配当支払	=	0%
拡張係数	=	1.5

二項格子の値（時間 0 ～ 5、時間軸）:

- 時間0: 1000 (S_0)
- 時間1: 1649 (S_0u), 607 (S_0d)
- 時間2: 2718 (S_0u^2), 1000 (S_0ud), 368 (S_0d^2)
- 時間3: 4481 (S_0u^3), 1649 (S_0u^2d), 607 (S_0ud^2), 223 (S_0d^3)
- 時間4: 7389 (S_0u^4), 2718 (S_0u^3d), 1000 ($S_0u^2d^2$), 368 (S_0ud^3), 135 (S_0d^4)
- 時間5: 12183 (S_0u^5), 4482 (S_0u^4d), 1649 ($S_0u^3d^2$), 607 ($S_0u^2d^3$), 223 (S_0ud^4), 82 (S_0d^5)

リアルオプションで使用した仮定を説明する際には、それらがどこから来たものなのかも明らかにするべきである。例えば、原資産変数の現在価値は、割引キャッシュフロー・モデルにおけるフリーキャッシュフローの現在価値から来たものであり、ボラティリティの推定値は、シミュレーションしたフリーキャッシュフローの対数収益率から来たものであるといった具合に、由来を明確にすることである。

13 リアルオプション分析の核心

以下のトピックは、リアルオプション分析の核心であるので、詳細に説明しなければならない。すなわち、リアルオプション分析における評価の過程がどのように進められ、そこからどのような決定が引き出され得るかということである。著者が、リアルオプション分析の結果に対して広範な支持を取り付けるための方法として極めて有効であることを確認しているものの一つ

図10-12◎リアルオプション分析

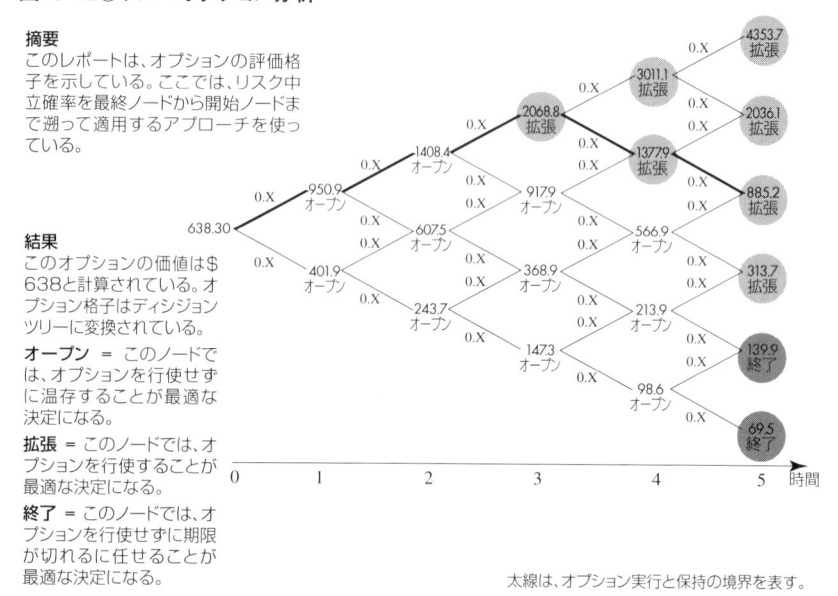

摘要
このレポートは、オプションの評価格子を示している。ここでは、リスク中立確率を最終ノードから開始ノードまで遡って適用するアプローチを使っている。

結果
このオプションの価値は$638と計算されている。オプション格子はディシジョンツリーに変換されている。

オープン = このノードでは、オプションを行使せずに温存することが最適な決定になる。

拡張 = このノードでは、オプションを行使することが最適な決定になる。

終了 = このノードでは、オプションを行使せずに期限が切れるに任せることが最適な決定になる。

太線は、オプション実行と保持の境界を表す。

が、複数の方法を同時に使う方法である。

　図10-12は、拡張オプションの評価格子を示しているが、この格子を使って計算した6億3800万ドルという値は、解析型解法を使って計算した値と同時に提示するべきである（その場合に対応する解析型解法が存在するならば）。両方の値がだいたい一致すれば、分析の信憑性は高くなる。

　もちろん、極限において二項格子が解析型解法と同一になるのは、一般的なオプションの場合であり、異なるリアルオプションが相互に作用し合う場合や、カスタマイズしたオプション分析を行なう場合は、そのアプローチは異なってくる。しかし、そのような場合でも、解析型近似法によって二項モデルの健全性をチェックすることが賢明なアプローチであることに変わりはない。いずれにしても、分析方法の如何にかかわらず、決定を視覚的に説明するためには、複雑な数理モデルよりも二項格子のほうが優れていることは間違いない。そこで、二項格子を一連の決定格子点に変換することができる。これらの格子点は、特定の時期と原資産変数の条件の下での最適な決定を示

す。例えば、拡張オプションの場合、考えられる決定には、拡張、将来実行するべく保持、または実行せずに期限が切れるに任せる、などが含まれる。図10-12の場合、ステップ3以前にプロジェクトを拡張することは最適とは言えないため、ステップ3以降に実行することを考えるのが得策だということになる。

14 リアルオプションにおけるリスク分析

　割引キャッシュフローにおけるリスク分析と同様、リアルオプションにおいてもリスク分析を行なうことができる。リアルオプション・モデルの入力仮定のいくつかは、直接割引キャッシュフローから来るものである。割引キャッシュフロー分析においてモンテカルロ・シミュレーションが行なわれた場合は、そこでシミュレートされた事象は、そのままリアルオプション・モデルにも流用できる。さらに、割引キャッシュフロー・モデルからのものではない入力変数についても、リアルオプション分析で分析することが可能である。図10-13は、eNPV分析の結果を示したものである。

図10-13◎リアルオプションにおけるリスク分析

摘要
このレポートは、オプション価値分析におけるリスクのレベルを示している。この確率分布では、個々の値を全体の一部分として扱っている。

結果
このグラフは、リアルオプション・モデルの入力変数のモンテカルロ・シミュレーションに基づいて、考えられる結果をすべて示している。度数グラフを見ると、$230から$6850までの値の発生確率は90％である。

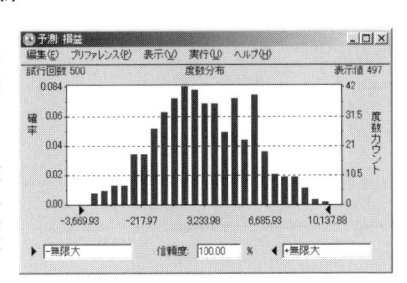

パーセンタイル（摘要）：
10% = $250　20% = $350　30% = $750　40% = $1050
50% = $2550　60% = $3150　70% = $4900　80% = $6220
90% = $6520　100% = $7000

■ 第10章の要約 ■

　リアルオプション分析においては、結果のプレゼンテーションと説明が極めて重要である。なぜなら、リアルオプションは、これまで常に遠いところから恐る恐る眺められるような存在だったからである。また、リアルオプションの方法論に至っては、何か訳の分からないブラックボックスでしかなかったからである。したがって、結果を効果的に説明するためには、アナリストは、このブラックボックスを透明にしなければならない。効果的なアプローチは、リアルオプションと伝統的な分析の比較から始めて、リアルオプションが実は割引キャッシュフロー・モデルの規範の上に構築されたものであることを理解させることである。だいたい、オプションの価値そのものが、利得から費用を差し引いたものという点では、割引キャッシュフロー・モデルの考え方と基本的には同じなのである。ただ違うのは、リアルオプション分析では、利得と費用を、確率論的または未知なレベルで捉えるということだけである。

　ブラックボックスを透明にするという意味では、リアルオプションの過程も透明にしなければならない。ステップ・バイ・ステップでプロセスを明示し、仮定、入力データ、および結果を含めて、伝統的な分析がどこで限界に達し、新しい手法がどこから発動するのかをはっきりと示す必要がある。さらに、単点的な推定値が極めて信頼性に欠けることを考慮して、リスク分析の結果も提示しなければならない。これは、経営陣が、リアルオプションの入力と結果に対して疑念を持っている場合には特に重要なことである。結果の確率範囲を提供することによって、分析はより確固としたものになり、結果の信憑性も高まるのである。

第10章に関連する質問

1. 企業固有の文化を変えることは困難な仕事である。しかし、リアルオプションには、大企業各社に受け容れられる可能性が大いにある。そこで、リアルオプションを受け容れる前に、企業が決定を下す上でのパラダイム（理論的枠組み）を新しいものにシフトさせる必要が出てくるが、それを可能にするために持っていなければならない基本的特質はどのようなものがあるだろうか？

2. リアルオプションにおいては、経営陣に対する分析の過程とステップの説明が極めて重要である。これはなぜか？

3. 重要成功要因とはどのようなものか？

4. リアルオプション分析において、リスク分析が推奨されるステップとなるのはなぜか？

5. 投資回収期間を使用することが誤りである理由は何か？

付録 10A
関連記事からの抜粋

　この付録では、学術誌や一般の刊行物に掲載された記事からの抜粋を紹介する。これらの記事は、いずれも、本書で検討したトピックに関連するもののみを厳選した。なお、記載は、最新のものから発表期日順に行なった。もちろん、ここに記載したものが関連記事のすべてではないことは言うまでもない。

１．Gregory Taggart　2001年11月　"Wait and Seek"（『待機して探せ』）

　Taggartは、待機することの価値を説いている：『リアルオプションは、物事を考えるための一つの強力な方法を提供している。私は、この世界に入って15年になるが、分析の枠組みとして、これ以上役に立つものに出会ったことはない』

２．Gunnar Kallberg、Peter Laurin　2001年11月　"Real Options in R&D Budgeting - A Case Study at Pharmacy & Upjohn"（『R&Dの予算編成におけるリアルオプション－Pharmacy & Upjohnにおけるケーススタディ』）

　２人の著者が紹介するモデルは、オプションのアプローチを取り入れたユーザフレンドリーなスプレッドシートが、伝統的なNPV法に加わって価値の高い記述ツールとなり得ることを示している。Pharmacy & Upjohnは、リアルオプションのアプローチを導入して、将来のプロジェクトが内包している柔軟性と機会の価値を引き出すべきだというのが、この論文の結論である。

３．Jerry Flatto　2001年11月　"Using Real Options in Project Evaluation"

(『リアルオプションによるプロジェクト評価』)
　この記事では、リアルオプションの概念を検討し、既存の分析方法を拡張する手段として位置付け得るとしている。さらに、既存の分析技法がプロジェクトを過小評価してしまう理由を説明し、それらの技法では捉え切れない利得をリアルオプションによって捉える方法も説明している。

4．John M. Charnes、David Kellogg、およびRiza Demirer　2001年10月　"Valuation of a Biotechnology Firm: An Application of Real Options Methodologies"（『あるバイオテクノロジー企業の評価：リアルオプションの方法論の適用』）
　この論文では、Agouron Pharmaceuticals, Inc.というバイオテクノロジー企業の価値を、現行のプロジェクトの価値の総和として実際に計算している。個々のプロジェクトの価値は、ディシジョンツリーと二項格子法によって計算されている。

5．Robert Barker　Business Week Online　2001年10月
　『ある投資に関する新刊本が、投資戦略家のPeter Bernstein、TIAA-CREFの専属ロケット科学者のMartin Leibowitz、さらにはマネーマネージャーのジョー・ディマジオとして知られるLegg MasonのBill Millerなど、金融界の正真正銘の強打者達から絶賛されている。この本は、評価が困難な株式の価値を測るための強力な方法としてリアルオプションを推奨している』

6．Peter Buxbaum　BudgetLink　2001年10月
　『我々を取り巻く、急速に移り変わる不確実性に満ちた世界に光をあてている分析的知的技法をビジネス戦略思考に取り入れようとしている動きがある。これらの方法論は、既存のシステムに加速度的に取り入れられており、価格設定、収益戦略立案、サプライチェーンの条件定義など、さまざまな面で経営者を支援している。こうした、急速に台頭している技法の一つにリアルオプションと呼ばれるものがある。金融オプションに相似する技法として、学界で開発されたものである』

7．Timothy A. Luehrman　PricewaterhouseCoopers LLP. Society of Petroleum Engineers　2001年10月
『石油・ガス業界への投資は、財務分析の高度化をますます推し進めている。結果として、業界内部でも、さまざまな新しい財務分析ツールが使われるようになっているが、その中で最も卓越しているのが、リアルオプション評価法である。この論文は、多くのリアルオプション分析が形式・技術の両面で正しいものであるにもかかわらず、企業における意思決定や進行中のプロジェクトの管理に何らの影響ももたらし得ていない現状をまず最初に指摘している』

8．Steven R. Rutherford, SPE, Anadarko Petroleum Corporation Society of Petroleum Engineers　2001年10月
　この論文は、現実の世界における企業買収のリアルオプション評価を、ケース・ヒストリーの形式で紹介している。

9．S.H. Begg、R.B. Bratvold　Landmark Graphics Corporationおよび J.M. Campbell International Risk Management Society of Petroleum Engineers　2001年10月
『この論文では、不確実性が石油・ガス投資の意思決定にもたらすインパクトを、全体的かつ統合されたアプローチによって評価することの必要性を指摘する。さらに、開発計画の最適化、リアルオプション、およびポートフォリオ分析に入力するための、一貫した、リスク調整済みのキャッシュフローの生成についていっそう応用されるべきである』

10．A. Galli, SPE, ENSMP; T. Jung, Gaz de France; M. Armstrong, ENSMP; およびO. Lhote, Gaz de France　Society of Petroleum Engineers 2001年10月
『このケーススタディは、北海における大規模なガスおよび凝縮油田に近接したサテライト・プラットフォームに関するものである』

11. H.T. Hooper Ⅲ およびS.R. Rutherford, SPE, Anadarko Petroleum Corporation　Society of Petroleum Engineers　2001年10月

『ディシジョンツリー、モンテカルロ・シミュレーション、およびリアルオプションの３つの経済評価手法が、現在各種の文献で広範な議論の対象となっている。この論文の共著者は、ディシジョンツリーの論理をモンテカルロ・シミュレーションに取り入れることによって評価の洞察が深まり、経営陣による意思決定と相協力して、より現実的な資産評価を提供するものとしている。確率論的な経済学（ディシジョンツリーまたはモンテカルロ・シミュレーション）と、リアルオプションは、タイプと入力データの量、および形式とアウトプットの応用性において大きく異なるものだが、両方とも、経営陣による能動的な意思決定の価値を捕捉する能力を備えている。この論文では、これら２つのアプローチの間の隙間を、少なくとも概念レベルにおいて埋めることにより、実地で活動しているエンジニアの役に立つよう努めている』

12. Soussan Faiz, SPE, Texaco Inc. Society of Petroleum Engineers　2001年10月

『今日、業界における将来の勝者を決定するようなさまざまなビジネス・テクノロジーが出現している。その中でも、リアルオプションは、最先端の資産評価手法として台頭してきている。特に、"効率的フロンティア"の概念は、エネルギー業界におけるポートフォリオ最適化を急速に進歩させている』

13. Lynn B. Davidson Society of Petroleum Engineers　2001年9月

『この論文では、リスク・ベースの意思決定ツールを効果的に使用する上での実際的な障壁となっている要因を検討し、それらの障壁を克服するための指針を提供する。また、第２部では、リアルオプションについて、その魅力、問題点、および最適な使用方法を考察する。第３部では、ポートフォリオ最適化に関する課題に焦点を合わせる。最後の要約では、決定の質を高めるための推奨事項を示す』

14. Deloitte Consulting　Yahoo　2001年9月
『電力業界、および他のエネルギー関連業界は、特定のサービスやファシリティ（施設）にどこまで賭けるべきかを決定するためのもっと有効な方法を必要としている。すなわち、今日の不確実なビジネス環境にあって、柔軟性を助長するような方法が求められているのである。この記事には、Deloitte Consultingのエネルギー関連部門のグローバル・ディレクターであるDoug Lattnerとのインタビューも含まれている』

15. Christopher L. Culp　The RMA Journal　2001年9月
『この記事では、銀行業界で使われる一般的なタイプのリアルオプションについて検討する。さまざまなタイプのオプションを理解することにより、経営者は、往々にして見過ごされがちな機会やリスクを発見することができる』

16. Kevin Sullivan、William Griswold、Yuanfang Cai、およびBen Hallen　ACM SIGSOFT Symposium and Joint International Conference on Software Engineering　2001年9月
『我々は、ある新しい理論──コンピュータ業界の進化におけるモジュール化の影響を説明するために開発された──が持つ、ソフトウエア設計を活性化する潜在力を評価している。この理論では、設計構成マトリックスを使ってモデルを設計し、リアルオプション技法を使ってそれを評価している』

17. David Newton　Financial Times　2001年6月
　Newtonは、読者に、R&D業界における決定にリアルオプションを応用するための方法を分かりやすく明快に説明するとともに、ナレッジ（知識）は、それを獲得するために費やした時間に値するだけの価値を持つことを指摘している。

18. Ash Vesudevan　CommerceNet　2001年3月
『変化を続ける技術と人口動態の動向を踏まえた、新しいビジネス・モデルを創り出せる企業が最大の褒章を得ることになる。不確実性に直面する企業

は、ともするとリスクの軽減だけを追求して競争力を維持しようとしがちである。これに対して、オプションのアプローチは、不確実性から利益を獲得するという、まったく新しい視点を提供している。来るべき将来の先端に立つ機会を提供しているのである。ただし、これを実行するためには、広がりと深さの正しい組み合わせが必要である。今日、競争力を維持するためには、刷新を行なうことこそが急務なのである』

19．Zeke AshtonおよびBill Man Motleyfool.com　2001年2月
『リアルオプションを使っている現実の世界の企業に注目』

20．Zeke AshtonおよびBill Man Motleyfool.com　2001年2月
『投資家は、リアルオプションの概念を使うことによって、市価と伝統的な手法によって計算された固有価値の間に開きが出る理由を、部分的にせよ理解することができる。リアルオプションは、既存の営業形態を超えた可能性を企業に提供しているのである。投資家としては、リアルオプションを無視するか、無償でリアルオプション価値を見つける努力をするか、多くのリアルオプション価値を持つ企業を意図的に捜し求めるかのいずれかの道を選択することになる』

21．Shi-Jie Deng, UC Berkeley; Blake Johnson, Stanford; およびAram Sogomonian, Pacificorp Decision Support Systems　2001年1月
『複製ポートフォリオを使って電力デリバティブを評価する。これらの評価結果を使って、発電用資産と送電用資産のためのリアルオプションに基づいた評価公式を構築する』

22．Hemantha S.B. Herath, University of Northern British Columbia; およびChan S. Park, Auburn University　The Engineering Economist　2001年1月
　HerathとParkは、オプションの価値が完全な情報の期待価値（EVPI：Expected Value of Perfect Information）と同等であることを示している。

使用されたモデルには、更地の開発の決定に関連した環境保護のケースと、新しい玩具の製造のケースが含まれている。

23. Chana R. Schoenberger, Forbes Global　2000年12月

Schoenbergerは、リアルオプションの理論を使って娯楽産業およびケーブルテレビ産業の株式を評価する場合について書いている。

24. Rita Gunther McGrathおよびIan MacMillan　Business and Management Practices　2000年7月

McGrathとMacMillanは、STAR（strategic technology assessment review：戦略的技術評価レビュー）という、不確実なプロジェクトの評価方法を提示している。この方法では、一連の採点表を通じてオプション価値を概算している。

25. Diana Angelis, Naval Postgraduate School　Business and Management Practices　2000年7月

Angelisは、ブラック－ショールズを使って、ある研究開発プロジェクトの価値を推定している。彼女のモデルは、原資産の費用と収入の分布からボラティリティを推定する方法に基づいたものであり、正味のキャッシュフローに基づいたものではない。使用された例は、Merck Pharmaceutical社のものである。

26. European Journal of Operational Research　2000年7月

新製品の段階的出荷の最適時期と、最適な出荷地域の決定にリアルオプションを使った例が紹介されている。ここでは、段階的出荷を、新製品を世界的に売り出すための一つのオプションとして捉えている。使用された例は、Philips Electronics社のCD-Iの出荷の際に構築されたモデルである。

27. Peter Boer, CEO, Tiger Scientific; およびJohn Lee, Yale University Business and Management Practices　2000年7月

この記事は、ユニークなリスク（提案中の油井の原油埋蔵量など）と、市場のリスク（原油価格）を、ブラック－ショールズ法を使って区別する場合を説明している。

28．Michael BenerochおよびRobert Kauffman Information Access Company（Thomson） 2000年7月

BenerochとKauffmanは、Yankee24 shared electronic banking network of NewEngland（ニューイングランド・ヤンキー24時間共有電子銀行取引ネットワーク）による、POS（point-of-sale）口座自動引き落としサービスの立ち上げのケーススタディを紹介している。このスタディでは、調整を行なったブラック－ショールズ・モデルを使って、タイミングオプションを評価している。

29．John Rutledge Forbes 2000年5月

『公正な価格でビジネスを購入し、類希なリターンを得たいと望む投資家の秘密兵器がリアルオプションである』

30．Michael Stroud Business 2.0 2000年4月

『知的財産と特許を評価するための標準化された方法を創り出し、Webを介して売買できるようにするために、ブラック－ショールズ方程式が使われた。この方程式の原理は、知的財産にも応用可能と判断されたからである。これにより、コール・オプションの変数として、原資産の技術の価格とボラティリティ、開発費用とその時間、およびベースラインの資本コストが使用されるのである』

31．Mohamed AhnaniおよびMondher Bellalah www.buniness.com 2000年1月

AhnaniとBellalahは、プロジェクトの価格設定に関して、リアルオプションによる方法と伝統的な正味現在価値を使った方法の比較を行なっている。

32．Brian F. LavoieおよびIan M. Sheldon AgBioForum 2000年1月

1期当たりの最大投資率や、法規に関する不確実性の国際的な相違など、研究開発投資の過程における異種混交性の原因について正当な説明を提供しており、これは、リアルオプションによる投資のアプローチに取り入れることができるであろう。

33. CFO Staff　CFO Magazine　2000年1月
『少なくとも過去10年間にわたり、専門家達は、リアルオプションのメリットを喧伝し続けてきたが、それを説明するためには高度な数理が必要とされたため、せっかくのメリットも象牙の塔に封じ込まれた形になっていた。しかし最近、この概念の推進者達が、リアルオプションのメリットを意思決定のための新しい思考の枠組みとして位置付けるようになってから、状況は変わりつつある』

34. J.M. CampbellおよびRobert A. Campbell, CPS, Inc.；およびStewart Brown, Florida State University　Society of Petroleum Engineers　1999年10月
『この論文では、伝統的な方法に対する最近の批判、特に個々のプロジェクトの評価方法と企業の戦略的目標の間のギャップに関する批判を要約する。NPVやIRRなどを含めて、伝統的な割引キャッシュフロー（DCF）分析の限界を再検討した後、我々は、ほとんどの企業が抱えている矛盾、特に長期の戦略的な投資を犠牲にして短期の目標を追求する傾向を修正するために、DCFについてのより包括的な理解のあり方を模索してみようと思う』

35. Goldense Group Press Release　Business Wire　1999年7月
『調査の対象となった企業の中で、新製品の開発が収益に貢献すると考えているものは全体の40%に満たなかった』

36. Martha Amram、Nalin Kulatilaka、およびJohn C. Henderson　CIO Magazine　1999年7月
『リアルオプション理論は、金融市場との関連において技術投資を評価する

ものである。(この記事では) オプションの考え方をＩＴプロジェクトの評価に応用する方法と、リアルオプションが技術投資の中に柔軟性を築くことができる理由、そして技術に関する決定を市場の条件とリンクさせることの重要性を検討する』

37. Peter Coy　Business Week Online　1999年6月

『リアルオプションは、20年以上も前に発案されたアプローチであるが、今ようやく普及の兆しを見せ始めている。急激な変化が、柔軟性を欠いた評価ツールの弱点を露呈したからである。専門家達は、オプション評価の背後にある難解な数理を簡略化するための実地的な方法を開発する一方、リアルオプションをより広範な状況に応用できるようにするための努力を重ねてきた。そして、コンサルタント企業は、この技法を、"今後クライアントに積極的に売り込むべき大型商品"であると確信し、こぞって取り入れている。"リアルオプションは、ビジネスの地平を大きく広げる可能性を秘めている。"カリフォルニア州Menlo Parkに本社があり、昨年PricewaterhouseCoopersによって買収されたApplied Decision Analysis社所属のリアルオプションの専門家であるAdam Borisonはこのように語っている』

38. Thor Valdmanis　USA Today　1999年5月

『一般の読者を対象とした入門書。広範な応用に対する展望と、今日リアルオプションを使っている産業の事例を提供している』

39. Wayne Winson, Kelly School of Business, Indiana University　1999年4月

『金融派生商品の評価のための新技法と、リスク中立確率を用いるリアルオプションによって新技法を開発する方法を紹介する』

40. A. Galli, SPE; M. Armstrong, Ecole de Mines de Paris; およびB. Jehl, Elf Exploration Production　Society of Petroleum Engineers　1999年3月

『オプション価格設定、ディシジョンツリー、およびモンテカルロ・シミュ

レーションの3つの方法を使ってプロジェクトを評価する。この論文では、これらの方法の類似点と相違点を次の3つの視点から比較している――埋蔵量、原油価格、および費用などの重要なパラメータの値に含まれる不確実性をどのように処理しているのか；貨幣の時間価値をどのように取り入れているのか；経営に柔軟性をもたらし得るか』

41. Michael H. Zack　California Management Review　1999年3月
『（リアルオプションは）企業のナレッジ戦略を記述し評価するための枠組みである』

42. Justin ClaysおよびGardner Walkup Jr., Applied Decision Analysis 1999年3月
『急速に普及しつつありリアルオプションの分野の手法は、石油業界における重要資産の評価と管理を改善している』

43. Martha AmramおよびNalin Kulatilaka　Harvard Business Review 1999年1月
　AmramとKulatilakaは、複雑な主題を実に巧みに解説し、一連のケーススタディを通じてリアルオプションのメリットを示している。

44. Timothy A. Luehrman　Harvard Business Review　1998年9月
『この記事は、前例を土台として、リアルオプション分析によってプロジェクトのポートフォリオを比較するための方法を示している。戦略上の問題に取り組むためのリアルオプションの枠組みを見事に拡大しており、この評価ツールを活用することについての強固な論拠を提供している』

45. Timothy A. Luehrman　Harvard Business Review　1998年7月
　この記事は、リアルオプション分析のステップ・バイ・ステップのアプローチを示している。使われた事例は理解を助けるために簡略化されているため、シンプルな単一段階の決定にしか応用できないが、リアルオプションの

数理への手引きとしては優れたものである。

46. Chris F. Kemerer　Information Week　1998年4月
『結論として言えることは、ＩＴ投資の多くは、直接的な推定利得に加えて、重要な潜在的機会を企業に提供し得るのだということである。リアルオプションのモデリングは、これらの機会を定量化し、無形財産がもたらす利得を曖昧に主張するだけでは正当化できないようなプロジェクトを承認に持ち込む可能性を秘めている』

47. Ian Runge　Capital Strategy Letter　1998年3月
『多くのプロジェクトが、さまざまなオプションを内包している。しかも、これらのオプションは、投資家にまったく費用負担を強制しない。すなわち、新しい投資機会には、拡張の機会が秘められているのである。これらの拡張機会は、ただちに利益をもたらすものではないかもしれないが、将来においては、非常に利益性の高いものになる場合が多い。実際、今日の投資は、内在する拡張オプションを考慮に入れたものでなければならないのである。ところが、多くの評価が、この内在オプションの価値を見逃している』

48. M.J. BrennanおよびL. Trigeorgis, London　Oxford University Press　1998年3月
『リアルオプションを考慮に入れることは、評価における重要な要素であり、これを適切に取り入れる企業は、取り入れない企業を陵駕することになるであろう。この論文は、ハードルレートや収益性指標といった、一見して恣意的に見える投資基準が、高度なリアルオプション計算のためのベンチマークとなり得るか否かを検討したものである。検討結果として言えることは、さまざまなパラメータに対して特定のハードルレートや収益性指標を用いた手法は、最適に近い投資決定をもたらし得るということである。すなわち、この、一見恣意的に見える"経験則"を使用している企業こそが、最適な決定に近づく努力をしている企業なのである』

49. Karen Kroll　Industry Week　1998年2月
『ビジネスの決定に対するオプション理論の応用、すなわちリアルオプション理論は、初期投資額を限定し、行動時期を将来に移すことによって収益の拡大を期待することの価値を認識するものであり、次第に世の関心を集めつつある。しかし、英連邦での経験に限って言えば、企業のアナリストが実地に応用するには、この理論は複雑過ぎるかもしれない』

50. M.A.G. Dias, Petrobras S.A. Society of Petroleum Engineers　1997年9月
『この論文では、ある石油会社が直面している、ある地域に対する投資権の問題を分析する。この投資権には、権利放棄の条項が付随しており、その地域を開発せずに温存できる期間を限定している。分析に先立ち、最新のリアルオプション理論の概念について、特に時期の側面に焦点を合わせて簡潔に説明する。具体的には、経済的不確実性と決定の不可逆性が投資を延期し待機することを促す一方で、技術的不確実性が投資を早めて実行することを促すことを示す』

51. Timothy A. Luehrman　Harvard Business Review　1997年5月
『現在大半の企業において主流の評価法となっているWACCベースのDCF法が、相互に補完し合う3つのツールによって取って代わられようとしている。これらのツールは、営業評価（調整された現在価値による）、機会評価（オプション価格設定による）、および所有権評価（株主資本キャッシュフローによる）である』

52. Avinash DixitおよびRobert Pindyck　Harvard Business Review　1995年5月
　この記事は、リアルオプションの学習を開始するための基本的な概念を提供するとともに、DixitとPindyckが共同執筆した、不確実性の下での投資に関する教本の導入編としての役割を果たしている。

53. Nancy Nichols　Harvard Business Review　1993年5月
　この記事に紹介されたリアルオプションに関する情報は限定的なものであるが、これまでの時点で導入が成功している製薬業界における応用の実態が明らかにされている点が興味深い。

54. J.T. Markland, British Gas E and P. Society of Petroleum Engineers 1992年4月
　『この論文では、プロジェクトの市場価値を評価するためのオプション価格理論の基本を概説する。また、この種のアプローチが今後の石油探査と経済工学の分野で果たすべき役割の評価を行っている』

55. Anthony Fisher, Department of Economics, UC Berkeley; およびW. Michael Hanemann, Department of Agriculture and Resource Economics, UC Berkeley　Journal of Environmental Economics and Management 1987年1月
　『オプションに準ずるものは常に正の価値を示すが、往々にして（開発されようとしている自然環境を）保護する場合の純利得と混同されがちである。しかも、その純利得は負の価値になる可能性があるのである』

56. Stewart Myers　Journal of Financial Economics Vol. 5　1977年5月
　『リアルオプションの概念の初期導入のための重要な洞察』

リアルオプションのケーススタディと問題

Case Studies and Problems in Real Options

　以下のケーススタディでは、Real Options Analysis Toolkit*を使用する必要がある。

ケーススタディ 撤退オプション

　ある製薬会社が、特定の新薬を開発中であるとする。しかし、新薬の開発は、その進み具合、市場の需要、動物実験、臨床試験、およびFDAによる承認など、不確実な面が多いので、この会社の経営陣は、戦略的な撤退オプションを設定することを決めた。すなわち、開発が行なわれる向こう5年間のいつの時点においても、研究開発努力の進捗状況を再検討し、開発プログラムを終了するかどうかを決められるようにしようというのである。5年が経過すれば、この新薬開発プロジェクトは、成功か完全な失敗かのいずれかになり、以後、オプションの価値はなくなる。プログラムを終了した場合は、問題の新薬に関する知的財産権を、契約合意を結んでいる他の製薬会社に売却することができる。この契約合意は、特許権の保有側の判断次第で、期間中のいつの時点でも行使可能である。

　伝統的な割引キャッシュフロー・モデルにより、適切な市場リスク調整割引率で割り引いた将来のキャッシュフローの期待価値は1億5000万ドルと計算されている。モンテカルロ・シミュレーションにより、将来のキャッシュフローの対数収益率に含まれるボラティリティは30％と計算されている。開発期間と同じ時間枠に対する無リスク資産のリスクフリーレートは5％で、会社の知的財産担当役員によると、契約に定められた新薬の特許権の価値は、

向こう 5 年の間に売却された場合、1 億ドルということになっている。そこであなたは、この撤退オプションにいくらの価値があるのかを計算し、この新薬開発努力が、全体として、会社に対してどれほどの価値があるのかを計算することにした。新薬開発を放棄できるセーフティネットを持つことにより、このプロジェクトの価値は、正味現在価値よりも大きくなる。あなたは、アメリカン・プット・オプションの解析型近似法を使うことにした。これは、新薬開発から撤退するオプションは、満期日以前のいつの時点でも行使できるからである。また、解析型分析の結果は、二項格子の計算で確認することにした。以上の仮定に基づいて、次の各質問に答えながら演習を行なう。

1. ソフトウエアを使って、この撤退オプションの問題を分析し、結果を確認せよ。
2. 次の各項目に対して正しい選択肢を選択せよ。
    a. 満期が長くなれば撤退オプションの価値は（増加する／減少する）。
    b. ボラティリティが高くなれば撤退オプションの価値は（増加する／減少する）。
    c. 資産価値が増加すれば撤退オプションの価値は（増加する／減少する）。
    d. リスクフリーレートが高くなれば撤退オプションの価値は（増加する／減少する）。
    e. 配当が増えれば撤退オプションの価値は（増加する／減少する）。
    f. 残存価値が増加すれば撤退オプションの価値は（増加する／減少する）。
3. ソフトウエアの解析型アメリカン・プット・オプション近似法を使って結果を検証せよ。
4. カスタム格子を使ってこの撤退オプションの問題を解け。
5. ブラック−ショールズ・モデルを使って結果を比較せよ。
6. ソフトウエアの二項格子を使って、1,000 のステップを適用せよ。
    a. 5 ステップの格子と比べて、結果はどのように異なっている

か？
b．解析法によって得た結果は、1,000ステップの格子にどれくらい接近しているか？
7．1,000ステップの格子に、3％の連続配当利回りを適用せよ。
a．結果に何が起こるか？
b．配当利回りは、撤退オプションの価値を増加させるか？　それとも減少させるか？
8．残存価値が年率10％で増加すると仮定する。これをモデル化する方法をソフトウエアのカスタム格子機能を使って示せ。

＊ここでは、フルバージョンのソフトウエアが必要である。ケースに対する回答は、Wiley Higher Education（ワイリー高等教育）の登録教職員用ダウンロードのサイトから入手することができる。Wiley Higher EducationへはJohn Wiley & Sons, IncのWebサイト（www.Wiley.com）からアクセスすることができる。

ケーススタディ 拡張オプション

ある成長企業の、割引キャッシュフロー・モデルに基づいた将来の収益性の評価（すなわち適切な市場リスク調整割引率で割り引いた将来の期待キャッシュフローの現在価値）が、4億ドルであったとする。あなたは、モンテカルロ・シミュレーションを使って、この企業のプロジェクトの将来の対数キャッシュフロー収益率に含まれるボラティリティを計算し、35％という結果を得た。無リスク資産の向こう5年間のリスクフリーレートは7％である。ここで、この企業が、向こう5年の間に競合企業を2億5000万ドルで買収し、事業規模を2倍にする拡張オプションを持っていると仮定する。この拡張オプションを計算に入れた場合、この企業の総価値はどれくらいになるだろうか？

あなたは、アメリカン・コール・オプションの解析型近似法を使うことにした。なぜなら、このオプションは、期限が切れるときまで、いつでも行使することができるからである。次に、解析型分析によって得た値を、二項格

子計算によって確認することにした。以上の仮定に基づいて、次の各質問に答えながら演習を行なう。

1．ソフトウエアを使って、この拡張オプションの問題を分析せよ。
2．ソフトウエアを使い、ステップ数を100、300、および1,000に変えてこの拡張オプションの問題を再実行せよ。何が観察できたか？
3．アメリカン・コール近似法を使って拡張オプションを計算し、上記の結果と比較せよ。結果はどれくらい近似しているか？
4．同じ＄800の拡張資産価値をもたらす拡張係数をいくつか示せ。
　　拡張オプションの値はなぜ変わるのか、また、ブラック－ショールズやアメリカン・オプション近似モデルでは、なぜ値の変動を十分に捕捉できないのかという観点から、観察したことを説明せよ。
　　a．拡張係数2.0と、資産価値＄400.00を使用した場合（＄800の拡張資産価値がもたらされる）。
　　b．拡張係数1.25と、資産価値＄640.00を使用した場合（＄800の拡張資産価値がもたらされる）。
　　c．拡張係数1.50と、資産価値＄533.34を使用した場合（＄800の拡張資産価値がもたらされる）。
　　d．拡張係数1.75と、資産価値＄457.14を使用した場合（＄800の拡張資産価値がもたらされる）。
5．配当利回りを付加して、何が起こるかを観察せよ。観察したことを説明せよ。
　　a．配当利回りがリスクフリーレートと同等以上になると何が起こるか？
　　b．ブラック－ショールズやアメリカン・コール近似値モデルのような解析型ソリューションの正確度には何が起こるか？
6．配当利回りが存在する場合、拡張の決定には何が起こるか？

ケーススタディ 縮小オプション

　あなたは、ある大手航空機製造会社に勤務している。この会社は、新しい超音速長距離ジェット機の技術的有効性と市場の需要について確信が持てないでいる。そこで、戦略的オプション、特に、向こう5年の間は製造施設を50％縮小できるオプションを設定して、自らをヘッジすることにした。ここで、この会社が、割引キャッシュフロー・モデルによる将来の収益性の静的な評価（すなわち適切な市場リスク調整割引率で割り引いた将来の期待キャッシュフローの現在価値）が10億ドルである事業構成を持っているものとする。あなたは、モンテカルロ・シミュレーションを使って、プロジェクトの将来の対数キャッシュフロー収益率に含まれるボラティリティを計算して、50％という結果を得た。無リスク資産の向こう5年間のリスクフリーレートは5％である。ここで、この企業が、向こう5年の間に現在の営業規模を50％縮小し、4億ドルの費用節減を達成するオプションを持っていると仮定する。営業規模の縮小は、ベンダーの一つと法的な契約合意を結ぶことによって行なわれる。ベンダー側は余剰生産能力とスペースを引き継ぎ、会社側は既存の従業員数を減らすことによってこの規模の費用節減を達成しようというのである。

　この場合、アメリカン・オプションの解析型近似法を使うことができる。なぜなら、この事業規模の縮小オプションは、期限が切れるときまで、いつの時点でも行使することができ、結果は、二項格子計算によって確認することができるからである。以上の仮定に基づいて、次の各質問に答えながら演習を行なう。

1．ソフトウエアを使って、この縮小オプションの問題を分析せよ。
2．差し引き損得なしになるまで連続配当ペイアウトを修正せよ。この損益分岐点において何が観察できるか？
3．アメリカン長期プット近似法を使って、この縮小オプションの結果と比較せよ。入力パラメータは何か？

4．この縮小オプションの価値を評価するためのベンチマークとしてアメリカン撤退オプションを使うにはどうすればよいか？
5．縮小因数を0.7に変えて上記の第4問に答えよ。回答が異なるのはなぜか？

ケーススタディ 選択オプション

　ある大手の製造業者が、戦略的オプションを使ってヘッジを確保することにした。具体的には、次の3つの戦略から選択するオプションを設定しようというのである。向こう5年間の任意に選択した時点に、現在の製造活動を拡張する、現在の製造活動を縮小する、またはすべての事業から完全に撤退する。ここで、この会社が、割引キャッシュフロー・モデルによる将来の収益性の静的な評価（すなわち適切な市場リスク調整割引率で割り引いた将来の期待キャッシュフローの現在価値）が1億ドルである事業構成を持っているものとする。あなたは、モンテカルロ・シミュレーションを使って、プロジェクトの将来の対数キャッシュフロー収益率に含まれるボラティリティを計算して、15％という結果を得た。無リスク資産の向こう5年間のリスクフリーレートは年5％である。この企業は、向こう5年間のいつの時点においても現在の事業を10％縮小して、2500万ドルの費用節減を達成するオプションを持っていると仮定する。これに対して、拡張オプションを設定すれば、2000万ドルの実行費用で30％の事業拡張が可能で、撤退オプションを設定すれば、オプションの行使の際に会社の知的財産を1億ドルで売却することが可能である。以上の仮定に基づいて、次の各質問に答えながら演習を行なう。

1．ソフトウエアを使って、この選択オプションの問題を分析せよ。
2．拡張オプションのみについて、オプション価値を再計算せよ。
3．縮小オプションのみについて、オプション価値を再計算せよ。
4．撤退オプションのみについて、オプション価値を再計算せよ。
5．上記の第2問から第4問までの3つのオプションの価値の合計を、第1問で計算した選択オプションの価値と比較せよ。

  a．結果が異なるのはなぜか？
  b．正しい値はどちらか？
6．単一の支配的な戦略があり、いくつもの相互に作用し合うオプションがある場合には、そのプロジェクトのオプション価値は、その支配的戦略の価値に接近することを証明せよ。すなわち、下記のステップを実行し、結果を比較し、説明せよ。
  a．拡張費用を＄1に減らす。
  b．縮小による節減額を＄100に増やす。
  c．残存価値を＄150に増やす。
  d．以上から得られた結果に基づいて、どのような推論が可能か？

ケーススタディ　複合オプション

　複合オプションの分析では、一つのオプションの価値がもう一つのオプションの価値に依存する。例えば、製薬会社が新薬を開発した場合、その新薬はFDA（合衆国食品医薬品局）の審査を受けて承認される必要があり、承認を得るためには人間を対象とした臨床試験を行なわなければならない。FDAの承認過程と、新薬の臨床試験は同時に進行するものであり、承認獲得は臨床試験の成功に大きく依存している。ここで、前者の費用が9億ドル、後者の費用が5億ドルであるとする。さらに、両方ともまったく同時に進められており、完了するまで3年かかるものとする。モンテカルロ・シミュレーションを使って、将来の予測対数キャッシュフロー収益率のボラティリティを計算したところ、25％という結果が出た。向こう3年間の無リスク資産のリスクフリーレートは7.7％である。この新薬開発プロジェクトの将来の収益性を割引キャッシュフロー・モデルによって静的に評価した結果（すなわち適切な市場リスク調整割引率で割り引いた将来の期待キャッシュフローの現在価値）は10億ドルである。以上の仮定に基づいて、次の各質問に答えながら演習を行なう。

1．ソフトウエアを使って、この複合オプションの問題を分析せよ。比較の

ために、5と100のステップ数を適用せよ。
2. 実行費用を交換して、第1のオプションの費用を＄500、第2のオプションの費用を＄900とせよ。この結果得られるオプション価値は同じか？ それとも異なるか？ また、その理由は？
3. 第1のオプションの費用の一部を、第2のオプションに割り当てると何が起こるか？
   例えば、第1のオプションの費用を＄450、第2のオプションの費用を＄950とした場合、結果は変わるか？ 説明せよ。
4. 同時複合オプションの結果、ベンチマークするためにアメリカン長期コール近似法を使うにはどうすればよいか？
5. 同時複合オプションの価値の計算、あるいは、少なくとも近似値を得るために段階複合オプションを使うにはどうすればよいか？ この質問に答えるには、ソフトウエアの多重複合オプションのモジュールを使用せよ。

ケーススタディ 解析型複合オプション

複合オプションは、二項格子でなく、解析型モデルを使用しても分析することができる。理論的には、二項格子から得られた結果は、解析型モデルから得られた結果に接近しなければならないからである。練習を重ねるために、下記の複合オプションに関する質問に答えながら演習を行なう。

1. ソフトウエアのアメリカン同時複合オプションのモジュールを使って、資産価値＄1,000、ボラティリティ50％、満期5年、およびリスクフリーレート5％の仮定に基づいてオプション価値を計算せよ。さらに、第1のオプションと第2のオプションの費用が共に＄500であると仮定して、5ステップの格子と100ステップの超格子による分析から得られる値を示せ。
2. 上記の質問に対する回答を、複合オプションの解析型モデルを使って比較せよ。その際、同時複合オプションの近似値を得て、ベンチマークす

るには、複合オプションオンオプション満期を4.9999年、原資産の満期を5.0000年にそれぞれ設定しなければならないことに注意する。これは、複合オプションのモジュールは、段階複合オプションの価値だけを直接計算するものであり、同時複合オプションの価値を計算するようにはなっていないからである。
3．多重複合を使い、ステップ数を1,000に設定して回答を比較せよ。
4．ここで、複合オプションが、同時ではなく段階的に発生するとする。すなわち、原資産の期間が4年、オプションの期間が2年で、他のパラメータはすべて同じだとするのである。
   a．アメリカン段階複合オプションを使って、新しいオプション価値を計算せよ（二項格子で、5と1000のステップを適用する）。
   b．複合オプションのモジュールを使って結果を確認せよ。
   c．多重複合オプションを使って、結果をもう一度確認せよ。

ケーススタディ　段階複合オプション

プロジェクトが複数の段階を持っており、後の段階が前の段階の成功に依存している場合、段階複合オプションが設定される。例えば、2つの段階を持つプロジェクトがあり、第1段階の期限が1年で費用が5億ドルであり、第2段階の期限が3年で費用が7億ドルであると仮定する。モンテカルロ・シミュレーションを使って、将来の予測対数キャッシュフロー収益率のボラティリティを計算したところ、20％という結果が出た。向こう3年間の無リスク資産のリスクフリーレートは7.7％である。将来の収益性を割引キャッシュフロー・モデルによって静的に評価した結果（すなわち適切な市場リスク調整割引率で割り引いた将来の期待キャッシュフローの現在価値）は10億ドルである。以上の仮定に基づいて、次の各質問に答えながら演習を行なう。

1．ソフトウエアを使って、この段階複合オプションの問題を分析せよ。
2．費用の順序を変えよ。すなわち、第1段階の費用を＄700に、第2段階の費用を＄500に変えて、結果を比較せよ。何が起こるかを説明せよ。

ケーススタディ コスト推移モデル

　これまで検討してきたオプション・タイプの変形の一つとして、行使価格の変更が考えられる。すなわち、時間の経過とともにプロジェクトの実行費用が変わっていくということである。特定の期間プロジェクトを延期すれば、費用が高くなる可能性がある。なお、行使価格の変更は、これまで見てきたオプション・タイプのいずれに対しても行なわれ得ることに留意されたい。これは、異なるタイプのオプションを混合し、互いに適合させることができることを意味している。以上を踏まえて、あるプロジェクトの初年度の実行費用8000万ドルが、次年度には、原材料費と投入費用の上昇により、9000万ドルに増加する場合を考えてみよう。モンテカルロ・シミュレーションを使って、将来の予測対数キャッシュフロー収益率のボラティリティを計算したところ、50%という結果が出た。向こう3年間の無リスク資産のリスクフリーレートは7.0%である。将来の収益性を割引キャッシュフロー・モデルによって静的に評価した結果（すなわち適切な市場リスク調整割引率で割り引いた将来の期待キャッシュフローの現在価値）は1億ドルである。以上の仮定に基づいて、次の各質問に答えながら演習を行なう。

1．ソフトウエアを使って、この行使価格の変更オプションの問題を分析せよ。ただし、満期を5年に変更せよ。5ステップの二項格子を使用すること。
2．初年度の費用を9000万ドルに、第2年度の費用を8000万ドルに変更して分析を再実行せよ。結果を説明せよ。結果は直感的に説明できるものになっているか？

ケーススタディ ボラティリティ変動モデル

　行使価格の代わりに、キャッシュフロー収益率のボラティリティが時間の経過とともに変動する場合もある。ここで、初年度のボラティリティが20%

で、次年度のボラティリティが30％の２年オプションを仮定する。この状況下では、２つの期間のアップとダウンの因子が異なっている。したがって、二項格子は再結合型にならない。ここで、資産価値が＄100、実行費用が＄110、およびリスクフリーレートが10％であると仮定する（ボラティリティの変更オプションは、非再結合ツリーを使って分析的に解くこともできる──非再結合格子の項を参照）。

1．ソフトウエアを使って、このボラティリティ変更オプションを分析せよ。
2．初年度のボラティリティを30％、次年度のボラティリティを20％に変更せよ。何が起こるか？

ケーススタディ 縮小・撤退オプション

1．次の縮小・撤退オプションの価値を求めよ：資産価値＄100、経済的寿命５年、リスクフリーレート年率５％、年率25％のボラティリティ、25％の縮小がもたらす節約＄25、および残存価値＄70。
2．撤退に伴う残存価値が、縮小がもたらす節約を遥かに上回る場合に何が起こるかを示し、理由を説明せよ。例として、残存価値を＄200に設定せよ。
3．逆に、処分価値を＄70に設定し、縮小がもたらす節約を＄100に増やした場合、プロジェクトの価値にどのような影響が出るか？
4．縮小オプションの価値だけを個別に計算せよ。すなわち、節約を＄25に設定して、何が起こるか説明せよ。この場合、オプション戦略全体からどのような推論が引き出せるか？
5．撤退オプションの価値だけを個別に計算せよ。すなわち、残存価値を＄70に設定して、何が起こるか説明せよ。この場合、オプション戦略全体からどのような推論が引き出せるか？

ケーススタディ 配当を伴う場合の基本的なブラック−ショールズ法

　ブラック−ショールズ方程式は、ヨーロピアン・タイプのオプション、すなわち、満期日においてのみ行使することができ、それ以前には行使できないオプションに対して応用できるものである。また、元のブラック−ショールズ・モデルでは、配当の支払いを伴うオプションの問題を解くことはできない。しかし、元のブラック−ショールズ・モデルを拡張した、一般ブラック−ショールズ・モデルなら、ヨーロピアン・オプションに連続配当ペイアウトがある場合にも対応することができる。

　そこで、以下の質問に答えながら、演習を行なう。仮定は、このヨーロピアン・オプションの資産価値と行使価格が共に＄100、ボラティリティが25％、満期が5年、および同じ5年の満期を持つ類似の資産のリスクフリーレートが5％である。

1. ソフトウエアを使って、このヨーロピアン・コール・オプションの仮定を計算せよ。
2. 超格子で、ステップ数を5、10、50、100、300、500、1000および5000に変えて計算し、結果を比較せよ。ステップ数が増えるに従って何が起こるかを説明せよ。
3. ここで、3％の連続配当利回りがあるものと仮定すると、オプションの価値に何が起こるか？
4. 配当の支払いがない場合は、アメリカン・オプションとヨーロピアン・オプションの価値が同じになることを示せ。すなわち、配当のペイアウトが存在しない場合、アメリカン・コール・オプションを早期に実行することは決して最適ではないことを示せ。
5. 3％の配当利回りがある場合、アメリカン・コール・オプションの価値がヨーロピアン・コール・オプションの価値を上回ることを示せ。これはなぜか？

ケーススタディ バリア・オプション

バリア・オプションは、コール・オプションとプット・オプションを組み合わせたもので、資産価値が人工的に設定されたバリアを超えた場合に、イン・ザ・マネーやアウト・オブ・ザ・マネーになるものである。

単一の上限を持つ標準的なオプションは、アップ・アンド・インコール、アップ・アンド・アウトコール、アップ・アンド・インプット、アップ・アンド・アウトプットである。単一の下限を持つ標準的なオプションは、ダウン・アンド・インコール、ダウン・アンド・アウトコール、ダウン・アンド・インプット、ダウン・アンド・アウトプットである。ダブルバリア・オプションは、単一の上限を持つ標準的なオプションと、単一の下限を持つ標準的なオプションを組み合わせたものである。

1. ダブルバリア・オプションを使って、一つ一つの入力パラメータを変更し、アップ・アンド・イン・ダウン・アンド・インコール・オプション、アップ・アンド・アウト・ダウン・アンド・アウトプット・オプション、アップ・アンド・アウト・ダウン・アンド・アウトコール・オプション、およびアップ・アンド・アウト・ダウン・アンドアウトプット・オプションにどのような影響が出るか説明せよ。バリアのレベルが変わったり、ボラティリティが増加した場合に何が観察できるか説明せよ。
2. 標準的な下限オプションを使って上と同じ分析を実行せよ。
3. 標準的な上限オプションを使って上と同じ分析を実行せよ。

ケーススタディ 切替オプション

切替オプションは、リソース、資産、または技術を切り替えられることからくる柔軟性に着目したものである。将来、他の技術やプロジェクトの収益性が高くなった場合に、一定の切替費用を負担してそれらに切り替えることができれば、プロジェクトに付加価値をもたらし、リスクをヘッジすること

ができるのである。

1．技術を切り替えることの価値を計算せよ。仮定は、第1の技術の価値が＄100で、第2の技術の価値が＄90、満期は5年で、切替費用は10％、リスクフリーレートは0.001％で、事実上存在しない。第1資産のボラティリティは20％で、第2資産のボラティリティは35％である。さらに、相互相関係数は－0.2である。以上に基づいて、この切替オプションの価値は、静的なNPVと比較してどのようなものになるか？
2．相関係数を＋0.2に変更すると、この切替オプションの価値に何が起こるか？　説明せよ。
3．以下の入力パラメータを変更して、切替オプションの価値を計算せよ。その結果、何が起こるかを説明せよ。
   a．第2資産のボラティリティ
   b．第1資産の現在価値
   c．第2資産の現在価値
   d．費用乗数
   e．満期日までの期間

各章の設問の回答

第1章

1. リアルオプション分析に最も適したプロジェクトや会社の特質にはどのようなものがあるだろうか？

    プロジェクトは不確実性に直面していなければならない。経営陣は、時間の経過とともに不確実性が解消されれば、プロジェクトが進行中でも軌道修正できる柔軟性を持ち、適切な時期において利益を最大化できる行動をとれる資質を備えていなければならない。

2. 次の項目を定義せよ：

    a．複合オプション　一つのオプションの価値が、同時または段階的に実行されるもう一つのオプションの価値に依存しているもの。

    b．バリア・オプション　オプションの価値が、原資産による人工的に設定されたバリアの突破に依存しているもの。

    c．拡張オプション　プロジェクトが、既存の事業を拡張できる戦略的能力を備えている場合のオプションの価値。拡張しなければならない義務ではない

3. 収益の最大化のために適切な行動を取れるという保証が経営陣に欠けているとき、戦略的オプションは価値を発揮できるだろうか？

    できない。世界中のどんな戦略的オプションも、経営陣が適切な行動を取れないために実行されなければ、期限切れになれば無価値になってしまう。

第2章

1. 評価のための伝統的な3つのアプローチとは何か？

市場のアプローチ、収益のアプローチ、およびコストのアプローチ。

2．利得と費用は2つの別個の割引率で割り引かなければならないのはなぜか？

利得と費用は、それぞれ異なるリスクを持っているからである。利得は、普通、プロジェクトや企業の収入によってもたらされるものだが、これらはいずれも市場のリスクや不確実性に左右される。したがって、利得は、市場リスク調整割引率によって割り引かれなければならない。一方、費用は、普通、私的なリスクに影響される。すなわち、市場は、費用に関するリスクを補償しない。したがって、費用は、リスクフリーレートで割り引かれなければならない。

3．次の記述は正しいか？ 判断して理由を説明せよ。

「企業の価値はすべてのプロジェクトを合計したものにすぎない」

この記述は間違っている。企業の価値は、すべてのプロジェクトを合計したものより大きい。なぜなら、ネットワーク効果、分散効果、シナジー、および既存のプロジェクトを最大活用することによって将来に向けて成長オプションを設定することができるからである。

4．CAPMが有効に働くために必要ないくつかの仮定とは何か？

投資家は、リスクを嫌い、期間末の富の効用の最大化を図る個人である；彼らは価格信者であり、資産がもたらす収益に対して、同じ信念と期待を持っている；無リスクの資産が存在する場合、投資家は、リスクフリーレートで無限の金額を貸し借りする可能性がある；資産の量は固定されており、いずれも市場で取引することができ、完全に分割可能である；資産市場は平等であり、情報は、すべての投資家に対して無償で提供される；市場には、税金、法律、あるいは空売りに対する制限などの欠陥がまったくない。

5．付録2Aで説明されている、離散および連続の割引方法を使い、割引率が20％であるものと仮定して、次のキャッシュフローの正味現在価値を計算せよ：

回答は、Wiley Higher Education（ワイリー高等教育）の登録教職員用ダウンロードのサイトから入手することができる。Wiley Higher

Educationへは、John Wiley & Sons, IncのWebサイト（www.Wiley.com）からアクセスすることができる。

第3章

1. オプションがマイナスの値を示すことはあり得るか？

    あり得ない。オプションの価値は定義により常に正の値もしくはゼロになる。ただし、最初にオプションを設定する際のプレミアムが、オプションそのものの価値を上回る可能性はある。したがって、正味価値は負の値になることもあり得るが、それでもオプションそのものの価値は決して負の値にはなり得ない。

2. リアルオプションが、入り組んだ道のりの戦略的なロードマップと見なされることがあるのはなぜか？

    伝統的な割引キャッシュフロー分析では、すべての決定が最初に下され、中途での決定変更はないものと仮定する。これに対して、リアルオプション分析では、将来起こる結果は不確実であり、経営陣は、不確実性が既知となり、適切と判断されればいつでも決定を修正する戦略的柔軟性を持っているものと仮定する。すなわち、経営陣は、プロジェクトを、異なる複数の結果の組み合わせとして捉えているわけで、これは、行く先を見出すための戦略的なロードマップを持つことに等しい。

3. リアルオプションが、リスク軽減と収益拡大のための戦略と見なされるのはなぜか？

    リアルオプションには、条件が悪ければ特定のプロジェクトを実行しないという、プロジェクトの価値を高めるための戦略的オプションを設定するという意味がある。つまり、リアルオプションは、下降リスクを軽減する、リスク軽減効果を持っているのである。一方、収益拡大効果は、条件が適切な場合には拡張するというようにプロジェクトの上方ポテンシャルを捉え、外部のビジネス条件を活用できるリアルオプションの特性によってもたらされる。

4. リアルオプションの名前が、数学的なモデルの名前に因んだものではな

く、自明なものになっているのはなぜか？

経営陣にプロセスと結果を説明する際には、平明な名前を使わなければならない。そうすることにより、理解が容易になり、方法論と結果が受容される可能性が高くなるからである。正式な数学的公式名を使うことは、説明上は何らの意味もない。

5．図3－5の例に示した、トルネード・グラフとはどのようなものか？

トルネード・グラフという名前は、その形状に由来している。分析結果を左右するような変数を、感度の大きいものから小さいものへ上から下に列記すると、トルネード・グラフ特有の形状になる。例えば、正味現在価値分析の場合のトルネード・グラフでは、正味現在価値に対する感度が最も高いものから順に列記されるのである。トルネード・グラフから得られる情報に基づいて、アナリストは、どの変数が将来において最も不確実性が高くなるかを決定論的に見極めることができる。正味現在価値を左右する変数のうち、不確実性が高いものが、重要成功要因と呼ばれるのはこのためである。これらの重要成功要因は、モンテカルロ・シミュレーションを行なうべき第一候補になる。

第4章

1．モンテカルロ・シミュレーションとは何か？

モンテカルロ・シミュレーションは、パラメータ・ベースのシミュレーションの中で最も一般的なものである。すなわち、シミュレートされるパラメータが、特定の分布パラメータに従うのである。シミュレートされる変数は、特定の分布とそれに関連するパラメータからランダムに生成された数値に置き換えられ、何千回もの試行が繰り返される。これは、何千ものシナリオ分析を生成する作業に似ている。シミュレーションの結果は、普通、関心対象となっている変数の予測値の分布として表され、それらの発生確率も示される。

2．ポートフォリオの最適化とは何か？

ポートフォリオの最適化は、一つのポートフォリオにまとめられた複数

のプロジェクトの間の相互連動的な作用とリスク分散の効果を考慮するものである。普通、ポートフォリオの最適化の目標は、ポートフォリオ全体にわたって各プロジェクト間の相互関係を考慮しながら、特定の変数（収益、利益、利益対リスク指標）を最大化し、特定の変数（費用、リスク、等々）を最小化することである。これらの目標を、一定の必要条件と制約条件（予算、リソースの時間的配分、等々）を満たしながら達成しなければならない。最適化の結果は、普通、これらの目標を達成するために、複数のプロジェクトにまたがってリソースを最適に配分するための一連の基準値として表される。

3. リアルオプション分析の枠組みにおいて更新のための分析が必要なのはなぜか？

　リアルオプション分析は、不確実性にこそ価値があるとする、ダイナミックな決定分析だから。すなわち、時間の経過とともに不確実性が解消すれば、そのつど新たな決定を下すので、そのため更新のための分析が必要になる。更新分析は、下された決定を反映して、先へ進むための将来の適切な行動を見極めるためのものである。

4. 問題の枠組みづくりとは何か？

　問題の枠組みづくりとは、リアルオプションの理論的枠組みによって分析対象であるプロジェクトを捉えることを意味する。すなわち、戦略的な柔軟性の価値がどこにあるのか、また、経営陣がその柔軟性を意思決定において実行し、価値を生み出せるようにするにはどうすべきかを見極めるのである。

5. レポートが重要なのはなぜか？

　レポートが重要なのは、それが、分析の過程と、その過程から得られた結果についての簡潔かつ首尾一貫した展望を提供するものだからである。

第5章

1. 金融オプションとリアルオプションの相違点の中で、最も重要と思うも

のを3つ挙げよ。

リアルオプションの行使期間が、金融オプションよりもはるかに長いこと。金融オプションの原資産が、極めて流動的で取引可能であり、過去のデータが入手可能であるのに対して、リアルオプションの原資産は、非流動的で取引不可能であること。リアルオプションの価値が大きな値になるのに比べて、金融オプションの価値は小さいものであること。

2．「平均値の欠陥」の例では、ノンパラメトリック・シミュレーションのアプローチが使われている。ノンパラメトリック・シミュレーションとはどのようなものか？

ノンパラメトリックというのは、パラメータがないという意味である。すなわち、ノンパラメトリック・シミュレーションでは、分布、およびパラメータに関する仮定を使わず、過去のデータを使う。

3．株価パスをシミュレーションするとき、幾何ブラウン運動と呼ばれる確率過程が使われている。確率過程とはどのようなものか？

確率過程は、決定論的過程の反対である。すなわち、確率論的プロセスの結果は、あらかじめ予測することができない代わりに、シミュレーションの試行が行なわれるごとに変わる不確実性の変数を持っている。確率論的プロセスは、モンテカルロ・シミュレーションによって容易に評価することができる。

4．ブラック–ショールズ方程式で使われる仮定の制約の中にはどのようなものがあるか？

コールまたはプットのオプションの原資産である株式には、オプションの行使期間全体を通じて配当がない；株式またはオプションの売買は取引費用を伴わない；短期のリスクフリーレートは、オプションの行使期間全体を通じて既知であり、一定である；有価証券の買い手は、購入価格の一部または全部をリスクフリーレートで借用することができる；空売りは罰則なしで許されており、売り手は、有価証券の空売り当日の価格で、満額現金収入を受け取ることができる；コールまたはプットのオプションは、満期日においてのみ行使可能である；証券取引は連続時間で行なわれ、株価も連続時間で変動する。

5. 回答は、Wiley Higher Education（ワイリー高等教育）の登録教職員用ダウンロードのサイトから入手することができる。Wiley Higher Educationへは、John Wiley & Sons, IncのWebサイト（www.Wiley.com）からアクセスすることができる。

第6章

1. 二項格子を使ってリアルオプションの問題を解いた結果が、解析型のモデルを使って得た結果に接近するのはなぜか？

   これら2つのアプローチの根底にある数学的構造が同一だからである。すなわち、解析型モデルは、連続的過程のシミュレーション結果を得るために使われる確率微分法から引き出される。一方、二項格子は、同じ連続的過程を離散型シミュレーションに置き換えて概算するものである。したがって、二項格子におけるステップ数が無限に近づき、ステップの間の時間がゼロに近づくと、離散型格子シミュレーションが連続的シミュレーションになり、結果も同じになる。

2. リアルオプション分析は、割引キャッシュフロー分析の一つの特別なケースか？　それとも、割引キャッシュフロー分析が、リアルオプション分析の一つの特別なケースなのか？

   割引キャッシュフロー分析は、リアルオプション分析の一つの特別なケースである。これは、すべての不確実性が解消された場合（ボラティリティがゼロになる）や、オプションが満期日に達している場合であり、リアルオプションの価値がゼロになり、プロジェクトの価値は割引キャッシュフロー法の結果とまったく同じになるからである。

3. リスク中立確率とはどのようなものなのか説明せよ。

   「リスク中立化」とは、「何かからリスクを取り除くこと」を意味している。リスク中立確率は、最初に各格子点の資産価値を導き出す際の確率を調整することによって、各格子点のリスクは取り除かれリスク調整資産価値となるが、その時の確率を意味している。この方法は、二項格子によってオプションを評価する際に用いられる。

4．再結合格子と非再結合格子の違いは何か？

再結合格子——例えば二項格子の場合——上下2つの格子点から生成された中央の枝が同じ結果に収斂するものである。非再結合格子においては、こうした収斂は起こらない。場合によっては、非再結合格子が必要になることもある。特に、確率的原資産変数が2つ以上ある場合や、単一の原資産変数のボラティリティが時間の経過とともに変わる場合には非再結合格子を使う必要がある。

5．回答は、Wiley Higher Education（ワイリー高等教育）の登録教職員用ダウンロードのサイトから入手することができる。Wiley Higher Educationへは、John Wiley & Sons,IncのWebサイト（www.Wiley.com）からアクセスすることができる。

第7章

回答は、Wiley Higher Education（ワイリー高等教育）の登録教職員用ダウンロードのサイトから入手することができる。Wiley Higher Educationへは、John Wiley & Sons, IncのWebサイト（www.Wiley.com）からアクセスすることができる。

第8章

1．ディシジョンツリーは、リアルオプションの問題を解くための技法としては不適切であると考えられる。それはなぜか？

ディシジョンツリーは、リアルオプションの問題を設定するときや、結果のプレゼンテーションを行なうときには極めて便利である。しかし、スタンドアローンのディシジョンツリーは、リアルオプションの問題を解くには不適切である。これは、ディシジョンツリーにおいては、一つ一つの枝に主観的な確率を割り当てなければならないし、複雑なツリーの場合は、異なる複数の期間にわたって誤った確率が増幅し、将来に向けて誤差が大きくなるからである。さらに、ディシジョンツリーにおい

ては個々のノードに異なった戦略が付随されているので、個々のノードに割り当てられる価値は、市場リスク調整割引率を使って割り引かれなければならない。しかし、個々のノードごとに正しいリスク調整割引率を設定することは困難な作業であり、誤差が発生すれば時間の経過とともに増幅されることになる。

2．リスク中立確率を有効なものにするために必要な仮定とは何か？

リスク中立確率は、二項格子には適用できるが、ディシジョンツリーには適用できない。これは、根底にある仮定のためである。リスク中立確率が機能するためには、離散型ブラウン運動シミュレーションによって原資産の展開格子を生成しなければならない。例えば、二項格子上の一つの格子点は、2つの分岐先を持っている。現在のレベルに対して、一つは上向き、一つは下向きの分岐であり、この特性はマルチンゲール仮定と呼ばれる。この過程は、複数の時期にわたって広がっていく。しかし、ディシジョンツリー分析においては、将来の個々の戦略ノードの価値は、元のノードに対して上になったり下になったりするとは限らないし、変動の大きさも上下で同じになるとは限らない。したがって、リスク中立確率を使ってディシジョンツリーを割引、開始点まで回帰すると、はなはだしく誤った結果が出ることになる。

3．確率論的な最適化とはどのようなものか？

確率論的最適化は、シンプルな最適化分析に似ているが、入力が確率論的で変化するものである点が異なっている。例えば、「近代ポートフォリオ理論」においては、リターンの最大化とリスクの最小化によるポートフォリオのリソースの最適配分を求めて、数学的計算によって効率的フロンティアという結果を得ることになる。しかし、確率論的最適化の問題では、リターンとリスクを左右する入力が確率論的であり、事象ごとに変化する。したがって、確率論的最適化においては、数学的計算によってではなく、モンテカルロ・シミュレーションによって最適値を求めなければならない。

4．回答は、Wiley Higher Education（ワイリー高等教育）の登録教職員用ダウンロードのサイトから入手することができる。Wiley Higher

Educationへは、John Wiley & Sons,IncのWebサイト（www.Wiley.com）からアクセスすることができる。

第9章

回答は、Wiley Higher Education（ワイリー高等教育）の登録教職員用ダウンロードのサイトから入手することができる。Wiley Higher Educationへは、John Wiley & Sons, IncのWebサイト（www.Wiley.com）からアクセスすることができる。

第10章

1. 企業固有の文化を変えることは困難な仕事である。しかし、リアルオプションには、大企業各社に受け容れられる可能性が大いにある。そこで、リアルオプションを受け容れる前に、企業が決定を下す上でのパラダイム（理論的枠組み）を新しいものにシフトさせる必要が出てくるが、それを可能にするために持っていなければならない基本的特質はどのようなものがあるだろうか？

   新しいパラダイムは、特定の問題の解決に応用でき、複数のタイプの問題にまたがって応用できるような柔軟性を持ち、従来のアプローチと融和し、付加価値の高い洞察と競争力の強化をもたらすものでなければならない。

2. リアルオプションにおいては、経営陣に対する分析の過程とステップの説明が極めて重要である。これはなぜか？

   経営陣は、訳の分からないブラックボックス的な分析から派生する結果を受け容れることに困難を覚えるものである。論理的で透明性の高いステップを用いて、それを説明すれば、経営陣としても支持しやすくなる。

3. 重要成功要因とはどのようなものか？

   重要成功要因は、極めて不確実で可変的であると同時に極めて重要な変数である。なぜなら、重要成功要因は、プロジェクトの価値を大きく左

右するからであり、財務的に見れば、プロジェクトの成功・不成功はこれらの要因にかかっている。

4. リアルオプション分析において、リスク分析が推奨されるステップとなるのはなぜか？

モンテカルロ・シミュレーションを使ったリスク分析は、結果の確率範囲を提供することによって分析そのものをより堅実なものにするとともに、結果の信頼度を高める。また、シミュレーションを行なうことにより、分析結果に影響を与える入力変数の不確実性を計算に入れることができる。

5. 投資回収期間を使用することが誤りである理由は何か？

投資回収期間分析、または損益分岐点分析は、貨幣の時間価値を無視し、損益分岐点の先にある、極めて価値の高いキャッシュフロー動向を無視する。投資回収期間だけをベースとして資本投資の決定を下すことは、誤りであるだけでなく、惨憺たる結果につながることが多い。

巻末注釈

◎──第1章：新しいパラダイムの出現
1. 関連記事のより詳細なリストについては、付録10Aを参照されたい。

◎──付録1B：Schlumberger：石油・ガス業界におけるリアルオプションの実例
1. 鉱物粒を成分とする砂岩と違って、炭酸塩岩（石灰岩など）は、はるかに微細な粒子（プランクトンや、他の海生微生物の石灰化した遺骸）を成分としているため、有孔性が極めて小さい。それでも、亀裂（長さは数ミクロンから数メートルまでさまざまである）には、相当量の抽出可能な炭化水素が含まれている場合が多い。
2. R.C. Selley, Elements of Petroleum Geology - Second Edition, Academic Press, 1998.
3. 地中深いところにある流体から原油を産出するためには圧力をかける必要がある。時として、油田自体が十分な内部圧力を持っていて、外からの助力を必要としない場合もあるが、そうでない限り、何らかの形で（水を注入するのが最も一般的）助力する必要がある。ひとたび石油（および／あるいはガス）の産出が始まると、油田内部の圧力は下がり始める。ちょうど水鉄砲が、最初は内部の圧力が強いため勢いよく水が出るが、やがては勢いが弱くなって最後にはまったく出なくなるのと同じである。そこで、産出を続けるためには、一定の圧力を維持して流れを継続させる必要がある。
4. 産出される石油は、水や、さまざまな固体粒子（砂や堆積物など）を含んでいることが多い（特に油田の寿命の終盤において）。したがって、精錬のためにパイプライン（またはタンカー）に送り込む前に、分離機にかけて処理する必要がある。
5. FPSOは、"Floating Production and Storage Operation"（浮体式石油生産貯蔵積出設備）の略語で、いくつかの形態がある。例えば、掘削設備側で貯蔵した後、海上のブイを介して専用のタンカーに送り、精錬所へ運ばせたりする。
6. 油田内部の石油（およびガス）は、徹底的に汲み上げるもの（"sweep"）だが、何らかの理由で汲み上げられないまま残存する部分が出てくることがある。これらの未開発の部分は、さらに開発を続けることになる。
7. J. Paddock, D. Siegel, およびJ. Smith, "Option Valuation of Claims on Physical Assets: The Case of Offshore Petroleum Leases" Quarterly Journal of Economics103, no. 3 （1988） 479 - 508.
8. T.A. Luehrman, "Extending the Influence of Real Options: Problems and Opportunities". Paper SPE 71407
   この論文は、2001年の９月30日から10月３日にかけてルイジアナ州ニューオリンズで開催された2001 Annual Technical Conference and Exhibitionで発表されたものであ

る。

◎──付録1C：Intellectual Property Economics社：特許とインタンジブル（無形資産）の評価におけるリアルオプションの実例

1．出典：Brookings Institute
2．この記事を参照されたい：Business Week Online, "Royalties: A Royal Pain for Net Radio" by Stephen Wildstrom, McGraw-Hill Publishing, Mar. 29. 2002.

◎──付録1E：Sprint社：電気通信事業におけるリアルオプションの実例

1．Federal Communications Commission, Trends in Telephone Service, Aug. 2001, pg.16-3.
2．Federal Communications Commission, Trends in Telephone Service, Aug. 2001, pg.12-3.
3．AT&T 10 - K

◎──第2章：伝統的な評価アプローチ

1．NPVは、将来のキャッシュフローの現在価値の合計から実行費用を差し引いたものである。IRRは、NPVがゼロになることを強制する割引率である。両方とも、Excelで、"NPV (…)" および "IRR (…)" の関数を使って簡単に計算することができる。
2．割引率モデルの詳細については、付録2Bを参照されたい。
3．重回帰分析、または主成分分析を現物資産に対して行なうことは可能であるが、金融資産に対して行なう場合ほどにはうまくいかないだろう。なぜなら、現物資産の場合は、分析に使うことができる過去のデータが非常に少ないからである。
4．モンテカルロ・シミュレーションのステップと要件については、第5章とその付録で詳細に検討している。
5．財務諸表からフリーキャッシュフローを計算する方法については、付録2Aで詳細に説明している。

◎──付録2B：割引率 対 リスクフリーレート

1．ここでは、税引き後の負債の費用を使う。なぜなら、負債の利息は税控除の対象だからである。したがって、これを計算に入れて、負債費用＝利息支払額－節税額としなければならない。すなわち、負債費用＝$K_d - TK_d = K_d(1-T)$ ということになる。
2．優先株式の代価は、$K_{ps} = D_{ps} \div P_{net}$と計算される。ここで、Dは配当（永続するものと仮定）であり、Pは、利息やキャリーコストを計算に入れた後の正味価格を表している。
3．株式の代価を計算する方法としては、次の3つが一般的に受け容れられている。
（a）CAPM法。方程式は$K_s = K_{rf} + \beta_i (K_m - K_{rf})$。ここで、$\beta$は、企業の株式のベータリス

ク係数、K_m は、株式市場ポートフォリオの利率、および K_{rf} は、満期が同じ国債のリスクフリーレートである。

（b）割引キャッシュフロー（ゴードン成長モデル）法。仮定は $K_s = \left[D_1 \div P_0 (1-F) \right] + g$
ここで、g ＝留保率×株主資本利益率で、F は変動費用である。

（c）債券利回りにリスクプレミアムを上乗せする方法。仮定は K_s ＝債券利回り＋リスクプレミアム（適切なリスク構成に対応するもの）。

4．ここに、＄100の資産があり、第1期には＄110に増加するが第2期には再び＄100に戻ると仮定する。第1期のリターンは10％であり、第2期のリターンは－9.09％になる。したがって、2つの期間のリターンの算術平均は0.455％となるが、これでは最初に逆戻りしたことにならず、論理が通らない。次のように、幾何平均を計算したほうがより論理的である。

$$\sqrt[2]{\frac{110}{100} \times \frac{100}{110}} - 1 = 0\%,$$

5．普通は、発行された時点での有価証券の価値を捕捉するために簿価が使われるが、これに対して、現行の営業条件において企業が直面している状況をもっと緊密に反映させるために時価を使ったほうがよいという声もある。さらに、時価が先を見る傾向があるのに対して、簿価は後ろを振り返る傾向がある。評価分析は予測価値を見るためのものであるので、時価に基づいたウエイトを使うべきだということもできるが、この考え方には、投機性が強いために株式と負債の市場のボラティリティが高い場合には、ウエイトが過大になってしまうという問題がある。

6．CAPM の仮定には次のようなものが含まれる：投資家は、リスクを嫌い、期間末の富の効用の最大化を図る個人である；彼らは価格信者であり、資産がもたらす収益に対して、均質の信頼と期待を持っている；無リスクの資産が存在する場合、投資家は、リスクフリーレートで無限の金額を貸し借りする可能性がある；資産の量は固定されており、いずれも市場で取引することができ、完全に分割可能である；資産市場は平等であり情報は、すべての投資家に対して無償で提供される；市場には、税金、法律、あるいは空売りに対する制限などの欠陥がまったくない。

7．CAPM では、平衡状態において、市場のポートフォリオが効率的なものであることが必要条件になっている。すなわち、限界代替率（MRS：Marginal Rate of Substitution）と限界変換率（MRT：Marginal Rate of Transformation）が等しくなる（MRS＝MRT）、最小分散機会集合の上半分の中にポートフォリオが収まらなければならないのである。効率は、同一の期待の仮定に基づいている。そうすると、すべての期待の仮定は同じ最小分散機会集合を認識することになる。だとすれば、市場ポートフォリオも必ず効

率的なものになる。なぜなら、市場というものは、すべての資産の総和であり、個々の資産はすべて効率的なものだからである。市場が効率的であれば、市場ポートフォリオMも効率的なものになる。Mにおいては、すべての資産が、シンプルな代数学的操作によって定められる時価ウエイトに従って保有される。この代数学的操作は、資本市場の線の勾配を機会集合の勾配と一致させるものであり、次のような方程式で表すことができる：$E(R_i) = R_f + [E(R_m) - R_f](\sigma_{i,m}/\sigma^2_m)$。これが、CAPMのモデルであるが、これは、MRT＝MRSの公準からも引き出すことができる。すなわち、線形計画法を使って最小分散機会集合と最大期待収益率集合を求めるのである。
8. 例えば、多重共線性、自己相関、ランダムウォーク（非定常性）、季節変動、および分散不均一性などは、マクロ経済学的な時系列分析において問題を引き起こす。モデルは注意深く作成しなければならない。

◎──第3章：リアルオプション分析
1. これらの数字は説明のための便宜的なものである。同様の問題、およびより複雑なリアルオプションのモデルについては、この後の各章で検討する。
2. これは、ゴードン成長モデルを使って、将来のすべてのキャッシュフローを単一の数字に折りたたんだものである。詳細については、財務諸表の分析を検討した付録2Aを参照されたい。

◎──第4章：リアルオプションのプロセス
1. 第2章では、割引キャッシュフロー分析についてかなり突っ込んだ検討を行なう。また、付録5Cでは、予測のアプローチについて概観する。
2. 特定の分布の選択の仕方と、シミュレーションの条件については、モンテカルロ・シミュレーションを検討した付録5Cを参照されたい。
3. 第7章では、さまざまなタイプのオプションにリアルオプション分析を応用するための技術的なアプローチをステップ・バイ・ステップで説明する。また、第8章では、オプションのモデル化の数学的な仕組みを説明する。
4. ポートフォリオの最適化については、付録5Dで説明している。
5. 第10章では、レポートの作成方法と、それを経営陣に提示するための方法をステップ・バイ・ステップで説明している。具体的には、斬新な説明の仕方と、一連のブラックボックス的な分析を、明快、簡潔、かつ透明な手順に置き換える方法を示している。

◎──第5章：リアルオプション、金融オプション、モンテカルロ・シミュレーション、および最適化
1. 普通、撤退オプションにおいては、残存価値に上限が設定されている。したがって、ペイオフ関数は、実際には上限を伴うプットのように見えることになる。
2. この例の場合は、中央値を使ったほうがより正確に中心値を推定することができる。

3．幾何ブラウン運動の詳細については、付録8Aを参照されたい。

◎——付録5C：予測のためのアプローチ
1．時系列予測と回帰分析の詳細については、下記のテキストに詳細な説明が記載されている。なお、下記のテキストは、高度なものから基本的なものに順に挙げてある。
Time Series Analysis, James D. Hamilton, Princeton University Press, 1994.
Forecasting with Dynamic Regression Model, Alan Pankratz, Wiley Series in Probability and Mathematical Statistics, 1991.
Econometrics, John Eatwell, Peter Newman, およびMurray Milgate共編,W.W. Norton, 1990.
Handbook of Financial Analysis, Forecasting and Modeling, Jae ShimおよびJoel Siegel, PrenticeHall, 1988.

◎——第6章：リアルオプションの計算方法
1．付録7Bでは、ブラック－ショールズ・モデルの展開について説明している。一方、付録8Cでは、一般ブラック－ショールズ・モデルとさまざまなエキゾチック・オプションの問題を解くための解析法についてそれぞれ説明している。
2．ここに挙げた数字は、二項近似法による計算を正確に行なうために必要な規模と演算上の必要条件（シミュレーション試行で得られたデータを全部保存する場合）を理解してもらうために例として挙げたものである。
3．実際の推定値は、過去の収益率の推定自然対数の標準偏差として計算した。ボラティリティを20％と仮定して幾何ブラウン運動を使ったものである。
4．ブラウン運動の詳細については、付録8Aを参照されたい。
5．多項ツリーが使用された場合や、ジャンプ拡散や平均回帰などの複雑な確率論的過程を取り入れなければならない場合には、これらの方程式を修正しなければならないが、これらはいずれも希なケースである。
6．マルチンゲール仮定におけるこのドリフト率は、実際には、二項格子の価値を時間を遡って割り引く際に使われるリスクフリーレートと同じになる。
7．ここでは、連続割引のアプローチがとられている。なお、この本では、全体を通じて、離散型割引のアプローチ $((1+\mathit{rf})^{-\delta t})$ ではなく、連続複利のアプローチ $(e^{-\mathit{rf}(\delta t)})$ を使っているが、これは、ステップの数が十分に多くなれば（通常は10ステップ以上）、いずれのアプローチをとっても同一の結果が得られるからである。また、この本に添付されたソフトウエアを使えば、ステップの数を相当多く設定しても迅速に計算することができるので、連続的複利のアプローチを使ったほうが、結果の収斂を得やすくなる。

◎──第7章:リアルオプションのモデル

1. この他、Roll-Geske-Whaley（RGW）近似法を使う方法もある。ただ、これらの近似モデルは、Excelの基本操作だけで簡単に使うことはできないので注意されたい。そのような場合には、プログラミング・スクリプトや何らかのソフトウエアの使用が必要になる。CD-ROMのReal Options Analysis Toolkitは、これらのアメリカン近似モデルと、最大5,000ステップまでの二項法を解く能力を備えている。
2. これらの近似モデルは、Excelの基本操作だけで簡単に使うことはできない。プログラミング・スクリプトや、何らかのソフトウエアの使用が必要になる。また、解析型アメリカン・オプション近似モデルは、拡張オプションのためのベンチマーク値を提供するものに過ぎないことに注意されたい。
3. この章の最後に、競合企業が異なる成長率と異なるリスク構成を持っている場合の拡張オプションの分析の例題が設問されているが、この例題は二項格子を使えば簡単に解くことができる。
4. このモデルは、付録8Cに示している。これらの近似モデルは、Excelの基本操作だけで簡単に解くことはできない。プログラミング・スクリプトや、何らかのソフトウエアの使用が必要になる。

◎──付録7A:ボラティリティの予測

1. Tom CopelandおよびVladimir Antikarov共著"Real Options"、Texere Publishingを参照されたい。

◎──付録7F:現実性のチェック

1. 修正内部収益率（MIRR：Modified Internal Rate of Return）は、将来のすべてのキャッシュフローの現在価値を合計し、それが実行費用の現在価値と同じになるように割り引くためのものである。つまり、これら2つの値を同一にする割引率がMIRRである。
2. ウィルコクソン符合順位統計量計算は、次の方程式で表される：

$$W(X,\theta) = \sum_{i=1}^{n} S(X_i - \theta) \Psi(|X_i - \theta|),$$

ここで、Sは符合の関数で、Ψは順位の関数である。ここから、次の方程式を使ってp値が計算される：

$$P\left(\left|\frac{W(\theta)-E(\theta)}{\sqrt{\dfrac{n(n+1)(2n+1)}{6}}}\right|<b^*\right)\cong 1-\alpha.$$

◎──**付録7G：モンテカルロ・シミュレーションを使ってリアルオプションの問題を解く**

1．これは、アメリカン・オプションには、最適な終了時間と最適な実行バリアが何であるかが分かっていなければならないという数学的特質があるからである。シミュレーションによってアメリカン・タイプのオプションを計算することはかなり困難であるが、この本の主旨から外れるテーマでもあるので、ここでは言及しない。

2．このExcelのスプレッドシートは、「Examples」のフォルダの中の「Simulated Options Model」のところにある。このスプレッドシートを使うためには、Crystal Ballのシミュレーション・ソフトウエアが正しくインストールされている必要がある。ここに示したような結果を得るためには、スプレッドシートを開き、「実行」アイコンをクリックすればよい。なお、モンテカルロ・シミュレーションは、本来、あらかじめ定められた分布の中から値をランダムに選択するものであるので、得られた結果が例に示した結果と完全に一致するとは限らない。また、グラフと同様の結果を得るために、表示する結果の範囲をCrystal Ball上で0.01から＋無限大に設定する必要がある。

3．このExcelのスプレッドシートは、「Examples」のフォルダの中の「Simulated Options Analysis」のところにある。このスプレッドシートを使うためには、Crystal Ballのシミュレーション・ソフトウエアが正しくインストールされている必要がある。ここに示したような結果を得るためには、スプレッドシートを開き、「実行」アイコンをクリックすればよい。なお、モンテカルロ・シミュレーションは、本来、あらかじめ定められた分布の中から値をランダムに選択するものであるので、得られた結果が例に示した結果と完全に一致するとは限らない。

◎──**第8章：リアルオプションのより高度な問題**

1．この最適値の導出過程は、この本の検討範囲を超える。なぜなら、これを説明するには確率微分分析の応用が必要だからである。確率論的な導出については、DixitとPindyckが共同執筆した、"Investment under Uncertainty"（1994）がよい指針を提供している。

◎──**第9章：Real Options Analysis Toolkit**（リアルオプション分析ツールキット）**（CD-ROM）**

1．付録9Aには、ソフトウエアで使用可能な69のモデルと、それらに対応するExcelベ

ースの関数名が記載されている。
◎──**付録9C：Crystal BallのOpt-Questソフトウエアを使ったリソースの最適化**
1．この例題は、添付のCD-ROMの中で、「Resource Optimization」という名前のExcelファイルとして提供されている。なお、ポートフォリオ最適化の例題を実行するためには、Crystal Ball Professionalの機能が必要である。
◎──**第10章：結果の解釈とプレゼンテーション**
1．これは、変動係数の逆数とも呼ばれるもので、概念的には、収益性指標、トービンのqレシオ、シャープレシオ、およびジェンセンのアルファ測度と共通している。

about the CD-ROM

『実践 リアルオプションのすべて』付属CD-ROMに関するご注意

―――― ご注意 ――――

・本CD-ROMには、下記の2つのソフトウエアが含まれています。
 Crystal Ball 2000試用版
 Real Options Analysis Toolkit試用版
・ソフトウエアの試用期間は、インストール後7日間です（再インストールを行なうことはできません）。
・ソフトウエアの動作には、Windows OS、および、Microsoft Excelを必要とします。
・Real Options Analysis Toolkitは、Windows 98、Meでは動作いたしません。
・Real Options Analysis Toolkitは、Microsoft .NET Framework環境を必要とします。
・Real Options Analysis Toolkitは、基本的には英語版となっており、英語版インストール後に日本語環境に変更することができます。
・各ソフトウエア動作環境、および、インストール手順の確認のため、ご利用前に必ず、CD-ROM内の「CD-ROMご利用の手引き.rtf」をご参照ください

※インストール方法、製品版へのお問い合わせは下記までお願い致します。

株式会社 構造計画研究所　創造工学部　リアルオプション書籍担当
〒164-0012　東京都中野区本町4-38-13
TEL：03-5342-1025　　FAX：03-5342-1225
http://www2.kke.co.jp/cb
e-mail：robook@kke.co.jp

495

監修者あとがき

川口有一郎

　本書はジョナサン・マン博士の執筆による「Real Options Analysis」の全訳です。
　リアルオプション分析が登場する以前は、プロジェクトや資産のNPVはDCF法を用いて計算されていました。しかし、割引率だけですべてのリスクをカバーできると仮定するなど、DCF法には多くの問題点が指摘されています。DCF法で計算したNPVを用いた投資判断では悪い戦略を選ぶことがあります。実際には、企業が直面するリスクはプロジェクトが進行する過程で変化するからです。リアルオプション分析は、こうした当たり前のことを前提として正しいNPVを求めます。従来のDCF法は、リアルオプション分析の特殊なケースの一つにすぎないのです。
　つまり、現在の投資分析の定石は、まずDCF法により投資価値を計算する、次に、将来のキャッシュフローに含まれているさまざまな不確実性をモンテカルロ・シミュレーションにより模擬的に検討し、最後にリアルオプション分析により最適な戦略を選択する、というプロセスを踏みます。しかし、実際には、DCFの計算はできてもモンテカルロ・シミュレーションやリアルオプション分析まで達しない、という企業が多いのが現状です。マン博士は、DCFからリアルオプションまでを簡単に分析できる方法を開発しました。それが本書と本書付属のソフトウエアです。
　世界経済の不確実性が高まっています。企業を取り巻くリスクは日に日に増大していると感じている経営者の方も多いと思います。投資や事業の利益は、将来にコミットメントすることから生まれます。将来は不確実ですからリスクがあります。その将来にコミットメントすることは、リスクを負うことでもあります。市場経済は、リスクを負うことの見返りとしてリターンをもたらすという原理の上に成り立っています。しかし、すべてのリスクが相応の収益をもたらすわけではありません。良いリスクは企業価値を高めます

が、悪いリスクは企業を破滅に導きます。良いリスクはヘッジすることが可能であり、悪いリスクはヘッジできないばかりかダウンサイドの結果のみをもたらします。リアルオプションは、選択可能な戦略の束のようなものです。リアルオプションを分析することは、この束の中から良いリスクと悪いリスクを選別し、リスクを最小化して利益を最大化する方策を見い出すことにほかなりません。

　本書は計算マニュアルではありません。また、計算は「将来にコミットメントする」ための一つのプロセスにすぎません。しかし、計算できないことには正しい戦略が立てられないことも事実です。マン博士以前のテキストは、リアルオプション価値を計算するツールを読者に提供していませんでした。リアルオプションの計算は簡単でありませんから、参考書を読んだだけで計算できる人はごく一握りの読者だけです。本書で紹介するリアルオプションはExcel上のソフトウエアを用いて簡単に計算できます。つまり、電子レンジのボタンを押すだけで料理が出来上がるのと同じように、本書付属のソフトを利用すれば法学部出身の読者にも簡単にリアルオプションの計算ができます。もちろん、本書の中では多数の数式や公式が紹介されています。これらの計算式は例題とともに解説されていますので、計算の得意な読者なら、ソフトウエアを利用しなくても、手計算でもリアルオプションの計算ができます。

　また本書には、「Crystal Ball」が添付されています。Crystal Ballはモンテカルロ・シミュレーションソフトで、翻訳チームの(株)構造計画研究所の服部正太社長が日本に導入されたものです。このソフトの一つの優れた機能に「テクニカル・プレゼンテーション」があります。マン博士も言うように「ブラックボックスから出てきた結果だけを受け入れる経営者はどこにもいない」。Crystal Ballは、リアルオプションというブラックボックスをまるでレントゲンのように透かして見せてくれます。

　マン博士とCrystal Ballによってリアルオプション分析は、誰にでも手の届く身近な「ツール」となったのです。

監修者紹介

川口有一郎 (かわぐち・ゆういちろう)

1955年熊本県生まれ。91年東京大学にて工学博士の学位を取得。96年英国ケンブリッジ大学土地経済学科の客員研究員を経て、99年から明海大学不動産学部教授を務める。2000年に新しい実学「不動産金融工学」の体系化を図った。2001年より東京大学空間情報科学研究センター（客員教授 2001～2002年）、京都大学経済研究所（客員教授 2002～2003年）、および慶應義塾大学総合政策メディア研究科（特別招聘教授 2001～2003年）を担当する。また日本不動産金融工学学会（副会長 2000～2002年、2003～2004年）、アジア不動産学会（理事 1999年～）、アメリカ都市経済・不動産学会 (Committee Member 2001年1月～)、および日本金融証券計量工学学会にて研究活動をしている。現在、不動産金融工学の完成を目指して学界や実業界の研究者および研究室の学生達と研究・教育に従事している。

著書に『入門 不動産金融工学』（ダイヤモンド社）、『不動産金融工学』（清文社）、『リアルオプション』（共訳、エコノミスト社）、『投資決定理論とリアルオプション』（共訳、エコノミスト社）、『土地区画整理―まちづくりと不動産経営』（日本測量協会）、『不動産開発の基礎』（共著、清文社）、『Institutional Feature of Real EstateMarkets』（共著、Blackwell Publishing Ltd）、『Cities in The Pacific Rim-UrbanPlannings and Real Property Markets』（共著、E&FN Spon）などがある。

訳者紹介

株式会社 構造計画研究所

建築の構造設計にコンピュータを利用する設計事務所として1959年に発足。建築物、構造物からエンジニアリングや情報通信のシステム開発に業務を拡大した。同社創造工学部は、人間の意思決定に情報技術がいかに応用できるかをテーマに1991年に新規事業としてスタートし、デシジョニアリング社との共同事業や企業の意思決定を支援する教育コンサルティング事業も展開している。
http://www2.kke.co.jp/

服部正太 (はっとり・しょうた)

1956年	東京都生まれ
1980年	東京大学教養学部教養学科卒業
1982年	東京大学大学院社会学研究科国際関係論修士過程終了
1985年	マサチューセッツ工科大学大学院修了（計量分析、政策科学専攻）
	(株)ボストンコンサルティンググループを経て
現在	(株)構造計画研究所 代表取締役社長

辺見和晃 (へんみ・かずあき)

1973年	島根県松江市生まれ
1996年	大阪大学工学部応用物理学科卒業
現在	(株)構造計画研究所 創造工学部室長

著者紹介

ジョナサン・マン（Johnathan C・Mun）

ジョナサン・マン博士は、現在、「Crystal Ball」の開発元である米国デシジョニアリング社（Decisioneering, Inc.）において分析サービス担当副社長を務め、リアルオプションと財務分析ソフトウエア製品の開発、コンサルティング、および研修を統括している。デシジョニアリング社以前は、KPMG Consultingの評価サービスとグローバル金融サービス部門のコンサルティング・マネジャー兼金融エコノミスト、KPMG LLPのコンサルティング・サービス・マネジャーを兼務した。また、デシジョニアリング社とKPMG Consultingでの勤務を通じて、フォーチュン誌100社に含まれる多くの企業に対して、リアルオプションと財務評価のコンサルティングを行なってきた。また、いくつかの大学で、教養課程および大学院のMBA課程の客員および外部教授として、財務管理、投資、リアルオプション、経済学、および統計学を教えてきた経験を持つ。

マン博士は、リーハイ大学で財務と経済学の博士号を取得。また、ノーバ・サウスイースタン大学でMBA、マイアミ大学では生物学と物理学の学士号を取得している。現在、財務危機管理（FRM：Financial Risk Management）と財務コンサルティング（CFC：Certified in Financial Consulting）の資格を有し、さらに、レベルⅢの公認財務アナリスト（CFA：Chartered Financial Analysts）の候補になっている。

実践 リアルオプションのすべて

2003年6月12日　第1刷発行

著者／ジョナサン・マン
監修者／川口有一郎
訳／構造計画研究所
装幀／石澤義裕
本文デザイン／タイプフェイス
製作・進行／ダイヤモンドグラフィック社
印刷・製本／ベクトル印刷

発行所／ダイヤモンド社
〒150-8409　東京都渋谷区神宮前6-12-17
http://www.diamond.co.jp/
電話／03-5778-7233（編集）　03-5778-7240（販売）

©2003　Kozo Keikaku Engineering, Inc.
ISBN 4-478-37435-X
落丁・乱丁本はお取替えいたします
Printed in Japan

◆ダイヤモンド社の本 ◆

バリュエーションの決定版

いまや世界でスタンダードになった企業評価の手法を
理論と共にその実践技法を詳細に解説。
企業価値を最大化させるバイブル。

企業価値評価
バリュエーション―価値創造の理論と実践

マッキンゼー・アンド・カンパニー
トム・コープランド＋ティム・コラー＋ジャック・ミュリン ［著］ マッキンゼー・コーポレート・ファイナンス・グループ ［訳］

● A5判上製 ●定価（4800円＋税）

http://www.diamond.co.jp/

◆ダイヤモンド社の本◆

もはやMRPやERPでは
競争に勝ち抜けない！

製造業が競争に勝ち抜くために必要な仕組みは、
内部の生産性などを保持できるだけではなく、
パーソナライゼーションをも実現できるものでなくてはならない。
この「顧客重視かつ企業利益を生む」新しいマネジメントモデルがCSRPである。

**顧客主導型
ビジネスモデル　CSRP**
構造計画研究所　中野一夫［編著］

●四六判上製●定価（1800円＋税）

http://www.diamond.co.jp/

◆ダイヤモンド社の本◆

日本版REITから
リアル・オプションまで

金融工学を中心に据えながら、不動産のリスクとリターンの読み方、不動産市場の見方、不動産や不動産証書の価格づけの方法・不動産投資の分析、および不動産ポートフォリオの作り方を解説！

入門 不動産金融工学
川口有一郎 [著]

●A5判上製●定価（2500円＋税）

http://www.diamond.co.jp/

Harvard Business Reviewの
DIAMOND ハーバード・ビジネス・レビュー
ホームページをご覧下さい

『DIAMOND ハーバード・ビジネス・レビュー』は、
世界最高峰のビジネススクール、ハーバード・ビジネススクールが
発行する『Harvard Business Review』と全面提携。
「最新の経営戦略」や「実践的なケーススタディ」など
ビジネス・サバイバル時代を勝ち抜くための知識と知恵を提供する
総合マネジメント誌です

毎月10日発売／定価2000円（税込）

最先端のテーマを切り取る特集主義
「ブロードバンドの競争優位戦略」（01年12月号）
「『見えざる資産』のアドバンテージ」（01年7月号）
「ナレッジ・マネジメント」（99年9月号）
「サプライチェーン戦略」（98年11月号）
「キャッシュフロー経営」（97年9月号）
「持株会社とカンパニー制」（96年5月号）

豊富なケーススタディを検証
「ジャック・ウェルチのマネジメント」（01年1月号）
「デル・コンピュータのバーチャル インテグレーション」（98年7月号）
「ソニーの収穫逓増モデル」（97年11月号）
「シティコープ復活の軌跡」（97年11月号）

世界的権威が他に先駆けて論文を発表
「T.レビットのマーケティング論」（01年11月号）
「P.F.ドラッカーのマネジメントの未来」（98年1月号）
「P.クルーグマンのニューエコノミーへの警鐘」（97年11月号）
「M.E.ポーターの戦略の本質」（97年3月号）

バックナンバー・予約購読等の詳しい情報は
http://www.dhbr.net

財務・会計戦略シリーズ

企業連携のコスト戦略
ロビン・クーパー他[著]
清水孝・長谷川惠一[監訳]

技術進展がスピード化し、製品の優位性を維持することが困難になってきた。機能や特性はもともとり競争力あるコスト構造を維持することがより重要となってきた。本書では一社独自ではなく、生産サプライチェーン全体でのコストダウンを提唱する。サプライヤー・バイヤー企業との関係性を深め、生産プロセス全体でコストダウンを図るにはどうすればよいか。ABCなどで著名なクーパーが日本企業8社の調査を元に企業連携によるコスト管理手法を紹介する。

A5判／上製／三一四頁　三八〇〇円 
4-478-47042-1

コスト戦略と業績管理の統合システム
ロバート・キャプラン／ロビン・クーパー[著]
櫻井通晴[訳]

いかにすればコスト戦略と業績管理システムが企業の業績を高めるか。これは企業にとって重要な課題である。原価計算の仕組みとして、原価規格、原価改善など革新的な手法がいくつも紹介されているが、なかでも間接費にも注目した活動基準原価計算（ABC）は、業績面からコスト構造を分析する手法として有効であろう。本書は、ABCの提唱者であるキャプラン、クーパーが戦略的コスト管理論を提唱する。

A5判／上製／四二六頁　三八〇〇円 
4-478-47036-7

戦略管理会計
西山茂[著]

企業を取り巻く環境は急速に変化しており、今日の状況で意思決定することがますます困難な時代となっている。困難な意思決定を助ける上で欠かせないのが管理会計である。すなわち、適切な財務データを活用することによって、戦略立案と意思決定のための情報を提供するからである。本書は戦略的意思決定に求められる管理会計をテーマとしている。ABC、キャッシュフロー経営など、用語解説に止まらず、実践的活用を紹介する。

A5判／上製／三四二頁　三三〇〇円 
4-478-47032-4

戦略財務会計
西山茂[著]

日本の会計ルールも国際会計基準に合わせ変更されつつある。これとともに投資家である株主重視の経営が求められるようになってきた。本書は株主価値を高めることを主眼に、戦略志向の財務分析を紹介している。具体的には、キャッシュフロー計算書、ROE、ROA、EVAなどについて、企業価値とその改善課題の視点から紹介している。貸借対照表についても、経営資源と事業ポートフォリオの分析という視点で紹介する。

A5判／上製／三一六頁　三三〇〇円 
4-478-47039-1

about the CD-ROM

『実践 リアルオプションのすべて』付属CD-ROMに関するご注意

———— ご注意 ————

- 本CD-ROMには、下記の2つのソフトウエアが含まれています。
  Crystal Ball 2000試用版
  Real Options Analysis Toolkit試用版
- ソフトウエアの試用期間は、インストール後7日間です（再インストールを行なうことはできません）。
- ソフトウエアの動作には、Windows OS、および、Microsoft Excelを必要とします。
- Real Options Analysis Toolkitは、Windows 98、Meでは動作いたしません。
- Real Options Analysis Toolkitは、Microsoft .NET Framework環境を必要とします。
- Real Options Analysis Toolkitは、基本的には英語版となっており、英語版インストール後に日本語環境に変更することができます。
- 各ソフトウエア動作環境、および、インストール手順の確認のため、ご利用前に必ず、CD-ROM内の「CD-ROMご利用の手引き.rtf」をご参照ください

※インストール方法、製品版へのお問い合わせは下記までお願い致します。

株式会社 構造計画研究所 創造工学部 リアルオプション書籍担当
〒164－0012 東京都中野区本町4－38－13
TEL：03－5342－1025　FAX：03－5342－1225
http://www2.kke.co.jp/cb
e-mail：robook@kke.co.jp